# Le manager
# à l'écoute de l'artiste

Éditions d'Organisation
1, rue Thénard
75240 Paris cedex 05

Consultez notre site :
www.editions-organisation.com

# Christian Mayeur

Préface de Pierre Bellon

# Le manager
# à l'écoute de l'artiste

## Cultivez l'art d'entreprendre

Avec la collaboration de
Jean-Claude Desmerges
&
Jean-Pierre Raffaelli

**Éditions
d'Organisation**

*À Virginie, Antoine et Sylvie*

# Remerciements

Je remercie Jean-Claude Desmerges et Jean-Pierre Raffaelli, artistes et partenaires d'exception, pour leur contribution à l'occasion de nos longues conversations, de nos débats et pour leur collaboration à cet ouvrage. Nos coopérations dans les entreprises ont permis d'expérimenter en vraie grandeur nombre d'idées avancées dans l'ouvrage. Leurs réflexions traversent ce livre et leur présence m'a accompagné tout au long de sa rédaction.

Je remercie **Emmanuel d'André**, président d'honneur du groupe 3 SUISSES, **Paul Ardenne**, professeur et critique d'art, **Alain Bashung**, artiste, **Daniel Benchimol**, président-directeur général de la société EUROGICIEL, **Nicolas Bourriaud**, critique d'art, commissaire d'expositions et codirecteur du Palais de Tokyo, **Yann Delacour**, artiste et initiateur de l'interface Art & Économie au Centre des jeunes dirigeants d'entreprise (CJD), **Patrick Duplan**, directeur général de la société PACIFICA, **Daniel Firman**, artiste, **Hervé Frapsauce**, directeur général de la société SWISS LIFE ASSURANCES DE BIENS FRANCE, **Gérard Galpin**, directeur du Groupement des ASSÉDIC de la région parisienne, **Christiane Germain**, présidente du groupe hôtelier canadien GERMAIN DES PRÉS, **Hervé Hannebicque**, directeur général adjoint de la société NOOS, **Markus Kreiss**, artiste, **Marion Laval-Jeantet** et **Benoît Mangin**, artistes sous le nom d'Art Orienté objet, **Philippe Lemoine**, président de LAFAYETTE SERVICES (LASER), **Michel Maffesoli**, sociologue et cofondateur du Centre d'études sur l'actuel et le quotidien, **Valérie Mathieu**, directeur du master Management des activités de service de l'IAE d'Aix-en-Provence, **Liu Ming**, artiste, **Orlan**, artiste, **Louis Pelloux**, fondateur du groupe PELLOUX et inventeur des SCPI, **Jean-Michel Stécowiat**, directeur général de PAS-DE-CALAIS HABITAT, **Laurent Tixador**, artiste, **Yann Toma**, artiste et président de l'entreprise-fiction Ouest-Lumière, **Kimiko Yoshida**, artiste, et **Jean-François Zobrist**, président-directeur général de l'entreprise FAVI, pour leurs témoignages et leurs apports précieux, divers et complémentaires à cet ouvrage.

Je remercie les clients d'ENTREPART et notamment : **Michel Bac, Minh Lan His, François Leddet, Claire Meunier-Thouret** et **Diane Priso**, de l'Institut de formation du Crédit Agricole (IFCAM) pour nos échanges stimulants et leur exigence ; **Patrick de Pauw**, directeur des ressources humaines de la société FACEO, qui a permis d'insérer le témoignage sur l'expérience de Service Design avec l'institut FACEO ; **Franck Point**, directeur du marketing opérationnel de Mercure (Groupe ACCOR), qui a permis d'insérer le témoingnage sur l'expérience artistique menée au Mercure Bruxelles Royal Crown.

Je remercie **Blaise Bertrand** et **Shujan Choi**, designers, pour nos échanges stimulants et leurs apports à la visualisation d'un certain nombre de concepts.

Je remercie **Gilles Forestier**, coach d'entrepreneurs, pour m'avoir aidé à voir clair dans un projet foisonnant et m'avoir permis d'en accélérer le terme.

Je remercie **Georges Drouin**, président du groupement des professions de services, avec qui j'ai eu l'honneur et le plaisir de fonder l'institut Esprit Service, pour ses réflexions inspiratrices sur les valeurs et l'évolution de l'entreprise, **Bertrand Jouslin de Noray**, secrétaire général de l'EOQ, pour nos échanges féconds sur les valeurs de leadership et la transformation, ainsi que **Christophe Salmon**, dirigeant d'A2PI pour ses réflexions fulgurantes. [1]

Je remercie **Shoji Shiba**, professeur au MIT, pour ses remarques stimulantes à la genèse de l'ouvrage.

Je remercie **Sylvie Mayeur**, directrice associée d'ENTREPART, pour ses relectures attentives, son soutien constant et la pertinence de ses remarques.

Je remercie **Lydie Chalbos** pour son assistance dans le classement des sources et **Nathalie Aza** pour son assistance technique.

# Sommaire

Remerciements ........................................................................................................ 5

PRÉFACE
Pierre Bellon, président de Sodexho Alliance .......................................... 15

AVANT-PROPOS
Partager le désir, l'urgence et l'art d'entreprendre .............................. 21

INTRODUCTION
Entrepreneur et artiste, deux figures en marche ......................................... 29
  L'évolution croisée de l'art et de l'entreprise, de la Renaissance
  à l'ère contemporaine ............................................................................... 29
    *« Faire bien » : l'ère classique chérit la maîtrise* ................................... 29
    *« Faire mieux » : l'ère moderne voue un culte au progrès* ..................... 30
    *« Faire autrement » : l'ère contemporaine cultive l'anticipation* .......... 32
  Anticiper comme les artistes ...................................................................... 34
    *L'art est un fil rouge pour l'humanité* ..................................................... 35
    *L'histoire de l'art est une chaîne constituée de ruptures* ...................... 36
    *L'art contemporain, une zone off-shore de création d'expériences* ........ 37
  Vers l'économie des services : le plongeon dans l'incertain ...................... 39
    *Inventer l'hyperentreprise du XXIe siècle* ................................................ 39
    *Une entreprise sans limites visibles* ......................................................... 41
    *Agir au cœur du monde réel au service d'une mission noble* .................. 44
    *Accepter l'extinction de vieilles logiques et ouvrir de nouveaux possibles* ... 47
    Nicolas Bourriaud témoigne :
    « L'art est l'invention d'identités, de formes de vie hors des déterminants
    culturels et sociaux. » ............................................................................. 50

CHAPITRE 1
Baliser l'incertain (Regarder) .................................................................... 55
  Dessiner la vision du devenir ..................................................................... 55
    *Le travail de l'artiste est de construire une vision* ................................. 56
    Redessiner régulièrement le portrait de l'entreprise pour réactiver son devenir ... 57
    *Croiser passé, présent et futur* ............................................................... 59
    Introduire le futur possible dans le présent ............................................. 61
    Patrick Duplan témoigne :
    « Ce qui compte, c'est la préparation permanente à l'incertain. » ......... 63
    La Matrice de Vision® – Ouvrir la voie à un désir partagé ................... 67
  Entretenir son étonnement ......................................................................... 68

*Sortir des sentiers battus* ............ 68
*Provoquer pour questionner* ............ 69
*Libérer l'art de la décision* ............ 70
Laurent Tixador témoigne :
« Plus on est dans une zone d'inconnu, plus on a de chances
de faire des découvertes. » ............ 72
*Briser le cercle de la routine* ............ 74
*Générer des micro-utopies* ............ 75
S'inspirer des mutations de la ville, métaphore géante d'une hyperentreprise ............ 78
Retrouver le temps du désir ............ 80
*Réconcilier le temps des affaires (Kronos) et le temps de la vie (Kairos)* ............ 82
Ouvrir au mouvement de transformation du monde par la visualisation d'œuvres d'art ... 84
*Flâner pour féconder ses idées* ............ 84
Humer l'atmosphère comme Jeffrey Swartz ............ 86
Christiane Germain témoigne :
« Savoir s'arrêter pour laisser venir ce qui surgit. » ............ 87
Regarder l'invisible ............ 89
*Inventer un dispositif de vision de l'invisible* ............ 89
*Changer les conditions de la vision* ............ 91
Jean-Claude Desmerges témoigne :
« Toute image mérite d'être attaquée. » ............ 93
*Désapprendre la perception préconçue* ............ 97
*Se mettre en mouvement de déplacement* ............ 98
Changer radicalement un élément du contexte ............ 99
*Enquêter sur les flux invisibles* ............ 100
Généraliser l'usage d'outils de traçabilité des phénomènes invisibles ............ 101
Philippe Lemoine témoigne :
« Créer des langages communs, à partir de choses visibles. » ............ 102
Le diagnostic REV' ® – Regarder les formes des expériences de services ............ 103
La synthèse avec Liu Ming :
« Le cœur du processus pour voir ce que les autres ne regardent pas,
c'est de questionner sans cesse. » ............ 105
Entrez dans l'expérience
Faceo renouvelle le regard de ses entrepreneurs sur leur environnement ............ 109

CHAPITRE 2
S'ouvrir au mystère de l'Autre (Écouter) ............ 115
Vivre des expériences esthétiques : le client, cette personne autre ............ 116
Hervé Frapsauce témoigne :
« À mes yeux, l'artiste est l'expert qui traite de la sensation et de l'émotion
de ce qui caractérise l'humain. » ............ 119
Accueillir l'autre comme source de richesse ............ 121
Découvrir son identité et son altérité à travers le dessin de son propre visage ............ 124
*Écouter l'autre dans sa différence* ............ 125
Organiser les confrontations de points de vue ............ 127
*Découvrir l'autre à partir de sa conscience animale* ............ 128
Investir son altérité animale pour réinventer les relations professionnelles ............ 130
*Pratiquer la transexpérience* ............ 131
Daniel Benchimol témoigne :
« Nous avons de "grandes oreilles" pour écouter le client à tous les niveaux
de la hiérarchie. » ............ 133
Écoute Active Turbo® – Entrer en relation créative ............ 135

Se placer hors du cadre ........ 138
*Bondir dans d'autres univers* ........ 138
*Multiplier les points de vue* ........ 140
Se décentrer par rapport à l'environnement ........ 141
*Stimuler les trois énergies de l'entreprise : statique, cinétique et pneumatique* ........ 142
*Changer d'échelle pour transformer ses représentations* ........ 144
Provoquer des ruptures par changement d'échelle spatiale ou temporelle ........ 146
Combiner la réalité et la fiction ........ 149
*Exploiter sans réserve les ressources de l'imaginaire* ........ 149
*Créer des entreprises-fictions* ........ 150
Yann Toma témoigne :
« L'entreprise fictionnelle peut apporter de l'oxygène aux entreprises réelles. » ........ 151
Inventer ses propres scénarios ........ 154
*Créer des expériences de service partagées (échapper aux formats imposés)* ........ 157
*Conduire le marché et réenchanter le monde* ........ 159
Mettre en scène des expériences de service fictionnelles ........ 161
Ateliers de création d'expériences de service. Éveiller l'imaginaire
de l'hyperentreprise ........ 161
*Utiliser le corps comme support de fiction* ........ 162
La synthèse avec Orlan :
« Je tiens à pouvoir passer de "l'un" à "l'autre" sans que l'on soit obligé
de choisir "l'un" plutôt que "l'autre". » ........ 165
Entrez dans l'expérience
L'Assédic de l'ouest francilien développe une culture de service adaptée
à sa mission et à son métier d'assembleur pour l'emploi, à l'aide de méthodes
inspirées de l'art contemporain et d'une conception de son service nourrie
de l'essence du théâtre ........ 170
Gérard Galpin témoigne :
« Notre objectif est de favoriser le retour à l'emploi par l'excellence
de notre relation de service avec nos clients et nos partenaires. » ........ 176

CHAPITRE 3
Apprivoiser le chaos (Croiser, confronter, coopérer) ........ 179
L'entropie est inséparable de la vie ........ 179
*Art, métamorphose et entropie* ........ 180
*Intégrer l'entropie dans son processus d'entrepreneur* ........ 182
*Entreprendre de manière responsable, entre Éros et Thanatos* ........ 184
*Accepter la perte pour mieux renaître et former son destin* ........ 186
S'inspirer des lois chaotiques de la nature ........ 187
Emmanuel d'André témoigne :
« L'ouverture permanente au-delà de soi et du projet immédiat
est fondamentale pour un dirigeant. » ........ 188
Favoriser l'agilité collective ........ 191
*Mobiliser diverses formes d'intelligence à l'heure du « capitalisme cognitif »* ........ 192
*Créer des possibilités de synergie* ........ 194
Placer chaque élément d'une situation dans le contexte d'une autre ........ 195
*Entretenir un humus fertile* ........ 195
Hervé Hannebicque témoigne :
« Chacun doit porter une parcelle du leadership de l'entreprise,
être entrepreneur, défricheur et porteur de sens au sein d'un réseau étendu. » ........ 199
Fédérer les énergies autour d'un symbole ........ 203
*Animer des formes de coopération libres et propices au désir* ........ 203

Alain Bashung témoigne :
« Il faut planifier, jouer avec le désir des autres. Ce qu'il faut éviter,
si on veut se placer dans une démarche de coopération créative, c'est de dire
ce que l'on veut. Mieux vaut seulement placer quelques balises, pour indiquer
ce que l'on ne veut pas, et ensuite laisser faire. » .................................................. 205
Pratiquer la coopération créative .................................................................................. 210
*Du lien culturel au lien social, l'art peut stimuler les partenariats public-privé* .................. 211
Daniel Firman témoigne :
« J'ai réalisé une sculpture furtive avec le soutien de l'ONERA.
Tout a commencé avec le rapprochement formel que j'ai opéré
entre la forteresse de Salses et l'avion furtif américain F-117. » ............................ 214
Étudier une performance complexe mise en scène par un artiste contemporain .......... 217
Provoquer les ruptures créatrices ............................................................................ 218
*S'ouvrir à la rêverie et tirer parti des aléas* ...................................................................... 218
*Éviter de répéter les recettes* ......................................................................................... 221
Renoncer à ce qui a assuré son succès ......................................................................... 221
L'Université de Service ® – Coproduire le sens de la relation avec les autres :
clients, collaborateurs, partenaires, acteurs de l'environnement ........................... 223
La synthèse avec Michel Maffesoli :
« Les entrepreneurs les plus performants sont capables d'intégrer le ludique,
l'imaginaire et l'onirique à côté de la raison. » .................................................. 225
Entrez dans l'expérience
Pas-de-Calais Habitat se transforme en opérateur urbain, ou comment
donner une forme cohérente au nouveau métier complexe de l'hyperentreprise,
dans une logique de développement solidaire et durable .................................... 228
Jean-Michel Stécowiat témoigne :
« La coopération directe avec des artistes a permis de formaliser ce que
nous sommes et d'inventer ce que nous voulons être :un opérateur urbain. » ........... 234

CHAPITRE 4
Concrétiser l'immatériel (Entreprendre) ........................................................ 237
Nourrir son engagement en faisant ........................................................................ 237
*Avancer dans le monde réel, malgré les obstacles* ........................................................ 238
*Mobiliser toute son énergie* .......................................................................................... 240
*Produire du sens au jour le jour* .................................................................................. 243
Stimuler les connexions métaphoriques avec le Service Design ........................... 246
*Radicaliser son exigence jusqu'à faire de sa vie une œuvre d'art* ............................... 247
Markus Kreiss témoigne :
« Mon entreprise est une entreprise mondiale. C'est une entreprise
qui ne parle aucune langue. » .................................................................... 248
Vivre la création permanente en évitant le repli sur soi ................................... 251
Dessiner beaucoup, pour relier créativité et création et stimuler le goût
d'entreprendre par jeu ................................................................................... 253
Louis Pelloux témoigne :
« Les processus de création artistiques peuvent inspirer les pratiques
de management. » ......................................................................................... 255
Transformer son offre de produits et de services avec des artistes ..................... 257
Kimiko Yoshida témoigne :
« La transformation des entreprises est comme une création artistique. Le travail
de coopération entre artistes et entrepreneurs, c'est la dernière façon de sauver
l'entreprise. » ................................................................................................ 258
Définir son métier dans l'action ......................................................................... 261

© Éditions d'Organisation

*Faire émerger les idées nouvelles dans le mouvement même de l'action* ............ 262

*Relier les faits de l'expérience et le sixième sens de l'imaginaire* .......................... 264

*Agir beaucoup pour désirer encore plus* ................................................................ 267

Fracasser les bonnes pratiques pour faire surgir des débris des idées différentes ......... 268

Jean-François Zobrist témoigne :
« À l'image des artistes, nous pouvons faire évoluer le client
parce que nous assumons notre identité. » ................................. 268

Accomplir la mission noble de l'entreprise ................................. 271

*Élargir sa gamme de créations de valeur* ................................................................ 271

Valérie Mathieu témoigne :
« On peut produire de la valeur symbolique par une relation de service. » ............... 277

*S'engager dans le développement durable de l'entreprise et de son environnement* ............ 278

Yann Delacour témoigne :
« En tant qu'artiste, dans chacun de mes actes, je questionne un contexte
économique et politique. » ................................. 282

*Pratiquer l'écologie appliquée* ................................................................ 286

*Concilier création de richesse économique, sociale et environnementale* ............ 290

Combiner les imaginaires pour écrire une histoire écologique de l'entreprise,
de ses produits, de ses services, de ses relations à l'environnement ............ 290

Les transform'acteurs® – Démultiplier la capacité de l'hyperentreprise
à « faire autrement » ................................. 291

La synthèse avec Art Orienté objet :
« Entreprendre, c'est passer à l'acte en dépit des codes et des freins
institutionnels. » ................................. 292

Entrez dans l'expérience
« Agir en entrepreneurs de service créatifs » ................................. 297

CONCLUSION

Trois principes d'action pour diriger l'hyperentreprise ............ 299

Produire des expériences partagées ................................................................ 300

*Juxtaposer les images permet d'accéder à une compréhension dynamique*
*des phénomènes d'une société… ou d'une entreprise* ................................. 301

*Les dirigeants contemporains sont les génies du montage, du collage et de l'assemblage* ...... 306

*Relier expérience intérieure et ouverture cosmique* ................................. 307

*À l'expérience accumulée, l'hyperentreprise privilégie la succession d'expériences*
*esthétiques éphémères* ................................. 308

Réaliser des performances quotidiennes ................................. 310

*Désormais, le mot « performance » désigne l'action et le résultat* ............ 310

*Les critères d'évaluation des performances des dirigeants contemporains se rapprochent*
*de ceux des artistes* ................................. 311

*Pour les entrepreneurs contemporains, la performance est une forme d'« enaction »* ...... 313

*Performer en toutes circonstances, dans le flux continu d'interactions des réseaux*
*et de relations superficielles de l'ère contemporaine* ................................. 315

Pratiquer des évaluations esthétiques ................................. 316

En guise de dernière piste - Créer une entreprise sensible ................................. 319

FAIRE AUTREMENT

Évaluez votre maîtrise dans l'art d'entreprendre en 20 questions ............ 321

POST-SCRIPTUM
Cultivez l'art d'entreprendre en Europe ........................................................................ 324

Tableaux annexes .................................................................................................................. 327
    Les entreprises et leur environnement à travers les représentations
    dominantes des sociétés ................................................................................................ 328
    Synthèse des postures, attitudes, principes et pistes d'action
    des manager contemporains inspirés par les artistes ............................................ 331

Glossaire ................................................................................................................................. 333

Bibliographie ....................................................................................................................... 339

Index général ....................................................................................................................... 345

Index des noms propres .................................................................................................... 349

« *J'ai une mission. C'est une mission impossible. Je crois à l'énergie. [...] Je veux travailler dans le sur-régime. Je veux faire face au monde qui m'entoure et je veux rester lucide. Je ne veux exclure personne avec mon travail, mais surtout je veux inclure par mon travail. Je veux me battre sans me demander de gagner ou de perdre. Je ne suis pas chaotique, je ne suis pas un théoricien, je ne suis pas un philosophe. [...] Je ne me demande pas si mon travail fonctionne. Je crois nécessaire qu'il ne fonctionne pas pour rester utopique. Tout doit venir de l'intérieur, de moi-même. Je veux travailler avec ce qui m'est propre et je veux rester libre.* »

Thomas HIRSCHHORN[1]

« *Le cinéma apprend la patience ; on doit attendre le mot FIN. Dans l'art, le mot FIN ne vient jamais.* »

Philippe PARRENO

---

1. Extrait de « Je suis un artiste travailleur soldat. Pour Georges Tony Stoll », publié dans *Quel est le rôle de l'artiste aujourd'hui ?* Tokyobook 2, Éditeur Palais de Tokyo, Site de création contemporaine, 2001.

# Pierre Bellon,
## président de SODEXHO ALLIANCE

Lorsque j'ai rencontré Christian Mayeur, qui m'a parlé de son livre *Le manager à l'écoute de l'artiste* et m'a demandé d'en écrire la préface, j'ai d'abord été surpris par sa démarche. Pourquoi s'adressait-il à moi, l'entrepreneur, le fondateur et dirigeant de SODEXHO ? Quel rapport entre mon parcours et celui d'un artiste ?

Devant son insistance, j'ai finalement accepté d'y réfléchir… Bien qu'intéressé, je restais toutefois très sceptique sur ma capacité à parler des artistes, jusqu'à la traditionnelle cérémonie de remise des diplômes des HEC, vivier des entrepreneurs de demain. J'appris alors fortuitement l'existence d'une spécialisation de troisième année dédiée à l'enseignement de la gestion des organisations culturelles et artistiques – la Majeure, Management des arts et de la culture. Les étudiants de cette formation se destinaient à être des entrepreneurs, mais d'un style tout à fait original, des entrepreneurs dédiés aux artistes.

Subitement il me vient une idée : j'aborde le directeur de cette majeure et lui explique que j'avais une préface à écrire sur le thème de l'artiste et de l'entrepreneur, peut-il me faire connaître un de ses jeunes diplômés capable de m'aider ; aussitôt dit, aussitôt fait ; il me présente Camille Gentet, une très belle étudiante de 24 ans, qui a consacré son mémoire de fin d'études à la relation manager/artiste, plus précisément la relation réalisateur/producteur, et a eu la meilleure note de sa promotion. Camille accepte, je lui transmets les éléments du livre et ensemble nous nous posons les questions suivantes : quelles oppositions ou similitudes entre ces personnages ? À quoi pouvait aspirer un manager et quelles relations les managers avaient-ils pu entretenir historiquement avec l'art ? Quels rapports entre l'art et le management ? La question a de quoi surprendre : ne dit-on pas d'une personne manquant de rigueur ou d'organisation (qualités essentielles du bon manager) qu'elle est un peu « artiste » ?

Camille fit ensuite une synthèse de nos discussions que je vous livre ici : « *S'il nous semble possible d'établir d'éventuels points de conflits ou de ressemblances des domaines du management et de l'art, il nous apparaît de tout intérêt de se demander quelle est la réalité actuelle de cette confrontation, la prégnance véritable sur le travail quotidien de ces deux logiques. C'est là l'un des nombreux apports de l'ouvrage qu'on va lire. Certes, on peut dépister des points de convergence entre les deux univers. L'entrepreneur comme l'artiste vouent un certain culte du progrès et recherchent la singularité ; tous les deux sont engagés et aiment prendre des risques ; tous les deux veulent innover et ont le besoin de créer indéfiniment. Mais les actions de « prévoir », « organiser», «coordonner», «commander», «contrôler», essentielles au management efficace, contredisent a priori l'acte de création. Des contraintes – de délai, de rythme et de lieu de travail, de rationalisation, d'organisation, voire de contenu – issues de la pratique du management peuvent être probablement perçues comme des atteintes à la liberté de l'artiste et constituer une source de conflit. Mais tout projet innovant, qu'il soit le fruit d'un artiste ou d'un entrepreneur, n'est-il pas le fruit d'aspirations, de volontés, luttes, et d'influences antagonistes ?*

*La révolte et la confrontation sont en réalité souvent motrices et éléments déclencheurs de nouveaux projets. L'artiste et l'entrepreneur ne sont-ils pas tous les deux des auteurs qui enfreignent au départ un système de normes ? L'auteur, loin d'être celui qui s'oppose au système de manière frontale, parvient avec l'œil distancié du sage à en jouer et s'affranchir de ces règles, à en donner un regard renouvelé à chaque nouvelle œuvre, à chaque nouvelle entreprise. L'artiste et l'entrepreneur anticipent les évolutions de la société et à travers leurs œuvres en restituent ses mutations.*

*Un des nombreux mérites de ce livre, remarquablement documenté, est de faire comprendre l'idée a priori inenvisageable que l'entrepreneur, en tant qu'auteur, a sûrement des leçons à tirer du mode de fonctionnement d'un artiste. Sa flexibilité, sa gestion en mode projet qui lui permettent de réunir pour chaque projet les compétences les meilleures et les plus adaptées, bénéficiant ainsi d'une formidable souplesse, en font sans doute un personnage digne d'admiration pour l'entrepreneur. La principale caractéristique de cette gestion de projet relève en termes managériaux, de la gestion du risque. Les entrepreneurs classiques, souvent caractérisés par l'hyperspécialisation des savoir-faire et le cloisonnement, pourraient donc s'inspirer progressivement du business model initié par les artistes et donner ainsi forme à de nouveaux projets face à l'incertain.»*

Après ma rencontre avec Camille, j'ai eu la chance de bénéficier d'un nouveau hasard. Cet été, dans le Midi, j'ai fait la connaissance d'un homme célèbre, jeune, charmant, journaliste, présentateur, producteur de TV, écrivain, Claude Sérillon. Nous avons échangé nos points de vue et il m'a fait part de ses idées sur ce sujet qui le passionne, m'adressant ce joli petit mémoire que, cher lecteur, je vous dédie : *« Imaginons un devoir d'enfance suggéré par un instituteur... l'artiste et l'entrepreneur... texte libre... Il y a fort à parier que la rédaction comportera cette double réponse : l'artiste c'est le clown, celui qui fait rire, qui crée un univers insolite, l'artiste c'est le funambule qui prend des risques, l'artiste c'est l'homme ou la femme qui construit des figures sur la piste ou tout en haut, au bout d'une corde ou d'un trapèze... l'artiste, le cirque, ces gens du voyage qui vont partout inventer un spectacle où tous les sens sont en éveil. L'entrepreneur c'est le maçon, le constructeur de maison, celui qui bâtit... Bien sûr ce sont des réflexes simples mais ils donnent la mesure des deux mondes.*

*Marcel Jullian, écrivain, homme de lettres et président d'Antenne 2 disait à son équipe : "Soyons l'alliance des saltimbanques et des géomètres..." Il reprenait ainsi le même argument.*

*Et l'on peut sans crainte aligner quelques mots communs :* conduire *(vers l'imaginaire, vers le rêve, vers l'illusion, vers la beauté des formes et des couleurs, vers les voyages, la découverte des autres...),* construire *(par les mains des sculpteurs, des peintres, des écrivains mais aussi par celles des bâtisseurs, des personnes qui entreprennent),* convaincre *(par le discours, l'exemple, le travail, la réflexion... mais aussi le boniment d'un comique ou d'un comédien, le texte d'un livre ou d'une chanson, une musique),* séduire *(l'artiste est séducteur parce qu'il captive son public, l'entrepreneur ne peut réussir sans séduire son équipe, ses employés, sans leur donner envie...). Tout un vocabulaire qui se ressemble.*

*Il y a ceux qui œuvrent dans le réel : une entreprise, des emplois, des résultats comptables, des investissements. Il y a ceux qui ouvrent les portes de l'imagination : des images, des récits, des arts plastiques, des chorégraphies. C'est dans le goût permanent de l'équilibre de ces deux mondes que se trouve la vie des hommes et des femmes.*

*Ce qui rapproche l'artiste de l'entrepreneur est dissimulé par l'exercice économique. Ce qui ne peut masquer le besoin d'insouciance : pour imaginer un développement, une création, une initiative dans quelque domaine que ce soit, il faut à un moment ou à un autre que l'entrepreneur ou l'artiste se dégage de toute contrainte, de toutes les habitudes... Il prend un risque, il sort de l'ordinaire. Puis il doit entraîner l'adhésion du groupe dans lequel il travaille ou du public devant lequel il se produit.*

*L'artiste n'est pas, tout comme l'entrepreneur, hors des champs de la concurrence. Il doit se battre pour imposer son œuvre, son film, sa chanson, il doit aller souvent contre les modes. Le point commun, sauf à choisir d'être artiste maudit et préférer la postérité reconnaissante, est là encore une évidence. Bien sûr l'artiste est souvent solitaire (écrivain, sculpteur, peintre) mais il dépend d'une chaîne collective qui commence au producteur et s'achève par le "client" c'est-à-dire le public, l'acheteur de son œuvre. L'entrepreneur ne peut mener un projet seul.*

*Et la beauté ? Celle des murs de pierre, des lignes automobiles, des mets cuisinés... celle des couleurs et des formes d'un tableau, celle des sons en harmonie... L'abus des comparaisons n'est pas à faire mais la séparation hermétique des deux mondes est une faute.»*

Merci à Camille et Claude qui sont les coauteurs de cette préface, je la complète de ma propre expérience.

J'ai créé SODEXHO en 1966 à Marseille pour me lancer dans la restauration et les services aux collectivités. Aujourd'hui SODEXHO est un groupe de 315 000 collaborateurs sur 24 900 sites dans 76 pays sur les 5 continents.

Dans une société mondialisée où les hommes ont perdu leurs repères, j'ai voulu, dès la création de l'entreprise donner un sens à mon action et à ceux que j'entraînerai dans mon aventure. Évidemment, notre rôle, comme celui de toute entreprise, est d'essayer de satisfaire à la fois nos clients, notre personnel et nos actionnaires, mais dès les premières années, nous avons choisi une vocation qui donne un sens aux efforts et au travail de tout le personnel, à tous les niveaux et à tout moment : « **améliorer la qualité de la vie au quotidien**» des enfants, des adolescents, des étudiants, des travailleurs, des malades, des seniors... Cette vocation fait de nous, des créateurs, des passionnés de nos métiers, elle est la source de notre dynamisme de croissance et fédère les énergies de tous autour de nos trois valeurs : esprit de service, esprit d'équipe, esprit de progrès.

Les clowns, les poètes, les musiciens, les peintres, les sculpteurs, les acteurs nous apportent du bonheur. Le comportement des milliers d'entrepreneurs SODEXHO s'apparente à la démarche des artistes engagés ; nos managers cherchent à transmettre à nos convives une émotion, le« savoir faire plaisir » ; c'est comme s'ils entraient en scène au moment du service (il nous est arrivé parfois de donner des cours de théâtre à notre personnel).

Dépasser les risques de banalisation, liés à l'imitation, pour se différencier, créer du lien social pour le partage d'un imaginaire commun à tous les membres de l'entreprise, au-delà des hiérarchies et des cloisonnements, sont autant de paris que nos équipes cherchent à relever chaque jour. Aussi, pour promouvoir les innovations au sein du groupe, nous avons développé des partenariats avec les plus grandes stars de la gastronomie, en France, avec huit chefs prestigieux 3 ou 2 étoiles : d'une part, pour perfectionner et motiver nos chefs de cuisine (par exemple, l'école et le concours SODEXHO, Marc Veyrat) ; d'autre part, pour éveiller, éduquer, développer ou restaurer chez nos convives les plaisirs de la table et des sens.

Dans nos restaurants de prestige, nous sommes capables d'égaler les meilleurs : je déjeunais récemment à Cologne avec quelques grands clients et notre directeur général Allemagne ; on nous a servi un œuf poché dans sa coquille, plantée sur un lit de mousse, à côté de l'assiette une surprenante seringue, destinée à inoculer dans l'œuf un coulis d'oxalis vert pour que le mélange des saveurs soit homogène ; puis une lotte au four sur une assiette présentée comme un tableau miniature de Miro et, encore plus surprenant, à côté des couverts, un petit pinceau individuel, servant à passer une sauce réduction de citronnelle et de citron vert sur la lotte (cette sauce étant légèrement acidulée, le convive peut, suivant son goût, peindre son poisson avec plus ou moins de sauce).

Dans les écoles, la découverte du contraste sucré/salé, des herbes, des plantes, des épices douces forme le goût des enfants. Dans un hôpital ou une maison de retraite, la visite d'un grand chef est un moment inoubliable de fête et de joie. Il n'était pas évident d'intéresser la haute gastronomie à la restauration collective. J'avais remarqué que la passion des artistes que sont les grands chefs cuisiniers est née, a grandi sur le fourneau familial. Aussi, quand je suis allé leur faire part de mon idée, ils ont trouvé passionnant qu'ensemble nous essayions d'améliorer la cuisine de tous les jours.

C'est donc sur le terrain de la passion que se rencontrent artistes et entrepreneurs. Cette passion qui les conduit à « baliser l'incertain » en regardant les transformations du monde, des goûts, des tendances, entre tradition et innovation, à « s'ouvrir au mystère de l'Autre » en écoutant finement et sincèrement les gens qu'ils rencontrent – leurs clients mais aussi tous les autres – pour découvrir leurs désirs, à « apprivoiser le chaos » d'un environnement complexe en croisant les informations, les savoir-faire, les disciplines et à « concrétiser l'immatériel » en donnant forme à leurs rêves et à ceux de leurs clients, portés par le souci du bien collectif. Et pour réussir tout cela, les artistes et les entrepreneurs ont aussi en commun le goût du risque et de la performance sans cesse renouvelée.

Comme le suggère Christian Mayeur, jetons les ponts entre les entrepreneurs et les artistes de demain car nous avons d'étonnantes similarités et de très enrichissantes complémentarités. Ne laissons pas l'humanité s'angoisser dans les imaginaires de l'inquiétude, dans les grandes peurs du futur, mais, vous les artistes et nous les entrepreneurs, ensemble, ré-enchantons le monde.

# Partager le désir, l'urgence et l'art d'entreprendre

Ce livre est né du désir de partager avec vous une urgence : cultiver l'art d'entreprendre en France, en Europe et dans le monde pour participer à la création de richesse économique, sociale, culturelle, écologique propre à nourrir la confiance en l'avenir et le mouvement de transformation du monde. Étymologiquement, le désir est la tension vers l'étoile qu'on ne voit pas dans le ciel, l'étoile inatteignable. Le désir d'entreprendre est donc une tension infinie, une faim impossible à assouvir.

## Le désir d'entreprendre

Qu'est-ce qu'un entrepreneur ? C'est celui qui agit, qui crée, qui transforme la réalité qui l'entoure pour lui-même, pour ses clients, pour la richesse de la collectivité et de la société dans laquelle il inscrit son activité et son engagement.

À l'origine, rien ne semblait particulièrement me prédestiner à devenir entrepreneur. Sauf peut-être mon imaginaire, que mon enfance solitaire avait largement développé : j'organisais des batailles de chevaliers, je construisais des villes dont je modifiais les plans d'urbanisme et de circulation, j'échafaudais des constructions de meccano qui envahissaient toute la maison de mes parents, j'imaginais des stratégies victorieuses, des défis à la routine (destructions et reconstructions), des résistances aux invasions ou aux cataclysmes.

Parfois, je rêvais longuement en regardant fixement la neige à la fenêtre. Même de ce lieu anodin où je vivais, j'entrevoyais un immense univers de possibilités dans le blanc étrangement lumineux du ciel du nord de la France. Un peu plus tard, vers l'âge de onze ans, je découvris la Californie à travers la voix, inscrite dans le vinyle, d'un fils de pasteur de souche française, Vincent Fournier, alias Alice Cooper. J'appris beaucoup plus de la langue anglaise et de la culture américaine en traduisant ses textes, en analysant point par point les pochettes de ses disques, en lisant les chroniques de Philippe Garnier dans *Rock & Folk* que dans ma classe d'anglais au lycée. Des torrents d'énergie me firent traverser Detroit avec Iggy Pop, Sidney avec Angus Young, Londres avec Robert Plant, New York avec Lou Reed ou la Ruhr avec Kraftwerk. La mondialisation traversait le salon de la maison d'un calme village... où passaient les vaches pour aller au pré. Je bénéficiais, grâce à ce transfert d'énergie, d'une rencontre avec d'autres imaginaires, d'une forme d'intelligence plus proche de celle des loups que des chiens savants. Par ailleurs, j'avais été nourri abondamment au grec et au latin anciens et j'avais dévoré César, Cicéron, Rabelais, Voltaire, Rimbaud, Zola (je garde le souvenir d'émotions puissantes à la lecture du *Ventre de Paris* !), Rilke, Camus. J'avais envie d'en découdre. Le croisement entre la sensibilité, la curiosité et le goût de la nuance que procurent une culture classique et l'apport d'énergie de la musique et des artistes anglo-saxons avait fait germer en moi la passion d'entreprendre. Mais à ce moment-là, je ne m'en doutais pas.

C'est bien plus tard, après un parcours dans un grand groupe de télécommunications, puis dans une entreprise industrielle, que je me suis rendu compte rétrospectivement avoir été un entrepreneur depuis toujours, quel que soit le contexte où j'avais œuvré. Aujourd'hui, entrepreneur dans tous les sens du terme – assoiffé du monde, animé par la quête de création de richesse pour mes clients, mes collaborateurs, mon environnement, animateur d'une entreprise et, à ce titre, gorgé du désir de créer –, je présente dans cet ouvrage quelques réflexions et expériences en devenir sur l'art d'entreprendre, nourries de l'observation et de la coopération avec des artistes. L'idée de faire partager mes découvertes est née d'abord à l'occasion de conférences, puis par la pratique de coopérations entre entrepreneurs et artistes au sein de séminaires stratégiques ou de cursus de développement en entreprises. Très vite, cette idée a pris la forme du projet de livre que vous tenez entre vos mains, réalisé avec le concours de **Jean-Claude Desmerges**, artiste plasticien, et de **Jean-Pierre Raffaelli**, professeur et metteur en scène de théâtre contemporain.

# L'urgence d'entreprendre

Alors que l'Europe et en particulier la France bénéficient, de par leur histoire et leur imaginaire bigarré, d'un inégalable potentiel créatif, nous souffrons en ce début de XXIᵉ siècle d'une frilosité diffuse qui se traduit par un déficit de création de richesse économique, sociale, culturelle et tout simplement humaine, en comparaison avec d'autres pays et régions du monde dont les niveaux de développement économique sont comparables. Pour reprendre l'initiative, il est urgent d'entreprendre le monde, au double sens de ce verbe que nous rappelle l'artiste français **Alain Bashung**[1]: désirer et agir.

Entreprendre, c'est user adroitement de son intelligence, brûler beaucoup d'énergie et tirer parti de sa sensibilité pour créer des richesses économiques, sociales, culturelles, politiques, humaines. Les entrepreneurs ne s'endorment pas sur leur savoir, ils refusent la routine tirée de leur expérience, ils rejettent l'imaginaire prédigéré des projets d'entreprise, des diktats de consommation ou des catalogues de loisirs packagés par les manipulateurs de signes du marketing. À l'instar de l'artiste qui entrevoit déjà le travail suivant alors que son œuvre n'est pas terminée, l'entrepreneur n'a pas achevé son projet en cours qu'il pense déjà au projet à venir. Chez l'artiste comme chez l'entrepreneur, le désir du prochain projet, de la prochaine entreprise, apparaît dans le processus à l'œuvre.

Qu'il soit créateur d'entreprise, dirigeant ou manager, l'entrepreneur invente et réalise. Il crée et met en œuvre sa création. Entreprendre est une attitude qui repose sur des capacités créatives dont dispose chaque personne. L'artiste allemand **Josef Beuys**, un des leaders du mouvement Fluxus, n'a-t-il pas déclaré avec force : « *Chaque personne est un artiste* »[2] ? Je réponds en écho : **chaque personne est un entrepreneur en puissance**. Entreprendre est un processus de vie qui transforme les personnes qui s'y engagent, de manière analogue au processus artistique qui transforme l'artiste lui-même.

C'est à ce processus vivant que je vous propose de nous intéresser dans ce livre. Pour éviter toute confusion, je précise qu'à mes yeux, il ne suffit pas pour être entrepreneur d'enregistrer une entreprise

---

1. Voir l'entretien avec l'auteur au chapitre « Concrétiser l'immatériel ».
2. *Jeder Mensch ist ein Künstler.*

comme objet social – une vulgaire « boîte » – à la manière d'un gestionnaire, mais de démontrer sa capacité à entreprendre : créer de nouvelles formes, ouvrir de nouveaux possibles et participer à la transformation du monde. En revanche, l'action d'entreprendre est accessible aux décideurs des entreprises privées et publiques, et même aux responsables politiques, qu'artistes et entrepreneurs devraient inspirer pour relancer la créativité, l'imagination et l'innovation dans tous les domaines de la vie. Sans aucun doute l'attitude d'entrepreneur est-elle plus que jamais nécessaire et vitale en France et en Europe, au regard de la perte de confiance en l'avenir et du déficit de compétitivité économique, sociale, culturelle et artistique que celle-ci engendre. Entreprendre n'est donc pas l'apanage des entreprises privées, il en est d'ailleurs sans doute un certain nombre où les entrepreneurs sont rares. C'est une attitude de mise en mouvement de l'intelligence, d'engagement dans l'action et d'ouverture sensible au monde à réveiller d'urgence dans toutes les sphères de la société, tant la qualité et l'efficacité des initiatives privées dépendent du dynamisme de l'environnement public.

## L'art d'entreprendre

À travers ce livre, je propose aux managers d'explorer l'art d'entreprendre au XXIᵉ siècle naissant, à l'heure où, par choix stratégique ou par nécessité vitale, les discours cèdent le pas à l'action, les textes cèdent le pas aux images, le travail cède le pas à la création.

## La structure de l'ouvrage

J'ai structuré l'ouvrage de la manière suivante : un chapitre introductif, quatre chapitres centraux, une conclusion, qui, tous, bien que cohérents, peuvent être abordés séparément.

**Le chapitre introductif** présente les trois niveaux de dynamique des entrepreneurs et des artistes à travers l'ère classique, l'ère moderne et l'ère contemporaine : le « faire bien », le « faire mieux » et le « faire autrement ». Ce « faire autrement » constitue le sujet central de l'ouvrage. Ce chapitre introductif rappelle les défis posés aux entrepreneurs par l'économie immatérielle des services, qui est désormais leur terrain de jeu, et esquisse le paysage de **l'hyperentreprise**, dont les formes de vie, de performance et de développement durable restent largement à inventer. Le témoignage de Nicolas Bourriaud, critique d'art, commissaire d'exposition et cofondateur du Palais de Tokyo, site de création contemporaine, qui clôt cette introduction, invite à explorer les quatre attitudes clés, communes aux artistes et aux entrepreneurs contemporains, qui forment l'art d'entreprendre.

**Les quatre chapitres centraux** présentent quatre attitudes clés communes aux artistes et aux managers entrepreneurs contemporains pour inventer l'hyperentreprise :

▶ **Baliser l'incertain, c'est regarder.** Regarder le monde autour de soi avec acuité et curiosité, entretenir son étonnement, observer les formes de vie en gestation, dessiner la vision du devenir et vivre la création permanente. C'est dépasser sa peur, libérer son élan vital et partir inlassablement à la découverte de la face imprévisible du monde pour donner forme à de nouvelles réalités. C'est aussi regarder l'invisible ;

▶ **S'ouvrir au mystère de l'Autre, c'est écouter.** C'est aller au-delà de la projection de ses propres fantasmes sur autrui, au-delà de sa culture, de sa vision du monde et de ses habitudes, bref de sa propre identité. C'est « traverser ce miroir » et pénétrer avec humilité dans l'univers secret propre aux désirs des autres : pour un artiste, les autres sont les hommes et les femmes, familiers ou citoyens du monde, mais aussi l'Autre en tant que mystère de l'univers et irréductible altérité ; pour un entrepreneur, c'est accéder à la face cachée, mystérieuse, énigmatique des clients, des marchés et de l'environnement social et sociétal des entreprises, qui recèle les gisements de création de richesse présents et futurs ; c'est donc aussi écouter son imaginaire et combiner la réalité et la fiction ;

▶ **Apprivoiser le chaos, c'est croiser les points de vue, confronter les données, coopérer pour faire advenir des formes inédites.** C'est naviguer entre un ordre nécessaire et un désordre vital, sans se contenter de l'ordre établi. C'est construire des stratégies hors des repères familiers, apprivoiser le désordre ambiant et intégrer les aléas dans les processus de création et de transformation. C'est favoriser l'agilité collective et provoquer des ruptures créatrices ;

◗ **Concrétiser l'immatériel, c'est entreprendre** à l'ère des services où tout s'accélère. C'est nourrir son engagement, inventer son métier dans l'action, élargir sa gamme de créations de valeur et pratiquer l'écologie appliquée pour accomplir la mission noble de l'entreprise.

Les entrepreneurs sont aussi souvent des dirigeants. **La conclusion de l'ouvrage** présente donc trois principes d'action communs aux artistes et aux entrepreneurs contemporains, plus particulièrement orientés vers l'art de **diriger** l'hyperentreprise : produire des **expériences** partagées, réaliser des **performances** quotidiennes, pratiquer des **évaluations** esthétiques.

## La matière de l'ouvrage

Dans son contenu, l'ouvrage s'appuie systématiquement sur la présentation de démarches d'artistes, mises en parallèle avec les attitudes des entrepreneurs contemporains. Je partage avec vous mes clés de lecture des processus et des attitudes des artistes, en regard des défis que j'observe dans les organisations ou que je vis moi-même en tant qu'entrepreneur. J'y apporte mes propres analyses et préconisations, fondées sur les expériences que je vis chaque jour dans la transformation des entreprises, des organisations et de leurs relations à l'environnement contemporain.

En outre :

◗ Le propos de l'ouvrage est éclairé par plus de vingt témoignages directs d'artistes et d'entrepreneurs ( ⌖ ) ;

◗ Chacun des quatre chapitres centraux est agrémenté d'un retour d'expérience − « Entrez dans l'expérience » − sur la mise en pratique réelle des attitudes de l'art et du design contemporain en entreprise ;

◗ Je vous propose de nombreuses pistes ( ⌖ ) à développer par vous-même, qui sont signalées en tant que telles ;

◗ Au fil de l'ouvrage, vous ferez également la connaissance de six outils pratiques de l'art d'entreprendre ⌖ que j'utilise dans mon entreprise et avec mes clients.

# Comment inventer votre propre chemin pour « faire autrement » ?

À la différence des règles de production de l'ère classique ou des modèles de gestion de l'ère moderne, les attitudes des entrepreneurs contemporains ne peuvent être normées, tellement elles se situent au croisement de postures, de processus et d'expériences individuelles, à l'instar de ce que connaissent les artistes. En tant que manager entrepreneur, vous ne supporteriez certainement pas que quiconque prétende normer ou modéliser votre conduite.

Ce livre est donc une invitation à dessiner votre propre carte du chemin à parcourir entre les démarches des artistes et la traduction de ce qu'elles pourraient vous inspirer en tant qu'entrepreneur, à partir des pistes qui jalonnent l'ensemble de cet ouvrage. Cet écart volontaire participe de mon objectif de stimulation de votre créativité.

INTRODUCTION

# Entrepreneur et artiste, deux figures en marche

## L'évolution croisée de l'art et de l'entreprise, de la Renaissance à l'ère contemporaine

### *« Faire bien »* : *l'ère classique chérit la maîtrise*

À la Renaissance, en Italie, on a scindé la notion d'artiste et celle d'artisan : l'artisan fabrique un bel objet qui trouve une utilité pratique ; l'artiste crée un bel objet sans utilité immédiate. Soumis à un long apprentissage, l'artiste choisit de s'émanciper pour créer un objet autonome. Le mot clé de l'ère classique est la maîtrise. L'artiste classique maîtrise son art. Pendant dix ans, le peintre **Fra Angelico** respecte les canons des maîtres. Quand il démontre qu'il excelle dans son art en suivant les normes en vigueur, on lui offre les plus beaux matériaux et il devient responsable d'un monastère à Florence. C'est une époque où se profile un monde ordonné, pour sortir du chaos et des superstitions médiévales. Les artistes construisent des outils pour représenter le monde avec ses perspectives. **Piero della Francesca** est un de ceux qui fait faire de grands progrès à l'étude précise des formes humaines et de leurs mouvements. Fra Luca Pacioli, dans son traité *De Arithmetica*, en 1494, le cite comme un mathématicien supérieur. Son dessin ferme et large est celui qu'on peut attendre d'un savant en géométrie. L'école de Piero della Francesca réalise une peinture fameuse : la *Vue de la ville idéale*[1], ville parfaitement ordonnée, toute de stabilité et vide de ses habitants, organisée autour d'une perspective impeccable. Cette vision rassurante de la mise en ordre du monde, née autour de 1470, continue encore d'imprégner les esprits classiques nostalgiques des vérités immuables, des institutions stables et des statuts protecteurs.

Dans ce monde stable où la priorité est à la satisfaction des besoins d'énergie, d'infrastructures et de consommation courante, l'entreprise tire avant tout sa prospérité de la maîtrise de son métier. Quand elle devient industrielle, son premier souci est la maîtrise de la production… et des gestes des ouvriers, dans une hiérarchie bien ordonnée. Elle respecte des normes et des règles de l'art pour inspirer confiance à ses clients. **Les entrepreneurs classiques sont des producteurs qui cherchent à « faire bien ».**

École de Piero della Francesca, *Veduta della citta Ideale*, vers 1470,
© Galerie nationale des Marches, Urbino

## *« Faire mieux » : l'ère moderne voue un culte au progrès*

À la fin du XIXᵉ siècle apparaît la photographie, technique fondée sur un dispositif de perspective. Des artistes vont alors chercher à dépasser cette vision et à révéler ce qui se cache derrière cette illusion construite. **Cézanne** est le chef de file dans la démarche de la diffraction de la lumière. Il révèle que le monde réel recèle des dimensions multiples, invisibles à l'œil nu. Il ouvre donc une porte vers une nouvelle forme d'abstraction qui anticipe les découvertes des sciences de l'invisible au XXᵉ siècle.

---

1. *Veduta della Citta Ideale*, peinture sur bois que l'on peut admirer de nos jours à la Galerie nationale des Marches, située dans le palais des ducs de Montefeltro à Urbino, dans la province des Marches, en Italie.

Paul Cézanne, *La montagne Sainte-Victoire*, vers 1887-1890,
Paris, musée d'Orsay, © Photo RNM/Hervé Lewandowski

Parallèlement, l'entreprise s'ouvre aux phénomènes abstraits avec le développement des sciences de gestion. L'entrepreneur moderne va créer de la richesse au-delà de la production d'objets visibles. C'est le règne des modèles de gestion, du marketing et de la publicité. La marque crée une aura autour des produits de l'entreprise. L'usine organise sa performance, non plus autour de produits visibles, mais de processus invisibles que l'on ne peut que représenter, par exemple sur des diagrammes de flux. Dominée par la logique de reproduction industrielle et de standardisation, l'entreprise moderne chérit les ingénieurs, les techniciens et les gestionnaires. Cette dynamique est portée par le mythe du progrès, des chiffres et des statistiques. Gestionnaires d'entreprises dominées par le quantitatif, les entrepreneurs modernes cherchent à « faire mieux » en optimisant constamment processus, performances et compétences.

Mais à force d'objectiver, d'abstraire, de « benchmarker » et de rationaliser, le risque pour les entreprises modernes du « faire mieux » est de lisser leur production, de se banaliser et de déboucher sur une perte de leur génie créateur. À plus ou moins long terme, ce risque aboutit à la destruction de valeur. Dans une économie marquée par les restructurations, où les logiques d'optimisation ont été poussées très loin, les managers prennent conscience des limites des approches purement gestionnaires. Le corset des certitudes quantitatives se déchire car la création et l'innovation deviennent le véritable enjeu de survie et de développement dans un monde où l'industrie classique et les processus modernes migrent à grande vitesse vers les pays émergents. Le devenir de l'entreprise dans un monde complexe, turbulent, incertain est éminemment qualitatif. Il appelle au « faire autrement » permanent.

### *« Faire autrement »* : *l'ère contemporaine cultive l'anticipation*

Les artistes contemporains créent des formes nouvelles qui apportent des points de vue décalés de l'intérieur du monde environnant pour ouvrir de nouveaux possibles au cœur même du système économique, social et culturel. Ainsi, l'artiste français **Philippe Parreno** met en scène un monde d'expériences, de flux et d'interactions où l'imaginaire ne se réfugie pas dans des futurs abstraits, mais où il est injecté dans le présent, ici et maintenant. Dans ses installations enveloppantes et interactives, le spectateur devient visiteur. Il éprouve une expérience dont il est acteur, avec son intelligence, son corps et tous ses sens en éveil. Faire émerger un imaginaire et des possibles à partir des situations du quotidien, « déformater » les esprits pour stimuler l'invention de nouvelles formes de vie, aider chacun à redevenir sujet et acteur de ses expériences sont des démarches caractéristiques de l'art contemporain. Dans notre monde, les artistes redeviennent entrepreneurs. Ils traitent de problèmes complexes et assemblent des moyens divers pour réaliser leurs œuvres.

Coïncidence : pour les managers contemporains, tout se passe ici et maintenant, dans une réinvention permanente des relations entre soi et son environnement. Cette logique de renouvellement infini nécessite de développer des capacités d'anticipation fondées sur d'autres attitudes et d'autres regards. Comme en art, le défi est d'inventer d'autres formes de vie dans un monde dont les ressources quantitatives sont limitées et de coproduire du sens avec ses clients, ses fournisseurs, ses collaborateurs et les partenaires de son environnement. Les entrepreneurs contemporains deviennent des créateurs qui transforment leurs entreprises et les relations de ces entreprises avec la société. Ils créent d'autres formes d'échange, d'usage, de produits, de technologies ou d'habitats, des relations inédites entre les

hommes ou entre les hommes et leur environnement, dans une économie qui s'oriente toujours plus vers les services et participe à la
création de formes de vie multiples où chaque citoyen du monde se
met en scène et est invité à réaliser sa « micro-utopie ». Aguerris à la
transformation permanente de leur regard, les entrepreneurs contemporains s'ouvrent aux dimensions qualitatives de leurs entreprises et
de leur environnement pour « faire autrement ».

À la fin du XX$^e$ siècle, nous avons trop souvent confondu la figure de
l'entrepreneur et celle du gestionnaire, même si les deux coexistent
forcément dans l'entreprise et souvent chez une même personne.
Faut-il le rappeler ? Les entrepreneurs entreprennent, les gestionnaires gèrent. Les entrepreneurs défrichent l'avenir et prennent des paris
pour le développement, les gestionnaires font fructifier les acquis et
assurent la survie. Entreprendre est le stade le plus noble de la création de richesse. Les entrepreneurs sont ceux qui s'appuient sur le
« faire bien » des producteurs et le « faire mieux » des gestionnaires
pour accéder au « faire autrement » et baliser les chemins incertains
de l'anticipation.

Vue de l'exposition de Philippe Parreno, *Alien Seasons,*
musée d'Art moderne de la Ville de Paris, 2002, © Parreno et Air de Paris, Paris

# Anticiper comme les artistes

> « *Les entrepreneurs et les artistes ne gardent et n'épargnent pas "ce qui existe", mais mettent en œuvre et en débat ce qui n'a jamais été là sous cette forme, dans un refus constant de l'existant.* »

> Peter SLOTERDIJK, philosophe[1].

La grande question qui se pose aujourd'hui aux entrepreneurs est : « Comment anticiper alors que rien n'est plus prévisible ? » Or, qui fait de l'anticipation face au néant de l'œuvre à créer un art de vivre, sinon les artistes ?

En visitant les œuvres des artistes contemporains, en lisant leurs écrits, en observant leurs manières de faire, d'échanger, de vivre, j'ai constaté qu'ils consacrent leur talent à décrypter le monde, non seulement dans ses apparences stables, mais dans ses formes mouvantes et émergentes. J'ai observé que les formes de vie, les processus de création et les performances des artistes sont inséparables des idées, des intentions, des visions du monde qu'ils concrétisent dans leurs œuvres. En m'intéressant de plus près à leurs processus de création, j'en ai apprécié la discipline rigoureuse et la puissance créatrice. J'ai relevé que les artistes s'inscrivent dans des logiques d'action qui, bien que distinctes dans leurs buts, sont ancrées dans le même substrat humain que celles des entrepreneurs et portées par un souci analogue d'invention, d'opérationnalité, et d'efficacité.

En travaillant avec les artistes, il semblait donc possible de trouver des terrains de coopération féconde avec les entrepreneurs, tout en apportant un renouvellement du regard permis par l'irruption de logiques « autres ». Face à des défis inédits, comment les entrepreneurs du XXIe siècle, dont la mission est d'ouvrir de nouvelles voies, de créer d'autres relations avec leur environnement, de transformer leurs entreprises et leur vision du monde, peuvent-ils s'inspirer des postures, des attitudes, des manières d'agir familières aux artistes ?

---

1. Peter Sloterdijk, *L'heure du crime et le temps de l'œuvre d'art*, Calmann-Lévy, 2000.

## L'art est un fil rouge pour l'humanité

Nous avons commencé à faire de l'art[1] en produisant des dessins soufflés sur les parois des grottes préhistoriques. *« On risque de rester longtemps devant les fresques des grottes de Lascaux sans les comprendre, parce qu'on a justement perdu le décodeur. On ne sait rien du contexte : qui peignait ? Des artisans, des artistes, des prêtres... ? Que signifient ces troupeaux de petits chevaux ? Ce bison qui encorne un homme à tête d'oiseau ? À qui et à quoi étaient destinées ces peintures ? À des individus initiés dans des cérémonies chamaniques ? Pourquoi utilisait-on l'ocre rouge ici, en poussière pulvérisée, soufflée, projetée, le bâton de charbon noir là, le pinceau de poils d'animaux ailleurs ?* », se demande le philosophe **Michel Onfray**[2].

Au-delà de ces questions, ce que l'ensemble des spécialistes s'accordent à dire cependant, c'est que la représentation créative, au-delà des rituels, a été le premier moyen pour l'homme de **faire trace dans le temps au-devant de soi** (*time binding*) et marque le début d'une conscience humaine dans un environnement totalement inconnu, immense et hostile. L'art est un fil rouge de l'humanité : il n'est pas de société humaine connue sans activité créative.

*« L'art est un langage, une forme de communication. Au lieu d'être un langage par les mots, c'est un langage qui parle avec des matières et des formes. Ces mélanges artificiels de matières et de formes disjointes des matérialités de la nature sont créés pour faire passer dans le monde des sens d'autres mélanges, faits d'imaginaire et de réel, que l'artiste extrait de ses rapports au monde qui l'entoure [...] Rassurons-nous, l'art existera toujours. L'art ne peut disparaître. Il faudrait arracher le langage comme on arrache les dents, et encore, on peut manger sans dents. »*[3], explique **Maurice Godelier**, anthropologue.

L'art procède à la manière d'un langage, avec sa grammaire, sa syntaxe, ses conventions, ses styles, ses classiques. Quiconque ignore la langue dans laquelle est écrite une œuvre d'art s'interdit d'en comprendre la signification, et donc la portée. Cette langue change en fonction des époques et des lieux.

---

1. L'art est ici considéré en tant qu'activité créative exercée au-delà de la satisfaction de besoins utilitaires. Naturellement, la notion d'« art » telle que nous la connaissons ne viendra que beaucoup plus tard, à la Renaissance !
2. Michel Onfray, *Antimanuel de philosophie*, Bréal, Rosny, 2001.
3. Extrait d'un entretien paru dans la revue *La Recherche*, hors série, « La naissance de l'Art », 4 novembre 2000.

### *L'histoire de l'art est une chaîne constituée de ruptures*

L'art est un fil ininterrompu qui traverse toute l'histoire de l'humanité, une histoire de création de formes, un processus continu de métamorphoses qui anticipe et accompagne les transformations du monde. **Jean-Claude Desmerges** me confiait que « tout artiste inscrit sa petite histoire dans l'histoire infinie de l'art et des idées ». De **Léonard de Vinci** à **Bill Hewlett et Dave Packard**, entrepreneurs et artistes ont eu ceci en commun : ils voulaient changer le monde et, ce faisant, ils ont contribué à sa métamorphose.

Pour l'artiste italien **Michelangelo Pistoletto**, « *l'art a débuté dans notre civilisation occidentale comme un travail d'ouvrier, l'artiste était un artisan et l'art visuel a dû gagner petit à petit, durant des centaines d'années, la possibilité d'être mis au même niveau que les arts littéraires, qui étaient les arts propres. Mais à un certain moment, l'artiste visuel s'est libéré de la représentation, et il est arrivé à une sorte de position détachée du monde. L'art plastique a gagné au XXI^e siècle une position particulière de liberté ; l'individu est à soi-même son propre univers*[1] ».

Tout comme l'artiste, l'entrepreneur a dû batailler pour donner naissance à ses rêves et les réaliser. Il a appris à jouer librement[2] sa partie dans un marché dont l'économiste français **Michel Henochsberg**[3] rappelle qu'il a toujours été modelé par les États. L'histoire des artistes et des entrepreneurs est celle d'une patiente émancipation d'hommes et de femmes libres par rapport au pouvoir du Prince et des corporations et à leurs codes.

**Dans l'art, la notion de progrès n'existe pas** car on dénombre plus de ruptures, de dialogues, de confrontations que de continuités linéaires. En revanche, les correspondances sont innombrables et fécondes entre des artistes éloignés dans l'espace et dans le temps. Dans son article « Ultra-moderne »[4], l'artiste **Robert Smithson** rap-

---

1. Michelangelo Pistoletto, catalogue de l'exposition « Continents de temps », Musée d'Art contemporain de Lyon, 2001.
2. Étant entendu que *« toute liberté est constituée d'un ensemble de contraintes librement acceptées »*.
3. Michel Henochsberg, *La place du marché*, Denoël, 2001.
4. Robert Smithson, « Ultra-moderne », in *Arts Magazine*, septembre-octobre 1967, repris dans "The Collected Writings" et traduit en français dans le catalogue Robert Smithson, *Le paysage entropique*, Éditions MAC, Musées de Marseille, Réunion des musées nationaux, 1994.

pelle que « l' "histoire de l'art" ressemble à une chaîne brisée maintes fois réparée, faite de bouts de ficelle et de fils qui relient occasionnellement des joyaux. Comprendre cette "chaîne", ce serait comme essayer de retracer le dessin des empreintes de pied de quelqu'un depuis sa naissance jusqu'à maintenant ».

L'histoire de l'art n'est donc qu'une construction : des masques papous très anciens peuvent présenter autant d'intérêt que des œuvres de Matisse ou de Miro. Leurs formes nous renvoient un écho jusqu'à nos jours. Les techniques du collage et du montage, apparues en force au début du XX<sup>e</sup> siècle chez des artistes visuels comme **Karl Schwitters** et très développées aujourd'hui, existent déjà dans des formes littéraires chez des écrivains du Moyen Âge comme **Rutebeuf** ou **François Villon**. À ce titre, les mises en relation et juxtapositions des formes de création contemporaines avec celles du passé sont très fécondes. Nous sommes au seuil d'une nouvelle naissance, d'un nouveau savoir qui conduit à réévaluer les œuvres d'art des périodes les plus récentes à l'échelle de l'histoire de l'humanité.

L'intérêt particulier porté dans cet ouvrage à l'art contemporain s'inscrit en lien − de continuité, d'évolution, de confrontation et, dans certains cas, d'opposition − avec les pratiques artistiques plus anciennes. Chaque artiste, y compris le plus en rupture, définit sa pratique par rapport à une autre, contemporaine, ancienne ou archaïque. Je suis d'ailleurs surpris de constater à quel point le système de gestion des connaissances des artistes fonctionne à merveille, y compris par des moyens rudimentaires. De tout temps, les artistes se sont intéressés aux travaux et aux recherches d'autres artistes, par le biais de voyages, de rencontres et d'enseignements, pour s'en inspirer comme pour s'en démarquer. Cette curiosité insatiable est une source d'inspiration pour les entrepreneurs d'aujourd'hui.

## L'art contemporain, une zone off-shore de création d'expériences

L'art contemporain ne se définit pas par ce qui est produit actuellement : de nombreux artistes produisent en ce moment − et souvent avec bonheur − des œuvres qui s'apparentent aux traditions classiques, aux formes romantiques, à la représentation paysagère ou aux procédés modernes du XX<sup>e</sup> siècle. Des artistes d'aujourd'hui revendiquent l'héritage des grands maîtres, vivent dans la posture romantique de l'artiste maudit ou reproduisent les attitudes – voire les tics – de l'originalité à tout prix. Ils ne sont pas qualifiés de « contemporains » pour autant.

Par rapport à l'ensemble des activités sociales, l'art contemporain pourrait se décrire comme *une zone off-shore de création d'expériences*[1] : ni tout à fait intégrée dans la société, ni tout à fait cantonnée à un rôle d'observation neutre. Les artistes contemporains alternent l'expédition engagée au cœur du réel et le retrait dans l'extraterritorialité. Ils parcourent une carte du monde qui saute d'une échelle à l'autre, passant indifféremment du 1/100 000 au 1/1.

L'art contemporain est celui qui explore sans relâche des questions, des enjeux et des défis contemporains. Aussi s'intéresse-t-il aujourd'hui à l'immatériel, aux environnements, aux biotechnologies, aux mondes virtuels, à la mondialisation, et non plus à la représentation figurative d'abstractions (vertus, allégories) comme à la Renaissance, d'illusions paysagères comme au XVIIIe siècle ou d'abstractions mathématiques, conceptuelles ou psychanalytiques comme au XXe siècle. Plus concret, plus engagé dans la production et plus intégré dans la vie que l'art classique et l'art moderne, l'art contemporain explore tous les secteurs de la création, c'est une réinvention, une aventure multiforme : films d'animation, bancs mobiles qui se déplacent avec leur arbre, installations sonores, structures de survie, sculptures de tissu, collations ritualisées, déambulations dans les zones oubliées des villes, co-créations à distance sur internet...

L'art contemporain se caractérise par ses processus d'utilisation du monde réel pour faire émerger des formes de vie. Susciter les échanges entre artistes et entrepreneurs est de ce point de vue une voie féconde pour nourrir les capacités d'anticipation de ces derniers. Pour cela, le temps présent apparaît particulièrement propice : l'explosion des musiques techno, rock, jazz, rap, tango multiplie encore les possibilités de fusion et de démultiplication des énergies. Les artistes incarnent une énergie libératrice transformée en activités plurielles, projet précurseur de celui des entrepreneurs du XXIe siècle, à qui il revient de construire des cohérences multiples au cœur de réalités fragmentées : autant de goûts que de tribus de « consomm'acteurs », autant de segments d'activités que de zones

---

1. Expression empruntée à Nicolas Bourriaud.

géographiques. Le croisement de la danse, du théâtre, de la vidéo, des installations, de l'architecture, du graphisme, de la mode, de la publicité, glissement permanent d'un univers à l'autre tel que l'a mis en scène l'exposition « Translation » présentée au Palais de Tokyo en 2005, crée un environnement foisonnant de nature à féconder les capacités créatrices des managers et à encourager l'art d'entreprendre au service d'une nouvelle Renaissance européenne[1].

# Vers l'économie des services : le plongeon dans l'incertain

> « Et moi, je veux nager... »
>
> ARNO

## Inventer l'hyperentreprise du XXIᵉ siècle

*« L'art n'est pas une valeur, une idée qui existe en soi, autonome, ou si elle l'est, c'est le doute ; une œuvre n'est pas là pour remplir toutes les cases ; il faut la chercher ailleurs, dans ce passage entre production d'objets et production de soi-même ; un travail immatériel, imprévisible, qui se confond avec la vie »*, explique l'artiste français **Philippe Parreno**[2].

Entreprendre aujourd'hui en Europe, c'est forcément **se tourner vers l'immatériel**, puisque, hormis des produits assemblant des technologies extrêmement pointues, la production de bien matériels poursuivra inéluctablement sa migration vers les pays émergents, favorisant leur développement, dont nous ne pouvons que nous féliciter. Il semble pourtant que nous ayons une véritable réticence à regarder vers l'économie des services, « économie du mou », telle que la qualifie l'économiste Jean-Paul Betbèze[3], qui, selon lui, fait

---

1. Dakis Joannou, entrepreneur, collectionneur et créateur de la fondation Deste, qui a prêté ses œuvres pour l'exposition « Translation », ne s'y est pas trompé. Il a accepté que ses œuvres soient immergées dans le flot des combinaisons, échantillonnages et recyclages d'images du duo de graphistes M/M, à qui l'on doit notamment des illustrations pour les pochettes des disques de la chanteuse Björk.
2. Philippe Parreno, *Alien Affection*, catalogue de l'exposition « Alien Seasons » à l'ARC/musée d'Art moderne de la Ville de Paris, Éditions Paris Musées/Les Presses du Réel, Dijon, 2002.
3. Jean-Paul Betbèze, *La peur économique des Français*, Odile Jacob, 2004.

encore peur à de nombreux managers. Les services nous font plonger dans l'incertain. Ils n'offrent pas de socle solide et rassurant auquel on peut se rattacher. De la conception des logiciels aux services à la personne, la réussite de l'entreprise de services repose sur une promesse de création de valeur dans une expérience à venir. De même, l'œuvre d'art contemporain n'a souvent aucune valeur intrinsèque *a priori*. Sa valeur fluctuante se construit *entre* l'intention de l'artiste et la perception du regardeur, à l'occasion d'un jeu esthétique et spéculatif que chacun accepte de jouer librement dans l'expérience de la rencontre.

Le monde d'aujourd'hui nous invite à créer une forme nouvelle d'entreprise, dont la valeur est aussi fluctuante que celle d'une œuvre d'art contemporain : **l'hyperentreprise**, faite de flux, d'interactions, de mouvements incessants, au carrefour du monde virtuel et du monde réel, plate-forme innovante en constante transformation requérant de ses dirigeants comme de ses collaborateurs, partenaires et clients des postures, des capacités et des manières d'agir dont les artistes contemporains semblent être les précurseurs. À l'heure de l'hyperentreprise, nous vivons dans un monde de flux lumineux d'origine artificielle. Ainsi, les pixels des écrans digitaux qui tapissent notre vie d'entrepreneur sont des particules de lumière, tout comme les communications sur fibres optiques sont véhiculées par la lumière… Les limites entre nos espaces et nos temps de vie professionnelle et de vie privée − ces catégories ont-elles encore un sens ? − disparaissent, et les objets tels que nous les entendions au sens classique, avec leurs dimensions, leurs contours et leurs surfaces voient leur importance diminuer en regard des possibilités infinies de communication ouvertes par les réseaux de lumière. Les flux lumineux nous accompagnent partout, dans un continuum interrompu entre nos lieux d'activité professionnelle, sociale ou privée : informations stratégiques, techniques, financières, messages de collègues, collaborateurs, amis, voix, musiques… tout un halo de lumière présent partout avec nous et en nous, dans nos images cérébrales ou le frémissement émotionnel de notre chair. **Nam June Paik**, artiste coréen parmi les leaders du mouvement Fluxus, fut parmi les premiers à mettre en scène ces flux lumineux. Le musée Guggenheim Bilbao a exposé en 2001 la machine qu'il conçut avec l'aide d'un ingénieur pour créer les premiers flux de lumière colorée issus du ventre d'un ordinateur. En tant qu'objets visibles, délimités par des barrières physiques, les entreprises elles-mêmes s'estompent, malgré la persistance de certaines d'entre elles à se représenter par des bâtiments, vision surannée et éloignée de leur réalité véritable d'aujourd'hui.

En 1970, **Walter de Maria**, artiste américain qui créa sur un haut plateau du Nouveau Mexique l'œuvre *The Lightning Field*[1], déclare : « *The Invisible is real.* » Ainsi, les artistes contemporains nous donnent-ils à percevoir la métaphore du monde global : une planète hérissée d'antennes plongées dans des champs de propagation, couverte de réseaux de transmission des informations, immense laboratoire de connaissance cosmique, pour reprendre la description du devenir de la terre par le philosophe français **Jean-François Lyotard**. L'hyperentreprise est appelée à devenir une boule d'énergie, d'intelligence et de beauté propulsée au service des désirs de ses clients et partenaires. Or comment saisir la foudre dans un plan comptable ? C'est un peu la question à laquelle sont confrontés les managers contemporains, puisque c'est dorénavant l'hyperentreprise, faite de flux interactifs incessants, qui produit la valeur et incarne la puissance économique, une puissance littéralement invisible, sauf à qui sait regarder le vide en perpétuel mouvement de la lumière.

### Une entreprise sans limites visibles

> « *Il suffit de regarder la lumière pour être fasciné, sans d'ailleurs pouvoir en saisir les extrémités.* »
>
> Dan FLAVIN, artiste

L'hyperentreprise se nourrit et se régénère de tout ce qui se passe dans les interstices, les entre-deux, les vides, les trajets de sujets qui interagissent, coopèrent et créent ensemble de la valeur sans limites ni extrémités. **Pierre Bellon,** président de SODEXHO ALLIANCE, affirmait d'ailleurs au CEO Summit 2004 à Paris que « *l'entreprise, ce sont des clients, des hommes et des femmes et des flux d'argent* ». Effectivement, dans une vision contemporaine, les clients font désormais partie intégrante de l'hyperentreprise, à l'instar de l'art contemporain, où depuis l'affirmation de l'artiste **Marcel Duchamp**, on a

---

1. *The Lightning Field* est une des plus impressionnantes œuvres d'art dont j'ai pu faire l'expérience : il s'agit d'un immense capteur de lumière solaire et électrique constitué d'un champ de 400 poteaux d'acier poli d'une hauteur moyenne de 8 mètres, plantés sur une surface de 1 mile sur 1 kilomètre.

compris que « *c'est le regardeur qui fait l'œuvre* ». Au-delà même des clients aujourd'hui, l'hyperentreprise est tissée des interactions de bien des protagonistes de la société et du monde environnant avec qui elle doit compter à chaque seconde de son existence.

Le Monde
Les Actionnaires
La Société
Les Managers
L' Environnement
Les Technologies
Les Partenaires
Les Collègues
Les Clients
Les Dirigeants
Les Collaborateurs

L'hyperentreprise, une structure « membranée », sans dedans ni dehors, faite de flux d'intelligence, d'énergie et de sensibilité © Entrepart

Les vieilles théories de l'organisation, les concepts de management éprouvés comme le marketing, la qualité totale, l'analyse de la valeur, la planification stratégique, la sociologie des organisations... gardent une valeur relative si on admet que l'hyperentreprise intègre les richesses du passé pour mieux les recycler ou les transcender. Mais créer de la richesse dans la vélocité nécessite une mutation relationnelle qui pourrait passer pour un nouveau manifeste futuriste d'économie. Les conséquences sont incalculables, au sens propre comme au sens figuré. Incalculable est la valeur propre du mouvement vers le client, le partenaire, le fournisseur, car ce mouvement est proprement insaisissable. S'il est aisé de quantifier un temps de présence dans un bureau ou dans une usine, comment en revanche valoriser un temps émietté, diffus, soumis aux nombreux aléas des exigences et des disponibilités des clients ? Aller vers l'autre, tisser des liens créatifs, inventer des solutions avec les clients : l'économie immatérielle, dont l'hyperentreprise exprime la quintessence, requiert des qualités aussi nombreuses et diverses que la maîtrise de la complexité, l'exercice d'une autorité esthétique – autorité fondée sur le sentiment, la sensation et l'émotion de « vibrer ensemble » –, l'ouverture à l'autre et l'exposition permanente au jugement d'autrui, l'adaptation constante des stratégies, la transformation permanente, la coopération spontanée, la mise en scène d'expériences relationnelles créatrices de valeur, et enfin le sens du rythme et de la performance comme art de vivre.

Dans l'art contemporain, on attend de l'artiste des performances éphémères[1] constamment renouvelées et non plus des chefs-d'œuvre pérennes. Pour susciter de l'intérêt et attirer vers lui des flux critiques, médiatiques et financiers dans un univers saturé de signes et d'images, l'artiste est contraint de démontrer sans cesse sa capacité à surprendre, tout en exprimant la quintessence de son époque ou en activant la mémoire profonde de ses congénères. À l'heure de l'économie immatérielle des services, le manager entrepreneur est celui qui a la capacité à attirer vers soi les flux de confiance, d'exigence, de sympathie et de liquidité des investisseurs. Il présente un projet « d'expérience à partager » qui intéresse des clients : conditions d'usage des produits, aura d'image, de prestige ou de plaisir, et de services associés qui vont avec. Les clients acceptent alors de faire un pari sur la qualité globale de l'expérience et des solutions imaginées pour eux et avec eux. Pour attirer les investisseurs, l'hyperentreprise doit démontrer qu'elle tient ses promesses grâce à des succès permanents. Entreprendre au XXIᵉ siècle, c'est apprendre à naviguer avec une visibilité à court terme – un horizon ne dépassant pas six mois – en étant capable de remettre constamment en question la stratégie qui soutient ses objectifs. Les entrepreneurs contemporains agissent ainsi dans un environnement qui les contraint à adopter une posture proche de l'attitude foncièrement nomade des artistes.

Dans ce contexte, notre réalité est devenue tellement fluctuante qu'elle ne peut plus entrer dans aucun modèle théorique de performance. Les analystes boursiers l'ont d'ailleurs compris, qui accordent désormais plus de confiance aux personnalités et aux attitudes concrètes des entrepreneurs et à la culture des entreprises qu'aux théories de management qu'elles appliquent. De fait, les entrepre-

---

1. En 2005, l'artiste français Philippe Parreno présente dans une galerie new-yorkaise une vidéo programmée pour se détruire 48 heures après visionnage. Cet acte symbolise la réduction de la portée psychologique du temps et du vacillement du sens contemporain – signalé dans *02*, revue d'art contemporain, n° 34.

neurs de l'économie immatérielle des services apprennent à créer à partir de rien, ce qui fait dire à certains « qu'ils produisent et vendent du vent ». Assumons donc ce fait inédit : le monde qui émerge est effectivement un monde rempli d'écume légère plutôt que de pyramides lourdes et stables, comme l'énonce le philosophe allemand **Peter Sloterdijk**[1]. Il nous rappelle avec force qu'**il n'y a rien de plus fort que l'air**, qui pénètre même les endroits les plus improbables ou inaccessibles. La métaphore de l'écume renvoie à un ensemble infini d'environnements : des bulles en interaction où défense et créativité s'emmêlent, vision bien plus riche que l'image rebattue et réductrice de simples réseaux « anorexiques » où les êtres humains seraient réduits à un rôle de transmetteurs d'information. Dans l'écume humaine, chaque bulle est un univers en soi, avec sa culture, sa mentalité, sa complexité, sa créativité, ses capacités défensives et offensives, notamment en matière de création de relations à autrui.

### Agir au cœur du monde réel au service d'une mission noble

> *« Il faut être aux aguets en permanence, attentif à l'évolution de l'environnement pour ne pas se réveiller un jour en constatant que les choses ont changé. L'absence de sensibilité peut vous faire prendre un retard qui sera impossible à combler. »*
>
> Thierry DESMAREST,
> président-directeur général du groupe TOTAL[2]

Dans l'environnement de l'hyperentreprise, instantané, largement invisible à l'œil nu car constitué de flux virtuels et plein de contradictions apparentes, les stratégies de création et de transformation profondes, durables et à fort potentiel de valeur ne dérivent pas de solutions apprises ni de certitudes. En l'absence d'inspiration divine et après la faillite d'un sens de l'histoire orienté par le progrès technologique, les entrepreneurs se trouvent seuls face à eux-mêmes, à

---

1. Selon Peter Sloterdijk, les bulles qui constituent les espaces humains viables ne se stabilisent pas seulement par des moyens défensifs, mais par une capacité d'expansion positive fondée sur la créativité et la capacité de nouer des relations avec autrui. D'après Peter Sloterdijk, *Écumes Sphères III*, Éditions Maren Sell, 2005.
2. In la revue *Management*, janvier 2000. TOTAL est une valeur vedette du CAC 40 et l'une des quelques entreprises européennes reconnues comme les plus créatrices de valeur dans les classements mondiaux.

leurs collaborateurs et à un environnement mouvant, sans perspective préétablie. Pour coproduire du sens, ils mettent désormais en jeu leur intelligence de l'autre, leur pragmatisme déterminé et leur part de rêve et d'imagination.

Le Suisse **Harald Szeemann,** célèbre commissaire d'expositions d'art contemporain – organisateur d'une édition de la Documenta de Kassel et de deux éditions de la biennale de Venise –, qualifie les expositions d'*« espaces de respiration de l'art »*. Pour lui, une exposition est une combinaison espace/mentalité/climat[1], en lien avec l'équation suivante : **Espace + Mentalité = Climat.** Un espace-mentalité est un état déterminé par l'équilibre entre l'intérêt des personnes qui y participent et la capacité d'innovation de l'institution qui veut produire ce climat. En pratique, *« quelques personnes animées par des intentions et un style de vie communs, rassemblées autour d'un négociateur prêt à jeter une lumière nouvelle sur ce qui existe déjà ou à montrer ce qui est nouveau, suffisent à créer un espace/mentalité/climat ».* Alors que leur environnement fluctuant est plus que jamais incertain, les managers contemporains créent pour leurs entreprises des représentations mentales inédites, adaptées à la réalité ouverte de l'hyperentreprise dont le climat importe plus que les structures pour son développement. Ils avancent dans l'ordre apparent des images virtuelles et le désordre caché des interactions incessantes entre les multiples protagonistes (collaborateurs, clients, fournisseurs, technologies, automates, partenaires, leaders d'opinion...) de relations de services d'entreprises qui n'ont désormais *« plus de dedans et que des dehors »,* comme l'affirme **Jean-François Zobrist,** dirigeant de l'entreprise **FAVI.** Cette fonderie a supprimé son organigramme et ses technostructures – fonctions ressources humaines, systèmes d'information, contrôle de gestion – au profit d'un système mou de mini-usines baptisé « chamallow »[2]. Le monde d'aujourd'hui est tellement turbulent que les entrepreneurs avancent dans l'ignorance, sans savoir : ils préfèrent poser les bonnes questions et prendre les décisions justes.

Dans notre monde contemporain, les entrepreneurs comme les artistes traversent le monde réel, en captent les mouvements invisibles et

---

1. Harald Szeemann, *Écrire les expositions*, Éditions La Lettre volée, Bruxelles, 1996.
2. Chez FAVI, chaque leader de mini-usine assure toutes les fonctions vitales, dans le respect des valeurs de l'entreprise et en interaction solidaire et créative avec les autres mini-usines.

y impriment leur marque. Ils détectent les tendances émergentes qu'ils confrontent aux traces du passé pour stimuler des processus d'innovation chargés de sens pour leur environnement, pour leurs clients, pour leurs collaborateurs et pour eux-mêmes. Ils sortent du cadre des idées convenues pour donner naissance à des projets uniques, différents et autonomes que seuls la pratique artistique ou l'action d'entreprendre permettent de réaliser. De projet en projet, ils nourrissent leur engagement créatif **dans l'action même, au cœur du monde réel.** Cette action n'aurait aucun sens si elle ne participait pas à la création de richesse et au développement de la société. Le partage s'exprime à travers l'accueil de l'autre comme source de richesse et d'invention et facilite l'agilité collective comme moyen de mobiliser les intelligences, de fluidifier les coopérations et de stimuler de nouvelles intuitions. Le développement se traduit par une action responsable des artistes et des entrepreneurs envers leur environnement pour participer à la mémoire des sociétés – démarche extrêmement précieuse face à l'oubli généralisé –, pour dépasser le seul profit, pour partager la confiance en soi et l'élan constructif, y compris avec les plus modestes de leurs concitoyens, pour créer de la valeur et pour contribuer à l'équilibre d'un monde plus « enveloppé » que « développé », selon l'expression du sociologue **Michel Maffesoli**[1], c'est-à-dire où tout interagit avec tout. Entrepreneurs et artistes entretiennent un lien symbolique avec le monde et utilisent leurs capacités créatrices pour être utiles à leurs clients et à la société. **Patrick Duplan**, directeur général de PACIFICA, souligne qu'à l'origine de l'entreprise, *« personne n'est venu à PACIFICA pour "cracher des résultats financiers", ce n'est pas un but dans la vie »*[2].

Les entrepreneurs, comme les artistes, utilisent leurs ressources mentales, corporelles et spirituelles pour inventer des solutions inédites. Ils questionnent sans relâche les schémas établis pour briser le cercle du mimétisme. Ils utilisent les métaphores et les ressorts de la fiction pour créer de nouveaux scénarios. Ils dessinent et partagent des visions en devenir pour inventer de nouveaux futurs. Ainsi, les artistes comme les entrepreneurs révèlent et assument leur mission noble. Paradoxalement, dans la phase de transformation structurelle que nos sociétés traversent, cette mission noble, plutôt que d'honorer la tradi-

---

1. Entretien avec l'auteur - 2004.
2. Entretien avec l'auteur au chapitre « Baliser l'incertain ».

tion classique ou de pousser les méthodes de gestion modernes à leur paroxysme, exige de la part de nombreux entrepreneurs une véritable rupture dans leur attitude.

## Accepter *l'extinction de vieilles logiques* et ouvrir de nouveaux possibles

Chaque histoire d'entrepreneur est une combinaison unique, complexe et hétéroclite de volonté, de techniques, de relations, d'émotions, de chances, d'aléas, de flux d'argent, d'innovations, de joies et de conflits... En période de transformation radicale comme celle que nous vivons aujourd'hui, se contenter d'appliquer les enseignements des anciens et d'imiter les *success stories* conduit à un télescopage violent avec le monde réel contemporain frénétique, inédit, changeant. Il vaut mieux écrire et vivre sa propre histoire pour être entrepreneur de son devenir. Dès 1996, dans son article de référence "What is Strategy ?", l'expert mondial de la stratégie d'entreprise **Michael E. Porter** alerte d'ailleurs les dirigeants sur les exigences de différenciation et de réinvention à venir. Il pointe la limite des gains obtenus à travers des démarches d'efficacité opérationnelle comme la qualité totale[1] ou la réduction des coûts, qu'il juge utiles mais loin d'être suffisantes. Il affirme que le positionnement stratégique véritable consiste à conduire de manière performante **des activités différentes** de celles des concurrents ou à **conduire différemment** les mêmes activités. Il souligne la nécessité d'abandonner la répétition des modèles développés au XXᵉ siècle pour inventer de nouvelles positions stratégiques, ce qui correspond pour lui à la nouvelle frontière de l'entrepreneuriat – *The Entrepreneurial Edge*. L'artiste et designer **Gaetano Pesce**[2] ne dit pas autre chose quand il affirme que nous sommes arrivés à un cap où la technologie permet de personnaliser les productions industrielles selon les goûts de chaque client à moindre coût, y compris par des interventions créatives des employés dans les processus de production, ce qu'il a concrétisé dans les séries de mobiliers

---

1. Ces limites sont détaillées dans l'ouvrage « Guide opérationnel de la qualité - Faut-il tuer la qualité totale ? » de Sylvie Mayeur, Editions Maxima, 2004. L'auteur y fait état des tentatives des entreprises engagées dans les démarches d'excellence pour dépasser les paradoxes de la qualité totale.
2. Gaetano Pesce, *Il Rumore del Tempo*, Éditions Charta/La Triennale de Milano, Milan, 2005.

*Nobody's perfect.* La flexibilité technologique épouse alors les désirs fluctuants des individus et des tribus. Par effet retour, ces capacités inédites ouvrent la voie à des stratégies *autres* : l'environnement technologique et sociétal conditionne en effet la mise en œuvre opérationnelle de stratégies nouvelles par les entreprises qui y baignent, au-delà de l'intuition première des théoriciens de la stratégie comme Michael Porter.

Artistes et entrepreneurs contemporains ont ceci en commun qu'ils n'acceptent pas les logiques en vigueur et leurs représentations pour acquises. Ils les transforment et, pour cela, ils sont capables de les abandonner, à l'opposé des « gens normaux » : « *Les gens normaux, écrit le designer et architecte italien* **Ettore Sottsass**[1], *ne veulent pas savoir que tout, toujours, disparaît. Ils refusent cette idée ou du moins ont beaucoup de mal à admettre, en tout cas, que la violence du soleil en été, les tremblements de terre, les volcans, les pluies, les tempêtes, la foudre, l'hiver, le gel, la lente rotation de la planète et les vents qui l'accompagnent, les acides contenus dans l'air et les bactéries omniprésentes, les microbes, les virus, les racines des plantes qui cherchent à s'étendre, et les mulots, les vers, la violence même de la vie ne font que changer, modifier, user, désagréger, pulvériser l'idée initiale de n'importe quel projet... Quand ils considèrent un ancien projet plus ou moins détruit, ils pensent toujours que quelque chose n'a pas marché. [...] Puis on refoule les raisons de la destruction et on recommence. On se remet à construire avec de l'acier inoxydable, avec du béton plus dur, on nettoie tout, on repeint à neuf, on repart avec un nouveau projet. Je crois que le futur ne commence que lorsque le passé a volé en éclats, lorsque ses logiques sont tombées en poussière, lorsqu'il ne reste plus de ses vieilles logiques que la nostalgie, lorsque la totalité du passé est envahie par les ombres de la nostalgie qui hantent nos rêves, nos utopies. Alors, seulement, le futur recommence et aussitôt, s'anéantit.* »

Les managers qui transforment leur entreprise commencent par remettre en cause les représentations existantes. GENERAL ELECTRIC était perçue comme un mastodonte industriel. C'est d'abord en transformant cette représentation dans l'esprit de tous que **Jack Welch**, son PDG, a initié un incroyable mouvement stratégique qui a déplacé la majorité de la création de valeur du groupe vers des

---

1. Ettore Sottsass, *Le regard nomade*, Éditions Thames & Hudson, Londres/Paris, 1996.

dimensions immatérielles. Pour cela, cet entrepreneur infatigable est allé au contact de ses collaborateurs dans le monde entier, leur a tenu un langage simple et métaphorique, a partagé son énergie pour imaginer avec eux, par touches successives, une nouvelle entreprise. GE s'est transformée en hyperentreprise à l'issue du célèbre programme "destroyyourcompany.com" auquel des groupes mixtes de jeunes managers et de responsables âgés furent conviés à participer activement. Découvrir est donc possible et utile à tout âge. Si les dirigeants s'ouvrent à la sensibilité artistique et en tirent des conséquences concrètes pour définir leur stratégie ou préciser les valeurs de l'entreprise, l'impact peut-être immédiat et très large. **Douglas Chrismas,** directeur de la Ace Gallery[1], a accompagné l'action du président des brasseries ANHEUSER-BUSCH, qui a introduit des œuvres d'art contemporain dans toute son entreprise – jusque dans les ateliers de production, et cela malgré les réticences de ses managers. Cette initiative provoqua de profondes évolutions culturelles et se traduisit par une ouverture d'esprit accrue, plus d'innovations et un intérêt renforcé pour le travail. À l'occasion d'une discussion sur le thème « Artistes et entrepreneurs », Douglas Chrismas me fit part de la conclusion qu'il tirait de cette expérience : "We must educate the educated."

*« Une pédagogie "du manque" est fondamentale pour les managers entrepreneurs comme pour les créateurs »,* explique **Jean-Pierre Raffaelli.** Pour apprendre à créer des formes nouvelles, la pédagogie du manque, de l'ouverture de l'intelligence et de la sensibilité à ce qui est en creux, invisible, immatériel, sensible, à découvrir, est aussi importante qu'une pédagogie « du plein », des connaissances tenues pour acquises, des gestes connus à accomplir pour réussir, de tout ce qui est « déjà là » dans le monde. Le premier intérêt d'une pédagogie du manque, pratiquée dans les disciplines artistiques, est de bousculer les représentations existantes et d'ouvrir à l'incertain.

Un des objectifs de cet ouvrage est donc d'expliciter les liens analogiques entre les processus développés par les artistes et ceux des entrepreneurs et vice-versa. Les artistes ont des manières de savoir, d'agir et de sentir adaptées à la complexité du monde. Mieux connaître ces pratiques peut aider les responsables à épouser les défis du temps présent avec moins d'effort, plus de succès et plus de plaisir.

---

1. La Ace Gallery est implantée à New York, Los Angeles et Mexico City.

◯⤙   **Nicolas Bourriaud témoigne :**

*« L'art est l'invention d'identités, de formes de vie
hors des déterminants culturels et sociaux. »*

Le codirecteur du Palais de Tokyo, critique d'art et commissaire
d'expositions, évoque les possibilités d'apports de l'art et des artistes
aux entrepreneurs.

*En ce début de XXI$^e$ siècle, marqué par l'extrême vitesse des flux d'informa-
tions et la croissance exponentielle des interactions, les artistes peuvent-ils inspirer les entrepreneurs ?*

En prologue, je voudrais faire un détour par la notion de qualité, qui je
crois vous intéresse, ainsi que les entreprises et les artistes. En art, la qualité
est un mystère. Pourquoi telle œuvre est-elle plus intéressante qu'une autre,
vous demanderez-vous ? Quel est le critère de jugement pour en décider ?
**René Huyghe** parlait de la qualité comme d'un muscle. Se confronter aux
œuvres aiguise l'intuition de la qualité chez un regardeur.

Les artistes les plus intéressants sont ceux qui réintroduisent de l'expérience
dans notre univers de la quantité. Je pense à des artistes qui ouvrent à une
expérience phénoménologique, comme **Olafur Eliason**[1]. C'est dans
l'expérience qu'intervient la qualité. **Jeremy Rifkin**[2] parle de *« droit
d'accès à l'expérience »*. Le collectionneur partage une partie de son existence
avec un objet qui matérialise une expérience. La qualité d'un regardeur,
quel qu'il soit, tient à sa capacité à décrypter la vision du monde de l'artiste.
La question de la qualité est : « Qu'est-ce que je peux faire pour vivre une
expérience plus riche ? » Multiplier les rencontres avec les œuvres d'art
permet de voir le monde avec 100 000 paires de lunettes différentes au lieu
d'une seule. La personne qui reste confinée au réel de son quotidien n'a
qu'une vision fragmentée.

Venons-en aux artistes et aux entrepreneurs, je propose quatre angles
d'approche :

- **Le premier tient aux modes de production des artistes**, sur lequel je
  ne m'étendrai pas car il a été bien analysé par **Luc Boltanski** (« Le travail
  par projets »)[3], à propos du travail par projets et par **Pierre-Michel**

---

1. Artiste danois, Olafur Eliason réalise des œuvres éphémères à base de lumière,
   d'eau, de brouillard, de reflets… qui invitent le spectateur à une expérience
   active et subjective de l'œuvre.
2. Jeremy Rifkin, *L'âge de l'accès : la révolution de la nouvelle économie,* La Découverte, 2000.
3. Luc Boltanski, Ève Chiapello, *Le nouvel esprit du capitalisme,* Gallimard, 1999.

**Menger**[1], auteur de *Portrait de l'artiste en travailleur*. Ces auteurs mettent en exergue la capacité des artistes à constituer de petites unités de production et à créer un environnement relationnel global à partir de chaque projet.

- **Le deuxième est la faculté qu'a l'art d'être la vigie de nos sociétés.** Si je comprends mon époque avec un temps d'avance, c'est aux artistes que je le dois. L'œuvre d'art est le médium le plus rapide, comparé à la littérature, qui exige beaucoup de temps, et au cinéma, qui demande beaucoup de moyens et s'avère très coûteux. Cette faculté est propre à l'art de tout temps, il suffit de penser à **Turner**, dont les tableaux présentent littéralement le monde de la thermodynamique.

- **Le troisième aspect tient à la capacité des artistes à penser la technique.** Les impressionnistes ont permis de penser la photo, ils en ont tiré la conclusion mieux que les photographes eux-mêmes. La photo, qui permet de figurer le monde par l'impact lumineux, a été vue grâce à la peinture. Un usage indirect de la technologie permet de penser la technologie en dehors de la technologie. Avec ses *ready made* – roue de bicyclette ou porte-bouteilles qu'il présente comme œuvres d'art –, **Marcel Duchamp** montre dès 1913 que la représentation est désormais intégrée à la production de masse. En présentant des objets industriels qui conduisent le regardeur à leur attribuer une autre « idée », il anticipe le siècle à venir et ouvre la voie à la critique de la représentation imposée par le processus industriel. La réalité sociologique entière devient expressive à partir d'objets et non plus de représentations. Dans les années quatre-vingt-dix survient une révolution inouïe : en 1991, internet recense 300 000 ordinateurs connectés. Tout un art se construit sur les possibilités de penser offertes par internet. C'est une nouveauté radicale dans la communication humaine, par la mise en présence de personnes innombrables dans des *chats* et des forums et par l'extrême rapidité de l'échange d'information. Ce phénomène équivaut à mettre à disposition du public la bibliothèque d'Alexandrie. Ce qui fait l'honnête homme dans ce nouvel environnement, ce n'est pas l'érudition, mais la capacité de circuler dans le savoir. La nouvelle intelligence requise est celle du parcours et non plus de l'accumulation. Il devient crucial de trouver des connexions inédites entre les différentes formes du savoir. Apparaissent alors des pratiques inédites, qui nécessitent de « casser des os dans les cerveaux ». Alors que dans les années 1980, le fait de puiser dans les œuvres du passé conduisait à la citation, à l'hommage ou au *revival*, les années 1990 font

---

1. Pierre-Michel Menger, *Portrait de l'artiste en travailleur. Métamorphoses du capitalisme*, Le Seuil, coll. « La République des idées », 2002.

apparaître ces œuvres comme un immense réservoir de formes recycla-bles, réactivables, rechargeables, phénomène qui préfigure la société de demain.

● **La quatrième vertu de l'art est d'offrir une traçabilité du réel.** En cela, il constitue un pilier de ce que pourrait être une nouvelle moder-nité. Le modernisme envisageait le présent à partir du futur, alors que la modernité d'aujourd'hui envisage le présent à partir du passé, dans un mouvement d'archéologie dynamique. Aujourd'hui, ce contre quoi il faut lutter, c'est l'amnésie, l'ignorance. Une nouvelle société s'ouvre à nous, qui doit se concentrer sur le passé, mais avec les outils du présent, car il ne s'agit évidemment pas de nostalgie mais d'une mémoire vivante. Comment se départir de l'abstraction où il nous est donné de vivre ? Les flux de population, d'information, d'argent sont des phénomènes abs-traits, sans représentation. L'art d'aujourd'hui tente de donner un visage à l'abstraction, de rabattre l'abstraction sur des personnes, des faits. Il offre la capacité que l'abstraction s'incarne dans des situations et dans des objets concrets. Depuis sa naissance, la modernité en art s'est constituée en réaction à l'abstraction de la marchandise. On ne trouve plus de trace de la main dans les produits finis de l'industrie moderne, contrairement à l'artisanat. L'impressionnisme, avec son côté « pas fini », qui suscita de violentes polémiques, affirme une persistance de la main. Plus l'environ-nement quotidien est marqué par des phénomènes de masse, plus on a besoin de la main de l'artiste pour se représenter les phénomènes les plus abstraits.

*Les entrepreneurs font face à la mondialisation, qu'en est-il des artistes ?*

Aujourd'hui, la mondialisation culturelle est le principal vecteur de créa-tion. La globalisation est le plus souvent présentée de manière nationale : qu'est-ce que ça va m'enlever dans mon petit pays ? C'est le risque de la « disparition du camembert ». On ne pense jamais la mondialisation de manière internationale, mais on cède à l'interculturalisme. On ne doit pas penser la globalisation comme exigence de différence, où les Coréens, les Chinois devraient rester typiquement coréens ou chinois. La pensée de l'interculturel s'oppose à la globalisation culturelle. Les artistes les plus fins échappent à cela en essayant d'accorder leur travail à un dialogue interna-tional en même temps qu'ils expriment une identité nationale. La notion d'identité est extrêmement surfaite. Qu'est-ce que ça veut dire, l'identité ? Qu'un groupe d'individus soit d'accord pour perpétuer ce que faisaient leurs grands-parents. On demande aux artistes occidentaux de critiquer leur propre culture alors qu'on attend de ceux des pays périphériques de cultiver leur petite différence. Les artistes les plus importants sont ceux qui constituent leur propre identité sans se laisser enfermer par ces barrières. L'art, c'est l'invention d'identités, de formes de vie hors des déterminants culturels et sociaux. À ce titre, aujourd'hui, le monde des marques devient un langage en soi. Les grandes entreprises qui portent leur marque comme un blason ne se rendent pas compte à quel point cette marque est récupérée dans le domaine public. Par exemple, **Daniel Pflumm** expose en ce moment au Palais de Tokyo un travail où il joue avec les logos de certaines marques, qu'il déconstruit, revisite et reconstruit en utilisant des méthodes analogues à celles des agences de publicité. Il effectue en quelque sorte un travail au noir pour ces marques qui ne l'ont jamais contacté, qui ne savent même pas qu'il existe. **L'art d'aujourd'hui est un banc de montage alternatif de la réalité, là où se redécoupent les scénarios sociaux.**

*Que pensez-vous du rapport actuel des entreprises françaises à la culture, à l'art et à l'imaginaire ?*

Paradoxalement, les entreprises ne croient pas à la culture, alors que c'est le pétrole de l'économie française. Les Américains sont plus malins. C'est par les films avec **Humphrey Bogart** que LUCKY STRIKE a supplanté les Gauloises. La culture, avec les objets ou les modes de vie qui l'accompagnent, c'est ce qu'on a de plus fort à vendre.

Ne pas s'appuyer sur le dynamisme de l'action artistique est un énorme gâchis pour les entreprises françaises, alors que la culture est le deuxième produit d'exportation américain après les armes et les avions. Les Américains sponsorisent et soutiennent la culture, non pas parce qu'ils sont philanthropes mais parce qu'ils sont efficaces et cohérents. Au début des années soixante, l'économie américaine a gagné à travers les signes culturels comme signe de ralliement de la jeunesse mondiale.

Si la France persiste dans l'ignorance de la culture, son économie sera progressivement ravalée au niveau de celle du Kazakhstan. Le plan Marshall lui-même comportait une stratégie insidieuse. L'expressionnisme abstrait a servi à séduire les élites mondiales. Il a également fourni le cinéma et tout le conditionnement culturel dont il était porteur. Qu'un pays comme la France qui en a les moyens, eu égard à son capital et à sa production culturels, n'utilise pas cette stratégie est de l'ordre du suicide. À titre anecdotique mais très significatif, il est quand même aberrant qu'il faille attendre les Américains pour réaliser un dessin animé sur Notre-Dame de Paris, qui fait partie de notre patrimoine culturel. Une chose est à dire aux entrepreneurs : si vous ne vous intéressez pas à la culture par goût, intéressez-vous y par opportunisme ou par calcul. Nous perdons la bataille de l'imaginaire, alors que c'est une dimension fondamentale de notre capital. La constitution de ce capital passe par des œuvres d'art, des produits culturels.

*Qu'est-ce qui bloque ?*

Premier point, les entreprises qui font du mécénat s'adressent souvent à des amateurs. Une entreprise qui veut intervenir dans le stock market fait-elle appel à la femme du président ? Elle cherche plutôt un spécialiste, un excellent professionnel qui a fait ses preuves ailleurs. Dans le domaine de l'art, il semble qu'elle s'en remet le plus souvent à la miséricorde.

Deuxièmement, j'ai l'impression qu'on forme nos élites pour avoir des certitudes, à la recherche d'une omniscience pathétique. Il me paraîtrait utile qu'on les forme pour qu'ils soient capables d'une ouverture d'esprit, d'appréhender des faits inconnus. Exemple : je rencontre chaque jour des personnes qui cherchent à savoir « ce que c'est que l'art ». Moi-même qui suis un professionnel, je suis incapable d'en donner une définition fermée et exhaustive. Le problème est d'être ouvert aux propositions et capable de les juger d'une manière dynamique.

Troisième problème, l'alphabet. J'observe l'incapacité des élites à lire une image, à lire des formes. Ils lisent des textes mais sont incapables de lire **Botticelli**, artiste de la Renaissance, comme de lire **Mike Kelley**, artiste contemporain. Botticelli est plus compliqué car il fait référence à un système de codes que nous n'avons plus sous les yeux, alors que Mike Kelley agit dans notre monde contemporain, un monde dont les codes sont à notre portée. Il est donc urgent d'apprendre à lire, et dans le domaine de l'art et des formes, cela se fait par une découverte progressive au fil des confrontations aux œuvres.

Utilisons la métaphore du sport, par exemple le tennis : la première fois qu'on voit un match, on voit deux crétins en short qui s'envoient une balle de part et d'autre d'un filet. La deuxième fois, on commence à éprouver un certain plaisir, la troisième fois, la compréhension de la structure et la connaissance de l'histoire du jeu permettent de lire deux jeux différents entre Grosjean et Hewitt. Peu à peu, on acquiert une culture. Pour décoder l'art, c'est la même chose. Le déficit de culture et d'intérêt profond pour l'art d'aujourd'hui est lié à un analphabétisme visuel. L'art est un ensemble de signes d'orientation dans le monde contemporain, comme les peintures pariétales de la préhistoire. Si on n'apprend pas à décoder ces signes, on est comme un Français perdu dans les rues de Tokyo, incapable de se diriger. Comment un dirigeant incapable de se diriger lui-même dans les signes et les formes de vie du monde contemporain pourra-t-il diriger son entreprise dans l'avenir et dans le monde de demain ?

CHAPITRE 1

# Baliser l'incertain
# (Regarder)

Prévoir, envisager, préfigurer... Pour les personnes humaines, l'anticipation de l'avenir est le plus souvent associée à la capacité visuelle. Les transformations possibles prennent la forme d'images mentales, de figures, de manifestations visibles. **Nous pensons le futur en images** et, comme prolongations, ruptures, modifications, des images du présent. Ce qui signifie que parmi les transformations qui affectent nos conditions d'existence, les plus significatives pour nous sont celles que l'on peut visualiser, celles qui touchent l'apparence des choses et des êtres. Mais il y a un paradoxe qui est propre aux images : « *Comment figurer ce qui n'est plus, ce qui ne sera plus là, ce qu'on ne voit pas, ce qui n'est pas encore là ou qui échappe à notre entendement ; comment donner une image à l'absence ?* »[1]

## Dessiner la vision du devenir

> « *Pour prédire ce qui se passera dans l'avenir, il nous faut savoir à l'avance de quelles informations nous disposerons à ce moment-là ; mais c'est précisément ce que nous ne pouvons pas savoir puisque si nous savions maintenant quelle information nous aurons à l'avenir, ce serait que nous disposons déjà de cette information maintenant.* »[2]

Karl POPPER, philosophe

---

1. Jean-Paul Curnier, *La tentation du paysage : le rural, son image et l'éternel retour*, Éditions Sens & Tonka, 2000.
2. Karl Popper, *Misère de l'historicisme*, Plon, 1956.

Ce qui complique si fortement toute réflexion sur l'avenir, c'est moins la vitesse proprement dite des transformations qui l'affectent que l'impossibilité de disposer de repères fixes pouvant constituer un domaine de référence. Dans ces conditions, la représentation des transformations à venir bute sur la nécessité de disposer d'une connaissance approfondie du mouvement d'ensemble…

La vision n'est donc pas un simple plan d'action. Elle exige autant de cœur et de courage que de compétence. Dessiner une vision consiste en effet à se projeter avec sa raison et son intuition au-delà de l'horizon visible, afin que le futur soit autre chose qu'une pure extrapolation du passé. Pour les managers entrepreneurs, réaliser ce saut revient à se délester de la pesanteur de leurs habitudes et de leurs réflexes et à surmonter les obstacles qu'ils rencontrent sur leur chemin. Il s'agit également d'emprunter des voies inédites. Il est plus facile de surmonter des obstacles et d'emprunter des voies nouvelles quand nous les avons déjà rencontrés dans notre rêve. Aussi, pour apprivoiser le futur, ouvrir l'énergie liée au désir et mettre l'entreprise sous tension, les entrepreneurs dessinent-ils la vision du devenir.

## Le travail de l'artiste est de construire une vision

Dans « **Péninsule Europe** », le projet interdisciplinaire réalisé par les artistes américains **Helen Mayer Harrison et Newton Harrison** et soutenu par la fondation Schweisfurth, le texte et l'image agissent comme une métaphore pour décrire la façon dont se comporte l'écosystème sur le terrain. Il s'agit d'une œuvre constituée de plusieurs images et récits. **Chacun des fragments porte le projet global.** Nous voyons représentés des montagnes, des rivières, des prairies et des lacs. L'œuvre des Harrison concerne l'eau et ses territoires. L'objectif de ce travail est de permettre une nouvelle représentation partagée par une multitude d'acteurs du développement futur d'un territoire dont les équilibres écologiques, au sens large (intégrant les impacts économiques et sociaux), ont été rompus : habitants, entreprises, associations… À la manière de cartes de géographie ou de schémas agronomiques, les images géantes et globales des Harrison représentent, montrent, dénotent une nouvelle vision des futurs possibles, en fonction des choix collectifs. On dira la même chose des récits qui accompagnent souvent ces images ; lesquels, sous la forme de fables, de descriptions ou d'analyses, approfondissent des aspects par ailleurs mis en image. Voici le compte rendu d'une discussion intense entre artistes, écologistes et étudiants à propos de la carte dynamique de l'écosystème fluvial de la Garonne :

« *Puis quelqu'un a dit : "Vu la nature complexe du paysage culturel où mettriez-vous une forêt aujourd'hui ?"*

*Et quelqu'un a dit : "Et où trouveriez-vous l'argent pour acheter le terrain ?"*

*Et quelqu'un d'autre a dit : "Qui vous vendrait son terrain ?"*

*Et chacune des difficultés a été évoquée.*

*Alors j'ai dit ou est-ce toi qui as dit : "Le travail de l'artiste est de construire une vision."*

*Et alors nous avons dit ou peut-être l'un après l'autre, nous avons dit :*

*"C'est le travail de l'artiste d'élargir le débat,*

*C'est le travail de l'artiste de suggérer des possibilités encore inconnues,*

*C'est le travail de l'artiste de construire des métaphores originales et d'ouvrir l'esprit à un nouvel espace."*

*"Après tout, a dit l'un de nous, ceci est le vingt et unième siècle après Jésus-Christ. Avec le passage du temps, nous avons créé un paysage culturel qui est considéré comme la norme. En tant qu'artistes, notre sujet est la réintroduction de la diversité biologique dans le paysage culturel et dans l'espace que ce paysage culturel occupe dans notre esprit."* »[1]

⊙⊙ **Redessiner régulièrement le portrait
de l'entreprise pour réactiver son devenir**

Déjà, les grands maîtres de la peinture et leurs assistants grattaient les toiles, redessinaient les personnages, repeignaient par-dessus pour donner de nouvelles orientations à leur projet, comme le montrent les radiographies des œuvres de **Rembrandt** ou de **Giorgione**. *A fortiori* dans l'art contemporain, les artistes réarrangent fréquemment les éléments de leurs installations en de nouveaux assemblages. Les élé-

---

1. Helen Mayer Harrison et Newton Harrison, catalogue de l'exposition « Péninsule Europe – Les Terres Hautes » au musée des Abattoirs de Toulouse, traduction de Jacques Leenhardt, Éditions Les Abattoirs, Toulouse, 2002.

ments constitutifs d'un travail ne représentent pas une œuvre en soi, mais un faisceau d'interactions évolutives entre ses parties, capable d'intégrer des éléments nouveaux en fonction du contexte d'exposition, de l'actualité, de nouvelles intuitions ou découvertes transdisciplinaires. Les objets produits constituent alors les balises d'une œuvre de création permanente, où le processus de réinvention est consubstantiel au résultat. Le résultat du travail de l'artiste contemporain est désormais considéré comme éphémère et en devenir permanent, ce qui conduit à relativiser la notion d'« œuvre », au grand dam des classiques et des modernes des derniers siècles.

Comme les artistes, les entrepreneurs contemporains revisitent, rechargent et réactivent le portrait de l'entreprise à intervalles réguliers, sur la base de débats et selon un processus en spirale ascendante, pour tracer le chemin du devenir de l'entreprise. Les entrepreneurs véritables aiment et respectent leurs collaborateurs autant que leurs clients. Ils les associent au déploiement de la stratégie. Dessiner et redessiner régulièrement le portrait de l'entreprise en le modifiant peut donc se faire à l'échelle de toute une entreprise ou division par division, pour composer un portrait à la manière d'**Arcimboldo**, cet artiste de la Renaissance qui utilisait des images de fruits, de fleurs ou d'objets pour composer des portraits allégoriques. À chaque nouveau portrait, entrepreneurs et collaborateurs investissent l'énergie du nouveau désir d'une aventure qui naît de l'écart entre ce qui est déjà là et ce qu'ils veulent faire advenir. Ils agissent à la manière des artistes qui n'hésitent pas à reprendre des œuvres inachevées, voire à déstructurer des œuvres anciennes pour leur donner des formes nouvelles ou les assembler dans de nouveaux dispositifs. Progressivement, chaque personne de l'entreprise devient « entrepreneur à sa place », habité d'un désir sans cesse renouvelé. Le philosophe allemand **Goethe** n'a-t-il pas affirmé que *« celui qui a trouvé sa place est éternel »* ? Ainsi, pour mettre leur entreprise en capacité de « faire autrement », les entrepreneurs contemporains incorporent des portions de mémoire et de rêve individuels dans un rêve collectif, qui devient alors vision partagée. Pour donner un visage à l'avenir et se familiariser avec l'inconnu, ils utilisent avec leurs équipes divers langages pour dessiner le portrait futur de l'entreprise. Ils opèrent avec des chiffres, des mots et des formes plastiques – dessins, maquettes, mises en scène – en croisant des éléments issus de la fiction et des réalités plus familières (valeurs, stratégie, ratios financiers, investissements, concepts de produits et services…).

Panamarenko, *Hazerug*, © Panamarenko

## *Croiser passé, présent et futur*

Au début du siècle, l'artiste belge **Panamarenko** s'attaque au problème toujours en suspens du vol individuel. Son *Hazerug*[1] volant est le Solex de l'espace dont on rêve depuis toujours. Il nous invite à entretenir avec humour notre capacité enfantine à rêver. Son objectif n'est pas d'inventer des machines technologiques sophistiquées mais de lutter contre la fétichisation de la marchandise, l'esprit de sérieux des scientifiques et leurs fictions présentées comme des vérités révélées pour l'éternité[2]. Ses objets insensés, oiseaux mécaniques et soucoupes volantes, inspirés des théories des champs magnétiques et des ouvrages sur la vitesse, la gravité et la propulsion à turbine, nous emmènent vers des rêves de mondes possibles, plus à la manière de

---

1. « Sac à dos », en langue flamande.
2. Michel Onfray, *Archéologie du présent. Manifeste pour une esthétique cynique*, Grasset, 2003.

**Jules Verne** que de Gustave Eiffel. N'est-ce pas là un moteur bien plus puissant pour l'innovation ! Le travail de Panamarenko présente un autre intérêt pour l'entrepreneur désireux de donner de la visibilité à sa vision : ses œuvres tirent leur puissance évocatrice d'une rencontre entre les rêves du futur, un talent bien présent pour l'assemblage et un parfum nostalgique des inventions du passé, à travers les matériaux employés. Cette confrontation symbolique des trois temps : passé, présent, futur, donne aux œuvres de Panamarenko un rayonnement qui touche notre mémoire, notre présence physique et nos rêves, qui fait que nul ne reste insensible en les découvrant.

*Spiral Jetty*, l'œuvre maîtresse de l'artiste américain **Robert Smithson** dans le désert de l'Utah, au bord du Grand Lac Salé, reste pour moi une expérience inoubliable. L'œuvre pénètre le lac sous forme d'un bras d'un kilomètre de long se terminant en forme de spirale. Elle est située au cœur d'un environnement d'entropie minérale, végétale, microbienne, de nature postindustrielle, et au centre d'un immense paysage circulaire. Parcourir à pied la jetée de roches couvertes d'une croûte de sel, sous la lumière brûlante d'un soleil blanc, puis marcher jusqu'au cœur de la spirale immaculée posée sur le lac, à la lisière irréelle de son eau écarlate procure la sensation intense d'un présent « hors du temps linéaire » et où se concentrent les possibilités des mondes en devenir, la mémoire antédiluvienne de la planète et les forces telluriques et cosmiques du présent. Robert Smithson a réussi son pari de provoquer chez le visiteur la sensation que les moments, les images et les sensations du passé, du présent et du futur s'entrecroisent[1]. Isolé de tout, le visiteur de l'œuvre se trouve paradoxalement confronté à une expérience énergétique inouïe qui ravive sa mémoire autant qu'elle stimule son imaginaire.

---

1. « *Pour Robert Smithson, l'actuel échappe au temps instrumentalisé et fonctionnalisé, au temps contrôlable et modulable, pour donner à penser une temporalité où "le futur et le passé s'entrecroisent comme un présent insaisissable", où le temps n'est plus une succession d'évènements mais une mémoire qui se déplace pour constituer une durée non linéaire dans laquelle se nouent et s'emmêlent les moments triviaux de l'axe temporel (passé, présent, futur)* », explique Thierry Davila, in *Marcher, créer. Déplacements, flâneries, dérives dans l'art de la fin du XX^e siècle*, Éditions du Regard, 2002.

### ◯◯◯ Introduire le futur possible dans le présent

À l'instar de Robert Smithson, les managers contemporains ont tout à gagner à croiser le passé, le présent et le futur pour partager le sens de la transformation continue de leur entreprise et se recharger de l'énergie cosmique qui transcende le quotidien. La « Matrice de Vision », outil développé par ENTREPART[1], a été conçue pour visualiser la tension entre ces trois temps. En longue période, l'entreprise se transforme autour du présent qui est le seul temps dans lequel elle puisse agir. C'est le temps du progrès et du « faire mieux », qui dans le monde d'aujourd'hui ne se conçoit qu'en coopération avec les clients, les collaborateurs, les partenaires, et parfois les confrères. Ce progrès n'est cependant possible que si l'entreprise maîtrise son métier de base (« faire bien »), tiré de son expérience passée, et surtout si elle oxygène périodiquement ses décisions et actions présentes par ses rêves futurs concrets, pragmatiques et audacieux (« faire autrement »). Cette approche correspond à ce que **David Robbins**[2] appelle « *infecter la structure du présent par le possible* », dans le catalogue *Le château de Türing*, dédié à l'œuvre de l'artiste français **Pierre Huyghe**. Le journaliste anglais écrit : « *Infecté, le présent est affecté de symptômes : la réalité se débarrasse temporairement de ses contraintes et se rapproche des conditions que nous associons au rêve, au conte, au théâtre. Pour tous ceux qu'intéresse l'application du matériau de l'aventure au quotidien, inventer des procédures afin d'allonger le temps d'une libération temporaire de la réalité offre de plus en plus d'attraits. La réalité rappelle qu'elle est une construction. N'importe qui peut participer au processus de construction de la réalité.* »

Introduire le futur dans le présent ouvre à l'aventure au quotidien et oxygène la réalité de l'entreprise. Chaque idée nouvelle enrichit d'une étoile la constellation de l'entreprise. Dans cette logique, les entrepreneurs contemporains associent l'ensemble de leurs équipiers à l'aventure. Lorsqu'ils vont à leur rencontre, ils partagent avec eux les questions du type « pourquoi ? » et « comment ? » pour entretenir l'étonnement. Ils poursuivent systématiquement leur échange par des questions « qu'est-ce qui est imaginable ? » ou « qu'est-ce qui serait possible ? ».

---

1. L'outil « Matrice de Vision » est présenté dans la suite de ce chapitre.
2. David Robbins, « Science fiction chaude », in *Le château de Türing*, catalogue publié à l'occasion des expositions de Pierre Huyghe « Interludes » au Van Abbemuseum d'Eindhoven en 2001 et « Le château de Türing » au pavillon français de la 49e biennale de Venise en 2001, Les Presses du Réel, 2003.

Comme les artistes, les managers immergés dans le monde contemporain comprennent que, certes, les résultats sont importants. Mais dans un univers où l'information, les actes et les émotions se propagent à la vitesse de la lumière, **les résultats ne sont plus que les traces éphémères de processus de création, de décision et de production à réactiver chaque jour.** Les entrepreneurs contemporains acceptent donc que l'étoile qui guide le devenir de l'entreprise change de position et de forme à la manière de Plotkine, le héros de Maurice G. Dantec, assisté de son ange virtuel « El Senor Metatron »[1]. Leur vision s'apparente plus à celle du « voyant », intégrant en permanence les matériaux captés par son intuition sensible et les informations traitées par sa raison que celle du « visionnaire » projetant devant lui des perspectives idéales. Cette profonde transformation du rapport au monde et à l'entreprise est sans doute un des changements de paradigmes les plus éprouvants pour les entrepreneurs héritiers des perspectives de l'art et de l'entreprise classiques ou des schémas abstraits de l'art et de l'entreprise modernes.

Cette vision créatrice s'oppose à la vision trop souvent exprimée dans un discours désincarné, voire méprisant pour les collaborateurs, par quelques phrases sur du papier glacé que chacun s'empresse d'oublier. La vision des entrepreneurs est l'expression d'une volonté dionysiaque, d'un bondissement actif vers l'incertain, d'un « gai savoir » à l'opposé de la pratique des gestionnaires qui étudient passivement des scénarios probabilistes, à la recherche non de ce qu'ils veulent faire mais de ce qu'ils doivent faire.

**Au devoir des gestionnaires, la vision créatrice oppose la volonté des entrepreneurs.**

---

1. Maurice G. Dantec, *Cosmos Incorporated*, Editions Albin Michel, 2005.

### Patrick Duplan témoigne :

*« Ce qui compte,*
*c'est la préparation permanente à l'incertain. »*

Le directeur général de PACIFICA explique comment il partage l'anticipation du futur de l'entreprise avec ses collaborateurs.

PACIFICA a la réputation d'une entreprise très créative ! L'innovation et la créativité, ce sont un peu des « tartes à la crème ». La question n'est pas d'en parler, mais de faire. Pour cela, nous avons l'habitude, depuis la création de PACIFICA, de travailler en mode « projet ». Et pour réussir des projets ambitieux, la richesse apportée par la pluralité des regards est très précieuse. Ainsi, nous recherchons dans nos recrutements des profils complémentaires et différents. Nous essayons d'avoir une vision large des problèmes. Tous les trimestres, je réunis les 50 cadres de PACIFICA à l'occasion de séances d'ouverture d'esprit.

Dans ce type de réunions, nous n'examinons pas de problèmes de budget ou la mise en œuvre de plans d'action puisque nous le faisons tous les jours.

Ces réunions trimestrielles ont pour objet de faire vivre des situations où l'on sort du cadre du travail. Par exemple, nous avons récemment organisé une réunion sur le thème du harcèlement avec une troupe de théâtre : une pièce mettait en scène des situations de la vie de l'entreprise.

À la fin des saynètes, une question était posée : qui considère que l'attitude de cette personne était du harcèlement ? Il y a eu aussi une table ronde avec un médecin du travail, un psychologue, un chercheur spécialisé dans ce domaine. Cela a suscité un grand intérêt, alors que les gens étaient plutôt venus à reculons compte tenu du sujet abordé. Nous avons récemment organisé un séminaire de motivation à Carcassonne, où nous avons travaillé sur les Cathares dans leur environnement, nous avons d'ailleurs pris un repas médiéval. Le but de cette initiative était d'explorer le thème : comment gérer la différence ? Qu'est-ce que cela veut dire « être différent » ? Et aussi, comment être différent sans se faire dévorer, car pour les Cathares, cela s'est mal terminé… Il est important de faire des choses un peu décoiffantes pour prendre de la hauteur et se demander ensemble : qui est on, où va-t-on ? Quel est le sens de notre action ? Je pense qu'il faut toujours se distinguer et je l'explique à mes collaborateurs. Celui qui gagne aujourd'hui, c'est celui qui aborde les problèmes de façon différente, à contre-pied.

Depuis la création de PACIFICA, nous partageons une vision qui nous a permis d'anticiper. Je représente PACIFICA sous la forme d'un triangle dont je trace un premier côté : c'est la rentabilité. Est-ce la base du triangle ? Non, car personne n'est venu à PACIFICA pour « cracher du résultat financier » ; ce n'est pas la base mais plutôt la conséquence. C'est un mur porteur. Le deuxième mur porteur, c'est le canal de distribution. Pour nous, ce sont les caisses régionales du CRÉDIT AGRICOLE et bientôt le réseau du CRÉDIT LYONNAIS. On doit les servir de façon exemplaire. Mais est-on venu parce qu'il y a un super-canal de distribution ? Bien sûr que non. La base du triangle, les fondations, ce sont les clients, c'est une assise indispensable, évidemment. Faire des produits qui répondent à leurs attentes avec un bon processus, de la compétitivité, de l'innovation, c'est vital.

Quand j'ai dessiné les trois côtés du triangle PACIFICA, je pose la question : est-ce un château de cartes ou une construction robuste ? Alors, j'introduis ce qu'on appelle en architecture la clef de voûte, qui cintre les trois côtés du triangle : les hommes et les femmes de l'entreprise PACIFICA et même, au sens large, tous ceux qui contribuent au système. Si chacun s'épanouit dans la construction quotidienne de PACIFICA, alors l'entreprise est innovante et les gens sont contents. C'est ce que l'on peut appeler « le salaire mental ». Il n'y a pas besoin de surpayer les personnes pour qu'elles soient fidèles à l'entreprise. Il faut trouver entre tous les facteurs une sorte d'équilibre.

*Au commencement de PACIFICA, y avait-il une vision ?*

Non, pas vraiment de façon formalisée mais il y avait des croyances dans l'exercice de notre métier, et la volonté de réaliser des innovations dans des façons de faire concrètes. La vision s'est cristallisée en avançant. Le modèle n'est pas arrivé le premier jour d'un coup, d'un seul. Nous partagions la croyance dans le service aux clients, dans les hommes. Au démarrage de PACIFICA, nous avons réuni les premiers salariés et leur avons posé quelques questions, telles que : pourquoi êtes-vous venu ? Qui sont vos clients, pour qui travaillez-vous ? C'est quoi notre produit fini ?

À cette dernière question, la réponse n'est pas facile *a priori* dans l'assurance. Leurs réponses furent les suivantes : ils étaient venus parce qu'ils sentaient qu'il y avait une pesanteur sur le monde de l'assurance, qu'ils voulaient faire autrement, casser le modèle existant.

Ensuite, les collaborateurs ont pris conscience du fait que le produit fini était la gestion du sinistre. Cette approche nous différenciait fondamentalement du reste de la profession. Notre service consiste en une promesse faite à nos clients – le jour de la vente du contrat – que lorsqu'ils auront un pépin, nous serons à leurs côtés. C'est pourquoi nous ne voulons pas recruter des juristes empêcheurs de tourner en rond. Nous avons recruté principalement des jeunes pour traiter les sinistres, pour écouter les clients, entrer dans une relation empathique avec eux. C'est-à-dire avoir l'attitude suivante : je vais mettre en œuvre des moyens pour aider le client dans sa recherche de solution et *in fine* régler le sinistre ; mais la première partie est bien plus importante puisque la deuxième est le minimum de ce que doit réaliser un assureur pour ses clients. Afin de créer cette empathie, notre service ne se fait pas par courrier, mais directement par téléphone, c'est-à-dire par du relationnel. Et tout cela s'effectue de surcroît dans des délais très brefs autorisés par la gestion téléphonique.

Enfin, la réponse à la question « qui sont nos clients directs ? », les premiers collaborateurs de PACIFICA ont finalement réalisé que c'étaient d'abord les caisses régionales du CRÉDIT AGRICOLE. Chez PACIFICA, les caisses régionales sont à la fois nos clients et nos actionnaires. C'est notre unique canal de distribution. Nous avons donc partagé avec les collaborateurs le fait que nous sommes ainsi à leur service, que sans elles nous n'existons pas. Nous ne sommes pas des « sachants » coupés de la base, mais plutôt des professionnels à leur service et qui ont créé une compagnie d'assurances pour eux et avec eux. Bref, vous avez compris que nous aimons bien regarder les problèmes à l'envers. Si on veut être différent, il faut prendre les problèmes différemment. Ainsi, peu à peu, on a construit une entreprise qui a une âme. **C'est une forme d'art de construire une entreprise sur des schémas qui prennent les idées courantes un peu à contre-pied.** En fait, paradoxalement, prendre les choses à contre-pied, c'est revenir à des fondamentaux qui ont été perdus de vue.

*Comment entretenir cette dynamique dans la durée ?*

Nous devons relever cinq défis complémentaires qui peuvent parfois paraître contradictoires à première vue. Voici les quatre premiers :

1. Tirer profit de l'évolution des technologies ;

2. Participer à la construction du groupe Crédit Agricole du XXI$^e$ siècle, qui est en pleine mutation – l'assurance fait maintenant partie du cœur de métier du groupe et a donc un rôle important à jouer dans son évolution ;

3. Faire évoluer nos offres de façon innovante, conquérir les nouveaux territoires ;

4. Nous adapter aux changements sociologiques accélérés de nos sociétés.

*Quel est donc le cinquième défi ?*

Notre cinquième défi est le suivant : comment conserver nos valeurs avec le changement de taille ? Notre croissance a été très importante et elle le sera encore plus dans les prochaines années car nous avons de fortes ambitions. L'entreprise va donc continuer à grossir. La question vitale est la suivante : comment faire pour que l'écorce de l'arbre PACIFICA ne s'épaississe pas ? Comment concilier la force de l'arbre et la souplesse du roseau ? Autant vous pouvez tendre vers un objectif de différence avec une petite équipe et des collaborateurs proches, autant la question devient plus ardue quand la taille croît. Comment être tendu vers cet objectif avec une entreprise qui est passée de 0 à 500 collaborateurs en 15 ans et qui va doubler de taille dans les 5 ans à venir ? Comment entretenir cette flamme ? Comment être différent dans un monde économique hostile sans finir comme les Cathares sur un bûcher ?

D'abord nous avons construit le bateau PACIFICA, ensuite, nous avons fait des balades dans un grand golfe un peu protégé, à présent, nous allons aborder la grande mer. Actuellement mes questions principales sont : comment je configure l'entreprise pour les 10 ans qui viennent ? Comment arriver à réaliser ces objectifs ambitieux en conservant nos valeurs ? Nous réussirons si nous restons réactifs et surtout CRÉATIFS : acronyme dont les lettres sont : croissance, résultat, efficacité, anticipation, technologie, innovation, flexibilité, simplicité. Nous devons nous méfier de la tentation de se complaire dans des schémas compliqués. Pour bien montrer que je n'aime pas les schémas compliqués, mes collaborateurs connaissent une règle : si je ne comprends rien à ce qu'ils me proposent, je mets à la poubelle. Ce qui se conçoit bien s'énonce clairement. Nous attachons beaucoup d'importance à la planification stratégique, qui fonctionne particulièrement bien en univers certain. Mais plus les choses sont complexes, plus il y a d'incertain. Ce qui compte alors est moins la planification que **la préparation permanente à l'incertain.**

*De quoi nourrissez-vous vos capacités d'anticipation ?*

Je les nourris avec de la curiosité, pour moi et pour les autres. Je cherche à éveiller une forme de curiosité intellectuelle. Si quelqu'un dit « c'est comme ça ! », je demande immédiatement : « Pourquoi ? » Je pousse mes collaborateurs à oser avoir un regard différent, oser casser des dogmes (qui sont nombreux dans le domaine de l'assurance…). Après cela, chacun fait son marché dans sa sphère de compétence. La moyenne d'âge de PACIFICA est de 32 ans. Nous recrutons des gens plutôt jeunes, mais pas seulement. Ce qui compte, c'est qu'ils soient mobiles dans leur tête. S'ils ne le sont pas, nous leur apprenons à l'être. Nous devons apprendre à nous servir de nos deux cerveaux, le rationnel et l'intuitif ! S'il est quelquefois difficile de faire harmonieusement fonctionner nos deux cerveaux, on peut créer un super-cerveau en mettant ensemble les cerveaux de collaborateurs complémentaires. Et l'on revient à l'importance du travail en équipe.

**Je nourris aussi l'anticipation de la force du désir.** J'ai l'habitude de dire que **le marché est plus grand que nos rêves les plus fous.** Si je n'arrive pas à faire partager la vision, l'enthousiasme, je ne suis qu'un rêveur. Mais si nous sommes 30, 40, 50 rêveurs, alors il est possible de déplacer les montagnes. Le rôle de celui qui entreprend dans le monde d'aujourd'hui où tout va vite et où tout est relié, c'est d'expliquer, de faire partager le rêve, de montrer le chemin.

## La Matrice de Vision ®
## – Ouvrir la voie à un désir partagé

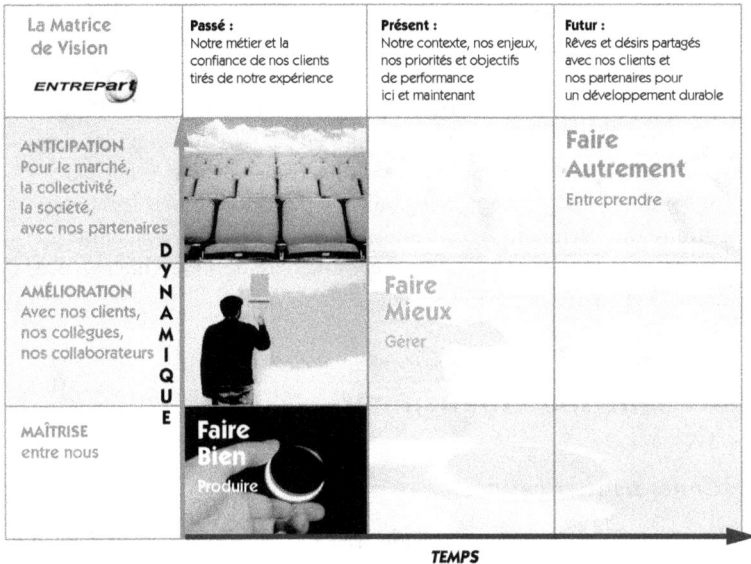

| La Matrice de Vision ENTREPart | Passé : Notre métier et la confiance de nos clients tirés de notre expérience | Présent : Notre contexte, nos enjeux, nos priorités et objectifs de performance ici et maintenant | Futur : Rêves et désirs partagés avec nos clients et nos partenaires pour un développement durable |
|---|---|---|---|
| ANTICIPATION Pour le marché, la collectivité, la société, avec nos partenaires | | | Faire Autrement Entreprendre |
| AMÉLIORATION Avec nos clients, nos collègues, nos collaborateurs | | Faire Mieux Gérer | |
| MAÎTRISE entre nous | Faire Bien Produire | | |

**DYNAMIQUE**

*TEMPS*

La Matrice de Vision © ENTREPART

Outil stratégique créé par ENTREPART, la Matrice de Vision permet de visualiser le chemin du devenir de l'entreprise. Les entrepreneurs y réunissent dans une même représentation visuelle les éléments significatifs du passé (l'expérience), du présent (le contexte immédiat et ses défis) et du futur (leurs propres rêves, ceux de leurs clients et de leurs partenaires), sans oublier les tendances économiques, sociétales et culturelles de l'environnement. Elle permet d'ouvrir la voie à un désir partagé en étirant le temps et en dessinant à plusieurs un devenir. Transformer son entreprise suppose non seulement de répondre efficacement aux attentes immédiates des clients et de l'environnement, mais aussi d'inventer une réponse unique et différente aux désirs futurs en gestation. La création et la transformation de l'hyperentreprise se nourrissent du désir qui naît de l'écart entre ce qu'on a fait hier, ce qu'on fait aujourd'hui et ce qu'on fera demain. Entre ce qu'on « fait bien », ce qu'on pourrait « faire mieux » et ce qu'on veut « faire autrement », les dirigeants de l'entreprise procèdent à une réconciliation entre le capital d'expérience acquise, la lucidité face aux défis présents et la créativité nécessaire à inventer le futur. Des actions et projets concrets sont positionnés sur les différentes parties de la matrice, qui opère comme une carte où les entrepreneurs naviguent dans le temps et mettent régulièrement à jour leur trajectoire. La stratégie devient un jeu, la matrice permet de construire une vision au sens propre comme au sens figuré. Grâce à la matrice, les tenants des « fondements de l'activité quotidienne » trouvent leur place tout autant que les « innovateurs fous » dans la transformation de l'hyperentreprise. La Matrice de Vision est utilisée également pour positionner les désirs latents des clients, collaborateurs ou partenaires recueillis avec un autre outil présenté plus avant : Écoute Active Turbo ou comme « matrice de responsabilités », pour positionner les contributions des dirigeants, responsables et collaborateurs à la mise en œuvre de la stratégie de l'entreprise en matière de « faire bien », faire mieux » et « faire autrement ».

## Entretenir son étonnement

### Sortir des sentiers battus

> *"Yes there are two paths you can go by but in the long run.*
> *There's still time to change the road you're on."*
>
> Jimmy PAGE et Robert PLANT (Led Zeppelin), *Stairway to heaven*

« Sortir des sentiers battus », l'expression est familière aux entrepreneurs, mais combien explorent réellement d'autres voies, se propulsent *out of the box*, vers les limites de l'incertain ? Comment passer « *de la peur de l'échec à la peur de la peur, des petits changements aux grands changements* », comme nous y invite le spécialiste mondial du marketing **Seth Godin**[1], conseiller de **YAHOO!**, qui pointe l'avènement de l'ère « post-télévisuelle » et le déclin du « complexe télé-industriel » ? Certaines démarches d'artistes pourraient inspirer les entrepreneurs, sur un strict plan métaphorique naturellement…

Pour explorer les limites de l'incertain, certains artistes se mettent parfois en danger physiquement, à travers des pratiques extrêmes. *Icare*, une performance de l'artiste Californien **Chris Burden**[2] s'est

---

1. Seth Godin, *La vache pourpre. Rendez votre marque, vos produits, votre entreprise remarquables !* Maxima, 2004.
2. Catalogue de l'exposition *Beyond Limits* du MAK de Vienne consacrée à Chris Burden, Éditions Peter Noever/Cantz, Vienne, 1996.

déroulée le 13 avril 1973 à Venice, Californie. « *À dix-huit heures, trois spectateurs invités viennent dans mon atelier. La pièce mesure 7,5 mètres de longueur et 4 mètres de largeur. Elle est éclairée d'une lumière naturelle. Nu, je pénètre dans une pièce attenante à l'atelier. Deux assistants déposent sur chacune de mes épaules le bout d'une plaque de verre de 1,8 mètre. Ils versent de l'essence sur les deux plaques de verre qui forment un angle droit avec mon corps. Puis ils prennent trois allumettes pour enflammer le dispositif. Après quelques secondes, je me relève et le verre brûlant vient s'écraser sur le sol.* » Un autre travail de l'artiste, *Shoot*, est considéré comme une des plus spectaculaires performances des années soixante-dix. « *À cet instant, j'étais une sculpture* », déclare Chris Burden, qui évoque le moment où son bras fut percé par une balle tirée d'un 22 long rifle. C'est un ami qui pressa la gâchette le 19 novembre 1971 à une distance de 13 pieds. L'intention était seulement d'érafler le bras de l'artiste. La controverse née autour de *Shoot* s'est nourrie de l'imaginaire et des peurs déclenchées par l'emploi d'une arme et les blessures qui en résulteraient.

À une époque où la guerre du Vietnam produisait son lot d'invalides mutilés chez les vétérans, cette performance fut lue comme une affirmation du corps par toute une nouvelle génération. Aujourd'hui, à l'instar de l'expérience limite de Chris Burden, l'exploit des entrepreneurs est d'affirmer leur identité au milieu d'un univers saturé d'images, de slogans, de signes tous imités et calqués les uns sur les autres, et cela surtout sans imiter leurs concurrents, au risque de se banaliser et de se laisser entraîner dans la spirale infernale de la guerre des prix. Les entrepreneurs contemporains utilisent l'audace que permet leur intelligence, la volonté que leur procurent leur énergie physique et l'acuité aux signaux faibles (ce que d'autres ne regardent ou n'écoutent pas) que leur apporte leur extrême sensibilité.

### Provoquer pour questionner

Le questionnement destiné à provoquer la réflexion est une caractéristique constante de la performance artistique, une forme explosive et fugace utilisée par les artistes contemporains. L'œuvre d'art affronte le spectateur. L'artiste vise rarement à séduire son public, mais cherche au contraire à démêler et critiquer les techniques de séduction. En faisant voler en éclats les illusions des médias et des écrans publicitaires, l'artiste provoque une redécouverte du monde réel, dans sa richesse, dans sa complexité, dans son âpreté aussi.

Dans *Rhythm 2*, une performance accomplie dans une galerie d'art contemporain de Zagreb, **Marina Abramovic** prend des médicaments utilisés dans les hôpitaux pour le traitement de la catatonie aiguë et de la schizophrénie. La première session dure cinquante minutes : face au public, elle avale un premier médicament qui est donné aux patients qui souffrent de catatonie. Il a pour effet de les forcer à changer les positions de leurs corps. Elle raconte son expérience : *« Rapidement après l'avoir ingéré, mes muscles commencent à se contracter violemment jusqu'à ce que j'en perde complètement le contrôle. Je suis parfaitement consciente de ce qui se passe mais je ne peux plus contrôler mon corps.»* À la pause, elle se branche par hasard sur la fréquence d'une station de radio qui diffuse de la musique folklorique slave. Puis elle prend un second médicament donné aux patients souffrant de schizophrénie et atteints de violents désordres comportementaux : *« Très rapidement, j'ai froid et je perds conscience oubliant qui je suis.»* La session prend fin au bout de six heures quand le médicament n'a plus d'effet.

Ici, la performance, qui prend tout son sens dans un pays sortant à peine du totalitarisme, fait voir et éprouver aux spectateurs la question des limites de la normalité sociale, de l'usage régulateur de médications et de drogues et de ses effets. Elle les extirpe d'un aveuglement, volontaire ou non, auquel ils ont pu se laisser aller et questionne leur responsabilité humaine au-delà de leur responsabilité citoyenne. Par analogie, elle rappelle aux managers contemporains le risque qu'ils encourent à se laisser anesthésier par les modèles de gestion et les diktats de la pensée unique managériale.

### Libérer l'art de la décision

Le processus artistique se caractérise par un questionnement perpétuel des limites de notre perception, de notre action et de notre intelligence. Perception, action et intelligence de l'artiste, perception, action et intelligence de ceux avec qui il partage son œuvre. Ce questionnement constitue la force spirituelle des artistes, sous l'angle d'une capacité permanente à créer de nouvelles formes. L'art progresse par un questionnement sans relâche des idées, du discours et des formes dominants, qui voilent l'épaisseur et la dimension tragique du monde réel, mais aussi l'éventail des possibles qu'il recèle. En posant des questions par un langage de formes, l'art force la réflexion, ouvre le regard, libère l'esprit et entraîne à faire des choix et des évaluations multicritères. Agissant sans repères préétablis, l'artiste est confronté à des choix incessants, tout au long de son processus de travail, qui en font un champion de la décision.

Le travail de l'artiste australienne **Patricia Piccinini** explore les relations changeantes entre ce qui est considéré comme naturel, ce qui est artificiel, ce qui est « normal » et ce qui est mutant. Le point crucial pour Patricia Piccinini est : jusqu'où irons-nous ? *« Si nous pouvions dessiner nos propres enfants, à quoi ressembleraient-ils ?* » À la cinquantième biennale de Venise, elle exposait *We are a family* dans le pavillon australien. Encore une fois, elle donnait un point de vue personnel sur quelques-uns des problèmes les plus difficiles posés par la bioéthique : qu'est ce qui est normal ? Qu'est-ce qui constitue un être humain ? Où une espèce se termine et une autre démarre ? Y a-t-il des vies qui ont plus de valeur que d'autres ? Qu'est-ce qu'une famille ? L'installation réaliste *Still life with stem cells* présente une petite fille jouant sur la moquette avec d'étranges bébés mutants. Le titre de l'œuvre suggère que ces créatures ont été créées à partir de cellules souche – des cellules indifférenciées qui peuvent aussi bien devenir un cœur ou un poumon. Patricia Piccinini pose la question : qu'est-ce que nous allons faire de cette technologie ? Elle choisit de nous dire qu'il y a une belle relation entre la petite fille et ces étranges créatures, une relation très nourrissante : *« J'aime l'idée que ce que nous voulons tirer de la technologie et ce que nous pourrions obtenir sera différent. Ce ne sera pas forcément une mauvaise chose. »* La petite fille ne semble absolument pas horrifiée par ces jouets organiques bizarres : *« Je veux montrer comment assez souvent des technologies étranges deviennent partie intégrante de notre vie. »* Par sa création, Patricia Piccinini prend et assume une décision esthétique à contre-courant des peurs générées par les biotechnologies.

⤳   **Laurent Tixador témoigne :**

## « *Plus on est dans une zone d'inconnu, plus on a de chances de faire des découvertes.* »

Pour nourrir leur processus de création, certains artistes comme Laurent Tixador partent à l'aventure. Sur une terre dont le moindre kilomètre carré a été exploré, l'aventure ne se situe pas forcément dans un « ailleurs » lointain. Elle peut se trouver sous nos pieds.

*Pourquoi cette idée d'aventure est-elle au centre de vos projets artistiques ?*

Ce qui m'intéresse dans l'idée d'aventure, ce n'est pas de faire de l'exploration comme Stanley qui, de fait, en cartographiant toute l'Afrique, a supprimé toutes les zones d'aventure ! L'art est une manière subjective d'approcher le monde. L'inverse de Stanley, c'est Henri de Monfreid ou Blaise Cendrars, qui n'ont rien à voir avec l'ethnologie, ils ne parlent que d'eux, alors qu'on ne sait pratiquement pas qui est Stanley. À la différence de l'explorateur ou du scientifique, l'artiste laisse des doutes, des ambiguïtés, il procède par évocation dans un texte préétabli. L'art est évolutif par nature. C'est pour cela que même en connaissant le travail d'un autre artiste sur un thème proche de celui qu'on s'est choisi, on peut encore être un artiste. Quand j'ai réalisé avec **Abraham Pointcheval** la performance *Nantes, Caen, Metz en ligne droite*, on nous a reproché de parler peu des gens et des paysages. C'est vrai, nous ne parlons que de nous. Nous ne sommes pas deux personnes qui découvrons la France.

Notre projet était tout autre : à partir d'un parcours facile à faire avec les moyens de transport modernes (voiture, train), nous voulions nous ouvrir à l'aventure et pour cela, il suffisait de décider de faire le parcours à pied en ligne droite, au sens strict du terme. Et à partir de là, l'aventure commence car on ne sait vraiment pas ce qui est derrière la ligne d'horizon. Nous nous sommes constamment trouvés face à des choix : une autoroute, une rivière, une palissade à franchir. La qualité de l'œuvre est **dans le trajet, le voyage, l'aventure** en tant que tels et certainement pas dans une exploration, qui est la découverte d'un paysage en étranger. Le paysage nous importait d'ailleurs vraiment peu. **Notre découverte était plutôt la découverte subjective d'un territoire depuis l'intérieur.** Le projet artistique d'introduire l'aventure dans le quotidien repose sur le choix de la ligne droite et d'un véhicule – nos pieds guidés par une boussole – inapte à réaliser ce projet, en tout cas selon les références modernes. Ainsi, nous avons créé une situation qui vaut la peine d'être racontée. Nous avons traversé des endroits où nous ne serions pas passés autrement. Allant à pied, nous étions des aventuriers. L'expérience était également différente de celle des randonneurs, puisqu'elle était marquée par la surprise, par un manque de stabilité permanent. C'est la position typique de l'artiste : **se mettre sur le fil du rasoir, en danger pour permettre une découverte subjective.** La zone de découverte, c'est la zone dangereuse.

*Vous avez formalisé quelques traces de vos aventures...*

L'envie d'écrire un livre est venue pendant que nous marchions. Cela n'a rien d'original, puisque tous les récits d'aventurier font état d'un besoin impulsif de réaliser un objet témoin – mémoires de voyage, objet fétiche fabriqué avec les moyens du bord – au bout d'un certain nombre de jours. De la même manière, après l'aventure du voyage à Fiac[1], j'ai fait des modèles réduits de nos embarcations dans une bouteille. De retour du Groenland où je viens de réaliser ma dernière œuvre : faire naviguer un iceberg télécommandé, j'ai acheté 500 grammes de défense de narval sous forme de chutes provenant d'un bijoutier pour faire une miniature de ladite machine. **L'aventure en elle-même nous place en situation créative.** Après le voyage de Fiac, j'ai réalisé des objets qui appartiennent à une tradition de marine avec des objets de récupération et non des objets d'artistes. En fait, ne jamais fonctionner « comme un artiste » est paradoxalement ce qui ouvre mon processus créatif ! Faire un objet dans une bouteille, ce n'était absolument pas prévu au départ. Je pars sans projet précis et je vais chercher le processus créatif loin des ateliers et des galeries. Je vais chercher dans des univers autres. Partir de l'atelier, faire des trajets, c'est ce qui est intéressant. Sans faire d'exploration, mais en partant à l'aventure, en laissant le processus ouvert aux autres, je fais réellement mon boulot d'artiste.

*Mais où se situe la relation avec le public dans vos œuvres ?*

Le moment important de l'œuvre, c'est le partage de notre arrivée, où nous sentons la charogne, avec nos harpons et nos grimages. La langue de nos discours était déjà appauvrie par une semaine d'autarcie. Dans chacune de ces aventures, l'échange avec le public au vernissage à l'arrivée est extraordinaire. **C'est un moment éphémère mais très intense.** Ce qui est intéressant, c'est que les gens nous parlent beaucoup, alors qu'en général dans les vernissages, les non professionnels parlent peu aux artistes. Quand nous sommes arrivés à Metz, nous sommes arrivés à travers un jardin public. Tout ce que nous avions à montrer, c'est la transformation de nos équipements et de nous-mêmes pendant le voyage. Nos équipements étaient neufs au départ et portaient donc la trace de la transformation. Nous aussi en portions la

---

1. Cette œuvre a consisté en un trajet réalisé en 45 jours de Saint-Nazaire à Fiac, village perché du Tarn, dans le sud de la France, sur la mer, les cours d'eau et à travers champs avec deux bateaux pneumatiques à rames de type Zodiac, à l'occasion du Festival d'art contemporain organisé chaque année par l'AFIAC, avec le concours du musée des Abattoirs à Toulouse.

trace car nous n'avions aucune expérience de la marche ni de la navigation avant chaque aventure, alors qu'au terme du voyage, nous étions transformés en spécialistes avec des marques de la transformation. Au niveau des résultats de l'œuvre, notre démarche questionne beaucoup les gens, parce que le résultat final est très peu visible. L'acte artistique est mince en apparence, mais il est là. Nous ne sommes pas sportifs, la performance sportive ne nous intéresse absolument pas. C'est l'expérience humaine qui compte. Nous jouons une peinture de l'histoire, dans l'espace de la France vu comme un atelier. Depuis une conversation avec un entomologiste, j'aime à dire que l'artiste, c'est comme une fourmi. Autour d'une fourmilière, il y a une masse de fourmis qui suivent constamment les mêmes itinéraires. Et puis il y a toujours une ou deux fourmis qui s'éloignent du chemin balisé. Elles ne sont pas productives. Mais de temps en temps, par hasard, elles découvrent un morceau de sucre et le signalent aux autres. Voilà la posture de l'artiste. Ce n'est pas la peine de chercher pour trouver. C'est comme la bêtise de Cambrai ou la pénicilline de Fleming. **Plus on est dans une zone d'inconnu, plus on a de chances de faire des découvertes.** C'est pour cela que je m'éloigne momentanément des galeries, des musées et des ateliers et que je poursuis l'idée d'aventure, pour découvrir d'autres endroits où on puisse créer. Ce n'est pas mon métier d'artiste de produire des objets. Même si je ne trouve rien, j'ai fait mon métier en partant à la découverte.

### Briser le cercle de la routine

> *« L'actuel n'est pas ce que nous sommes mais plutôt ce que nous devenons, ce que nous sommes en train de devenir, à savoir l'Autre, notre devenir-autre. »*
>
> Michel FOUCAULT

**Laboratoire Stalker**[1] est un sujet collectif qui entreprend des recherches et des actions sur le territoire, et en particulier les vides urbains. Basé à Rome, ce collectif d'artistes italiens rassemble des architectes de formation qui ont remplacé la construction par la circulation. Laboratoire Stalker se voit à la fois comme le gardien, le guide et l'artiste des « Territoires actuels ». Ces territoires forment le négatif de la ville bâtie, les aires intersticielles, les espaces abandonnés ou en voie de transformation que **traversent** les membres du groupe Stalker pour composer en un unique parcours cognitif les contradictions criantes qui animent ces lieux, à la recherche d'harmonies inouïes.

---

1. Laboratoire Stalker, *À travers les territoires actuels, in visu, in situ*, Éditions Jean-Michel Place, 2000.

Intensifier la perception, se mettre à l'écoute, voilà une condition nécessaire afin que les territoires se révèlent à celui qui veut les traverser. Toute la difficulté de ce travail est d'être à la hauteur de ces territoires, de la ville qui se compose et se décompose. Leur ambition est de trouver une manière d'être, mais pas forcément de trouver une réponse. Le but du laboratoire Stalker est de ne rien ajouter au territoire que ce qui est déjà, mais de **recombiner les flux**. Un de leurs gestes symboliques fréquents est le geste du **franchissement**, comme franchir une barrière pour aller vers un terrain vague. Il s'agit donc pour les arpenteurs du laboratoire Stalker de construire leur propre fluidité en s'abandonnant aux devenirs à l'œuvre dans le territoire. De transformer la ville en une expérience vécue plutôt qu'en un objet ou en un spectacle contemplé ou subi.

À la manière d'une filature, *Duett (Duo)* 1999 de l'artiste belge **Francis Alÿs** transforme la marche dans la ville en jeu de piste dont le but est une rencontre éphémère qui produit un événement fugace et évanescent, qu'aucun document visuel ne pourra vraiment fixer ; un geste qui se dissout dans la rue aussitôt apparu, qui résonne un bref instant avant d'être à tout jamais perdu, illustrant la définition de la ville que propose l'artiste : « *Dans ma ville tout est temporaire.* » Et s'il est question de faire la carte de cet éphémère, cela n'équivaut pas à le maîtriser, mais plutôt à se situer dans son évanescence, *à l'accompagner dans sa mobilité*. Symbole des traces laissées par l'éphémère, *The Collector* est un petit objet métallique muni de roulettes qui ressemble à un chien. Quand le flâneur Francis Alÿs se déplace dans les mégalopoles comme Mexico, cet objet dans lequel est inséré un aimant attire tous les résidus de métal. Il devient la mémoire matérielle de la ville traversée par le flâneur. Alors qu'aujourd'hui la figure du piéton planétaire prolonge celle du flâneur baudelairien.

### Générer des micro-utopies

En 2003, **la seconde biennale de Valencia** était consacrée à « la ville idéale », comme « art d'être une ville » en ce début de XXI^e^ siècle. Dans son introduction au catalogue, le commissaire d'exposition **Luigi Settembrini**[1] souligne que le thème fait référence à cette capa-

---

1. Luigi Settembrini, « The art of being a city », in catalogue de la biennale de Valence, Éditions Charta, Milano, 2003.

cité créative positive et non à la recherche d'une quelconque nouvelle utopie ou d'une « cité radieuse », non à un projet préfabriqué, fermé et complet, qui serait d'emblée hors jeu à l'époque que nous vivons. Le nouvel environnement dans la ville de la modernité tardive est toujours plus extensif, diffus et nébuleux. « *Ville de la bordure, ville générique, non-ville, banlieue stellaire, hyperville, métropole patchwork.* »

À Valencia, dans la vieille ville, on trouve des ruelles sombres et étroites comme dans la plupart des villes méditerranéennes. Les bombardements de la guerre civile, puis d'autres travaux de démolition ont fait place à des terrains vagues qui sont autant de « trous de lumière » que les habitants ont surnommés « solares ». Dans le cadre du projet **Solares**, les organisateurs de la biennale de Valence ont demandé à des artistes de créer des œuvres dans ces lieux, en tenant compte des qualités de l'espace et de l'activité des habitants. Ces œuvres *in situ* dialoguent avec leur environnement. Ainsi l'artiste français **Bertrand Lavier** ouvre le regard avec des moyens simples. Il plaque sur un mur lépreux des panneaux d'aluminium dotés de fenêtres coulissantes. Derrière la fenêtre, une couleur verdâtre évoque la forêt. Il retraduit avec des moyens simples et contemporains une idée de **Léonard de Vinci** : un mur est vivant et la ville se transforme. Le message délivré est optimiste : chacun peut entretenir et partager son propre étonnement. Que ce soit au sein de sa communauté ou au travail.

L'approche des artistes sur le projet Solares comporte une proposition éthique et esthétique : dans l'ère de la micro-utopie, l'artiste se comporte comme un donateur. Il participe et contribue sans rechercher une posture où il serait amené à faire des suggestions radicales visant à changer systématiquement la situation actuelle. Cette attitude est plus appropriée et chaleureuse que la position messianique de l'ère classique ou que l'utopie de la modernité, dont les dérives totalitaires sont avérées, au plan économique – la tentation constante du monopole – comme au plan politique. Sa générosité n'est pas liée au désir de laisser son nom à la postérité mais au désir de coopérer. L'artiste donateur offre quelque chose de valeur et d'essentiel doté de qualité spirituelle, culturelle et émotionnelle. Il permet à une micro-communauté de mieux comprendre, de voir plus clairement, de saisir plus profondément, et d'expérimenter d'une manière plus sophistiquée la complexité de la réalité. L'artiste s'efforce de comprendre des situations réelles et de les enrichir en intervenant sans imposer sa proposition. Avec cette approche, il protège et interprète les valeurs de micro-communautés, développe leur potentiel et construit un réservoir d'intelligence et de créativité. Par nature, l'artiste de la micro-utopie ne croit plus dans des modèles validés universellement. L'exposition **MicroUtopias** venait compléter le projet Solares. Elle présentait des ustensiles permettant de créer ses propres utopies. Ici encore, le message est optimiste : dans un monde que la modernité nivelle et uniformise, la force doucement rebelle de l'imaginaire permet à chacun de créer son utopie personnelle et de la transporter avec lui. Ainsi, l'artiste portugais **Leonel Moura** crée *Reading trees*, un banc mobile de forme semi-sphérique, composé de matériaux composites ultralégers et ultra-résistants, dans lequel est planté un arbre. Avec ce banc, on peut se promener et lire partout dans la ville.

Les architectes suisses, **Décosterd & Rahm Associés**, diplômés de l'École polytechnique fédérale de Lausanne, exposaient la *Melatonin room* : une chambre montable et démontable pour se recharger en lumière et augmenter son taux de mélatonine. Cette micro-architecture contemporaine produit des réactions biochimiques à travers les interactions entre les personnes et les objets de leur environnement. *Melatonin room* symbolise une architecture de l'immanence qui a des relations physiques, chimiques et électromagnétiques avec le corps et l'environnement. Le programme de recherche que développe Décosterd & Rahm Associés est le suivant : « *Nos projets fonctionnent comme des systèmes, identifient des composants, programment des échanges et rendent la transformation possible. Notre but est de comprendre et de travailler avec de réels mécanismes physiologiques en relation avec la connaissance présente de la médecine et de la science. Ces mécanismes métaboliques et écologiques représentent une sorte de quatrième dimension de l'architecture, invisible et énergétique, mais ouverte à la vie et tournée vers des développements futurs.* »

Les micro-utopies concrètes réalisées par les artistes contemporains matérialisent la société émergente à laquelle sont confrontés les entrepreneurs dans leurs organisations comme dans leurs environnements. Elles permettent de s'approprier un nouveau regard sur des systèmes d'échanges marchands, techniques ou symboliques. Chacun utilise ses facultés de médiation pour créer son micro-univers séparé, dans une logique de « proximité à distance ». Il s'en suit une véritable métamorphose des relations dans les entreprises comme dans la société. L'autorité hiérarchique finit de perdre son lustre, ce qui appelle l'avènement de l'autorité esthétique, fondée sur l'affect et le sentiment d'être ensemble. Les coopérations ne peuvent plus être imposées, mais comme chacun comprend que la vitalité et l'existence même de sa sphère dépendent de l'existence d'autres sphères autonomes, les coopérations se gagnent et s'entretiennent chaque jour sur le mode du jeu. De fait, le tissu des hyperentreprises ressemble de plus en plus à celui des villes.

## S'inspirer des mutations de la ville, métaphore géante d'une hyperentreprise

La ville est devenue un ensemble infini de flux entremêlés et de cellules d'écume sans limites spatiales et temporelles et en cela, elle peut inspirer les entrepreneurs. Dans la ville comme dans l'entreprise, il n'est plus d'utopies à rêver ailleurs ou demain, mais ici et maintenant, dans le tissu même des relations créatrices. Pour **Thierry Davila**[1], le travail de Laboratoire Stalker nous ouvre à la représentation d'une ville horizontale car quand on marche, on est à ras du sol. Que rencontre-t-on ? En comparaison avec la vue en perspective de la ville classique de Piero della Francesca ou le quadrillage abstrait des villes modernes tirées vers la verticalité, nous traversons une ville pulvérisée, où les déchets, les rebuts, les friches côtoient des ensembles construits aux architectures disparates. La cité contemporaine a abandonné l'idée de style : c'est une ville en miettes très impalpable, qu'on ne peut éprouver que par le déplacement, le franchissement des barrières visibles et invisibles entre sites, quartiers, communautés, pour éprouver les tensions et les échanges aux frontières qui nourrissent un déploiement urbain aussi extensif que chaotique. Chacun a évidemment en tête des villes comme Los Angeles, Tokyo, Shangaï ou le nouveau centre de Berlin, qui symbolisent cette ville contemporaine horizontale. Il suffit de s'y promener, de les regarder s'étendre, avec leurs ruptures de styles, leurs terrains vagues, leurs couloirs de circulation réels et virtuels, leurs écrans omniprésents. Par ses juxtapositions d'images sans lien apparent, l'artiste américain **Robert Rauschenberg** est le premier à avoir transmis la représentation de cette ville horizontale, où la conscience est immergée dans un

---

1. Thierry Davila à la table ronde « Réflexions croisées. Territoires actuels, transformer les territoires urbains », organisée par ENTREPART le 15 mars 2004. Thierry Davila est conservateur et critique d'art, commissaire de l'exposition du collectif d'architectes italiens Laboratoire Stalker qui s'est déroulée au CAPC-musée de Bordeaux en 2004.

enchevêtrement de signes[1], de formes et d'images, **une ville totalement culturelle.** De cette ville contemporaine, Thierry Davila, affirme qu'il n'est possible d'exprimer la vérité supposée *« qu'en faisant l'expérience de sa disponibilité et en s'abandonnant à son mouvement, à sa fluctuation, pour errer à l'intérieur même de sa configuration mutante »*[2].

C'est par une pratique analogue que les entrepreneurs contemporains comprennent les mutations culturelles de l'hyperentreprise, en son sein et aux frontières avec son environnement. Aussi prennent-ils soin de circuler régulièrement dans des zones situées en dehors des projecteurs de l'actualité, à la marge des organigrammes. Ils rencontrent et écoutent des personnes « dans l'ombre », qui travaillent dans des activités de soutien, en déclin ou en marge du cœur de métier, à l'écart des grands projets ou au-delà du cercle des personnalités dynamiques (trop) visibles qui viennent à eux chaque jour. Les managers entrepreneurs accompagnent ces personnes de l'ombre dans certaines de leurs activités, voire y participent. Cette démarche est source d'un renouvellement du regard et d'une compréhension nouvelle de la dynamique de transformation de l'entreprise : que peut-on imaginer, que peut-on changer vite et ensemble, quelles sont les précautions à prendre, quels sont les rythmes différenciés d'évolution de l'entreprise en son sein, dans ses flux sanguins et nerveux, dans les replis de sa chair, quels sont les frissons qui parcourent son épiderme ? L'apport d'information dans ces pérégrinations périphériques est souvent étonnamment riche car les personnes situées dans les zones marginales ont une disponibilité et une acuité autres que les collaborateurs du premier cercle. Si les entrepreneurs sont complètement homothétiques aux stéréotypes qui leur sont rapportés dans ou sur leur entreprise, comment peuvent-ils explorer vraiment l'univers des autres ? Le questionnement véritable du monde réel et de ses secrets nécessite une fraîcheur de regard que l'on ne peut acquérir que sur les sentiers de traverse. Pour que leurs rencontres avec le réel soient fructueuses, les entrepreneurs consacrent du temps à se cultiver, à flâner et à ouvrir leur esprit.

---

1. D'après Leo Steinberg « Autres critères », 1974, cité par Stéphanie Moisdon-Tremblay, revue *Frog*, n° 1, printemps-été 2005.
2. Thierry Davila, *Marcher, créer. Déplacements, flâneries, dérives dans l'art de la fin du XXᵉ siècle*, Éditions du Regard, 2002.

# Retrouver le temps du désir

*"We can be Heroes, just for one day."*

David BOWIE

Nos propres mythes, hérités de la Grèce antique, nous disent que le désir, qui nourrit toute performance créatrice, exige la conscience d'une distance spatiale et temporelle, et qu'habiter aussi un autre temps, **Kairos**, le temps cosmique du moment opportun, est indispensable à toute création, à tout accouchement, à toute maturation. Les entrepreneurs créateurs gardent donc une conscience aiguë du caractère dérisoire du temps chronologique. Si les puissants des siècles passés accrochaient pour cela des vanités[1] à leurs murs, les entrepreneurs d'aujourd'hui peuvent méditer des œuvres comme celles de l'artiste américain **Dennis Oppenheim**[2]. Un jour de 1968, il réalise *Removal Transplant – New York Stock Exchange*, une performance symbolique du caractère évanescent du temps chronologique de l'information, typique du monde moderne, face au temps cosmique. Il rassemble au sommet d'un gratte-ciel new-yorkais les énormes piles de listings représentant une journée de transactions à Wall Street, avant de les laisser s'éparpiller sous l'action du vent. *« Sur le sol de la Bourse de Wall Street sont rassemblées des données représentant des transactions entre des points éloignés de plusieurs milliers de miles. En fin de journée, ce papier porte les vestiges des distances entre les points où ont été émis des ordres d'achats et les points où ont été émis des ordres de vente. Bien que dormant sur le sol, ce résidu est virtuellement actif. Une transaction dans l'espace est contenue implicitement dans ce matériau, comme trace d'un réseau de composants interagissant au sein d'une grille invisible étirée à travers tout le continent américain. »* Dennis Oppenheim emmène ce résidu au sud de Park Avenue, où il l'entrepose d'abord sur une aire de stockage au sol, dont la surface est égale au périmètre du toit d'un immeuble de 16 étages qui a été choisi au préalable. Les barrières anticyclones sur

---

1. Les vanités sont des peintures illustrant, de façon symbolique, le thème philosophique de l'inéluctabilité de la mort, de la fragilité des biens… À la Renaissance, elles représentaient des fleurs fanées, des fruits en décomposition, des crânes humains…
2. Alanna Heiss, *And the mind grew fingers. Dennis Oppenheim, Selected Works 1967-1990*, Editions The Institute for Contemporary Art, P.S. 1 Museum, New York in association with Harry N. Abrams, Inc., New York, 1992.

lesquelles vient s'accumuler le papier poussé par le vent déterminent l'esthétique des blocs de papier. Le papier devient ainsi le carburant d'une architecture en libre mouvement, à l'intérieur cependant de frontières prédéfinies. À 14 heures, l'aire de stockage est remplie avec un complément de listings contenant les transactions correspondant aux cours les plus hauts et les plus bas, en fait les permutations de la Bourse pendant une période de quatre heures. Puis, en élevant physiquement et rituellement les données du niveau du sol où elles ont été expressément stockées pour les emmener sur le toit de l'immeuble de 16 étages, l'artiste fait grimper physiquement, concrètement et symboliquement le niveau de ce résidu. Le matériau est déposé sur le toit, ce dernier servant de socle à une sculpture de papier mouvante.

Ici, les données sont soumises à un autre temps, le temps nécessaire à l'éparpillement de la matière, la Manhattan Skyline devenant symboliquement un point de jonction entre le *Kronos* calibré d'un échange de données abstraites et le *Kairos* du temps aléatoire de la dispersion de tous les matériaux par les éléments naturels.

*« Si l'art est le miroir de la vie, je suis le fabricant de miroir »*, dit l'artiste italien **Michelangelo Pistoletto**. Ses célèbres tableaux-miroirs ouvrent un espace permanent dans le mouvement, où **passé, présent et futur deviennent des notions contingentes**. En 1961, avec le premier des Quadri Specchianti intitulé *Il Presente – Le présent –*, il résout le problème du fond du tableau. Composés d'une image fixe (objets ou personnages aux dimensions réelles) apposée sur un miroir, les Quadri Specchianti confrontent un plan statique à une réalité en mouvement. L'observateur se trouve confronté à une équation qui intègre le passé de l'image photographique et le présent mouvant de son propre reflet et de l'espace alentour. Remplacer la toile par de l'acier inoxydable poli et introduire la photographie dans le tableau, c'est créer une situation qui n'est plus une représentation, mais une expérience directe, où l'on se trouve pris entre deux temps : un temps figé, un temps vivant. Le rapport de proportions – l'échelle humaine – place d'emblée le spectateur dans un rapport de proximité avec l'œuvre. *« Le miroir, parce qu'il capture l'instant, est en accord avec le développement culturel contemporain*, note le spécialiste de l'imaginaire **Michel Maffesoli** dans un dialogue avec l'artiste[1]. *Souvenons-nous à cet égard de l'idée philosophique du Kaïros, qui renvoie à l'opportunité, mais plus encore à l'événement ou même à l'avènement. Par là*

*s'exprime l'intensité du tragique propre à l'instant vécu : être dedans, partici-
per à la création continue du monde en se montrant capable de saisir les occasions qui se présentent…* »

L'œuvre de Michelangelo Pistoletto est d'une extrême actualité en ce
début de XXIᵉ siècle. Elle agit comme métaphore du paradoxe temporel permanent auquel se trouvent confrontés les entrepreneurs
contemporains : un pied dans le *Kronos*, un pied dans le *Kairos*. Bom-
bardés d'information, ils subissent de plein fouet la pression de *Kronos*, le temps chronométré, qui se réduit le plus souvent à l'instant
présent, à l'heure inédite de l'histoire de l'humanité où la vitesse des
échanges est devenue instantanée (le « temps réel »). Ils vivent la dictature des programmes planifiés et figés dès lors qu'ils sont entérinés,
couchés sur le papier ou enregistrés dans les mémoires des ordinateurs, et, dans le même temps, ils subissent une pluie battante de sollicitations, par messageries ou médias interposés, et d'interpellations
de leurs collaborateurs. Dans le même temps encore, l'exigence
d'innovation implique de prendre en compte *Kairos*, le temps élasti-
que de la vie, de la gestation, du moment opportun, le temps biologique nécessaire « à ce que les choses se fassent ». *Kairos*, c'est le
temps de l'écoute des potentialités et de la disponibilité aux propositions d'autrui, de l'accouchement des innovations, de la maturation
des esprits, du mouvement des êtres, de la transformation des entreprises, de l'évolution des mentalités, de la mutation de la société.

## Réconcilier le temps des affaires (Kronos) et le temps de la vie (Kairos)

**Cézanne** dit : « *Je tiens mon motif…* » Il joint les mains : « *Un motif,
voyez-vous, c'est ça…* » Il est engagé dans une recherche incessante
pour traduire ce qu'il voit en même temps que ce qu'il sent, pour
concrétiser ce projet paradoxal : représenter une nature à la fois stable
et éphémère – la nature est toujours la même, mais rien ne demeure
d'elle –, donner **le frisson de sa durée**, suggérer l'apparence de tous
ses changements.

---

1. *Michelangelo Pistoletto*, catalogue de l'exposition « Continents de temps », Musée
   d'Art contemporain de Lyon, 2001.

Dans un environnement où les événements se déroulent à grande vitesse, le tissu de la vie des managers contemporains est plus que jamais constitué d'éphémère. L'éphémère est un art du temps qui consiste à l'accueillir et à l'accepter tel qu'il est, fût-il imprévisible. Le sentiment de l'éphémère provient plus d'une sensibilité à la vibration des évènements que d'une accélération du temps lui-même. **Christine Buci-Glucksman**[1] trouve exemplaire, à ce propos, la conscience du temps propre à la Chine ou au Japon, qui accueille le moment saisonnier, le vide ou l'intervalle comme constitutifs du présent. *« Même le moine taoïste avec son esprit miroir ne peut échapper au moment propice qui lui permet de faire ou non corps avec le dao. Ce que les Grecs appelaient Kairos, le moment opportun. »* Valoriser l'éphémère, c'est valoriser la nuance comme principe d'organisation, contre les certitudes binaires ou les approches réductrices. Si la Métis, déesse grecque de la ruse, est bigarrée et ondoyante c'est parce qu'elle porte sur des réalités fluides et qu'il lui faut sans cesse s'adapter à la succession des événements, se plier à l'imprévu des circonstances. *« Par le Kairos*, note Christine Buci-Glucksman, *le temps flux devient positif, livré aux déguisements et aux métamorphoses et à tous les surcroîts de rapidité. C'est un temps non orienté et non orientable, un devenir imperceptible et infini, temps de l'événement au sens du zen. »*

Chérir l'éphémère et ses ondoiements est une attitude qui favorise l'ouverture à la transformation permanente de toutes choses. Au-delà du bien et du mal, cette attitude permet aux entrepreneurs contemporains d'envisager la multitude des possibilités de « faire autrement ». En refusant l'institutionnalisation au profit du mouvement permanent, en privilégiant le désir ardent à la satisfaction des besoins, les entrepreneurs maintiennent grande ouverte la porte des possibles. Pratiquer le changement des organisations et le renouvellement constant des projets comme une politique voulue et assumée, érigée en art de vivre l'entreprise, provoque une stimulation créative permanente, à condition de faire en sorte que chacun participe activement à la création des projets, dans la logique d'*écologie appliquée* proposée par **Lucien Kroll**[2]. Entraîner leurs collaborateurs au mouvement permanent est une responsabilité cruciale des entrepreneurs à l'heure où la seule certitude qui reste, c'est que dans les mois, les

---

1. Christine Buci-Glucksman, *Esthétique de l'éphémère*, Galilée, 2003.
2. Voir « Pratiquer l'écologie appliquée » au chapitre 4.

années, les décennies à venir, plus rien ne sera comme avant : perte de stabilité, fin des rentes de situation et effondrement des protections, sauf celles que les individus et les tribus actives se construiront pour un temps. À la guerre de positions se substitue la guerre de mouvement, voire la guérilla ou le terrorisme, tant au plan économique que social, politique et culturel. Dans la société d'« écume » si bien décrite par le philosophe **Peter Sloterdijk**, tous les systèmes s'interpénètrent, se confrontent et se stimulent en un mouvement incessant qui ignore les frontières et les statuts. Ni géographique ni historique, le combat devient atmosphérique : « l'air du temps » gouverne les hommes, les capacités d'adaptation et d'anticipation de chaque personne deviennent absolument vitales[1]. Nourries de créativité et de relation aux autres, ces capacités ne s'apprennent pas dans les livres, mais dans la pratique et la confrontation aux défis, ce qui est typique de l'apprentissage des artistes comme des entrepreneurs.

### Ouvrir au mouvement de transformation du monde par la visualisation d'œuvres d'art

L'extraordinaire diversité des parcours et des postures des artistes renvoie à la diversité des vies humaines. Dans *The Passing*, le vidéaste américain **Bill Viola** nous branche sur le défilement de notre vie, tendue entre naissance et mort, premiers pas et dernier souffle, sur fond de respiration et battements cardiaques. J'utilise cette œuvre faite d'images mouvantes pour faire partager à un groupe d'étudiants l'idée de la transformation permanente de toutes choses. Cette initiative s'avère un moyen bien plus efficace et prégnant d'y parvenir que les discours et les écrits car leur perception personnelle est en jeu. Les spectateurs font immédiatement le lien avec leur propre expérience. Ainsi réinvestissent-ils la conscience du temps de vie et sa dynamique de transformation.

### Flâner pour féconder ses idées

Pour maintenir le lien avec le Kairos, cette modalité du temps de nos vies où viennent les intuitions, la flânerie constitue une démarche précieuse pour les artistes comme pour les entrepreneurs, à préserver

---

1. Peter Sloterdijk, *Écumes Sphères III, op. cit.*

contre les exigences immédiates de la modernité, comme l'ont souligné **Baudelaire**, puis le philosophe **Walter Benjamin**, qui recommandait une économie du glaneur, du flâneur pour « *se construire un point de vue sur ce qu'est la ville* ».

L'artiste français **Ange Leccia** est un flâneur. Il n'appartient à aucune ville, mais il les investit toutes. Il les regarde, les écoute, et il trouve un refuge dans la foule : Le Caire, Tokyo, Rabat, Alexandrie, Osaka, Damas... Son œil suit les rues, les passants, les maisons, son oreille suit son œil, lui indique où se porter. Il se promène, déambule, se perd, mais il n'est jamais perdu. Blotti dans la foule, il voyage avec quelques-uns et rentre au plus profond d'eux-mêmes, et puis continue, se tourne vers d'autres qui lui livrent, là-bas, de loin, leur histoire. Il circule avec une caméra, légère, presque invisible, prolongement de son regard et du mouvement de son corps. D'un voyage au Moyen-Orient, il a ramené *Azé*, un film, qui « raconte » l'histoire d'un terroriste venu se réfugier au Moyen-Orient. Le soleil est le guide de cette fiction. Sa chaleur va jusqu'à brûler les paysages et la rétine, c'est-à-dire altérer le réel et lui donner l'incandescence d'un mirage. Sa flânerie forme une trame visuelle. « *Azé témoigne du contact avec une civilisation que je ne connaissais pas, mais dans laquelle je me sentais très bien*, explique Ange Leccia[1]. [...] *J'ai eu du plaisir à me fondre dans la foule et à trouver mon chemin dans ce fourmillement qui oxygène le cerveau à chaque seconde.* » En enchaînant les ambiances dans un kaléidoscope rythmé, *Azé* atteste que la beauté est toujours clandestine et volatile, liée à l'éphémère. La performance filmique d'Ange Leccia le fait entrer dans toutes les vies : il s'abandonne, comme il le dit lui-même, au désir.

Pour s'ouvrir à la création, les managers entrepreneurs flânent régulièrement au contact du réel pour renaître dans la confrontation à l'expérience du terrain opérationnel, des clients ou de leurs perceptions quand ils se promènent dans la rue... Ils s'immergent sous la surface des apparences et font des liens intuitifs avec les micro-évènements qu'ils perçoivent directement. **Leur connaissance est intériorisée et enrichie par l'expérience, faute de quoi ils n'emmagasinent rien de plus que de l'information.**

---

1. Propos recueillis à l'espace Paul Ricard à Paris, à l'occasion des entretiens sur l'art « De l'exposition à l'expédition (et vice versa) », le mercredi 4 février 2004.

◯◯◯   Humer l'atmosphère comme Jeffrey Swartz

**Jeffrey Swartz**, le PDG de TIMBERLAND a transformé une petite entreprise de sous-traitance en marque de référence mondiale pour les vêtements et les chaussures de loisirs.

C'est un habitué des chemins de traverse. Avec ses collaborateurs, il finit toujours par tendre son crayon en leur demandant : « Si vous étiez le chef, que feriez-vous ? » Pour capter les tendances de consommation, il va simplement renifler fréquemment le terrain, histoire de sentir les particularités des marchés locaux. En 2002, il s'est installé un mois en Europe. Sa famille résidait à Londres et lui rayonnait de pays en pays, de ville en ville. En 2003, il est venu quatre fois en Europe pour rencontrer les clients importants de TIMBERLAND (LES GALERIES LAFAYETTE en France, EL CORTE INGLÉS en Espagne…) et faire le point sur l'activité avec les managers locaux. À ces derniers, il demande souvent de l'emmener dîner dans un restaurant proche de la philosophie de TIMBERLAND. Et il prend toujours le temps de flâner dans une artère commerçante ou de visiter un musée. « *Récemment, lors d'un passage à Paris, je suis allé au musée Picasso*, raconte-t-il. *Et j'ai fait un tour rue de Rivoli. Cela me permet de voir les différences culturelles : par exemple, quand ils font du lèche-vitrines, les Français marchent plus lentement que les Américains.* »[1] Des observations très utiles pour comprendre les us et coutumes du commerce local. Au fil de ses pérégrinations, Jeffrey Swartz s'est aperçu que la franchise était une formule efficace pour développer un réseau de magasins sur le Vieux Continent. De même, à force de croiser des consommateurs dans les rues d'Amsterdam ou de Berlin, il a compris que les clients étaient plus sophistiqués ici qu'outre-Atlantique. À l'été 2003, ce manager entrepreneur a donc ouvert à Londres un centre de design pour créer des produits uniquement réservés au marché européen.

---

1. Jean-Yves Guérin, article consacré à Jeffrey Swartz : « Si vous étiez le chef, que feriez-vous ? » *Le Figaro Management*, 23 février 2004

## Christiane Germain témoigne :

*« Savoir s'arrêter pour laisser venir ce qui surgit. »*

Christiane Germain, la présidente de « Développement Germain des Prés », Grand Prix de l'Entrepreneur du Québec Accueil et Tourisme en 2002[1], témoigne sur sa manière d'entretenir son étonnement pour créer des hôtels uniques et différents.

« Pourquoi ne pas ouvrir un hôtel à Québec ? », s'est dit un jour Christiane Germain qui travaillait dans la restauration avec ses deux frères.

« Nous nous sommes mis en route vers New York City : là-bas on s'est bien amusés en visitant des hôtels. Nous avions une liste qui nous avait été fournie par des architectes car nous ne voulions pas faire un hôtel ordinaire. Mais nous n'avions pas les moyens non plus de faire un palace. Nous imaginions un lieu simple et de bon goût où l'on se sente bien. Nous avons glané des idées puis nous sommes revenus au Canada. Mon père avait bien réussi dans la vie et il avait des sous. Mais il ne voulait pas investir. Je n'avais jamais géré un hôtel et il y croyait plus ou moins. Évidemment, il nous ouvrait les portes, mais sans son appui financier, le projet était difficile à monter. Nous avons trouvé des associés et nous avons vendu un de nos deux restaurants. Nous avons constitué une équipe. À l'automne 1986, nous avons lancé la construction qui a duré jusqu'en juin 1987, nous avons ouvert l'hôtel en avril 1988, le financement était bouclé en janvier 1989. Après le premier hôtel à Québec nous en avons fait un second à Toronto. Avec une ambiance très asiatique, une vision de la salle de bain très bleue, j'avais des flashs. Je travaille toujours avec le même architecte, on se fait passer des idées. Par exemple, je voulais qu'on soit capable de prendre la douche en voyant dehors. C'est une expression urbaine : avoir un sentiment de liberté, avoir des vues.

C'est dans ma vie professionnelle que je m'accomplis le plus, sans pour autant « aller au-delà des limites ». Cela m'apporte beaucoup. Quand j'ouvre un hôtel, j'ai la pêche. Nous avons réussi à le faire et c'est satisfaisant, Si je suis fatiguée, brûlée, que je n'en peux plus, je m'arrête pendant six mois ou un an et puis je repars sur un nouveau projet. Cela m'apporte de la confiance, de l'assurance. Je n'ai pas d'insécurité. Peut-être dans deux semaines, j'aurai tout perdu, et alors ? Avec le temps, je saute moins dans le vide, mais je n'ai pas peur du lendemain.

---

1. Et aussi le prix Femmes d'affaires 2003 – Grande entreprise, prix Rayonnement hors Québec, mars 2003, chambre de commerce de Québec. Le groupe GER-MAIN est répertorié parmi les 50 sociétés les mieux gérées au Canada (pour en savoir plus : www.hotelboutique.com).

**Je ne suis pas capable de mener deux projets à la fois.** D'un projet à l'autre, il y a des choses qui restent, d'autres qui disparaissent. **On ne conçoit pas une chambre en fonction du temps de nettoyage, mais à partir d'une belle idée.** Une idée belle, on ne la répète pas. Je n'ai pas de plaisir à répéter les choses. Ce qui m'intéresse, c'est de trouver des choses qui créent un certain impact. Je dois être capable de trouver des choses qui n'ont jamais été faites, mais pas n'importe quoi, des choses qui font sens. **Ce n'est jamais en y réfléchissant, c'est toujours en faisant quelque chose d'autre ou en s'asseyant autour d'une table avec du monde que les idées viennent, que les projets prennent forme.** Je fais du jogging : souvent les idées viennent à ce moment-là, s'il fait beau, que ce n'est pas trop dur.

**Faire partager mes idées est important.** J'ai besoin de gens pour réaliser mes idées nouvelles. J'en parle. J'ai des gens autour de moi avec qui je fais une très belle équipe. Je combine conviction et directivité. **Quand une idée est nouvelle, il faut s'y investir personnellement.** Et quand elle est arrivée à terme, je passe à autre chose. Le plaisir, le temps que ça prend pour émerger est très important. Quelquefois, je m'arrête et puis je me dis : « Et maintenant je fais quoi ? » Quand la transmission est faite, je suis capable de passer à autre chose. Des gens très proches sont là pour m'aider. Je peux me reposer sur eux pour faire.

**L'énergie, physique, génétique, c'est fondamental.** J'ai hérité ce comportement de mes parents. Je m'arrête parfois deux heures pour faire le vide. J'ai eu des moments difficiles et je me bats constamment. Mais faire entrer la société en Bourse ne m'intéresse pas. Ma liberté dans mon travail est ce qu'il y a de plus important. **Je voyage beaucoup, je me ressource beaucoup.** J'arpente les villes, la mer, la nature, la montagne. Je lis des biographies et quelques livres de marketing, je fais toujours quelque chose, je n'ai pas de talent manuel, je n'écris jamais, je parle avec les clients, pas des hôtels **mais de ce qu'ils aiment**, en dialoguant avec eux je trouve l'inspiration. En revanche, les concurrents ne m'intéressent pas.

Je suis parfois attirée par des petites choses, des détails, des clins d'œil. Je suis allée dernièrement à New York, je suis revenue en me disant : « Il n'y a rien. » Je m'intéresse au design, à la décoration, aux expositions, à l'art contemporain. Je vois des choses, ça me plaît. J'aime la photo. J'ai engagé un styliste, ce n'est pas évident pour lui de travailler avec moi. Comme les clients finissent par tout banaliser, je conserve le même ameublement, mais il change chaque jour l'ambiance du hall d'accueil, en modifiant de minuscules détails. Les gens ne savent pas toujours ce qui a changé, mais ils le perçoivent. Visuellement, ils font la différence. Il faut toujours se renouveler, faire des essais. »

# Regarder l'invisible

Lorsqu'en 1998, après avoir fait l'expérience des *Sun Tunnels* de **Nancy Holt**, œuvre de Land Art située sur un plateau désertique de l'Utah, je me rendis avec mon épouse Sylvie et mon fils Antoine dans le saloon du minuscule village le plus proche de Montello – un motel-épicerie, un saloon et trois *mobil-homes* –, j'entamai la conversation avec le tenancier aux allures de cow-boy du cru[1], arborant moustache et queue-de-cheval sur un visage crevassé par le soleil. Je lui demandai s'il connaissait l'œuvre de Nancy Holt, distante de 20 miles et perdue en plein désert au bout de pistes incertaines et naturellement non fléchées. Il me répondit que oui et qu'il avait également eu une fois la visite de l'artiste, venue s'inquiéter de l'état de son œuvre[2]. À ce moment, il eut un silence, avant de reprendre : « Cette femme voit des choses que nous ne voyons pas. »

## Inventer un dispositif de vision de l'invisible

La science du XXe siècle est largement basée sur ce qui est invisible à la vision rétinienne des humains puisqu'elle appréhende les forces et les champs ou les relations sous-jacents à notre monde visuel. Dans une certaine mesure, l'art met en scène cette évolution au tournant de ce même siècle. Alors que depuis la Renaissance, les peintres ont expérimenté le « voir » à travers une « science picturale » qui ne parle pas par mots, mais par des œuvres qui existent dans le monde visible à la manière des choses naturelles, **Paul Cézanne** initie une approche en rupture. Selon les canons de la perspective classique, cet artiste français de la fin du XIXe siècle dessine maladroitement. Influencé par un peintre comme **Courbet**, il produit, durant ses années de jeunesse, des peintures sombres, au contour accentué, avec beaucoup d'empâtement. Sur Cézanne et ses tableaux boueux, **Per Kirkeby** dit : « *Et comme les années passent, le voilà qui s'éloigne des trous de boue. Mais la boue merveilleuse, il la traîne toujours avec lui. À la fin, elle ne laisse*

---

1. Qui se révéla être de nationalité anglaise : ne jamais se fier aux apparences visibles.
2. *Sun Tunnels* est composé de quatre énormes tubes de béton disposés en cercle formant dispositif oculaire d'intermédiation entre le ciel, la terre et la ligne d'horizon parmi lesquels circuler pour accéder à des visions multiples depuis un point d'observation mobile, immergé dans le paysage immense du désert de l'Utah.

*qu'une très fine empreinte sur la toile blanche.* »[1] Cézanne est un peintre très important car il traduit une vision intemporelle du monde. Sa perception n'est pas utilitaire. Quand il s'installe au Château Noir, ce qui l'intéresse n'est pas de se placer devant la montagne et de la peindre comme motif. Mais de s'affranchir de la perspective, d'entrer dans sa structure interne, de capter des données sensibles. Donnant l'impression de pénétrer la structure intime des choses, la peinture de Cézanne les reconstruit sous des formes géométriques en juxtaposant des « touches nettes et carrées », selon l'expression du peintre **Signac**, et en superposant les plans pour traduire la profondeur.

Cézanne invente une grammaire visuelle. On voit désormais la montagne Sainte-Victoire avec les yeux du peintre et ses touches de couleurs maçonnées. Lorsqu'il va au motif, il déchire le voile des objets. Il ne voit plus les arbres, le ciel et la montagne comme tout le monde les voit. Sa quête le pousse à peindre la virginité d'un monde pas encore défloré par le geste de l'exploitation de l'homme. Et pour retrouver la sensation primordiale dans le paysage, il a besoin de rester assis pendant des heures. Il travaille très lentement et il attend le moment propice pour appliquer sa touche de couleur. Le ciel ne peut se donner à lui qu'à travers une sensation singulière de bleu. Le dessin et la couleur sont indissociables, la couleur exprimant les volumes. Entre une touche et la suivante, il se déroule souvent une demi-heure, voire une heure, le temps nécessaire pour saisir ce qu'il appelle « ma petite sensation ». C'est toute la surface de la toile qui est activée et chargée d'énergie.

Cézanne ne cherche pas à illustrer une théorie dans l'air du temps. De manière très concrète, **il abandonne la convention du point de vue unique** et il présente la réalité sous des angles différents, une découverte d'où naîtra le cubisme. Avec son pinceau, il essaye de saisir quelque chose comme l'essence de cette montagne Sainte-Victoire. **Henri Maldiney**[2] parle de ce moment où Cézanne fait lui-même partie de ce « tout-rien » ou de ce « rien-tout » qu'est le fond de la nature. Il évoque ce premier moment où les sensations confuses que nous apportons en naissant coagulent, se condensent en formes définies. Mais ce moment, celui du « dessin de la têtue géométrie » – mot de Cézanne –, où les petits bleus, les petits blancs, les petits

---

1. Per Kirkeby, *Bravura*, École Nationale supérieure des Beaux Arts, 1998.
2. Henry Maldiney, *Regard, Parole, Espace*, L'Âge d'homme, 1994.

bruns pleuvent du pinceau du peintre, prépare le deuxième moment, celui de la logique aérienne colorée. « *Ces sensations confuses primordiales par où nous communiquons avec le monde avant toute objectivité sont très vite clarifiées et rectifiées par les nécessités de la vie pratique qui a besoin de s'appuyer sur des objets bien définis distincts les uns des autres.* »

Par sa posture, Cézanne se place en tension entre une perception exacerbée de l'instant présent, « ici et maintenant », et une ouverture à la sensation du temps long. La tension entre l'instant présent et le temps long, autour de laquelle Cézanne organise son art, est d'une extrême actualité pour les managers contemporains, à l'heure de la prise de conscience de leur responsabilité pratique et immédiate dans le développement durable. Agir en entrepreneur responsable exige une capacité à « voir l'invisible » : ce qui est latent et qui engage les générations futures, bien au-delà des « signes du marché » et des indications des enquêtes d'opinion. Voir l'invisible, c'est scruter le présent en profondeur : les gestes et évènements du quotidien, dans la rue comme dans toutes les instances de la vie, tout en ayant à l'esprit les archétypes des désirs humains comme des évolutions physico-chimiques, techniques, biologiques ou sociologiques de longue durée. C'est un extraordinaire défi à la perception.

### Changer les conditions de la vision

L'artiste anglais **David Hockney** régénère l'approche initiée par Cézanne en se lançant un défi : **recréer les conditions de la perception du paysage.** Tout comme Cézanne, il invente un dispositif de vision pour matérialiser l'invisible. On peut lire chez David Hockney, dans les zigzags de son traitement du paysage, en particulier depuis 1978, date à laquelle il se réinstalle à Los Angeles sur les collines qui surplombent la ville marquée par un urbanisme au cordeau, une sorte de carte routière de progression vers son art de maturité. En 1980, David Hockney peint *Nichols Canyon,* acrylique sur toile. « *J'ai pris une grande toile et j'ai tracé au milieu une ligne courbe, censée représenter la route. Habitant sur ces collines et travaillant à l'atelier, il m'arrivait d'emprunter cette route trois ou quatre fois par jour. J'ai fini par ressentir ces lignes courbes. Avec ces mouvements curvilignes de haut en bas.* »[1]

---

1. David Hockney, *Ma façon de voir,* Traduction de l'anglais par Pierre Saint-Jean, Thames & Hudson, 1995.

*Nichols Canyon* à peine achevé, Hockney met en chantier *Mulholland Drive : the Road to the Studio* qui en est à la fois son prolongement direct et son extrapolation. Sur un format de plus de six mètres, se déroule, une fois encore, la route sinueuse et familière. Multipliant les angles de vue, rabattant les plans, *Mulholland Drive* est en quelque sorte le premier paysage de l'histoire de l'art peint par un automobiliste attentif aux grandes leçons de Cézanne et de sa descendance cubiste. **Il entraîne le spectateur dans un mouvement horizontal qui traverse l'image de droite à gauche et produit l'effet d'une vibration.**

Aux yeux de David Hockney, la peinture doit être un support qui provoque des questions. Dans ses peintures récentes, la question est toujours : « comment voir ? » David Hockney a essayé de **retranscrire l'immensité du grand Canyon dans la surface plane de la toile.** La juxtaposition de cadrages lui permet de rentrer dans le paysage et de témoigner de cette immensité. *« Dans mes tableaux du Grand Canyon, ce n'est pas le Grand Canyon qui est le sujet mais la manière de le voir. Qu'est-ce qui arrive quand on veut prendre une photo ? L'œil humain ne fonctionne pas comme une caméra. Il enregistre plusieurs points de vue »*, raconte-t-il. Dans les années 1980, David Hockney assemble des photos, avec l'idée d'une vision défragmentée. *« Pour moi ce travail est purement de style cubiste et les paysages du Grand Canyon sont aussi des peintures cubistes dans le sens où ils expriment la multiplicité et la diversité de l'époque dans laquelle nous vivons... »*

Comprendre la science picturale, c'est comprendre l'œil comme « fenêtre de l'âme »[1]. Œil comme ouverture au monde qui n'est pas illusoire ou indirecte comme celle procurée par la télévision ou par internet, mais qui ouvre à l'âme ce qui n'est pas âme. Il faut prendre à la lettre ce que nous enseigne la vision : que par elle nous touchons le soleil, les étoiles, nous sommes en même temps partout, aussi près des lointains que des choses proches, et que même notre pouvoir de nous imaginer ailleurs dépend de cette aptitude première à voir le visible... comme l'invisible. Cézanne, puis Hockney inaugurent un nouvel être au monde accéléré, qui engendre de nouvelles perceptions et sollicite en retour une puissante acuité du regard. Le monde contemporain exige, pour être déchiffré, d'explorer l'épaisseur et

---

1. Rainer Maria Rilke, *Auguste Rodin*, Éditions La Part Commune, (1928) 2001.

l'étendue de ce qu'il nous est donné de voir, d'autant plus que le temps est compté et que la vision est brouillée par toutes les images qui envahissent notre champ visuel. Voir le monde en son mouvement, capter l'instant propice dans le flux nécessitent d'oublier la recherche d'un rapport objectif au monde qui nous entoure pour accéder à une sensibilité subjective, seule à même d'engendrer une pensée et une action anticipatrices des transformations intimes du marché, de la société, du monde et ouvertes au « faire autrement ».

### Jean-Claude Desmerges témoigne :

*« Toute image mérite d'être attaquée. »*

Artiste et chercheur, Jean-Claude Desmerges évoque son processus de vision et de création d'image.

*Quel est le moteur de votre travail d'artiste ?*

Je poursuis deux axes : un axe personnel sans projet déterminé. C'est un projet de vie. Je ne me demande pas pourquoi je peins, si c'est bon. Je fais. C'est l'acte, la façon de se mettre en situation inédite qui détermine la peinture. Voir des tâches de couleur partout, voir différemment les choses. Je n'attends rien de la peinture. « Ça peint. » Un autre axe qui passe par l'idée, le concept ; je questionne le processus de l'acte de peindre, de décrypter ce qui est obscur ou invisible, de voir en mouvement, d'accéder à l'invisible, je deviens un chercheur.

*Pourquoi décomposer l'image dans vos peintures ?*

Je vois tout en fragmentations parce qu'en réalité, le cerveau voit tout en discontinu, comme l'attestent les travaux scientifiques. Ce qui m'intéresse, c'est de peindre le fonctionnement du regard, de peindre le fonctionnement de l'œil. C'est une vision en mouvement. Par la reconstitution du mouvement, on peut recomposer, transformer, écrire des histoires. L'objet devient mobile sans cesse par l'effet de la peinture. Mon but est de rendre les objets vivants, d'exploiter les difficultés d'accommodation du regard pour donner de la vie aux images. Les images nettes sont des images mortes, l'œil ne voit jamais une image totalement nette. Pour peindre, je dois donc décrypter l'environnement et bizarrement, pour décrypter, je dois peindre. C'est un mouvement physique d'aller-retour, de confrontation qui permet de défricher l'inconnu. À un moment donné, il n'y a plus de pensée, la pensée est trop lente. Il n'y a que du corps. Si je réfléchis trop, ça ne marche pas. Il faut une tension, une vivacité du regard. Il faut se mettre à la place de l'objet, pour le connaître, on pourrait dire qu'il faut « être l'objet ».

### La peinture a-t-elle une utilité ?

Faire de la peinture sert à se forger une grammaire visuelle. Chaque artiste invente sa propre grammaire visuelle. À partir de là, on peut faire des films, des scénographies de théâtre, tout est possible. Je vois la peinture comme une traversée en trois dimensions qui permet d'ouvrir un imaginaire propre. C'est pour cela que les cinéastes dessinent leurs *story-boards* : ils posent un cadre pour accéder à une profondeur. La peinture est *cosa mentale*, chose mentale. Le peintre est face à lui-même, face au rien, face au vide. Il crée un monde, une profondeur peinte, le tableau qui devient monde.

### Pourquoi le saut de la peinture vers d'autres médias ?

Parce que le cadre de la peinture est fixe. Le processus s'arrête à un moment donné. Dans le film, l'image bouge continuellement, on est dans la succession. Il y a un avant et un après. Cela s'inscrit dans une durée non plus mentale mais réelle. Mouvement continu, effacement de ce qui a eu lieu pour aller ailleurs. Comme un oubli en même temps.

### Pourquoi alors continuer à peindre ?

À cause de la proximité avec la matière, pour vivre un transfert immédiat des choses, être en rapport direct avec le concret, percevoir des choses invisibles. Par l'œil, la main, la tactilité, on touche les choses, alors que la vidéo tient à distance. C'est important pour le « corps connaissant », qui fait et refait l'apprentissage du rapport entre soi et le monde, ce n'est pas la pensée qui gouverne. On fait l'apprentissage de son corps propre, on apprend comment les organes des sens fonctionnent. La peinture comme acte, c'est une sorte de *body art*. Le corps est matériau.

### Pourquoi avoir réalisé une thèse sur le processus de création ?

Pour étudier ce qui est de l'ordre du corps propre. Ce qui n'est pas cérébral. Ce qui ne peut se connaître directement. J'ai étudié les allers-retours entre intelligence rationnelle et intelligence intuitive. L'écriture permet la prise de conscience du processus de création. On découvre qu'il y a toujours l'imprévisible, l'accident, l'aléatoire. Sans verbaliser, ces phénomènes restent confus. L'écriture est le moyen d'être conscient des phases, de dépasser l'accident et le hasard. Une œuvre, c'est en fait un dialogue très construit, au juste milieu entre conscient et inconscient. L'inconscient c'est 90 % de soi. La réflexion sur le processus de création sert à « dresser l'inconscient », à rationaliser le fondement, les fondations de toute pensée. Mon processus de création n'est pas « j'ai une pensée de la fleur, je vais la peindre ». La réflexion sert à penser ce je n'ai pas pensé au départ.

*L'image occupe une place centrale dans la création contemporaine, aussi bien pour les artistes que pour les entrepreneurs...*

Toute vision, tout rapport avec une image, quelle qu'elle soit, est fondé sur un affect, une émotion. C'est vrai en particulier pour les artistes, mais aussi pour chaque personne, à commencer par les entrepreneurs qui veulent comprendre et utiliser le langage des images. Le paradoxe qui apparaît, à force d'apprendre à regarder, c'est que c'est la présence des choses qui est obscure, comme les êtres humains. Chaque image du quotidien recèle un univers de possibilités, les images virtuelles autant que les images naturelles. Le choix de regarder pour anticiper le mouvement du monde autour de soi, c'est le choix de ne pas subir des images apprêtées et formatées comme celles qui ont envahi le monde contemporain, mais d'attaquer les images, toutes les images, sans idées préconçues. Je n'ai aucune idée *a priori* sur les images que je rencontre : images de la rue, images historiques, images des albums de famille, images de la publicité, images de la télévision, images du cinéma, images des personnes dans les entreprises, de la manière d'habiter leurs espaces et d'entrer en relation avec autrui... Mais **toutes les images méritent d'être attaquées**, pour traquer ce qu'elles recèlent, leur part d'ombre et leurs potentialités. Dans le monde contemporain, c'est sous la surface des images que dorment les gisements de création, d'invention et d'innovation. Tout est là, à notre portée, mais il faut savoir regarder, sans se laisser manipuler, sinon, on est condamné à imiter, à refaire toujours la même chose, souvent sans le savoir.

*Comment se construit l'image peinte ?*

Une peinture est le produit d'ajouts et d'effacements de matière, elle renferme du temps, une écriture patiente. L'image d'un tableau, ce sont 200 sortes d'images qui se sont superposées. L'image peinte n'est pas faite comme quand on appuie sur le déclencheur de l'appareil photo. En définitive, une image n'existe pas en soi. Une image peinte témoigne d'un moment singulier de la vie, d'une émotion qui rappellera une certaine durée de ma vie, une certaine compression du temps. Au départ d'une peinture, je vois un détail et je prends des milliers de décisions qu'une machine ne peut pas prendre. À partir de là, je crée une image. Il y a une compréhension particulière de l'image par quelqu'un qui peint. À la différence d'une photo, l'artiste a tout fait, tout construit, c'est comme s'il avait conçu un corps, quelque chose qui vivra toujours. La photo est mécanique et fonctionnelle. Elle est abstraite. Il n'y a pas de son. C'est artificiel. C'est pour cela qu'on ne se reconnaît pas. Cela évacue l'émotionnel. Les grands photographes cherchent l'affect dans le déclic.

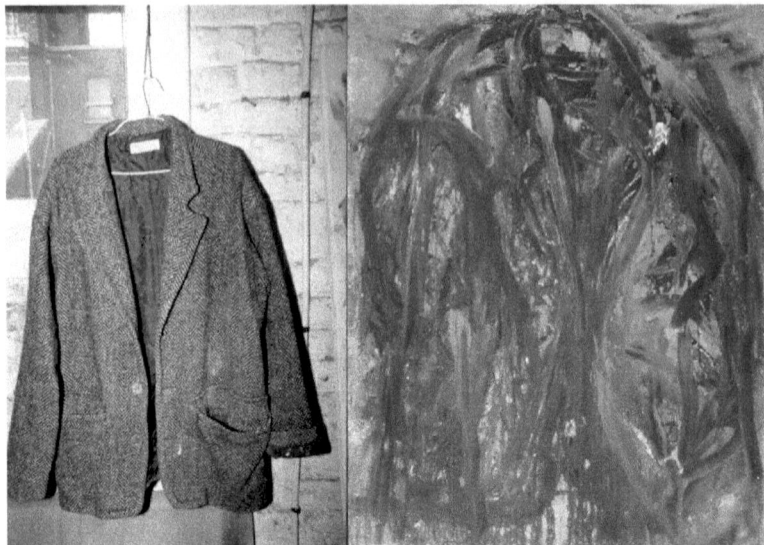

Jean-Claude Desmerges, à gauche, image de la veste comme modèle,
à droite, *Veste n° 347*, © Jean-Claude Desmerges et Galleria Fac Simile, Milan

*Quel rapport entre l'art et la vie, notamment professionnelle ?*

J'aime « remettre en route des choses », en les sortant de leur contexte. On peut se brancher sur une chose, minute par minute… Confondre l'art et la vie. Si on se dit « je fais de l'art », « je fais de l'artistique », c'est fichu, c'est comme de dire « je fais du management », cela ne se déclare pas, il faut le vivre. L'art, c'est avoir un sentiment propre de la réalité, c'est une ouverture personnelle à l'inattendu de la vie. La vie n'a pas de sens en soi. On peut alors s'amuser à y trouver un sens inattendu. Par exemple, prendre au corps un rapport particulier, faire des choses automatiques, à la manière des performances d'**Allan Kaprow**[1], faites habituellement sans réfléchir, de manière incongrue. Marcher à l'envers fait prendre conscience du sens de la marche. Mettre l'art dans la vie professionnelle, c'est mettre du jeu dans la vie. **Alberto Giacometti** n'a-t-il pas déclaré *« la peinture n'est que des essais »* ?

---

1. L'artiste américain Allan Kaprow est célèbre pour ses performances consistant par exemple à se brosser les dents pendant plusieurs heures. Par cette action *a priori* absurde mais qui rend conscient un geste habituellement inconscient, Allan Kaprow interroge le sens de la vie quotidienne.

## Désapprendre la perception préconçue

L'artiste américain **James Turrell** nous rappelle que **notre corps est notre premier organe de captation de retours d'information** *(feed-back)*, bien avant les enquêtes, sondages et autres capteurs indirects[1] et que sa puissance perceptive permet d'accéder à des dimensions fines et sophistiquées de notre environnement. *« Nous avons appris à voir d'une certaine façon mais nous n'en sommes pas conscients. C'est ce que j'appelle la perception préconçue »*, déclare-t-il dans un entretien à propos de ses travaux sur la lumière[2]. Il ajoute que *« l'apprentissage a un prix »*, c'est tout ce dont il nous a conduits à nous priver. À titre d'exemple, James Turrell explique que, depuis la perspective rigide du peintre vénitien **Canaletto**, nous avons appris à nous représenter trois dimensions en deux, comme sur un tableau. Une expérience psychologique montre que nous, Occidentaux, ne voyons certaines formes en mouvement (pivotantes d'avant en arrière) que 42 % du temps. *« Les Pygmées ou les Zoulous, soi-disant primitifs et ignorants de notre perspective, n'ont pas appris à réduire les trois dimensions en deux. Face à la même forme en mouvement, ils devinent pratiquement à 100 % ce qui se passe réellement. »* Ce qui intéresse James Turrell dans l'utilisation de la lumière comme matériau, c'est de créer de l'espace, littéralement de l'habiter de telle façon que la lumière modèle l'espace, ce qui nécessite de désapprendre le format réducteur que nous a inculqué la vision en perspective.

Par ses installations, il partage avec nous l'exploration littérale du contenu de la pensée que la lumière induit, ce qui lui paraît très important, *« maintenant que nous pouvons utiliser des instruments qui voient à notre place : la vidéo, la télévision »*. Il existe une expérience scientifique qui tendrait à prouver que la lumière sait quand nous la

---

1. Il est consternant de constater que dès que l'on parle de « retour d'information », de nombreux responsables en entreprise se précipitent – sous prétexte d'objectivité et de scientificité – sur des enquêtes avant même de se poser la question de leur propre attitude d'ouverture et d'attention aux multiples retours d'information que leur système personnel de perception est capable de leur fournir, qui plus est gratuitement. Tant que cette perception personnelle n'est pas enclenchée, les résultats des enquêtes ou autres retours d'information instrumentés restent largement sous-exploités.
2. Sebastien Pluot, *James Turrell, Rencontres 2*, Éditions Almine Rech & Images Modernes, Paris, 1999.

regardons. « *C'est un peu comme si cette chose qui nous a si longtemps servi à voir faisait ses propres observations. L'idée que la lumière puisse posséder un savoir propre m'intéresse dans la mesure où cela change notre perception de la réalité*, ajoute James Turrell. *Beaucoup de gens, dans les situations que créent mes œuvres*[1], *ont comme envie de toucher la lumière. Mais en fait ils la touchent avec les yeux, ce qui est une expérience inconnue. Parce qu'habituellement, nous ne voyons pas de cette façon.* »

James Turrell engage les gens à se poser des questions pour qu'ils prennent conscience que ce sont eux qui forment et créent la réalité. Par exemple, dans les *Sky Spaces*, ils entrent dans l'espace et le ciel a une autre couleur que celle que l'on voit d'habitude. « *Je ne monte pas là-haut pour changer le ciel mais je change le contexte de cette vision* », explique James Turrell. La lumière possède des limites vacillantes, insondables. « *C'est ainsi que marche le monde, dans une certaine "indéfinition". Nombreux sont ceux qui veulent croire en un monde rationnel. Les choses ne sont pas si simples. En effet, si nous prenons des décisions par rapport aux faits, nous sommes sans cesse en train de les réajuster pour conforter ces décisions. Le monde est donc moins rationnel que rationalisant.* »

### Se mettre en mouvement de déplacement

En février 2005, l'artiste français **Pierre Huyghe** réalise une expérience artistique originale : il conduit une expédition en Antarctique à bord d'un navire où avaient pris place un groupe transdisciplinaire et un équipage. Pierre Huyghe explique que « *le mouvement qui conduit ailleurs est aussi important que l'ailleurs lui-même* »[2]. Ce qui intéresse Pierre Huyghe est plus le processus de création du déplacement que la destination. Le lieu a moins d'importance que la production de situations de **mise en mouvement et de changement de paramètres** entre des individus ou dans les relations avec leur contexte. Pierre Huyghe poursuit : « *Notre voyage vers l'Antarctique n'avait rien à voir avec le fait de partir loin en soi. Un bateau est un habitat temporaire qui se déplace vers l'imprévisible, c'est un mouvement collectif, un temps social. Le véritable déplacement se situe dans les renégociations constantes qui ont*

---

1. Par exemple, des cubes ou des sphères de lumière colorée « suspendus » en l'air, au milieu d'une pièce.
2. Pierre Huygue, in discussion "Remote possibilities", revue *Artforum International*, été 2005.

*lieu entre les personnes engagées dans le voyage.* » L'artiste fait référence au concept d'« hétérotopie » (« lieu autre »), qui peut être le résultat d'une transformation après déplacement mental ou d'éléments de contexte, mis en exergue par le philosophe **Michel Foucault.**

Le concept d'hétérotopie diffère du concept d'« utopie », lieu situé dans un « ailleurs » lointain. L'avantage de l'« hétérotopie », c'est qu'on peut l'inventer partout, au centre d'une ville comme dans un hôpital, un moyen de transport (avion, train, bateau) ou au cœur d'une entreprise. J'ai observé à l'occasion de mes propres expériences que **la mise en mouvement du regard sur la réalité** par le changement de certains paramètres peut aussi bien être envisagée à l'échelle d'un groupe, d'une population urbaine ou d'un corps social, par exemple une entreprise.

### Changer radicalement un élément du contexte

La conception du jeu réciproque avec la lumière de James Turrell et le déplacement/transformation de Pierre Huyghe sont de belles métaphores applicables dans l'hyperentreprise : il suffit souvent de changer authentiquement, sincèrement et radicalement un seul élément du contexte : nouvelle relation d'écoute des clients ou des collaborateurs, changement déterminé d'un paramètre de la stratégie, changement d'une valeur clé de l'entreprise, modification d'un élément d'organisation, pour ouvrir ses collaborateurs ou ses partenaires à une nouvelle perception, pour les mettre en mouvement, pour les conduire à renégocier leurs relations, pour les éclairer d'une nouvelle lumière. Ce phénomène n'a rien de surprenant puisque, comme dans la lumière, les flux d'interactions y sont continus, en tout cas dans les périodes d'activité. Ce qui change, ce ne sont pas tant les flux, eux-mêmes irrépressibles, que la perception qu'en ont les personnes par un regard décalé et différent. Les flux organisés des hyperentreprises contemporaines baignent dans un halo d'indétermination émotionnelle, influencée par la mentalité, le climat social, culturel et relationnel, les émotions, les intentions affichées… Le processus de **mise en mouvement hors de soi pour aller ailleurs** que constitue littéralement l'**émotion** est plus important que la destination. Comme les artistes qui modifient les perceptions, les managers entrepreneurs jouent de cette indétermination pour ajuster leurs décisions ou pour transformer leur propre point de vue et celui de leurs collaborateurs, dans une éthique du succès pour tous. Toute personne ayant réellement exercé des responsabilités sait pertinemment que le succès pour tous ne saurait reposer sur des critères exclusivement centrés sur une efficacité rationnelle immédiate, mais nécessite l'autorité esthétique que j'évoque à plusieurs reprises dans cet ouvrage, sous des angles différents. Caractéristique des entrepreneurs contemporains, cette forme d'autorité est fondée sur un « vibrer ensemble », et donc sur des perceptions partagées de l'environnement interne et externe.

## Enquêter sur les flux invisibles

Dans les romans policiers, le détective mène son enquête en solitaire, parfois même contre l'institution policière. Comme c'est le cas dans les investigations des héros de Dashiell Hammet ou Raymond Chandler, l'artiste contemporain évolue dans un univers opaque, où la solitude même et l'acte d'enquêter à titre privé sont la marque d'une dissidence.

À l'âge de 40 ans, l'artiste **Mark Lombardi** abandonne la peinture abstraite pour se tourner vers une méthode plus conceptuelle proche de l'investigation. Il commence à regrouper et à synthétiser des centaines d'informations dans une base de données personnelle qui, à sa mort, en 2000, réunissait plus de 12 000 fiches manuscrites. Il a commencé à dessiner par hasard une série de dessins représentant des structures narratives alors qu'il parlait au téléphone d'un scandale financier américain. La plupart ont été réalisés à la mine de plomb, au crayon et à l'encre sur papier. *« Je les appelle structures narratives parce que chacune se compose d'un réseau de lignes et de notations destinées à révéler une histoire concernant en général un événement récent qui a retenu mon attention, tel l'effondrement d'une grande banque, d'une compagnie d'export-import ou d'une société de placement. Un de mes objectifs consiste à explorer l'interaction des forces politiques, sociales et économiques dans les affaires actuelles. »* Certains dessins présentent deux niveaux d'information distincts : l'un rédigé en noir, l'autre en rouge. En noir figurent les principaux éléments de l'histoire, tandis que les procès déterminants, les mises en examen ou autres actions légales intentées entre les parties apparaissent en rouge. Ces cartes permettent de donner forme et trace à un réseau de flux invisibles et d'actions éphémères et de s'y repérer. Ces œuvres sont si précises et documentées que, peu après les attentats du 11 septembre, des agents du FBI contactaient le Whitney Museum afin d'obtenir un rendez-vous secret pour étudier une œuvre qui traite des liens d'une banque internationale avec les réseaux terroristes et les trafiquants d'armes et de drogue.

### ⟲ Généraliser l'usage d'outils de traçabilité des phénomènes invisibles

Dans les hyperentreprises d'aujourd'hui où les flux prennent une place prépondérante, l'utilisation de croquis, de diagrammes et de relevés, bref d'outils de traçabilité de phénomènes invisibles, est une pratique pertinente pour les entrepreneurs désireux de visualiser la réalité des flux accélérés de leur entreprise.[1] *« Cette idée d'enquête et d'investigation se retrouve beaucoup dans l'art aujourd'hui*, explique Nicolas Bourriaud, commissaire de l'exposition GNS (Global Navigation Systems) au Palais de Tokyo. *Elle aboutit à une sorte d'obsession de la traçabilité des phénomènes sociaux. C'est l'artiste* **Simon Starling** *qui voyage en 2002 de Turin (Italie) à Cieszyn (Pologne) dans une Fiat 126 rouge construite en 1974 dans la cité piémontaise. Quand il arrive à Cieszyn, il change le coffre arrière et toutes les portes en utilisant des pièces détachées blanches prises dans l'usine qui construit la Fiat polonaise aux alentours de Bielstu-Biala. C'est aussi* **Marc Falliou** *qui explore la traçabilité des objets sur internet. Nous vivons dans un espace de plus en plus abstrait. Aujourd'hui le pouvoir n'a plus véritablement de visage. L'essentiel de ce qui constitue notre vie quotidienne échappe à la représentation, comme les peintures de* **Sarah Morris**. *De loin ça ressemble à un tableau de Mondrian, de près, si on se penche, c'est la représentation exacte des façades des sièges de plusieurs multinationales basées à New York. N'est-ce pas le vrai visage du pouvoir qui est représenté ici ?* »[2]

1. Lors du Forum « Avantage Services » organisé à Paris en octobre 2002, Marie-Christine Lombard, P.D.G. de TNT EXPRESS, déclarait que la performance des services mérite des méthodes créatives et graphiques : schémas et dessins pour représenter leur dynamique immatérielle (notes de l'auteur).
2. Table ronde « Réflexions croisées. Territoires actuels, transformer les territoires urbains », organisée par ENTREPART à Paris le 15 mars 2004.

⟩⊷   **Philippe Lemoine témoigne :**

*« Créer des langages communs, à partir de choses visibles. »*

Le président de LASER[1] témoigne de l'importance de rendre visibles les services liés aux usages des nouvelles technologies pour nourrir l'élan des entrepreneurs contemporains.

Pour **Philippe Lemoine,** deux tiers des gains de productivité sont aujourd'hui réalisés dans des activités de pur échange : commerce, courtage. Cette émergence de la valeur de l'échange ouvre à une représentation forte, que Robert Reich a formalisée sur une échelle croissante de création de valeur qui va des travailleurs répétitifs dans les services aux personnes, à l'image de la restauration, aux travailleurs manipulateurs de symboles, par exemple les dirigeants d'entreprise, les designers, les publicitaires et, à un niveau exacerbé, les artistes.

« Chez les manipulateurs de symboles, la valeur se crée dans l'interaction entre l'expression d'une connaissance et l'analyse d'une demande. Aussi voyons-nous apparaître une nouvelle posture de courtier stratège, dont les entrepreneurs sont un des cas particuliers, parmi des métiers de l'intermédiation. Le plein exercice de la fonction d'intermédiation et de vision nécessite de la dissocier du problème de faire tourner la boîte au quotidien, car c'est un travail difficile à accomplir. Pour stimuler et nourrir cette vision, il y a trois choses qui peuvent jouer un rôle important. Premièrement, il faut des lieux où cela mature. À ce titre, l'Échangeur[2] est un lieu de veille technologique, de démonstration concrète de l'état de l'art et d'interrogation et de débat sur tout cela. Ensuite, il est nécessaire de créer des langages communs, à partir de choses visibles : un élément important, c'est qu'il y a des choses à voir. Pendant très longtemps dans les services, il n'y avait rien à voir. Tout ne passait que par des processus, des jobs descriptions... et des malentendus. L'Échangeur participe aussi à cela, quand il

---

1. LASER est l'acronyme de Lafayette Services, entreprise du groupe GALERIES LAFAYETTE spécialisée dans les services financiers.
2. Échangeur est un centre européen sur les pratiques innovantes de la relation client à l'heure d'internet et des technologies de l'information, qui s'affirment comme un moteur d'innovation majeur dans la transformation des entreprises. Celles-ci doivent identifier les vrais foyers de création de valeur et inventer les bonnes stratégies. L'Échangeur est un lieu spécialement dédié à cette fonction stratégique. Espace de démonstration consacré aux technologies d'information et de communication qui se renouvellent en permanence, l'Échangeur permet aux responsables d'entreprise de voir, de tester, d'expérimenter concrètement plus d'une centaine d'applications les plus innovantes (pour en savoir plus : www.laser.fr).

permet de passer d'un environnement appréhendable par des mots techniques et méthodologiques à des produits visibles. Pour certains dirigeants qui avaient délégué la construction de leur site internet, une visite à l'Échangeur a permis de découvrir ce que voient leurs clients. Ils appréhendent une nouvelle réalité et apprennent à discuter. Nous nous situons dans une pensée de création d'élan à partir de choses qui se voient et qui se font.

Enfin, la réflexion sur la mise en forme, sur les formes qui structurent les choses est importante. Ici, l'art peut jouer un grand rôle. C'est la raison du travail engagé par le groupe GALERIES LAFAYETTE, un travail sur l'art et l'histoire de l'art, en lien avec l'histoire de l'entreprise. Il est très difficile pour une entreprise nouvelle de s'insérer dans un paysage de marchés nouveaux si elle ne se resitue pas dans une histoire de l'art. Il manque un arrière-plan. Dans des secteurs de commerce comme les GALERIES LAFAYETTE, c'est une démarche ancienne. Déjà, en 1920, il existait un directeur artistique des GALERIES LAFAYETTE, Maurice Dufresne, qui a joué un rôle important. L'idée même de la mode associée au commerce ne se comprend pas sans connaître l'évolution de l'art.

Créer de l'émotion avec un artiste contemporain d'aujourd'hui est difficile si on ne peut pas le replacer dans une histoire. C'est la raison pour laquelle nous organisons des visites avec le Louvre, pour insérer l'histoire de l'art dans l'histoire de l'entreprise. Il est essentiel de relier l'histoire de l'art à l'histoire de l'entreprise. Si on ne fait pas ce lien, cela peut devenir horrible. Le monde du commerce est aujourd'hui plein de propos sur le *retailtainment*. Dans les loisirs version haute, centrés sur l'art et la création, cela donnerait un mélange de business, d'art, d'émotion et de prix. Or, la puissance de l'apport des artistes ne peut provenir que de la création de passerelles et surtout pas d'un mélange. »

## ⓓ Le diagnostic REV' ® – Regarder les formes des expériences de services

Les lieux où se joue l'expérience de service que vous proposez à vos clients sont-ils des espaces neutres ou des lieux de vie ? La méthode REV' (Rendre votre Entreprise Vivante) permet de comprendre comment se déroule la relation de service au-delà du discours et des étiquettes que l'on appose trop souvent sur les clients. Basée sur le langage des formes, REV' est une méthode de représentation concrète et qualitative d'une réalité qui chaque jour risque d'être plus abstraite, évanescente, voire désincarnée. Lorsque nous utilisons la méthode REV', nous adoptons une tactique d'infiltration en plaçant notre regard dans les mouvements de l'autre pour accéder à une dimension subjective et non plus seulement objective du service comme expérience de vie. REV' est pour cette raison une approche éminemment qualitative qui témoigne de l'identité particulière de l'entreprise, de celle de ses clients et des relations qui les relient, dans une approche de reconnaissance mutuelle. Les interactions observées sont celles qui s'instaurent entre les différents protagonistes des relations de services : clients, collaborateurs, managers, partenaires, mais aussi mobilier, automates, technologies, espaces d'échange, de circulation, d'information, de détente, images publicitaires. À la manière d'une œuvre d'art, un diagnostic doit parler de lui-même. REV' présente donc des images, des scènes de vie, des dialogues découpés dans la réalité, à l'instar du cadrage opéré par un artiste. Chaque élément présenté est porteur de son sens et de son contexte, sans nécessiter de commentaire superflu. Un de nos clients nous a dit, à la découverte du diagnostic : « *C'est un électrochoc.* » Les brefs commentaires sont livrés à partir de connaissances anthropologiques, esthétiques et artistiques, croisées avec les concepts du marketing des services pour saisir le service dans toute sa complexité.

Avec REV', nous faisons une lecture à trois niveaux des expériences de vie partagées que constituent les relations de services :

• Service robuste (ou professionnel) : transaction, respect de standards répondant aux besoins des clients ;

• Service pertinent (ou personnalisé) : répondant aux attentes et aux objectifs des clients ;

• Service passionné (ou inoubliable) : initiative et appel à l'imaginaire en cas d'aléa, anticipation et réponse adaptée aux désirs latents des clients.

Pour détecter le niveau « passionné », de personne à personne, nous posons la question : le client aurait-il envie de faire le récit (en bien ou en mal) de son expérience relationnelle avec les représentants de l'entreprise étudiée ? Parfois, les scènes captées avec REV' dans la réalité sont jouées par les dirigeants et les managers eux-mêmes, avec l'accompagnement d'un metteur en scène, afin d'éprouver ce qu'est la relation de service dans l'épaisseur de la réalité vécue avec sa raison, son corps et son imaginaire, pour la transformer. Transformer une relation de service dépend d'abord de la volonté et des attitudes des dirigeants, qui irriguent par résonances successives toute l'entreprise.

### La synthèse avec Liu Ming :

*« Le cœur du processus*
*pour voir ce que les autres ne regardent pas,*
*c'est de questionner sans cesse. »*

L'artiste Liu Ming explore avec son regard la manière dont l'homme crée de nouveaux rapports avec le monde.

*Quel est le moteur central de votre travail ?*

L'essentiel de mon travail consiste à voir ce que les autres ne regardent pas. Je considère que le monde est fait en deux parties, le monde naturel et le monde artificiel. Je suis intéressé par ce qui est artificiel, la ville, les immeubles… Ces lieux où on est obligé de vivre, mais qu'on ne regarde pas et qu'on n'aime pas vraiment. Pourtant, je ne suis pas sûr que la nature, qu'on a tendance à sublimer, n'a que de bons rapports avec l'homme. Si on trouve la montagne belle, c'est le fruit d'un travail de culture (à travers les poèmes, la peinture…). Je cherche à éprouver et à partager la même émotion quand on voit les bâtiments en béton que quand on voit les montagnes, cela demande de créer une culture relative. Il y a tellement de choses autour de nous, avec lesquelles on n'a pas de bons rapports. Il est important de reconstruire des rapports culturels pour voir le monde qui nous entoure autrement, c'est-à-dire de poursuivre avec le monde artificiel qui nous entoure le travail de culture que nous avons opéré à travers les siècles avec la nature.

*Le point de vue d'un artiste chinois diffère-t-il de celui d'un artiste français ?*

Chaque individu a son histoire. Quand je suis arrivé en France, j'ai regardé les mêmes films plusieurs fois, sans rien comprendre à ce qui se disait, à chaque fois une histoire différente se construisait dans ma tête. C'est toute la différence entre regarder et voir, c'est plus facile de s'en rendre compte quand on se baigne brutalement dans une autre culture. Voir les immeubles modernes d'un point de vue chinois ou français, c'est différent. En Chine, en ce moment, il y a une folie de la construction de choses qui se dégradent très vite. Un jour, sans doute, les Chinois en auront assez et voudront des choses qui durent. Mais aujourd'hui, nous sommes affamés de tout, y compris d'immeubles, alors, « on mange beaucoup », on construit à tout va, mais est-ce qu'on peut digérer ? Pour digérer le monde, il faut un regard conscient. Or, on voit beaucoup de choses inconsciemment ; je m'intéresse particulièrement à un sujet apparemment banal : un terrain de sport, comme il y en a partout dans les villes modernes. J'ai toujours pensé qu'il y avait quelque chose d'intéressant à creuser derrière. J'ai toujours travaillé avec des questions, pas avec des réponses.

Exemple de question : pourquoi y a-t-il autant de terrains de sport dans nos sociétés ? Quand je peins, je ne pense pas aux couleurs, je cherche à répondre à des questions. La première chose qui m'a attiré en France, c'étaient les tétines pour bébés. C'est un objet totalement artificiel et très efficace, qui n'existe pas en Chine. Quand j'ai vu ma première tétine en France, je me suis demandé pourquoi ça existe ici et pas en Chine ? C'est un objet qui crée une distance entre la mère et l'enfant. Cet objet répond à un besoin individuel d'autonomie. L'enfant a besoin de sentir la mère, la mère occidentale a besoin de se donner des moments de liberté, donc la tétine induit un rapport d'autonomie réciproque. Cela n'existe pas (encore) en Chine car la mère tient tout le temps la main de son bébé. En Chine, les enfants n'ont pas besoin de cela. Un ami chinois a donné une tétine à son bébé : l'enfant a rejeté la tétine. Plusieurs questions me sont apparues en voyant la tétine : celle de la conscience qu'a la mère de vivre sa vie de manière indépendante ou au moins autonome ; la première leçon de l'enfant pour sa future vie dans ce monde artificiel, leçon donnée par cet objet artificiel. J'ai fait des dessins de tétines à partir de ces questions, beaucoup me prenaient pour un fou. J'ai continué avec d'autres choses dans la même logique. Le téléphone, internet sont très intéressants. Comme la tétine, ce sont des objets qui résolvent les problèmes de relations entre les individus. On crée des objets pour régler le problème de vivre avec quelqu'un et d'être soi-même en même temps. Je peins avec des questions que je pose et avec des réflexions.

Il y a beaucoup d'objets artificiels autour de nous, chaque objet a une fonction précise, les plus intéressants sont ceux qui créent une relation entre les hommes. Tout à coup j'ai compris que nous vivions dans une boîte à outils immense ; quand je pense à cela, ça me fait rire. Il y a en fait deux catégories d'objets : des objets d'utilité pratique (un marteau, un aspirateur, une grue, un calculateur…) et des objets de médiation (une tétine, un terrain de sport, un téléphone, une télévision, internet). Les photos sur internet : c'est aussi un rapport. Les gens ont envie de se montrer avec des appareils photo numériques. L'image est engagée dans les rapports. Le rapport humain est au centre de tout. Cela explique l'importance du sexe, qui est un rapport entre deux personnes. Sans ce rapport, il n'y a aucun sens de vie. Certains subliment un rapport sexuel artificiel avec des supports différents, qui ont évolué à travers les siècles en fonction des technologies disponibles : dessin, peinture, photo, vidéo, webcam.

Il est très difficile d'avoir une vraie relation avec quelqu'un d'autre, c'est sans doute ce qu'il y a de plus difficile. Alors, il est important de savoir créer l'illusion du rapport, surtout dans notre société de consommation. Cela marche mieux pour le business qu'un vrai rapport. Mes peintures d'après les images captées sur internet mettent en scène ce type de rapport. Toute idée de business ou d'entreprise qui tourne autour de cette idée de rapport de distance et de proximité à la fois a toutes les chances de marcher et d'être rentable. C'est tout le domaine des médias, des télécommunications, mais c'est aussi la restauration ou les discothèques, où on danse chacun individuellement sur la même musique.

Un autre point qui m'a surpris en France, c'est la discussion, cela m'a beaucoup intéressé. Ici, tout le monde discute. À la télé, je regarde les débats, les reportages, pas les films. Si un jour je quitte la France, cela me manquera. Toujours une question de relations. C'est très intéressant qu'en Europe, il y ait des gens comme vous, qui font des recherches pointues sur les liens entre des sujets qui n'ont apparemment pas grand-chose à voir. Nous ne faisons pas le même métier, mais ce qui est intéressant, c'est les rapports possibles entre nous. Les artistes qui parlent toujours des couleurs, des expositions ou des artistes, cela m'ennuie.

Pour conclure sur la différence de point de vue, je voudrais dire que la vie change : ce ne sont pas les différences de culture qui comptent, mais le facteur temps. Les Chinois n'étaient pas collectivistes parce qu'ils vivaient en Chine, mais parce qu'ils n'avaient pas atteint l'aisance matérielle de la modernité. Quand on a les poches pleines, le comportement change, on devient de plus en plus individualiste. Maintenant, en Chine, les comportements des gens changent et leur culture va évoluer pour se globaliser parce que nous entrons dans le temps moderne. Ce n'est pas le lieu où on se trouve qui compte pour faire évoluer la culture, mais la relativité entre la culture et le temps.

*Comment avez-vous éduqué votre regard ?*

Je n'ai pas suivi d'école. Je ne voulais pas que quelqu'un cherche les réponses pour moi. Je préfère les chercher moi-même. J'ai quitté la Chine à 34 ans, assez tard pour pouvoir comparer le système communiste et le système capitaliste. Ainsi je me pose toujours des questions, notamment sur la conscience individuelle. En Chine, nous étions trop collectifs, même avant le communisme : l'organisation de la famille, la culture le démontrent. Nous avons de plus en plus besoin de vie individuelle. Collectivisme et individualisme ont toujours coexisté en Chine, même si on avait le petit livre rouge, je suis sûr que jamais tout le monde n'a pensé la même chose. À partir de ces réflexions, j'ai déduit que la fonction de l'art est de créer des rapports entre l'homme et le monde, à travers des façons de regarder. Je me **consacre à trouver une autre façon de regarder.** Je me suis beaucoup intéressé aux immeubles modernes et aux terrains de sport, objets banals et en cela propices à renouveler le regard.

Liu Ming, *Sans titre*, huile sur toile, 146 x 114 cm, 1999, © Liu Ming

*Quel peut être l'impact de ce renouvellement du regard ?*

Un jour, je rencontre un jeune pianiste de jazz. Il m'emmène dans la cité de barres d'immeubles où il habite en banlieue parisienne. Je prends beaucoup de photos. « Pourquoi prends-tu des photos ? Tu trouves ça beau ? », me demande-t-il. Je lui réponds : « Ce n'est ni beau, ni laid, cela m'intéresse. » Quelque temps plus tard, il vient à mon atelier. Il reconnaît l'endroit où il vit dans les peintures que j'ai réalisées d'après les photos. Quelques jours après sa visite, il m'a téléphoné pour me dire : « Tu as changé quelque chose dans ma vie. J'étais toujours triste de rentrer chez moi, surtout après les vacances. Maintenant je revois les tours, les terrains de sport tout autour de chez moi, je trouve ça beau, c'est reconnu par un artiste, je suis fier. » La culture change le rapport au monde qui nous entoure. Le meilleur exemple est celui de la bouteille de Coca-Cola d'Andy Warhol.

Le rapport entre individuel et collectif n'est jamais totalement réglé, c'est le plus intéressant. Le cœur du processus pour voir ce que les autres ne regardent pas, c'est de questionner sans cesse. Et puis les réponses, c'est ennuyeux.

*Votre regard d'artiste est donc étranger à la beauté. Vous cherchez à détecter et à prouver autre chose...*
Ce qui est beau ou pas, en fait, c'est une question de pouvoir, c'est le reflet du pouvoir de ceux qui décident de ce qui est beau ou pas. Mais ce qui est important, c'est l'homme. La vraie question est la suivante : est-ce qu'on a assez de respect pour des gens qui vivent dans une société de consommation ? La dignité est plus importante que la beauté. Peut-être est-ce ringard de dire cela. Mais pourquoi qualifier de beaux ou de laids les endroits où les gens vivent ?

## Entrez dans l'expérience

### Faceo renouvelle le regard de ses entrepreneurs sur leur environnement

L'institut FACEO a confié à ENTREPART la mission de développer les attitudes et les compétences de service des managers de ses unités d'affaires, à travers des séminaires de développement baptisés « Atout Service ». Un accompagnement basé sur l'ouverture du regard a permis à ces responsables de sites de développer pour leurs clients une relation créatrice de valeur.

FACEO considère que le service est son cœur de métier. Le *Facility Management* est en effet un métier de service intensif qui consiste à assembler des compétences pour prendre en charge l'ensemble de prestations de service d'un client sur un site donné (établissement industriel, département de recherche, siège social). Le champ des prestations peut couvrir l'accueil téléphonique, la gestion des flux climatiques, la maintenance des ascenseurs, la restauration, l'informatique, l'hygiène et la sécurité, et parfois même des services à la personne ou des activités de loisirs... Dans ce contexte, le défi de FACEO est de garantir quotidiennement à ses clients de la sécurité, de la tranquillité, mais aussi de l'agrément et du plaisir à travailler sur tel ou tel site.

Les responsables des *business units* vivent sur le site de leurs clients avec leurs équipes. Ils pilotent un ensemble de compétences en s'appuyant sur des employés appartenant à FACEO et à des partenaires issus de différents métiers. Ils doivent répondre à des exigences de fiabilité, de qualité, de réactivité et de coût inscrites noir sur blanc dans des contrats. À la base, FACEO apporte des compétences techniques au meilleur coût, mais la direction de l'entreprise estime que cette politique n'est pas suffisante pour se différencier, fidéliser les clients et en conquérir de nouveaux. La réputation de l'entreprise se construit en effet à travers la performance quotidienne de l'expérience de service dans **un système complexe** où interagissent clients, partenaires, collaborateurs de FACEO et parfois autorités extérieures. Le service est donc **une variable stratégique majeure,** dont la perception concrète par les clients repose en priorité sur les responsables d'unité.

### Activer un processus de co-création de valeur

En règle générale, le premier objectif d'un client quand il externalise des prestations est de réduire ses coûts. Au premier contrat, les marges sont tirées au maximum. Une fois le premier contrat gagné, FACEO doit faire ses preuves comme partenaire digne de fidélité en entrant dans une stratégie gagnant-gagnant : cette stratégie consiste à permettre à l'entreprise cliente de mieux maîtriser ses coûts et d'améliorer la performance de ses services, mais aussi à chaque collaborateur de cette entreprise de bénéficier de prestations personnalisées de la meilleure qualité. Le but du jeu est d'innover en démontrant qu'il est possible **d'apporter de nouvelles solutions que les services généraux internes n'auraient pas développées de leur propre initiative.** Les responsables des unités d'affaires FACEO, positionnés au cœur de flux d'interactions entre de nombreux clients[1], sont l'exemple type de **managers entrepreneurs** catalyseurs de flux relationnels constants. Tout l'enjeu de la mission confiée à ENTREPART est de faire en sorte qu'avec leurs équipes, les entrepreneurs dépassent la logique du seul contrat pour mériter la fidélité de leurs clients et accroître **la création de valeur partagée** à l'occasion de nouveaux contrats plus larges.

Nous sommes d'abord allés voir sur plusieurs sites comment travaillent les responsables de *business units*. Ils exercent un vrai métier de service où il faut avoir le souci du détail et combiner des activités multiples pour de nombreux clients : l'interlocuteur au niveau contractuel, mais aussi tous les responsables ou collaborateurs utilisateurs des nombreux services que FACEO assemble sur un site : accueil physique et téléphonique, gestion et distribution du courrier, propreté, maintenance des ascenseurs, gestion des énergies et des flux climatiques… et, dans certains cas, maintenance des salles de gymnastique mises à disposition

---

1. Les clients se répartissent en cercles concentriques de 10, 50, 500 clients, en partant du cercle de leurs interlocuteurs contractuels, puis en intégrant d'autres cercles plus larges mais très exigeants, comme celui de tous les utilisateurs des prestations sur un site, et parfois aussi les cercles des « clients du client » ou des autorités auprès de qui celui-ci doit rendre des comptes.

des ingénieurs d'un important centre de R & D aux heures de pause. Très vite, il apparaît qu'une logique stricte de respect du contrat peut être une limite au progrès et à la créativité. Ces managers d'unité vivent en permanence sur les sites de leurs clients. Se cantonner à une position de gestionnaire de contrat débouche sur une logique de face à face. Se mettre dans une position d'entrepreneur implique de **passer d'une relation de face à face à une relation de côte à côte**, en épousant les objectifs et la stratégie de ses clients pour détecter les voies d'innovation possibles.

### Développer une connaissance intime de ses clients par le Service Design

Les responsables des sites FACEO disposent de beaucoup de données quantitatives sur la relation avec les clients (clauses financières du contrat, volume d'activité, engagements en terme de délais). En revanche, comme dans beaucoup d'autres entreprises, ils ont *a priori* en main peu de données qualitatives. Pour les aider à développer une connaissance intime de leurs clients, ENTREPART utilise une méthode basée sur le langage des formes : **le dessin**. À l'occasion des séminaires organisés par groupes de huit entrepreneurs FACEO, ceux-ci se dessinent au milieu de leurs clients. Ils prennent conscience qu'ils agissent au cœur d'un faisceau de relations et d'interactions multiples, ce qui pour certains est générateur de stress. Se représenter en tant que personne évoluant dans ce faisceau leur permet d'avoir une représentation plus juste de leur métier, qui est avant tout **relationnel** et, sinon d'évacuer totalement ce stress, de le relativiser : en se représentant au centre d'un faisceau de relations, les entrepreneurs comprennent pourquoi ils se sentent « impactés » par le mitraillage des informations et sollicitations de toutes parts, (à la manière du regardeur pris dans le feu croisé des discours des cinq locuteurs de l'œuvre *1996 World Peace (Received)* de l'artiste américain **Bruce Nauman**[1]). Ils comprennent que leur identité professionnelle ne dépend pas seulement de leur technicité mais aussi de leur sens du service et de leur capacité à innover et à **valoriser les dimensions immatérielles de la relation**.

Nous leur demandons ensuite de dessiner l'univers professionnel d'un de leurs clients principaux, sous forme de *story-boards*. Les premiers dessins produits présentent d'abord des éléments de base : une chaise, un bureau, un fauteuil, un écran d'ordinateur, bref toutes les images stéréotypées qui forment l'environnement professionnel. Mais en incitant les entrepreneurs FACEO à décrire l'ensemble des détails de

---

1. Voir dans le chapitre suivant, le paragraphe « Bondir dans d'autres univers ».

l'environnement d'un de leurs clients, notamment les détails symboliques (la décoration du bureau, les objets personnels, la disposition du mobilier, les outils de travail), tout un univers se révèle. De ces dessins émerge **un univers inconnu à explorer**, fait de détails qu'ils voient tous les jours sans les regarder – l'univers client redevient alors une « énigme » à déchiffrer, un territoire à découvrir. Cela débouche sur un travail de réflexion : qui est vraiment ce client en tant que personne, quels sont ses enjeux, ses goûts, sa formation ? Comment le satisfaire, accéder à des désirs latents et être capable de le surprendre ? Comment recréer ou renforcer le lien de service en lui donnant le sentiment que FACEO s'intéresse sincèrement à lui ? Chaque participant apprend à écrire une nouvelle histoire de sa relation avec son client. Après avoir fait l'effort de dessiner l'univers de son client avec tous ses détails symboliques, chacun est invité à s'exprimer comme s'il était ce client. Certains participants au séminaire se mettent dans la peau d'un client qu'ils jugent difficile. Mais ils découvrent que ce client est une personne avec ses problèmes, ses enjeux, ses propres objectifs à l'intérieur de son entreprise. Ils ouvrent leur regard en se plaçant à côté de lui, non plus comme un fournisseur, mais comme un copilote de sa performance. Grâce à ce changement de posture, ses problèmes, qui étaient parfois perçus comme des entraves à une relation de service créatrice de valeur, deviennent des sources de progrès et d'innovation. **Ce détour par la subjectivité de l'autre permet la création d'une nouvelle relation intersubjective** : le partenariat de service. À travers ces expériences de Service Design, il s'agit d'ouvrir plus généralement le regard des entrepreneurs FACEO vis-à-vis de l'univers de leurs clients, pour nourrir le goût de l'observation et pour réactiver leur désir d'être une force de proposition.

### Donner une forme visible à un futur voulu

Ces séminaires Atout Service FACEO sont entrecoupés par une période de quatre semaines. Durant cette intersession, les participants doivent mettre en place un plan individuel d'amélioration et d'innovation de leur relation de service. Au retour, certains disent « je ne vois plus mon client comme avant ». Nous savons alors que la partie est gagnée car leur représentation de leur réalité s'est modifiée. Ils accèdent au « faire autrement ». En fin de séminaire, les participants utilisent la Matrice des Responsabilités, déclinaison de la Matrice de Vision©, pour positionner leurs différentes responsabilités de service. Les Managers FACEO sont invités à décrire sur cette matrice :

- Leurs responsabilités opérationnelles de base (héritage technique et pratique de leur passé professionnel) ;
- Leurs responsabilités d'utilité au quotidien – la résolution des problèmes avec leurs équipes pour leurs clients – (ancrage dans le présent) ;
- Leurs responsabilités stratégiques, qui se traduisent par des talents à développer pour contribuer à la volonté de l'entreprise d'inventer et d'innover, leurs responsabilités esthétiques influant sur l'atmosphère de travail de leurs clients et de leurs équipes
- Et enfin leurs responsabilités éthiques, garantissant le respect des valeurs de service de FACEO et des valeurs professionnelles et morales de leurs clients (établissement de liens avec le futur).

Avec ce dispositif de cartographie de leur dynamique de création de valeur pour leurs clients, les managers entrepreneurs FACEO donnent une forme visible à un futur voulu, qu'ils relient eux-mêmes à la stratégie de l'entreprise. Ils réconcilient et développent leurs compétences techniques, relationnelles et stratégiques dans le *continuum* de leur responsabilité de service. En dépassant l'opposition stérile entre culture technique et esprit de service, la Matrice de Vision aide les responsables des sites FACEO à construire une nouvelle identité professionnelle en faisant apparaître leurs responsabilités de gestionnaire et d'entrepreneur.

# CHAPITRE 2

# S'ouvrir au mystère de l'Autre
# (Écouter)

De son dialogue avec l'artiste américain **Michael Heizer**, qui vit et travaille seul dans le désert du Nevada, le critique d'art **Marc Taylor**[1] tire cette déduction : « *Même lorsque ses œuvres sont solitaires, l'artiste ne travaille jamais seul, il est toujours hanté par un autre qu'il ne peut nommer.* »

L'autre c'est moi-même, dans ma dimension cachée. Mais c'est aussi l'autre que je rencontre quand je sors de ma coquille. Si je m'installe par exemple à la place de mes visiteurs dans mon bureau, j'accepte, au sens propre, de me placer dans leur point de vue. Si de surcroît, je vis leur expérience dans les lieux d'accueil, au téléphone, sur internet ou dans la rue, le déplacement est encore plus efficace. Si enfin, je mets en scène ce déplacement vers l'autre en intégrant des contraintes comme dans un scénario de fiction, je me donne toutes les chances de concilier respect de l'autre et créativité afin de lui procurer un avantage qui me vaudra sa reconnaissance et sa fidélité. Tirant sa substance des relations avec son environnement, l'hyperentreprise régénère son développement de basculements réguliers dans l'univers de l'Autre. La qualité de la relation avec cet autre que sont les clients, les partenaires, les actionnaires, les acteurs de la société, et même les collaborateurs, demande de se redécouvrir chaque jour à travers leur propre perception. À la différence des gestionnaires qui modifient l'organisation par un changement des structures et des hommes, les

---

1. *In* Michael Heizer, *Double Negative. Sculpture in the Land*, Editions The Museum of Contemporary Art, Los Angeles, & Rizzoli New York, 1991.

managers contemporains modifient les flux relationnels qui traversent l'organisation. Ils écoutent leurs clients non pas à travers leurs propres projections, mais dans leur part de mystère.

## Vivre des expériences esthétiques : le client, cette personne autre

Recevoir et proposer un service signifie vivre une expérience esthétique, c'est-à-dire qui s'inscrit dans la logique de la sensation autant que de la raison. Je voudrais l'illustrer avec une expérience que j'ai vécue le dimanche 6 août 2000 aux États-Unis. En déplacement sur la Highway 17 entre Phoenix et Flagstaff (Arizona) avec mon épouse Sylvie, je suis victime d'une crevaison. Le pneu est totalement déchiré. Après avoir remplacé la roue défectueuse par une petite roue de secours, je poursuis mon chemin jusqu'à Flagstaff, bourgade de 57 000 habitants. Je me renseigne et apprends qu'un garage, Western Auto[1], est le seul de la ville à offrir un service de réparation de pneumatiques 24 heures sur 24, 7 jours sur 7. À la sortie de la ville, sur la Highway 66, je découvre en effet Western Auto. Encadré par des épaves de pick-up trucks vendus à très bas prix, le garage offre une certaine vision d'entropie : amoncellement de jantes et de pneus, voitures garées ici et là, outils un peu épars. Dehors, sous une avancée, un homme à l'âge indéfinissable est assis, l'air rêveur. Grand, mince, moustachu, les cheveux longs sous une casquette vissée sur son front, les écouteurs d'un walkman enveloppant les oreilles, il a le look typique d'un hippie nostalgique. Il nous sourit et se lève prestement pour venir à notre rencontre. Avec un accent marqué mais avec beaucoup de douceur, il nous demande immédiatement où est la roue à réparer. Il nous aide spontanément à décharger les bagages du coffre de la voiture pour dégager la roue abîmée, qu'il donne immédiatement à un collègue qui en fait l'examen. En deux temps, trois mouvements, notre homme – appelons le Bob – apporte un cric, lève la voiture, démonte la roue de secours à l'aide d'une clé pneumatique. En attendant le verdict de son collègue, occupé à rechercher dans le stock un pneu neuf adapté à notre besoin, Bob réinsère

---

1. Western Truck & Auto Electric # 2, 3220 E. Route 66 – Flagstaff – ARIZONA.

soigneusement la roue de secours dans son logement, remet les outils du véhicule en place, recharge nos bagages. La voiture est toujours sur le cric, mais j'ai noté un détail : Bob a pris soin de débrancher les outils pneumatiques pour éviter tout danger.

Les stocks « tampon » de Western Auto étant limités, le collègue de Bob grimpe dans son pick-up truck pour aller chercher un pneu neuf dans le stock principal, situé ailleurs en ville. Après nous avoir informés du prix et demandé notre accord. Bob nous explique que tout sera réglé en 30 minutes. Nous profitons de ce répit pour nous asseoir et regarder passer les trains interminables de la Santa Fe Railway Company, qui font mugir leurs sirènes en traversant le bourg. Je fais part à Bob de la différence de longueur entre les trains américains et européens. Il paraît surpris qu'en Europe les trains soient plus courts. Je découvre qu'il reste préoccupé par le service qu'il me rend, même durant cette période d'attente. Alors que j'ai ouvert un livre, il vient me voir et me demande si je souhaite qu'il vérifie mes freins, au cas où l'incident les aurait abîmés et aussi, me dit-il, pour nous démontrer qu'il est occupé (*busy*) et attentif à nos besoins. Il me dit cela avec une telle sincérité (qui prêterait peut-être à sourire en France) que j'acquiesce avec joie. Bob s'affaire et quelques minutes plus tard, il vient vers moi et avec un pouce triomphant, m'annonce que tout est *ok* côté freins. Peu de temps après, Bob revient m'annoncer qu'il voit arriver son collègue sur la route et que tout sera réglé dans quelques minutes. Aussitôt dit, aussitôt fait, le pneu est monté sur la jante, Bob me demande si je souhaite qu'il procède à l'équilibrage de la roue. Ceci sans supplément de prix, mais cela démontre son souci de maintenir de bout en bout la transparence de la relation – et la relation en tant que telle avec son client. Bob remonte prestement la roue, puis me dit, en français teinté d'un accent inénarrable : « C'est fini, merci, au revoir », et disparaît discrètement au fond du garage, à tel point que lorsque je souhaite lui donner un pourboire, son patron est obligé d'aller le chercher. Lorsque nous quittons la station, Bob est debout sur le pas du garage, les écouteurs à nouveau sur les oreilles et il nous fait signe de la main en souriant.

Il se trouve que j'ai vécu cette expérience juste après d'autres expériences de service dans des hôtels ou des restaurants très *clean* et *up to date*, où visiblement des normes exigeantes de service étaient appliquées. J'ai donc pu faire la comparaison. Il est courant aujourd'hui dans les restaurants américains dans le vent que le personnel vienne vous demander quatre fois au cours d'un repas, sur un ton aussi méca-nique qu'enthousiaste, « si tout se passe bien pour vous ». Parfois, une fois l'addition réglée, le ton devient totalement indifférent. J'ai même vécu une expérience où les mêmes personnes à l'affabilité tonitruante et envahissante raflaient littéralement le paiement, sans un regard ni un merci. La comparaison entre cette approche du service comme un moyen de capturer le client, mais où le mépris sous-jacent de l'autre est palpable, et l'expérience vécue avec Western Auto illustre à quel point la relation de service est une démarche subtile. Quelque peu désinvolte dans le rangement et la présentation de son garage, Bob n'en était pas moins rigoureux sur la qualité technique, sur la sécurité et sur les détails, et soucieux de la justesse d'une relation de qualité, entretenue de bout en bout de la prestation, même dans ses « temps morts ». Malgré toutes les démonstrations bruyantes et appuyées, mais sans âme, de « qualité de service » à mon égard, je suis souvent sorti de certains établissements avec un certain sentiment de frustration, voire d'agacement. Lorsque je quittai Western Auto, un rayon de soleil et un sentiment d'humanité m'avaient envahi, à tel point que si j'avais eu plus de temps, j'aurais peut-être pu engager une conversation intéres-sante avec Bob. La qualité du service est avant tout question de culture et d'éducation, d'ouverture à l'autre et de cohérence. Le subtil équili-bre entre le côté *cool* de la prestation de Bob et sa rigueur et son asser-tivité constituait en effet une esthétique cohérente, perceptible par les sens autant que par l'intelligence.

Cette qualité subtile est fragile. Elle s'accommode mal d'une indus-trialisation et d'une standardisation de la relation. Elle est pourtant une source de création de valeur inestimable et, dans beaucoup de cas, la condition du renouvellement de cette création de valeur par la fidélité spontanée des clients.

La majorité des entreprises est dotée de systèmes d'écoute qui sont avant tout analytiques et quantitatifs. À savoir des baromètres basés sur la mesure de la satisfaction des clients. Ces enquêtes apportent des éléments intéressants en appréciant ce qui se fait déjà en matière de service. Elles permettent d'avoir un certain nombre de données utiles statistiques et génériques, souvent par grandes masses et par catégo-ries analytiques. Mais le découpage de la prestation en catégories définies par l'entreprise traduit les présupposés de sa propre vision. Il est réducteur de ce que vit le client dans son expérience, de son propre point de vue.

En règle générale, les enquêtes analytiques sont impuissantes à traduire les émotions personnelles et les désirs des clients. Leurs résultats ne permettent pas à l'entreprise de se différencier et d'anticiper. Comment explorer l'univers propre du client et son imaginaire ? Pourquoi ne pas procéder à la manière des artistes qui s'immergent dans des situations et vont à la rencontre de l'autre pour l'écouter raconter ses propres histoires vécues et rêvées ?

**Hervé Frapsauce témoigne :**

*« À mes yeux, l'artiste est l'expert qui traite de la sensation et de l'émotion de ce qui caractérise l'humain. »*

Le directeur général de SWISS LIFE ASSURANCE DE BIENS, est aussi président de l'institut Esprit Service. Il estime que les écoles de commerce devraient enseigner cette matière qu'est le contact, la relation, la propension à jouer des rôles.

*Sur quoi se fonde la valeur du service ?*

Les professions de services ont lancé en 2002 une enquête pour répondre à cette question. Systématiquement, le capital humain était placé en première position : c'est la capacité des entreprises à recruter de bons profils qui sauront jouer le rôle qui leur sera assigné. Le capital client, le capital organisationnel, le capital innovation et le capital apporteur de fonds étaient cités ensuite par ordre décroissant. Comme disent les Américains, il faut passer d'une relation *Business to Consumer* ou *Business to Business* à une relation *Human to Human*. Se cantonner dans une relation « client » fait perdre de la valeur à l'entreprise. Je dois voir mon client comme un être humain en prise avec les soucis et les joies de la vie quotidienne. Cela suppose à un moment de permuter son regard et de voir le client comme une personne. La relation froide basée sur les *process* ou les contrats ne suffit pas. Elle doit être complétée d'une relation chaude qui relève des émotions créées. Construire cette culture dans l'entreprise est un véritable défi car la dimension de l'émotion a été oubliée. Cela pose à la fois des problèmes de formation et de recrutement. À mes yeux, l'artiste est l'expert qui traite de la sensation et de l'émotion, de ce qui caractérise l'humain. Les écoles de commerce devraient enseigner cette matière qu'est le contact, la relation, la propension à jouer des rôles. Ce n'est pas le cas. Allons-nous enfin puiser dans le vivier des écoles de metteurs en scène et les cours de comédie ?

*Comment êtes-vous arrivé à faire ce diagnostic ?*

Dès le milieu des années quatre-vingt, j'ai fréquenté le milieu foisonnant des associations promouvant la qualité. Cela m'a permis de regarder fonctionner le monde de l'industrie. J'ai croisé les dirigeants de TOYOTA. Ils semblaient très confiants et affirmaient que leur entreprise japonaise serait le numéro un mondial de l'automobile – Toyota était classée à cette époque 15ᵉ mondial dans son secteur. Ces dirigeants ont effectivement gagné leur pari en sachant se différencier et en sortant les bons modèles au bon moment. Dans le secteur de l'automobile, le produit est le résultat d'un long processus de fabrication. Et la matière première, ce sont les boulons, la tôle et la voiture, au bout de la chaîne. Quelle est la leçon à tirer de leur succès pour le secteur de la banque-assurance ? Vers 1992-1993, je me suis demandé quelle était notre matière première ? J'ai fait le diagnostic en allant examiner les rebuts, là où se situaient les défaillances, comme dans l'industrie. J'ai constaté que notre matière première était dans le contact (papiers, voix, visite, relation en face à face, automates...). Le véritable progrès, dans le secteur de la banque-assurance consiste à maîtriser des milliers de petits processus qui sont tous porteurs d'un contact.

*Quel est votre prochain pas pour répondre à ce défi ?*

Chez SWISS LIFE, nous venons de lancer un programme « Entreprise en forme ». En tant qu'assureur, nous nous sommes aperçu des dégâts occasionnés chez nos clients par la montée du stress et du mal-être. Seule l'entreprise est capable de prendre le problème autrement. Car c'est un lieu dans lequel les gens acceptent de se transformer. En s'abritant sous la performance financière, on peut lancer des initiatives comme il en existe déjà aux États-Unis. L'objectif de ces programmes est d'aider les gens à rester en bonne santé psychique et physique, pour que la valeur représentée par ce capital ne se détériore pas. La loi française « Hygiène et Sécurité » est devenue la loi « Santé et Sécurité » sous l'effet de l'amiante. Dans les faits, un salarié qui a subi trois dépressions pour cause de stress, va pouvoir attaquer son entreprise s'il n'a pas eu de problèmes financiers à côté et si son environnement familial s'est révélé stable. Nous allons offrir un programme basé sur la prévention et le décliner sur trois axes : diététique et cardiologie, santé et bien-être, développement personnel. L'aspect délicat de l'affaire est évidemment le développement personnel. À ce moment précis, on franchit un seuil qu'on n'arrive pas en général à traiter dans l'entreprise : la matière première de la personne.

*Favoriser le développement personnel n'est pas un acte anodin !*

C'est exact. Si je décide de refondre mon système d'information et que ça me coûte par exemple cinq millions d'euros, je ne vais pas avoir de problème pour prendre rapidement une décision. En revanche, si je me dis qu'il faut aider mes collaborateurs à travailler sur eux-mêmes – être par exemple plus souple dans sa relation à l'autre – et que le programme de formation adéquat coûte 100 000 euros, je vais tergiverser. Même si je suis convaincu, en tant que dirigeant, des bienfaits de ce type d'action, j'aurai peur des dérapages possibles. Que va-t-on introduire dans leur comportement ? Par ailleurs, ce type d'action exigera mon engagement car **je ne peux pas changer l'autre sans me changer moi-même**. Nous sommes tous des handicapés de la relation. C'est pourquoi on a du mal à aller sur ce terrain.

*Avez-vous à l'esprit un exemple d'entreprise qui symbolise l'univers des services ?*

Le salon de coiffure réunit dans un même lieu une technique pointue, une mise en scène et la composante jamais modélisable du contact entre deux personnes. Les coiffeurs ou coiffeuses montrent une capacité extraordinaire – du moins pour les plus chevronnés – à s'adapter à la personne qui vient se faire couper les cheveux. Ce métier est impliquant car il touche à l'image de la personne. Les aspects techniques sont résolus en posant trois ou quatre questions. Par tradition, la relation client est laissée à la libre initiative des employés. Que ce soit chez l'artisan du quartier ou dans la chaîne de type JACQUES DESSANGE. Une relation se crée qui prend souvent un tour « intime ». Dans une agence bancaire, on fait exactement l'inverse. Les employés ne rentrent surtout pas en contact « intime » avec leurs clients. Alors même qu'ils utilisent comme matière première la vie des gens (appartements, voitures, naissances…). Il existe là une piste de progrès pour les banquiers.

## Accueillir l'autre comme source de richesse

*« Je est un autre. »*

Arthur RIMBAUD

Les artistes pratiquent l'altérité : ils échangent, transfèrent, confrontent, opposent, s'exposent à la critique des autres ou se confrontent au mystère de l'Autre, métaphysique ou mystique. À ce titre, l'art est un exemple puissant à l'heure où développer des relations avec la société, d'autres entreprises et d'autres personnes réellement différentes, accepter et valoriser la richesse de cette différence, s'ouvrir à de véritables alternatives est un facteur clé de succès pour les entrepreneurs désireux de créer des relations à haute intensité de valeur avec leur environnement. Des relations uniques et créatives sont source d'invention de nouveaux partenariats, de nouveaux services, de nouveaux processus,

de nouvelles relations entre « nous » (qui sommes-nous vraiment ?) et
« les autres » (qui sont les autres : clients, collaborateurs, partenaires ?).
*« Personne ne rêve à la place d'un autre. Cela prouve à la fois la solitude de
l'homme dans son rapport à lui-même et son incapacité de faire passer dans la
parole le fond de son être, sa propre part d'inconnu. »*[1] Pourtant, le marketing classique et les gestionnaires de données clients prétendent connaître les clients. En fait, à travers les enquêtes de satisfaction ou les
« focus groups » ils ont tendance à projeter leurs propres fantasmes
sur autrui, ce qui limite l'entreprise au « faire mieux » puisqu'elle
prend son offre comme point de départ. La porte du « faire
autrement » s'ouvre lorsque le point de départ de tout raisonnement,
de toute initiative, de tout processus, de toute action est l'Autre et
son mystère. La face cachée de toute personne véritablement reconnue comme « autre » est bien celle qui intéresse les artistes et les
entrepreneurs désireux de développer une vraie relation d'amour
entre une entreprise et ses partenaires de tous ordres. Le terme
d'« amour » doit ici être pris au sens laïc d'une relation réellement
ouverte sur l'autre : le respect de ses besoins et de ses attentes, certes,
mais aussi de ses désirs, de sa complexité, de l'énigme qu'il constitue,
conduit à le considérer comme une personne avec qui coopérer, agir,
créer et dont l'entrepreneur espère mériter la fidélité[2]. Ici, les managers contemporains ont à mener une véritable révolution culturelle
contre les tenants du conformisme et des approches quantitatives.
Fondée sur une transformation farouche des mentalités – redonner à
chacun dans l'entreprise « le goût des autres » : étranges et irréductibles à des catégories –, cette révolution vers le qualitatif et l'expérience de la rencontre est le prix de l'innovation et de la
différenciation, seul remède à la spirale de la guerre des prix et de la
destruction de valeur économique, sociale et humaine qu'elle
entraîne. Cette révolution, c'est celle de l'écoute active, qualitative et
humble d'autrui, de personne à personne, entre nous et les autres.

---

1. Pierre Legendre, *Ce que l'Occident ne voit pas de l'Occident* (conférences au Japon),
   Mille et une nuits, 2004.
2. Ce qui est totalement différent de « fidéliser », qui consiste le plus souvent à
   acheter la fidélité de l'autre en agissant uniquement sur une dimension financière, sans pour autant que les prestations elles-mêmes de l'entreprise se situent à
   un niveau de performance exceptionnel, comme nous en faisons trop souvent
   l'expérience avec les programmes de fidélisation des chaînes hôtelières ou des
   compagnies aériennes.

Pour l'artiste belge **Diane Bogaerts**, l'identité (« nous ») et l'altérité (« les autres » et « l'autre », extérieurs à nous-mêmes, mais parfois cachés en nous-mêmes) sont des concepts chargés d'un passé, autant de rejet que de reconnaissance : « *Notre société nous pousse à tout comparer, pour réprimer la différence. Nous en perdons notre identité, submergée par les simulacres et l'imitation. Penser en termes d'altérité, c'est penser les choses différentes, qui permettent d'accéder à ce qui est "unique". C'est une échappée mentale hors des habitudes nombrilistes. Le peintre américain* **Mark Rothko** *rappelait que l'art est une aventure hors de soi, qui n'est accessible qu'à ceux qui veulent bien prendre des risques. Nous devons nous souvenir que l'altérité n'a pas de sens sans l'identité, et inversement, sinon, cela devient immédiatement très dangereux.* »[1]

Quand nous regardons une œuvre d'art, nous partageons les réflexions et les émotions d'une personne autre, unique, et qui pourtant nous renvoie à nous-mêmes. Nous reconnaissons les émotions humaines qui nous font tressaillir au plus profond de notre être. Contrairement aux idées reçues, les liens les plus puissants, les plus durables, les plus simples et naturels que les personnes des entreprises puissent lier entre elles, avec leurs clients et partenaires en tant que personnes, sont ceux qui se nouent à partir de leur élan intérieur et non sur les apparences de la marque, les slogan ou les comportements appris et répétés mécaniquement, tels que nous les observons trop souvent dans des entreprises où les collaborateurs sont transformés en « chiens de Pavlov », contraints de répéter cent fois par jour les mêmes phrases au mot près. Les clients ne sont évidemment pas dupes de ces formules de courtoisie mécaniques. Et que dire des collaborateurs ? Nous observons la même standardisation des comportements et des productions, certes un peu plus sophistiqués, dans des prestations et relations dites « à haute valeur ajoutée » : conseil, informatique, finances, ingénierie… À l'opposé des gestionnaires frileux, des technocrates arrogants, des potentats locaux et des caporaux d'industrie arc-boutés sur leur territoires les managers entrepreneurs réconcilient l'entreprise avec les autres, clients, collaborateurs, partenaires des secteurs privé, public, associatif engagés dans des relations complexes multi-acteurs. Ils créent et innovent dans la mise en œuvre même d'interactions et de relations sur des sujets aussi cru-

---

1. Diane Bogaerts, communication au Göteborg EOQ Summer Camp sur la conduite des ruptures (*breakthrough leadership*), université de Göteborg, 2002.

ciaux que la recherche, l'emploi, l'habitat, l'écologie, l'urbanisme, les modes à venir de transport et de communication, les biotechnologies, la santé, l'alimentation. Placés par la nature même de leurs travaux et réflexions à la confluence de regards et d'enjeux intimes, privés et publics, les artistes apportent une nourriture spirituelle précieuse pour inspirer leur stratégie et leur combat.

Diane Bogaerts poursuit : « *L'art est dans cette relation entre l'objet ou la situation et le spectateur. Une œuvre d'art contient la possibilité d'un geste du spectateur vers l'autre. Pourquoi sommes-nous tellement émus par un masque africain, l'architecture d'une cathédrale ou des dessins préhistoriques, bien qu'ils ne soient ni de notre temps, ni de notre culture ? Parce qu'ils sont authentiques et réalisés avec un concept tourné vers un monde meilleur qui permette la survie des gens dans leur contexte. L'art peut-il changer le monde ? Certainement pas. Mais nous avons besoin de l'art pour survivre, parce que dans la reconnaissance d'une œuvre d'art réside une part de réconciliation et dans la réconciliation réside le bien-être.* »[1]

Les entrepreneurs contemporains de l'hyperentreprise et de l'ouverture à l'autre sentent, comprennent et acceptent avec les personnes qui les entourent que les relations de services, qui sont la matière essentielle des activités en Occident, s'accompagnent de haine et d'amour, d'espoir et de désillusions, d'harmonie et de mésentente, de désir et de stress. Ils s'opposent radicalement à la phrase du philosophe Jean-Paul Sartre, « *l'enfer, c'est les autres* », car pour eux comme pour les artistes, les autres sont une source de richesse inépuisable.

### Découvrir son identité et son altérité à travers le dessin de son propre visage

En juin 2002, j'ai animé avec Diane Bogaerts un atelier intitulé « Faces » dans le cadre d'un séminaire sur la conduite des ruptures – *breakthrough leadership* – à Göteborg (Suède), organisé par l'Organisation européenne pour la Qualité (EOQ). Les cinquante participants, originaires de la plupart des pays d'Europe, mais aussi des États-Unis, du Japon et du Liban, ont été invités à libérer leur geste en dessinant en aveugle sur de grandes feuilles de papier, avant de dessiner leur propre visage sur des feuilles de 1,50 x 1 mètre. Les seules consignes

1. *Ibid.*

étaient d'utiliser toute la surface de la feuille et de commencer le dessin de leur visage agrandi par un détail et non par le contour ovoïde stéréotypé que l'on dessine souvent instinctivement. Une fois le dessin terminé, les participants furent surpris de découvrir leur propre « altérité », c'est-à-dire de se découvrir « autres à eux-mêmes ». Beaucoup eurent pour premier réflexe de dire « je ne me reconnais pas », alors que les autres participants les reconnaissaient sur le dessin qu'ils avaient réalisé. Après un bref moment de trouble, les cinquante dessins furent exposés dans le hall d'entrée du bâtiment de l'université de Göteborg où avait eu lieu la performance collective. Identités et altérités croisées composaient une fresque impressionnante, pleine de force et d'émotion. La performance avait démontré cet écart fécond entre nos perceptions de nous-mêmes et des autres et la part irréductible de mystère en découlant, qui est la source de toute création véritable. C'est cette part de mystère que, trop souvent conditionnés pour imiter, nous ignorons habituellement, nous privant des gisements de richesse qui sont à notre portée, à condition d'accepter avec enthousiasme l'altérité de nos clients, collaborateurs, partenaires et, plus généralement, des personnes de la société, des cultures et du monde qui nous entourent.

## Écouter l'autre dans sa différence

Pour **Francesco Clemente**, peintre italien résidant à New York et artiste le plus jeune à qui le musée Guggenheim ait consacré une rétrospective, l'être n'est pas une entité isolée, mais il est perméable et ses limites varient en fonction de son interaction avec d'autres cultures, d'autres personnes, d'autres expériences. Le manque de définition de cette identité s'avère particulièrement perceptible dans l'aquarelle de 1982, *Alba & Francesco*, dans laquelle mari et femme se dissolvent l'un dans l'autre dans une image superposée. De nombreux tableaux reflètent la nature paradoxale de son œuvre, qui possède la capacité d'évoquer simultanément le passé et le présent, l'homme et la femme, l'Orient et l'Occident, le spirituel et le physique, l'abstraction et la figuration, les mythes et la réalité. Clemente se régénère régulièrement au contact des forces élémentaires physiques et spirituelles. En 1995, il décide de passer 51 jours sur le mont Abu, situé à la frontière entre le Rajasthan et le Gujarat au nord-ouest de l'Inde. Chaque matin, il se met au travail pour produire une peinture à l'eau, témoin de son humeur du moment. Ce journal de bord totalement visuel laisse filtrer les impressions de l'artiste, ses activités physiques, ses pensées et ses souvenirs durant ce temps de séparation d'avec le monde. Il démontre que l'éloignement du monde turbulent lui permet de mieux comprendre et de donner une forme subtile aux tensions et aux oppositions entre les êtres et les cultures. Chacune des aquarelles est peuplée de la présence des autres dans leur différence et leur complémentarité. Clemente combine tendresse ou rugosité pour nous rappeler que l'harmonie naît précisément de l'acceptation des tensions et des différences.

Derrière l'apparente légèreté de sa peinture, une fois que le regard s'accoutume et observe les détails, une fois que le corps et l'esprit se laissent aller à la perception de la puissance vitale qui émane des tableaux, apparaît le sentiment de la finitude enroulée dans toute expérience, même la plus exaltante. Cette finitude nourrit paradoxalement toute entreprise humaine. J'ai eu la chance d'être confronté il y a quelques années à une exposition des aquarelles réalisées par Clemente sur le mont Abu, à la villa des Roses, lieu d'exposition silencieux au cœur d'un jardin public de la ville de Bologne désertée par ses habitants en plein mois d'août. Après quelques heures de dialogue avec cette peinture, l'émerveillement provoqué par la magie des couleurs et le génie du maître s'était doublé d'une douce mais profonde mélancolie provoquée par les **images** d'un monde ambigu, éphémère et flottant. Cette expérience reste inoubliable. Elle montre à quel point l'artiste touche le noyau vibrant de l'existence, partagé avec tout être humain. Il y parvient par un langage de formes.

Par l'excès d'informations analytiques dont les inondent les gestionnaires, les entrepreneurs contemporains se trouvent parfois confrontés à des impasses, des contradictions et des paralysies de décision. L'étude approfondie de l'œuvre et du processus de Francesco Clemente constitue pour eux un apprentissage fécond de l'apport des tensions et des différences à une intelligence subtile et nuancée qui transcende les contradictions apparentes présentées par des raisonnements trop quantitatifs et analytiques. Par ses images, l'art de Francesco Clemente traduit, bien plus puissamment que ne pourraient le faire les mots, l'attitude de non-contradiction indispensable pour prendre des décisions pertinentes en environnement complexe. Il **invite les décideurs à passer de la logique du « ou... ou » à la logique du « et... et »**, indispensable pour surfer dans l'environnement d'hyperchoix contemporain, où chacun est en droit d'exiger tout et son contraire et de désirer vivre des expériences multiples, contradictoires, à un rythme de renouvellement effréné.

## Organiser les confrontations de points de vue

Les managers entrepreneurs savent que la confrontation des points de vue est plus propice à l'innovation que le consensus mou, ce que j'illustre par la métaphore suivante : il y a plus de chances que surgisse une étincelle en frottant deux pièces de silex qu'en malaxant une boule de pâte à pain. La société **3M** a intégré depuis longtemps ce phénomène. À San Antonio, elle a été jusqu'à scénariser les espaces de travail, de réunion et de circulation pour provoquer des « frictions créatives » quotidiennes entre collaborateurs du marketing et de la recherche & développement. Dans le même esprit, L'ORÉAL a de longue date privilégié la confrontation des points de vue à l'évitement.

Si à l'instar des artistes, les entrepreneurs se montrent capables de critiquer par le débat leur propre production, ils introduisent de l'oxygène dans un système toujours en risque de se figer dans le conformisme. Poser les questions pertinentes et justes, à eux-mêmes, à leurs collaborateurs et à leurs clients pour s'ouvrir à une connaissance nouvelle et créer de nouvelles réponses chaque jour, au lieu d'appliquer des solutions, constitue une compétence clé des entrepreneurs, doublée d'une grande discipline. Pour stimuler la coproduction du sens et la compréhension globale des situations fluctuantes, ils posent des questions ouvertes du type « *pourquoi prenez-vous telle décision ?* », « *comment faites-vous ?* », « *par quelle méthode réalisez-vous telle innovation ?* ». Au cœur des situations réelles vécues par leurs clients et leurs collaborateurs, ils observent avec leurs yeux, leurs oreilles et tous leurs sens.

Ici se situe une des clés pour franchir la frontière entre le « faire mieux » et le « faire autrement ». Alors que dans la logique du « faire mieux », un groupe de gestionnaires cherche à tirer parti de bonnes pratiques pour les transposer dans une logique d'imitation, dans la logique du « faire autrement », un groupe de managers entrepreneurs déconstruit ces bonnes pratiques avec le piolet acéré de son esprit critique[1] afin de faire jaillir des failles et des débris de ces pra-

---

1. Rappelons avec Michel Giroud, professeur, critique d'art et adepte du piolet créatif, que critique signifie littéralement « mettre en crise ».

tiques des sources de différenciation : idées créatives et innovations en rupture. Souvenons-nous que la flamme rejaillit du foyer quand nous brisons le bel ordonnancement des bûches pour offrir à l'air de nouvelles circulations. La pratique de la déconstruction et de la critique comme comportement délibéré produit un effet productif, créatif et jouissif garanti dans les organisations où, le plus souvent, il est mal vu et même tabou de critiquer méthodiquement et ouvertement les projets de ses pairs ou des concurrents. Est-il besoin de préciser que l'approche méthodique, organisée, ritualisée et assumée par la direction de l'entreprise proposée ici se distingue littéralement des railleries stériles, des conciliabules de couloir ou des conversations des déjeuners en ville, qui sont le revers négatif d'une absence d'organisation de la critique constructive.

### Découvrir l'autre à partir de sa conscience animale

En avril 1997, l'artiste russe **Oleg Koulik** réalise une performance *Koulik le chien* à la Deitch Projects Gallery de New York. À quatre pattes, nu et grognant comme un chien, il livre son désarroi de peintre qui ne parvient plus à peindre avec des pinceaux et des couleurs dans une Russie dominée par l'académisme. Cette performance choque les Russes mais ravit les Américains qui se pressent par centaines à la galerie. Oleg Koulik, qui a prouvé depuis la rigueur intellectuelle et la qualité de son art, assume cette performance radicale d'un jeune artiste dissident, révolté par l'héritage du régime soviétique auquel ses grands-parents ukrainiens ont survécu, malgré une famine provoquée par Staline en 1932-1933, qui fit plus de 5 millions de morts. Le passage par l'animalité livre une métaphore du peintre déboussolé, perdu dans un univers rigide et hostile à toute création, qui tombe à quatre pattes et n'a plus que des instincts animaux[1].

L'artiste mime le comportement de l'animal pour retrouver une force instinctive délaissée et enterrée. Mais le recours à l'animal est aussi une manière symbolique de décrypter les codes sociaux. Avec *Bidibi-dobidiboo*, en 1986, l'artiste italien **Maurizio Cattelan** montre de vrais animaux empaillés dans certaines postures humaines, dont il

---

1. Article d'Olga Kabanova in *Courrier international*, supplément n° 717, « À contre-courant », du 29 juillet au 18 août 2004.

démontre ainsi l'absurdité. L'artiste belge **Wim Delvoye** tatoue sur un cochon vivant un cœur percé d'une flèche, interrogeant la frontière entre l'animal et l'humain à l'heure des biotechnologies.

L'araignée est très présente dans l'œuvre de l'artiste américaine d'origine française **Louise Bourgeois**, qui nous fait partager sa propre histoire comme **contribution à la santé de l'humanité**[1]. Cela donne par exemple *Spider 1994* et *Spider IV 1996*. Dans la figure de l'araignée, il y a la protectrice contre les moustiques, explique l'artiste américaine. *« J'ai vécu dans des maisons dans le Connecticut où le ciel était noir de moustiques. Et la maison était devenue inhabitable. Mais les araignées les mangeaient. C'est une défense contre un mal. L'autre métaphore, c'est que l'araignée représente ma mère. C'était ma meilleure amie. Elle était aussi intelligente, patiente, propre, utile et même indispensable qu'une araignée. Elle pouvait se défendre elle-même. »*[2] À l'âge de 10 ans, Louise Bourgeois dessinait les pieds manquants de tapisseries usées jusqu'à la corde dans l'atelier maternel. Dans l'atelier, tout était bien rangé, ordonné, classé. Sa mère, active et patiente, était indispensable. Louise Bourgeois se souvient de sa force et de sa fragilité. Aujourd'hui, elle construit d'immenses araignées[3] métalliques bienveillantes aux pattes en forme d'aiguille, en hommage aux araignées qui protègent jalousement leur panier d'œufs, abritent leur famille et détruisent les moustiques ennemis.

L'artiste belge **Jan Fabre**, artiste entrepreneur infatigable[4], déclare que la guerre fait partie de la culture humaine. Pour lui, les insectes sont intéressants à observer de ce point de vue car ils étaient les premiers guerriers chimiques de l'histoire. Les scarabées, qui amassent

---

1. « Art is a guarantee of sanity », conversation de Louise Bourgeois avec l'auteur, New York, 1998.
2. Documentation de l'exposition au CAPC-musée d'Art contemporain de Bordeaux & Serpentine Gallery, London, 1998.
3. Il était prévu d'installer une de ces araignées, sous les pattes desquelles passent les visiteurs, à l'entrée de la Grande Bibliothèque à Paris, mais de peur d'effrayer les visiteurs, ce projet fut abandonné : contresens intéressant.
4. Artiste plasticien, dramaturge, metteur en scène de danse et de théâtre, producteur de spectacles, directeur d'une revue d'art contemporain et d'un lieu de travail, de rencontre et d'échanges interdisciplinaires à Anvers, Jan Fabre était l'artiste associé du festival d'Avignon en 2005, édition où il a présenté, dans l'esprit réaliste et volontaire et donc optimiste des entrepreneurs, une vision d'un monde en pleines convulsions.

toute leur vie des boules de nourriture pour assurer la vie de leur progéniture, qui sont parés de couleurs éclatantes et qui sont encore capables de donner la vie une fois morts, sont des modèles métaphoriques pour les « guerriers de la beauté » que Jan Fabre invite ses contemporains à devenir. Observer les autres animaux permet aux hommes de capter des formes d'intelligence très inspirantes, notamment au plan politique. Jan Fabre invite à regarder les êtres humains comme des guerriers, animaux fantastiques qui essaient et échouent continuellement, ce qui les rend magnifiques comparés aux anges, parfaits mais statiques. Les hommes évoluent entre culte du squelette – la structure – et culte de la chair – le mouvement. Un autre animal est très important dans le bestiaire métaphorique de Jan Fabre : la tortue, symbole du nomade contemporain qui crée sa propre maison et porte avec lui son propre univers. Les « guerriers de la beauté » incarnent le fait de devenir maîtres de l'espace, maîtres du temps et de défendre en même temps leur vulnérabilité[1].

**Investir son altérité animale pour réinventer les relations professionnelles**

En 2004, j'ai animé avec **Jean-Claude Desmerges** un séminaire où les participants devaient réaliser une série d'autoportraits dessinés sous forme d'esquisses, où apparaîtrait progressivement leur devenir-animal, en choisissant un animal de leur choix. À partir de ces dessins où l'homme et l'animal ne faisaient qu'un, les participants durent associer plusieurs animaux dans une action relationnelle typique du milieu de l'entreprise, dont ils devaient définir et mettre en scène le scénario avec des règles précises. Se glisser dans la peau d'un animal de leur choix permit aux participants de détecter les qualités spécifiques dont l'animal ferait usage dans la situation choisie, pour les détourner au profit de l'homme, en particulier de l'entrepreneur. Chaque participant ayant choisi un animal différent, il devait non seulement entrer dans la sagesse de « l'autre » animal qu'il avait choisi pour lui, mais élaborer une stratégie en fonction des autres animaux présents dans la scène, ce qui élevait au carré l'exigence de prise en compte de l'altérité. La consigne était « vous fonderez votre position d'entrepreneur sur une action qui capte les forces de l'animal en vous

---

1. D'après Jan Fabre, dialogue avec Jérôme Sans, *in* catalogue de l'exposition « For intérieur », Éditions Actes Sud/Festival d'Avignon, Arles, 2005.

fondant sur des règles précises, selon le modèle du "double"».
L'objectif déclaré était le suivant : approcher les notions de simulacre,
ressemblance, modèle, stéréotype, poncif, portrait, pour les transcender et être capable de « faire autrement ». Quant au résultat, l'exercice révéla des potentialités réellement insoupçonnées de création de
valeur dans les situations mises en scène.

## Pratiquer la transexpérience

L'artiste chinois **Chen Zhen** a grandi dans une famille de médecins
parlant l'anglais et le français. Une partie de sa recherche consiste à
relire la culture chinoise dans un contexte occidental. *« Ce n'est pas
du tout une revue nostalgique du patrimoine de mes aïeux, mais une recherche des éléments génétiques contemporains de la culture traditionnelle et des
éléments primaires du développement humain »*, explique-t-il[1]. Son
œuvre *The Voice of Migrators* nous renvoie à la mondialisation expéri-
mentée à titre personnel par Chen Zhen : *« La mondialisation ne peut
pas être une attitude d'expansion en sens unique, mais doit devenir une inter-
pénétration. Dans le cas contraire, chacun perd tous ses avantages. »* Déplo-
rant l'unification culturelle occidentale, il invite à la résistance par la
*« transexpérience »*[2], à la fois fusion et transcendance des expériences.
Ce néologisme résume de façon vivante et profonde les expériences
complexes que l'on vit quand on quitte son pays natal et que l'on va
de pays en pays. *« Pour vivre ça,* pense-t-il, *on ne doit pas simplement
voyager mais fuir son territoire. »* C'est le seul moyen de faire une expérience des autres cultures, sociétés et modes de vie pour les faire
fusionner ou transcender. *« Dans mon travail,* raconte Chen Zhen, *le
moment le plus excitant est lorsque tout à coup il se produit une rencontre
entre deux choses qui s'ignoraient jusqu'alors. Tout est dans le contraste, la
contradiction, la confrontation. »*

Ce concept de « transexpérience » suppose de s'immerger dans la vie,
de se mélanger aux autres, de s'identifier à eux. Faire un mouvement
hors de soi correspond au concept du « zou », très important dans la
culture chinoise : je sors de mon « cocon », je romps avec moi-
même, j'abandonne mon contexte culturel, j'explore un nouveau
territoire mystérieux, je découvre un autre monde, je me fonds dans

---

1. *Le Journal # 5,* spécial Chen Zhen, Éditeur Palais de Tokyo, Paris, 2003.
2. *Chen Zhen, les entretiens,* sous la direction de Jérôme Sans, Les Presses du Réel,
Dijon, 2003.

le point de vue de l'Autre. Pendant plusieurs années, Chen Zhen, qui a quitté la Chine, a consacré une grande partie de son temps et de son énergie à essayer de communiquer avec le monde extérieur en utilisant ses rudiments de français et d'anglais. « *Au seuil du XXI* siècle, *je pense que l'art va pouvoir faire preuve de sa vitalité au travers de contacts, d'échanges, de malentendus de conflits entre les personnes, la société et la mère Nature, entre les personnes, la science et la technologie, entre les continents et les groupes ethniques* », explique-t-il. Dans un entretien[1] avec Ramon Menéndez, il déclare : « *Grâce à tous les développements technologiques et notamment l'espace virtuel, tout ce qu'on peut faire en tant qu'individu est bien plus fort et va au-delà de ce qu'on avait imaginé il y a quelques années. Il y a donc aujourd'hui cette capacité d'être tout seul et en même temps d'intervenir dans des domaines importants. Je crois que la société d'aujourd'hui nous emmène vers certaines dimensions d'utopie individuelle.* »

L'artiste a imaginé le concept de « **résidence, résonance, résistance** », à la fois comme un programme artistique et comme un rapport au monde. Résidence : si on séjourne quelque part pendant un voyage de 24 heures, plusieurs jours ou un mois, ce qui est important est d'avoir le désir de résider mentalement chez l'autre, cela permet de s'entraîner dans le contexte local. C'est apprendre la culture du lieu où l'on est. Résonance : à partir de ce point d'ancrage, il s'agit de résonner, d'être en écho avec cette culture dans laquelle on vit. Résistance ou comment résister au monopole de l'influence de l'Occident.

Comme Chen Zhen, les managers contemporains ont tout à gagner à se déplacer dans l'univers du client. Ainsi, ils oublient leur propre entreprise (avec sa culture, ses technologies, ses objectifs, sa marque, ses contraintes financières, sa nationalité…) pour s'immerger dans les enjeux, la culture, les objectifs, la stratégie, les modes de vie, les joies et les peines, les goûts et les désirs de leurs clients. Au retour de cette expérience d'oubli de soi et de fusion dans l'univers de l'autre, ils questionnent leur identité avec le scalpel d'un regard neuf pour innover en prenant soin de transformer le matériau qu'ils ont recueilli. Ils adoptent une attitude où ils se sont tellement imprégnés de l'autre qu'ils peuvent l'ignorer et inventer leurs propres solutions sans avoir à

---

1. Chen Zhen, « Résidence, résonance, résistance », entretien avec Ramon Menéndez, novembre 2000, n° 15 de la revue *Barca !*, publié in *Chen Zhen, les entretiens*, sous la direction de Jérôme Sans, Les Presses du Réel, Dijon, 2003.

se plonger dans d'épaisses études de marketing. Les études modernes, réputées fiables parce qu'elles sont objectives, ne peuvent pas, pour cette raison d'objectivité même, imprégner en profondeur ni le tissu neuronal, ni la chair sensible, ni l'imaginaire des managers, comme c'est le cas dans la démarche de « résidence, résonance, résistance ».

Le premier pas pour pratiquer une démarche d'imprégnation de l'autre, préalable à toute étude marketing, est d'ouvrir de « grandes oreilles », comme le préconise Daniel Benchimol, président-directeur général d'EUROGICIEL.

### ✂ Daniel Benchimol témoigne :

*« Nous avons de "grandes oreilles" pour écouter le client
à tous les niveaux de la hiérarchie. »*

Le président-directeur général d'EUROGICIEL explique que l'innovation naît du côté des clients.

*Pensez-vous que l'entreprise de service est avant tout une entreprise faite de flux relationnels ?*
L'entreprise du XXIᵉ siècle est relationnelle. Ce phénomène est renforcé dans les métiers du service. Nous fonctionnons dans des cercles d'influence, des clubs sectorisés par technologies ou par branches d'activité. Vis-à-vis des clients, j'ai tendance à appeler cela le « négo-relationnel », c'est-à-dire l'intelligence relationnelle qui construit et fait fonctionner un réseau.

*Comment stimulez-vous l'innovation dans un tel contexte ?*
Pour nous, **l'innovation naît du côté des clients**. C'est pourquoi nous avons de « grandes oreilles » pour écouter le client à tous les niveaux de la hiérarchie. Dans notre activité, deux tiers du chiffre d'affaires est lié à un changement du mode de prestation tous les trois ans. Ce renouvellement ne se fait pas par le président, mais par les niveaux de proximité. Le processus est le suivant : des signaux faibles sont captés par le terrain. Pour que ces signaux deviennent des pistes crédibles d'innovation, les personnes du terrain qui ont détecté les signaux faibles doivent remonter très vite l'information à leur direction et en vérifier l'adéquation avec la stratégie de l'entreprise. Ensuite, elles doivent trouver le premier client. C'est ainsi que prend forme une innovation de service.

*L'innovation telle que vous la décrivez repose largement sur l'écoute des clients...*
L'écoute « client » est une tendance saine. À condition de ne pas attendre l'expression d'un besoin puis de répondre à ce besoin. Une offre se construit bien en amont en anticipant les besoins des clients. Ce n'était pas la culture de fonctionnement des grands comptes français jusqu'à une période

récente. Dans le domaine des services informatiques, qui est notre métier, ils n'attendaient rien de leurs sous-traitants, sinon une aide. Au stade de la conception, ils faisaient un choix *a priori*, puis appelaient des sous-traitants. Ils n'attendaient pas des offres mais des réponses à des demandes.

Le sous-traitant doit être capable de construire une offre plutôt que de répondre à une demande, c'est une preuve de maîtrise du métier. Chaque contact avec le client doit être dense. Il est nécessaire de s'y préparer et de le visualiser. C'est cette écoute qui stimule l'innovation car elle permet d'anticiper. J'aime être en contact avec les clients. Je me fais accompagner de collaborateurs, pour qu'il y ait une suite et pour raccourcir au maximum l'étape de l'écoute client. C'est aussi le moyen de forcer les responsables commerciaux à se remettre en cause pour dire « il faut faire cela pour le client ».

*Cette attitude sensible et intuitive, proche de la réalité, rapproche-t-elle l'entrepreneur que vous êtes de l'artiste ?*

Par rapport à ce que nous faisons, il y a beaucoup d'analogie avec le monde artistique. Personnellement, c'est le musicien qui m'inspire le plus. Le musicien ne peut réussir qu'en résonance avec les autres. « *Il y a deux types de chefs d'orchestre : ceux qui ont la partition dans la tête et ceux qui ont la tête dans la partition* », a dit **Toscanini**. Innover exige de la direction de ne pas avoir « la tête dans la partition » (le chiffre d'affaires et la « production »), mais de solliciter la vision large, la connaissance en profondeur de son marché. Cette vision, chacun l'acquiert à travers une connaissance fine, sensible des clients qu'il sert en les rencontrant, qu'il rencontre en les servant. Pour poursuivre l'analogie, on pourrait dire que l'entreprise est sur scène et fait un spectacle *live* en permanence, sans *play-back*. À l'ère du service, les situations sont toujours nouvelles. **L'activité ressemble à une scène permanente où les décisions doivent être rapides**, impliquant tous les acteurs opérationnels. Nous travaillons en *live*, nous n'avons jamais la solution toute préparée, nous devons la réinventer. C'est vrai autant en interne que face au client, nous avons le souci d'apporter de la valeur qui n'est jamais la même, d'un client à l'autre.

Autre aspect, nous devons faire jouer les gens ensemble, quelle que soit leur humeur, leur désir de jouer ensemble, leurs forces et leurs faiblesses. Rappelons-nous que même dans le meilleur orchestre, tout le monde n'est pas soliste. À l'ère du service, la réussite ne peut être individuelle, elle est forcément collective. Quand vous êtes dans la vente de produits, vous avez vendu des milliers de produits, c'est ensuite le problème du client de les utiliser. Dans notre univers complexe de services, chacun doit pouvoir lever le nez de sa partition pour comprendre l'univers client. En particulier, je passe beaucoup de temps à écouter et rencontrer cycliquement et personnellement tous les salariés par petits groupes. J'aborde avec eux, par le haut, les questions de développement, et nous pensons le futur ensemble. Soixante pour cent d'offres nouvelles en trois ans, c'est aussi le résultat de longs petits-déjeuners pris ensemble. Dans les services, nous rêvons de gros et beaux chantiers, mais l'après-chantier est très important. On doit le gérer collectivement, pour trouver des éléments qui peuvent être régénérés et trouver des personnes qui peuvent être remobilisées ailleurs.

Enfin, je voudrais souligner que par rapport à la musique, comme dans un orchestre, il y a le quoi et le comment. Comme vous le savez, des musiciens peuvent jouer le même morceau en exprimant des choses différentes. Les offres de service ont au moins deux vecteurs : le « quoi faire » – qu'est-ce qu'on fait pour apporter de la valeur ? – et le « comment on va le faire ». Ce sont deux axes de réflexion d'égale importance. Deux offres avec un même « quoi » mais avec un « comment » différent seront deux offres totalement différentes.

**Peut-on parler d'une dimension esthétique du service ?**

La sensibilité, c'est capital ; il y a une notion du beau dans le métier du service, dans ce que nous faisons, qui est purement immatériel. Cette esthétique doit être véhiculée pour susciter le désir. On perçoit quelque chose avec tous ses sens. Dans nos métiers, où on ne peut pas toucher le produit, il faut véhiculer le beau dans l'image de l'entreprise. On ne peut pas véhiculer la notion de beau en faisant de l'informatique dans un garage. HEWLETT & PACKARD ont commencé dans un garage, mais ils en sont vite sortis !

## Écoute Active Turbo® – Entrer en relation créative

Écoute Active Turbo est une méthode d'exploration de l'univers des autres, dont l'objectif est de rencontrer leurs désirs latents, afin de les traduire en solutions surprenantes, différenciantes et à haute valeur ajoutée, qui réenchantent les relations entre clients, fournisseurs, prestataires et partenaires. L'imaginaire et la compétence propres à l'entreprise qui écoute sont donc autant sollicités que ses capacités d'empathie. Inspirée par les travaux du psychologue américain **Carl Rodgers**, Écoute Active Turbo exige de changer de point de vue et de perception, de faire un mouvement hors de soi, comme dans la démarche du « zou » chinois telle que l'évoque **Chen Zhen**[1] : *« Je sors de mon "cocon", Je romps avec moi-même, J'abandonne mon contexte culturel, J'explore un nouveau territoire mystérieux, Je découvre un autre monde, Je me fonds dans le point de vue de l'Autre. »*

---

1. Le « zou » est décrit par l'artiste chinois Chen zhen in *Chen Zhen, op. cit.*

Écoute Active Turbo se pratique avec les cinq sens, pour s'imprégner de tout ce que les autres : clients, collaborateurs, partenaires et leur environnement ont à nous dire, pour partager leurs attentes et accéder à leur désir. Le regard est donc important. L'entrepreneur à l'écoute se laisse guider là où les clients veulent l'emmener, en utilisant de simples techniques de reformulation. L'écoute commence sur le parking, la salle d'attente ou dans les couloirs de la résidence ou de l'entreprise des clients. Mots, dessins, photos sont recueillis sur le vif chez le client. Il s'agit de capter les faits marquants dont les personnes rencontrées ponctuent les récits de leur expérience passée, de leur contexte présent ou de leur rêve futur et de les corréler avec l'expérience, les enjeux présents et les rêves futurs des responsables et des collaborateurs de l'entreprise à l'écoute. Les données sont ensuite traitées en groupe entre toutes les personnes qui ont exploré l'univers des clients et classées sur une Matrice de Vision, qui cartographie le chemin de transformation que nos clients et partenaires nous invitent à emprunter. Il est alors intéressant de confronter cette Matrice de Vision issue des perceptions et des désirs des clients et une autre Matrice de Vision construite à partir de l'expérience et de la volonté des managers et des collaborateurs de l'entreprise. Cette confrontation stimule la volonté d'entreprendre ensemble pour créer de la richesse pour et avec les clients, pour l'entreprise et, directement ou indirectement, pour la société.

Les données recueillies sous forme de situations imagées font l'objet d'un traitement sémantique, c'est-à-dire que l'on met en exergue ce qui fait sens pour les clients dans leur expérience. Ensuite, ces données sont soumises à la critique et à la créativité des personnes de l'entreprise. Écoute Active Turbo consiste à *« écouter et ignorer les clients »*, pour transformer leurs aspirations profondes en solutions qui transcendent ce qu'ils ont exprimé, dépassent leurs attentes et comblent leurs rêves, à la manière dont les œuvres des artistes provoquent une émotion indicible quand ils ont su traduire de manière sublime une pensée, une sensation ou une idée qui nous touche au plus profond. De manière analogue à l'impact des artistes, la puissance de la méthode tient largement au fait qu'elle réinstaure des relations d'écoute profonde **de personne à personne** entre protagonistes de relations professionnelles. Elle permet de dépasser le niveau des *« systèmes fonctionnels qui fonctionnent »*, pour instaurer des **systèmes sémantiques**[1] qui laissent libre cours à des langages privés et à des

1. Peter Sloterdijk, *Écumes Sphères III, op.cit.*

expressivités réellement originales. En se détachant de l'objet précis du discours pour emprunter les chemins buissonniers des rêves des « autres », Écoute Active Turbo libère l'imagination autonome des personnes. Écoute Active Turbo libère **l'écume créative du sens**, un peu comme le babil des bulles de langage chères à la figure oratoire des bandes dessinées, matérialisé par l'œuvre de Philippe Parreno *Speech Bubbles*, une nuée de ballons gonflés à l'hélium en forme de « bulles de BD » suspendus au plafond de salles de réunion.

De ce fait, Écoute Active Turbo apporte *« sa puissance d'écume »* maximale quand des personnes de diverses fonctions de l'entreprise – commerciales, marketing, recherche & développement, production, logistique… – vont à la rencontre des clients et traitent ensuite **ensemble** l'information recueillie. La confrontation de leurs expériences dans l'univers des autres favorise l'inter-subjectivité, source de reconnaissance mutuelle et de créativité. Écoute Active Turbo est encore plus fructueuse lorsque des personnes de tous les niveaux hiérarchiques de l'entreprise, du dirigeant au collaborateur de terrain, vont à l'écoute des autres et du grand « Autre » : les clients, les collaborateurs, les collègues, les partenaires, les habitants, les élus, les représentants des autorités, des personnes d'autres univers (artistes, scientifiques, sportifs, philosophes…). Cette écoute personnalisée, qualitative et centrée sur l'exploration de l'univers des désirs d'autrui est tout aussi efficace envers des collaborateurs, des partenaires ou des usagers de services d'intérêt général, dont entrepreneurs et responsables cherchent à rencontrer les désirs latents pour « faire autrement ».

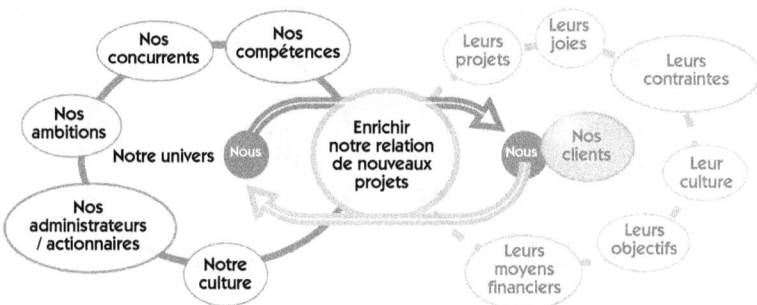

La dynamique d'*Écoute Active Turbo*   © ENTREPART

Faire un mouvement hors de soi et pratiquer le « zou » chinois cher à Chen Zhen
– Je sors de mon « cocon », je romps avec moi-même, j'abandonne mon contexte culturel ;
– J'explore un nouveau territoire mystérieux, je découvre un autre monde, je me fonds dans le point de vue de l'autre

**Changer de point de vue et de perception :
du « face à face » au « côte à côte »**

# Se placer hors du cadre

Pour certaines entreprises, innover consiste à rendre leurs produits et services actuels légèrement meilleurs en se montrant attentives à ce que disent les clients. Pour d'autres, moins nombreuses, il existe une autre innovation qui cherche à créer des produits mais aussi des organisations, des formes d'autorité et de management, des types de relations réellement différents avec des clients, jusqu'à imposer une rupture. On parle alors de « percée ».

De telles innovations naissent de la volonté délibérée de casser les habitudes pour inventer d'autres voies. Mais elles prennent rarement la forme d'une simple amélioration de l'activité au quotidien. Pour les entrepreneurs, sortir du cadre et « faire autrement », c'est aller dans l'entre-deux, dans l'interstitiel, là où se croisent des univers « autres », ceux des clients, des partenaires, des interlocuteurs et leur propre univers. Pour favoriser l'émergence d'événements, à l'instar des expériences artistiques, et non pas se contenter d'empilements répétitifs d'informations singulières. Pour reconstruire leurs propres expériences, hors du cadre appauvri d'une perspective trop rationnelle.

## Bondir dans d'autres univers

De nombreux artistes procèdent par bonds. Ils captent dans d'autres univers des formes exploitables pour nourrir leur intelligence créative. Ils utilisent les liens **analogiques** entre des réflexions, observations, productions, créations issues de disciplines ou de domaines divers pour créer des formes inédites.

L'artiste espagnol **Salvador Dali** est doté d'une curiosité universelle, à l'instar des artistes de la Renaissance comme Léonard de Vinci. L'un de ses centres d'intérêt est le monde scientifique[1]. Sa bibliothèque compte une centaine d'ouvrages – annotés en marge et commentés de sa main – sur différents aspects scientifiques : physique, mécanique quantique, origine de la vie, évolution mathématique. À la fin de sa vie, il se prend d'un vif intérêt pour l'œuvre du scientifique américain **Stephen Hawking**, *Une brève histoire de temps*, ainsi que pour la théorie des catastrophes du mathématicien français **René**

---

1. Carmen Ruiz, « Salvador Dali et la science » Centre d'Études Daliniennes, Fundacio Gala-Salvador Dali.

**Thom**, auquel il est lié par une grande amitié. Quant à son œuvre, on peut y tracer l'historique des principaux évènements scientifiques du siècle. En 1940, il commence à s'intéresser à la théorie quantique de **Planck**. C'est l'année où il peint *Marché aux esclaves avec apparition du buste de Voltaire*. En 1945, l'explosion d'Hiroshima l'impressionne tellement qu'elle ouvre la période atomique de son œuvre. Il crée une nouvelle esthétique de fragmentation nucléaire. Les toiles se succèdent : *Équilibre intra-atomique d'une plume de cygne* (1947), *La dématérialisation du nez de Néron* (1947) et *Les trois Sphinx de Bikini* (1944). Dans les années cinquante, il aborde la peinture corpusculaire qui aboutit à la mystique nucléaire. En 1958, pour le catalogue de son exposition à la galerie Carstairs de New York, le peintre écrit le *Manifeste de l'Anti-Matière*. Au début des années soixante, il s'intéresse à la structure de l'ADN. Ce qui donne en 1963 *Galacidalacidesoxyribo-nucleidacid*. Dix ans plus tard, il expose ses premiers hologrammes à la prestigieuse galerie Knoedler à New York dont celui intitulé *Holos !* *Holos ! Velasquez ! Gabor !* À la même époque, Salvador Dali commence à utiliser la lentille de Fresnel pour élaborer des images stéréoscopiques : *Dali soulevant la peau de la Méditerranée pour montrer à Gala la naissance de Vénus* (1971).

L'artiste américain **Bruce Nauman**[1] est un artiste très singulier, presque inclassable. Chacune de ses œuvres est la résultante d'une expérience au cours de laquelle il met en forme une interrogation ou une idée, dont il dévoile la structure. Il montre un intérêt pour le langage, tant écrit qu'oral, musical ou imagé : non seulement le langage énigmatique, métaphorique, ludique de l'artiste franco-américain du début du XXᵉ siècle **Marcel Duchamp** ; mais aussi le langage minimal, équivoque, incisif du dramaturge anglais **Samuel Beckett** ; pictural, réversible, métonymique du peintre américain **Jasper Johns** ; fragmentaire, expérimental, troublant de l'écrivain français **Alain Robbe-Grillet**. Et il s'intéresse particulièrement aux écrits du mathématicien, philosophe et logicien autrichien **Ludwig Wittgenstein**. Son intérêt pour les mathématiques et la logique influence la composition de ses œuvres. Dans *1996 World Peace (Received)*, cinq moniteurs de télévision diffusent chacun la parole d'un locuteur au visage convaincu. Juxtaposés en cercle autour d'une

---

1. Bruce Nauman, catalogue *Image/Texte 1966-1996*, Éditions du Centre Pompidou, Paris, 1997.

chaise, ces locuteurs s'adressent au regardeur dans une cacophonie agressive tout en laissant entendre qu'ils l'écoutent. Bruce Nauman utilise les technologies pour démontrer l'absurdité de scènes qui pourraient faire réfléchir les services de communication interne des entreprises.

## Multiplier les points de vue

L'artiste américain **Jackson Pollock** apporte à la peinture moderne les cartes d'un monde réticulé, dans l'affluence, les relations, la circulation et le tourbillonnement des lignes et des couleurs. Il sort la peinture du cadre étroit des cimaises des galeries pour la transposer sur la surface de la terre. Deux apports, l'un fondé sur le principe du *All Over*, l'autre lié à la réinvention de la technique même de la peinture avec le *Dripping*, caractérisent sa peinture de 1947 à 1951. Le terme *All Over*[1] *s'applique à des œuvres où la distribution des éléments plastiques dans l'espace s'opère sans hiérarchisation préalable. On parle d'un principe de décentrement pour la perception : l'œil n'est plus dirigé dans une direction définie. Ajoutons que le choix de format de grande dimension renforce cette impression de surfaces picturales défiant toute possibilité de saisie globale de l'œuvre à un premier coup d'œil. Rompant avec le primat du centre comme avec tout effet de perspective et de hiérarchie fond/forme qui présidait jusqu'à présent à l'ensemble de la peinture occidentale, Jackson Pollock affirme en 1951 :* « Mes peintures n'ont pas de centre, leur intérêt est partout identique. » Dans *Number 1 – 1949*, peinture émail et peinture métallisée sur toile[2], la dissémination des signes en arabesque sur la surface de la toile, peinte à même le sol, et l'abolition du contact direct du peintre avec le tableau par la mise en œuvre d'une véritable chorégraphie libératoire inaugurent un rapport fondamentalement novateur de l'artiste à sa pratique.

---

1. Jean-Yves Bosseur, *Vocabulaire des arts plastiques du XX^e siècle*, Éditions Minerve, 1999.
2. Bernard Blistène, *Une histoire de l'art au XX^e siècle*, Éditions Beaux-arts Magazine et Centre Pompidou, 2002.

## ◌◌◌ Se décentrer par rapport à l'environnement

J'ai animé avec l'artiste français Jean-Claude Desmerges et le professeur de management japonais Shoji Shiba (MIT) un atelier intitulé *"Get out of the frame in 15 minutes"*, dans le cadre d'une conférence du *Versailles Breakthrough Summer Camp 2001*. Cette expérience a conduit une trentaine de participants, dirigeants d'entreprises, consultants internationaux et universitaires à sortir de leur cadre de référence en un temps record et à utiliser un processus de l'art contemporain pour produire un travail plastique.

Jean-Claude Desmerges nous fait partager les cinq étapes clés du processus « Sortir du cadre », qu'il a demandé aux participants de mettre en œuvre ce jour-là, en direct et en accéléré.

**Première étape : « Attention flottante ».** L'artiste vit sa vie. Il est simplement ouvert aux « accidents de perception ».

**Deuxième étape : « Attraper un accident».** Les accidents peuvent être des évènements, des hasards, des situations inhabituelles qui surviennent dans sa vie quotidienne : à la maison, au travail, dans l'atelier, avec des amis, au restaurant, sur la plage. Ce sont des évènements importants ou de petits détails accessoires. Les accidents peuvent être liés à l'humeur du jour, qui apporte un nouveau regard sur une situation habituelle. Un jour, dans son atelier, Jean-Claude Desmerges s'arrête devant une chaise à laquelle il n'avait jamais prêté attention. Ce jour bien précis, la chaise est en équilibre, un pied sur le couvercle d'un pot de peinture. Ce simple « accident de perception » déclenche un long processus de création de peintures de chaises dans une variation infinie. L'artiste ne va plus penser à la chaise comme à un objet sur lequel s'asseoir, mais comme à un objet à questionner dans sa structure interne comme dans son apparence formelle. Ainsi, il se libérera du conditionnement mental provoqué par l'influence de la fonction coutumière assignée à la chaise, pour la regarder autrement.

**Troisième étape : « Provoquer le changement par une décision subjective (décision orientée sujet) ».** L'artiste décide de placer plusieurs toiles sur le sol autour de la chaise. Ensuite, il se déplace autour de la chaise, ce qui l'oblige à changer la position de son corps et ouvre de multiples perspectives. Dans un aller-retour entre son regard et son corps penché sur les toiles, l'artiste sera amené à peindre, dans un mouvement circulaire, des images différentes de la chaise sur les toiles posées à terre.

**Quatrième étape : « Provoquer le changement par un dispositif fictionnel (décision orientée objet) ».** Inspiré par un texte de l'écrivain Blaise Cendrars qui se dépeint dans un train comme courant entre les paysages défilant aux fenêtres, l'artiste construit un couloir de toiles. Il installe une chaise tournante au milieu, avec un miroir attaché sur le dossier. Ensuite, sans autre décision que de donner régulièrement des coups de pied dans le dossier de la chaise, il peint les images reflétées sur le miroir, qu'il saisit au passage. Une caméra filme l'ensemble de la scène et du mouvement. La peinture et le peintre sont mis en action par le dispositif de mise en scène et se livrent aux caprices du hasard. Ainsi l'artiste, de sujet est devenu objet du dispositif et déclare « c'est la chaise qui me regarde ».

**Cinquième étape : « Multiplier les expériences ».** En multipliant les jeux et en réalisant des centaines de peinture, l'artiste pénètre le concept, la structure et peut-être l'âme de la chaise. Il n'y a plus dès lors de distinction entre l'artiste et la chaise, l'objet et le sujet. L'objet se confond avec le sujet. *« Objet et sujet ne font qu'un »*, pour reprendre une expression du penseur **Jean Baudrillard**.

Lorsque nous l'avons mis en œuvre, cet exercice donna lieu à des résultats fulgurants qui surprirent autant l'artiste que les participants : dessins, sculptures, installations spontanées réalisées avec toutes sortes de matériaux prélevés dans l'environnement immédiat et sur des supports aussi variés que tables, murs, sols, plafonds, et même corps des participants. Par l'ouverture à des réflexions et même à des langages formels autres sur l'entreprise, cet exercice est une métaphore du XXIe siècle, où le monde virtuel est mélangé au monde réel, la vie privée à la vie professionnelle, la vie économique à la vie sociale, le passé au futur, où les interactions incessantes et les images mentales envahissantes abolissent la perspective, ouvrant à une danse entre l'objet et le sujet, source de créations et de transformations complexes. La vie contemporaine exige une extrême fluidité et une capacité instantanée à remettre en question ses schémas mentaux. Aussi les entreprises et leurs collaborateurs enfermés dans des statuts souffrent-ils de plus en plus. Pourquoi ?

## Stimuler les trois énergies de l'entreprise : statique, cinétique et pneumatique

La plupart des entreprises se sont construites sur l'énergie statique du « faire bien », imitant parfois les administrations et privilégiant la technicité et le travail en quantité à l'énergie des résultats tangibles et aux qualités éthiques et esthétiques de l'art d'entreprendre. Faire son métier en professionnel, selon des règles imposées aux clients et à l'environnement, garantissait au siècle passé une certaine stabilité, tout comme l'énergie statique permet à un être humain de tenir debout.

Puis est venue la compétition de la modernité, largement influencée par l'économie anglo-saxonne, avec son exigence de progrès continu pour des résultats toujours meilleurs. Certaines entreprises ont appris à « faire mieux » et se sont mises en mouvement (raids sur des concurrents, OPA hostiles, fusions acquisitions, démarches de qualité totale, d'excellence…). Elles ont développé leur énergie cinétique, analogue à celle qui fait qu'un homme se met en marche et apprend à courir toujours mieux et plus vite.

Aujourd'hui, nous vivons une rupture d'un autre ordre : les entreprises – et toutes les organisations – sont immergées dans le tourbillon multiforme des désirs des clients, des fluctuations monétaires, des flux incessants d'information, des volontés de conquête des pays émergents, des innovations technologiques… un univers à l'image du « grand bazar » de l'art contemporain, univers bigarré de légèreté et de chatoiement. Dans son ouvrage *Sphères III*[1], le philosophe allemand **Peter Sloterdijk** décrit la société contemporaine comme une société d'écume légère. Dans cette société, l'énergie pneumatique est devenue primordiale, énergie de l'esprit au sens étymologique, c'est-à-dire du souffle. L'énergie de l'effervescence des idées est pneumatique. L'ébullition qu'elle provoque, à l'instar du bouillonnement du sang dans les artères et de l'hyperoxygénation du cerveau en apnée, permet seule d'accéder au « faire autrement ». C'est l'énergie de ceux qui plongent, s'immergent avec délectation dans le monde comme dans les vagues de l'océan, portés autant par sa puissance gigantesque que par leur propre volonté subtile, par leur émerveillement face aux potentialités du présent et par leur capacité à réenchanter le monde. Cette énergie exige des managers contemporains de pratiquer périodiquement des rituels de mise en déséquilibre par confrontation, en faisant eux-mêmes ou avec leurs collaborateurs des « pas de côté » : ouverture à d'autres univers – design, mode et, évidemment, art contemporain comme immense réservoir de stimulation de l'intellect, des sens et de l'esprit. Loin de se limiter à des visites d'exposition ou

---

1. Peter Sloterdijk, *op.cit.*

à des commentaires d'œuvre, ces rituels sont des travaux pratiques de réflexion et de production par confrontation à des « accidents » qui percutent les habitudes de la pensée et de l'action. Ils peuvent prendre la forme de séances de travail entre artistes et entrepreneurs, dans le cadre d'une ingénierie soigneusement préparée sur mesure pour chaque expérience, afin d'en tirer tous les fruits.

## Changer d'échelle pour transformer ses représentations

En juin 1968, les artistes américains **Robert Smithson** et **Nancy Holt** prennent l'avion depuis New York pour rejoindre un troisième artiste, **Michael Heizer**, dans le Nevada. Pour la première fois, ils s'apprêtent à faire de l'art dans le cadre authentique du grand désert américain : un paysage dur et austère qui représente le summum de l'altérité. Sous un soleil sans pitié, ils fouillent le creuset du continent, prélevant de la craie dans la vallée de la Mort, de la lave dans le désert Mohave, et de l'obsidienne dans le Nevada. C'est grâce à Michael Heizer que Robert Smithson fait la découverte du lac Mono en Californie, où d'étranges rochers de sel surgissent de l'eau. Il éprouve une forte attirance pour ce lac, auquel l'action des bactéries confère une rougeur déconcertante. Pour ces trois artistes, ce voyage est une véritable ligne de partage des eaux. Il permet à Robert Smithson de mener à bien le retrait progressif de son art du cadre des galeries, ainsi que des espaces urbanisés du New Jersey. En raclant la terre et en modifiant sa configuration à l'aide d'une machinerie lourde, Robert Smithson met en lumière de façon allusive les limitations de la culture humaine et de l'œuvre d'art qui s'y trouve confinée.

Le chemin menant à la création de pièces ancrées dans la terre comme *Spiral Jetty*, immense spirale de pierres créée par Robert Smithson dans le Grand Lac Salé en 1970, exige des paysages qui ne soient plus réduits à de simples représentations humaines. Tout en gardant sa plénitude et sa grandeur, le paysage renferme l'œuvre d'art à la manière d'un glacier charriant un rocher. Le rapport avec l'œuvre n'est plus un rapport de représentation, de vision en perspective distanciée, mais d'échelle. Le visiteur se trouve intégré dans une échelle qui le dépasse, sans jamais pouvoir embrasser l'œuvre dans sa totalité puisque le paysage qui l'entoure fait partie de l'œuvre. J'ai été frappé lors de ma visite de *Spiral Jetty* de son insertion parfaite dans l'immensité circulaire du paysage et de la tension vibrante qui s'instaure entre la spirale et l'ensemble du paysage environnant. Cette sensation est intentionnelle : Robert Smithson explique que « Spiral Jetty *tend à changer d'échelle en fonction de l'emplacement où se trouve le spectateur. La dimension détermine un objet, mais l'échelle détermine l'art. Vue en termes d'échelle et non de dimensions, une crevasse dans un mur pourrait s'appeler le Grand Canyon. [...] L'échelle dépend de l'aptitude de chacun à avoir conscience des données concrètes de la perception. Quand on se refuse à séparer l'échelle de la dimension, on reste avec un objet ou un langage qui paraît être certain... Au lieu de parler d'objet en art, il est préférable de considérer des résonances fluctuantes, qui permettent d'appréhender ce qui est autour de nos yeux et de nos oreilles, aussi instable et fugitif que cela puisse être* ». Adopter le concept d'échelle de Robert Smithson ouvre les entrepreneurs contemporains à une autre représentation de l'entreprise, non plus comme objet mais comme ensemble de résonances fluctuantes, plus proche de la réalité de l'hyperentreprise.

En 1971, à l'aide de dynamite et de bulldozers, Michael Heizer crée l'œuvre *Double Negative.* Il pratique deux entailles longues et profondes dans les bords accidentés d'une mesa (un plateau) dominant la Virgin River Valley, dans le désert du Nevada. Tout en constituant un trait droit, les deux coupures alignées sont séparées l'une de l'autre par la béance d'un canyon. Il est donc impossible de se placer au centre de l'œuvre, sauf à être suspendu dans le vide. L'artiste réalise un geste historique de rupture dans l'histoire de la sculpture. Alors que les œuvres sculptées avaient toujours été réalisées autour d'une masse pleine et dans un environnement urbain ou domestique, *Double Negative* se structure autour du vide, creusée dans le sol et invisible sur la courbure infinie de l'horizon du désert, depuis le plan de la mesa. Arriver au bord de l'œuvre surprend. Tout comme *Spiral Jetty,* cette œuvre est impossible à voir dans sa totalité, où que nous nous placions. Quand nous descendons à l'intérieur de l'œuvre, la question de l'échelle se pose également, échelle spatiale mais surtout temporelle. Un trouble nous envahit. Dans sa forme et sa structure, l'œuvre nous renvoie à des souvenirs archaïques, à une « *mémoire immémoriale* ». La sensation est similaire à celle vécue lorsque nous pénétrons le tombeau d'Agamemnon. Pourtant, les bords aigus de l'œuvre, qui renvoient à des technologies modernes, nous disent qu'elle a été réalisée récemment. Les personnes qui la visiteraient par hasard[1] sans rien connaître de son statut d'œuvre, seraient encore plus perplexes. C'est sans doute ce qui arrivera dans quelques siècles. Le génie de Michael Heizer est de faire percevoir avec tous ses sens la présence du vide et l'intensité relationnelle que suscite l'immersion dans un entre-deux : entre deux parois, entre ciel et terre, entre hier et demain... Cette capacité à percevoir la force du vide, de l'entre-deux, des flux d'intelligence, d'énergie et d'esprit est essentielle à qui veut entreprendre dans notre univers contemporain plein du vide virtuel autant que réel des informations pixellisées et de l'écume tourbillonnante des interactions productives, marchandes, culturelles et ludiques.

**Vues extérieure et intérieure de *Double Negative*,
œuvre de Michael Heizer réalisée en 1969,
Mormon Mesa, Overton, Nevada, USA
© Photographies de Christian et Sylvie Mayeur, août 1998**

**Provoquer des ruptures par changement d'échelle
spatiale ou temporelle**

Pour les managers contemporains, les œuvres de Michael Heizer ou de Robert Smithson sont une invitation à regarder leur entreprise, leur environnement et le monde comme **un ensemble de tensions et de résonances**. Frictions entre les couches spatiales (territoires internes – départements, divisions... – ou externes – contextes locaux des implantations géographiques, activités externalisées).

---

1. Il s'agirait vraiment d'un hasard puisque l'œuvre, non signalée, est tapie au milieu du désert brûlant et qu'il faut grimper un chemin d'accès abrupt au sommet de la mesa, au risque de s'enliser dans la terre meuble, puis prendre des pistes à peine tracées, connues des seuls ranchers, pour l'approcher.

Confrontation des strates temporelles (jour, semaine, mois, année, décennie, siècle, éternité) ; temps d'écoute, temps d'échange, temps de négociation, temps de transaction, temps réel de l'information ; maturation lente (jeu de go), action rapide (guerre éclair ou *blietzkrieg*). Dans la logique fluctuante de l'hyperentreprise, les entrepreneurs contemporains peuvent approcher ces couches par des effets d'échelle, en jouant la transformation d'une relation spatiale ou temporelle pour mettre en mouvement des zones d'incertitude entre les objets connus (actifs du bilan, produits, organisations, réglementations) que d'autres continuent à voir sous l'angle de leurs seules dimensions « certaines ».

**Voici un exemple de jeu d'échelle spatiale** : l'entrepreneur confie à un responsable un projet important assorti d'un objectif ambitieux dans un domaine d'expertise ou dans un territoire géographique donné. Mais il lui demande de penser ce projet à l'échelle du monde entier ou bien dans un cadre transversal qui l'oblige à sortir du cadre de son domaine d'expertise pour **explorer d'autres dimensions qui dépassent son entendement naturel**. Cette exploration peut être physique : visiter les magasins des concurrents, assister à des défilés de mode, s'immerger dans des architectures au design contemporain et en analyser les formes, s'immerger dans des installations d'art contemporain, comprendre de l'intérieur des fêtes techno ou se laisser traverser par l'énergie d'un concert de rock afin de saisir les flux immanents du monde émergent. À chaque fois, un rapport d'étonnement et un travail pratique d'élargissement des concepts de l'entreprise sont exigés de l'entrepreneur ou de ses collaborateurs. Ce déplacement formel libère une énergie créatrice en obligeant le responsable à se régénérer au service d'un objectif hors cadre. **Le manager qui pratique ainsi libère de l'intérieur de l'entreprise les potentialités de jeu et de défi.**

**Voici un exemple de jeu d'échelle temporelle** : dans des activités à cycle long, le manager entrepreneur introduit des objectifs ambitieux à très court terme, modifie les rythmes et accompagne les personnes dans l'apprentissage d'autres manières d'agir et de s'organiser. À l'inverse, dans une activité ou une période où les flux sont tendus, l'entrepreneur organise avec les collaborateurs de l'entreprise des temps ralentis de mise en résonance, nourris par des informations issues de domaines éloignés des activités du cœur de métier de l'entreprise ou de sa culture, qui demandent un temps d'appropriation et de compréhension. Ou bien il provoque des moments de réflexion et de partage sur le devenir de l'entreprise et de son environnement, nourris par les passions, les expériences et la créativité des collaborateurs. **Ici, l'entrepreneur joue sur des variations d'échelle de temps pour varier les rythmes de l'entreprise et stimuler sa créativité collective.** En faisant penser ses collaborateurs à l'horizon d'un jour ou de vingt ans, le manager entrepreneur les oblige à « faire autrement ». C'est ce que pratique **Jean-François Zobrist**, dirigeant de FAVI, en s'obligeant à penser :

- À un jour, en livrant chaque jour de l'année ses clients à l'heure, ce qui oblige à organiser l'entreprise en hyperentreprise faite de flux ;
- Et à vingt ans, en développant avec ses collaborateurs, ses clients – et avec l'accord de l'actionnaire ! – de nouvelles technologies dont on sait à coup sûr qu'elles seront au cœur des besoins dans vingt ans.

Paradoxalement, affirme Jean-François Zobrist, « *il est plus facile, dans le monde contemporain turbulent, de se projeter à vingt ans qu'à trois ans* ». Cela demande simplement de la volonté et une capacité à utiliser son imaginaire.

Cette mise en mouvement de résonances spatiales ou temporelles permet à l'entrepreneur de cerner avant les autres des zones inconnues, dans un processus analogue à celui que pratique de manière intuitive **Alain Bashung**[1] : « *Il y a des chansons qui ressemblent à des petites expériences, à des essais, comme pour cerner une espèce d'inconnu, juste pour cerner des choses pour lesquelles on n'a pas de vision claire, pas d'analyse, en attendant de comprendre. [...] Tout ce qui blesse, confond, peut être cerné avec des phrases en forme de métaphore, de proposition de quelque chose qui vous ramène à vous, vous invite à y placer vos propres rêveries, ce n'est pas dictatorial, la personne qui écoute est libre d'y apporter ce qu'elle veut.* » Par un procédé littéraire mais aussi par une attitude qui laisse un espace d'incertitude entre les rêveries de l'autre et les siennes propres, l'artiste donne à des choses encore inconnues, **une forme ouverte, aux contours imprécis**, mais dont les résonances permettent de nouer une relation porteuse de sens avec autrui, et ceci, de manière durable. Par cette approche, Alain Bashung lui-même s'étonne de la fraîcheur actuelle de textes qu'il a écrits il y a vingt ans et de l'intérêt que leur porte encore le public aujourd'hui.

---

1. Entretien avec l'auteur, 2004.

# Combiner la réalité et la fiction

« *Quand les fictions du monde se réduisent à des fonctions, mieux vaut réinventer la subjectivité. Desserrer les carcans de l'appareillage collectif, ouvrir des espaces, des plages, pour que se déploie la subjectivité. Injecter de l'humeur et du désir là où il n'y a que conduite des corps, formatage des consciences et limitation des capacités d'invention* », écrit Jean-Charles Massera[1].

## Exploiter sans réserve les ressources de l'imaginaire

Chaque être humain est doué d'une puissance extraordinaire : son imaginaire. Tout entrepreneur, désireux d'explorer d'autres mondes, peut emprunter ce véhicule accessible à tous. Dans son ouvrage sur le poète **Antonin Artaud**[2], l'écrivain irlandais **Kenneth White** relate une anecdote significative de la puissance de l'imaginaire : « *Dans le n° 429 (21 décembre 1952) de la revue* VOIR, *Antonin Artaud publia un article sous le titre "L'amour à Changaï", précédé d'une note de la rédaction où l'on pouvait lire : "Le grand Antonin Artaud nous avait laissé quelques notes merveilleuses et cruelles sur un passage qu'il fit à Changaï dans le royaume de l'amour tarifé. Pages inédites, nous avons tenu à les publier aujourd'hui pour qu'elles marquent l'évolution d'un monde. Elles prouvent que l'œil de l'écrivain était celui du reporter et témoignent de l'authenticité de ce poète maudit qui vit le jour sous le ciel de Provence." Or, on sait pertinemment qu'Artaud n'a jamais mis les pieds en Chine. Il était pourtant très capable d'écrire un excellent texte sur n'importe quelle partie du globe, sans se déplacer, en se contentant de bien se documenter, se fiant pour le reste à son intuition, à son imagination, à son génie. Ne disons pas qu'il pouvait ainsi faire plus vrai que le vrai, mais qu'il pouvait offrir une image du monde plus intense et plus excitante que la plupart des reporters professionnels.* »

Ainsi, de tout temps, les arts ont utilisé la fonction de simulacre pour donner naissance à de nouvelles réalités et faire accepter de nouvelles idées, de nouvelles représentations du monde et toutes sortes de changements. En utilisant la fiction et les mises en scène, l'art indique de nouveaux « possibles ». Certains artistes ont été jusqu'à créer des entreprises-fictions.

1. Jean-Charles Massera, *Amour, gloire et CAC 40*, POL, 1999.
2. Kenneth White, *Le monde d'Antonin Artaud. Pour une culture cosmopoétique*, Éditions Complexe, 1989.

## Créer des entreprises-fictions

L'exposition Netco crée l'événement, durant l'été 1969, au Canada. Quand les services d'une entreprise improbable, N.E. Thing, emménagent dans la nouvelle implantation de la National Gallery à Ottawa et transforment complètement les salles du musée en une entreprise aux activités diversifiées. Derrière le projet se trouve l'artiste canadien **Ian Baxter**[1], qui décrit le fonctionnement de N.E. Thing :

*« Les onze départements de l'entreprise ainsi que le bureau de la présidence s'activent pour produire de la sensibilité visuelle. Le département "Chose", le plus global des départements de la compagnie N.E. Thing, rassemble tous les objets produits par les autres départements. Le département A.C.T. (Chose jugée esthétique) est consacré à l'enregistrement global, minutieux et détaillé de tous les objets, personnes et événements qui ont reçu l'agrément de N.E. Thing. Le label A.C.T. est décerné après une recherche approfondie du département Recherche. Le département A.R.T. (Chose rejetée esthétiquement) est consacré à l'enregistrement global, détaillé et minutieux de tous les objets, personnes et événements qui se sont vus rejetés par N.E. Thing. Elles font aussi l'objet d'un autre label A.R.T. Une boulimie d'évaluation et de décisions aux motivations demeurées implicites, voire opaques, caractérise ce travail. Imprimés, formulaires, sceaux, questionnaires, fiches, tampons, N.E. Thing s'entoure des accessoires bureaucratiques du jugement administré, entre bonheur de greffier et enfer normatif. »*

Avec *Aktien Gesellschaft – Public limited company*, présentée à la **Documenta XI** à Kassel en 2002, l'artiste allemande **Maria Eichhorn**[2] présente une société par actions qui possède toutes ses parts en propre et qui a décidé statutairement lors de sa création de n'avoir aucune relation avec l'extérieur. Cette entreprise est un objet inviolable, figé pour l'éternité. En mettant ainsi en question le principe même d'une entreprise dans le système économique, Maria Eichhorn démontre paradoxalement la puissance et la liberté de la structure « entreprise », noyau indestructible si elle le décide. Cette œuvre est née de l'observation par l'artiste d'un phénomène récent : des organisations alternatives ou « rebelles » qui aspirent à l'autonomie, se constituent en sociétés anonymes plutôt qu'en associations. Elles se mettent à l'abri des caprices des administrateurs, typiques des

---

1. Ian Baxter, « Documents », *in* revue *Trouble*, n° 3, Les Presses du Réel, 2003.
2. Galerie Barbara Weiß, Verlag Silke Schneiber, München, 2002.

formes associatives, et bénéficient des avantages de l'environnement législatif qu'ont réussi à obtenir au fil des siècles les entrepreneurs des pays développés pour assurer leur liberté de mouvement et favoriser leur pérennité.

En mettant en scène un « faire autrement » radical, Maria Eichhorn incite les managers contemporains à imaginer toutes les formes d'action libre, puissante et généreuse que la forme « entreprise » porte en germe.

**Yann Toma témoigne :**

*« L'entreprise fictionnelle peut apporter de l'oxygène aux entreprises réelles. »*

L'artiste Yann Toma réactive les codes du passé pour les investir dans de nouvelles relations. Président à vie de Ouest-Lumière, il présente les actions de son entreprise fiction, une entreprise « autre ».

*Comment vous est venue l'idée de créer une entreprise-fiction ?*

Mes parents et mes grands-parents travaillaient à Ouest-Lumière. Après la Libération, en 1946, **Ouest-Lumière**[1] a été nationalisée sous le nom d'EDF. Les cheminées et les transformateurs électriques de l'ancienne usine de Puteaux, construite par Gustave Eiffel, cessèrent de fonctionner. En 1991, j'ai racheté le nom de Ouest-Lumière à l'INPI et je suis devenu le légataire universel de la mémoire de l'entreprise. Après avoir récupéré pendant trois années ses archives, j'ai relancé à nouveau l'entreprise dans notre réalité. Elle s'est régénérée peu à peu et a repris corps dans la société. J'ai créé une association Ouest-Lumière et je rachète aujourd'hui ses bâtiments au franc symbolique (ou plutôt à l'euro symbolique). Ouest-Lumière, c'est une image mentale de la société dans son ensemble, c'est aussi l'infiltration d'une entreprise artistique dans laquelle chacun est inclus et a un supposé rôle à jouer. C'est une image mentale de notre inconscient collectif. Elle s'inscrit dans nos pensées discrètement et facilite la résurgence de l'énergie qui sommeille en chacun de nous. C'est une entreprise de production et de distribution de liens énergétiques...

*Ouest-Lumière a-t-elle des actionnaires, des clients, des salariés ?*

Il y a 100 actionnaires, 80 agents et 3 000 abonnés. Les personnes abonnées le sont à vie.

---

1. L'entreprise Ouest-Lumière vous accueille sur son site (http://ouest-lumiere.org).

Passer de « *produire et distribuer l'énergie électrique* » à « *produire et distribuer l'énergie artistique* », tel est l'objet de Ouest-Lumière, partagé par tous ses actionnaires, agent et abonnés.

Les actionnaires font partie de classes sociales différentes. Mais dans les soirées « actionnariales », ils se parlent d'égal à égal. Il y a des abonnements collectifs et des abonnements personnalisés. Lors de la Fête des Lumières à Lyon en 2001, des centaines de familles ont été abonnées. L'objectif était de créer une cohésion de quartier… Ouest-Lumière est devenu par ce type d'interventions une entreprise privée à mission publique.

L'entreprise propose également des abonnements personnalisés ; par exemple, pour « l'extase », il s'agit de saisir une personne dans un moment d'extase. Par exemple, un chef d'entreprise qui a couru un après-midi entier dans la forêt nous a demandé de photographier son extase sportive.

Dans Ouest-Lumière, il y a le processus et il y a une ligne politique (pas une prise de position politique) qui permet à l'entreprise fictionnelle d'avoir prise sur la société parce que la société vient à elle. Les personnes quittent leur position sociale pour une nouvelle position sociale, une position fictionnelle dans l'entreprise. Ainsi, il y a rencontre entre les personnes sur un plan autre où d'autres relations deviennent possibles.

*Pourquoi avoir choisi la forme de l'entreprise ?*
Par ce choix, je ne me sens pas comme un artiste qui serait isolé dans son atelier. Je me sens artiste citoyen qui a un impact dans la rubrique « société » et pas seulement dans la rubrique « art ».

En tant qu'individu seul, mais représentant d'une entreprise-fiction forte de milliers de personnes, je peux traiter d'égal à égal avec une entreprise parce que je traite de rentabilité fictionnelle. Dans les partenariats entre Ouest-Lumière et des entreprises réelles il n'y a pas de compromis sur la réalisation et la liberté dans le mode opératoire car nous nous inscrivons dans une relation d'entreprise à entreprise.

Avec Ouest-Lumière, j'investis les zones intérieures des individus qui échappent aux entreprises classiques : consommation, comportements, relation avec les autres, modes de vie. L'art peut faire émerger ce qui peut faire changer le monde réellement. En laissant imaginer que tout le monde peut être artiste, on occulte le fait que l'artiste peut être un accès potentiel vers un « ailleurs ». L'entreprise fictionnelle est pour moi un moyen d'accéder à cet ailleurs et d'en activer la mémoire.

Quand j'incarne une entreprise, je ne suis plus attaquable comme un individu. Je représente une zone d'influence. Mon travail n'est plus jugé seulement comme un acte plastique mais comme un acte global. Je deviens entrepreneur car je prends cette responsabilité. En tant que président de Ouest-Lumière, j'endosse une responsabilité qui ne peut pas aller à l'encontre de l'éthique collective de ses membres. C'est pour moi une volonté d'appartenance à un tissu autre, à un ailleurs, à une altérité. L'entreprise fictionnelle peut apporter de l'oxygène aux entreprises réelles. À partir du moment où l'entreprise accepte l'idée qu'elle puisse être partenaire avec un artiste, la relation bascule vers une relation d'égal à égal.

*Ces liens que vous mettez en place visent-ils à changer le monde ?*

Les œuvres font lien entre les gens... Sur la mémoire de PRIMAGAZ, j'ai interviewé des ouvriers sur plusieurs sites. Des gens ont pu voir ce que des collègues d'autres sites pensaient de l'entreprise. L'entreprise-fiction introduit une logique sociale, humaine, plus que de rendement et de déshumanisation de l'entreprise. Je suis horrifié par la flexibilité à outrance et par le fait que toute personne soit interchangeable. Cette flexibilité détruit le lien qui nous rassemble, malheureusement, souvent uniquement aux moments fondamentaux de notre histoire collective, des moments rarement heureux.

Il est important de travailler sur la mémoire vivante, y compris pour des problèmes sensibles comme le nucléaire. Les ONG s'opposent aux déchets nucléaires à juste titre. Mais ces déchets font d'ores et déjà partie de notre mémoire collective. Ils existent. Il faut donc susciter des réflexions pour mettre ces déchets définitivement sous contrôle. Pour moi, la fiction apporte des éléments de réponse. Une fiction permet de traiter des problèmes *a priori* incurables. Il ne s'agit pas d'adhérer à une idéologie de l'entreprise mais de la penser autrement, d'amener à d'autres regards, à d'autres axes d'approche, à d'autres angles d'observation du réel en impliquant ce réel dans une fiction extérieure. La fiction est utile à un moment où les repères sont hypernormés. Il y a une dimension sociale et économique dans cette œuvre artistique qui apporte du capital symbolique à l'entreprise. Il s'agit de charger les personnes de nouvelles compétences, de reformuler ces compétences différemment dans la société, d'acquérir une liberté supplémentaire.

Ouest-Lumière représente un travail énorme, exponentiel. Tous les mois, des membres nouveaux arrivent. Il faut gérer les relations avec chaque chantier en cours, avec mes chefs de service. Une logique rhizomique anime cette entreprise d'influence. C'est une logique qui tend à avoir un poids politique dans la société. Mais l'entreprise Ouest-Lumière se doit de rester dans la fiction, c'est ce qui fait sa force potentielle, pour susciter de nouvelles réflexions sur les liens entre les gens et activer la mémoire de l'« ailleurs », de toute la part invisible des potentialités intérieures des individus qui échappe à la norme dominante et qui peut être utile pour les changements futurs.

**NOUS ASSURONS VOTRE AVENIR ÉNERGÉTIQUE**

OUEST-LUMIÈRE PREMIÈRE ENTREPRISE FICTIONNELLE
DE PRODUCTION ET DE DISTRIBUTION D'ÉNERGIE

ouest-lumière
www.ouest-lumiere.org

Yann Toma, »Nous assurons notre avenir énergétique »,
affiche Ouest-Lumière, © Galerie Patricia Dorfmann

## Inventer ses propres scénarios

Scénariser la transformation de l'entreprise et de son environnement consiste non seulement à imaginer des scénarios mais aussi à les jouer pour voir ce qui pourrait se passer si l'entreprise transformait son offre et sa relation à l'environnement. Il s'agit donc de faire « comme si »[1] et d'entrer dans une logique de transformation en utilisant l'artifice de la fiction. Cette ouverture à l'imaginaire fait intervenir la subjectivité à travers le mouvement de l'intellect, du corps et de l'esprit dans des mises en scène. Elle offre la possibilité d'incarner des personnages qui sont des « stimulateurs étranges » : archétypes tirés des contes de fée, de l'art, de la mythologie, mais aussi objets symboliques… se prêtant à de multiples interprétations. Cette démarche se distingue radicalement de la démarche des scénarios probabilistes,

---

1. Lors d'une rencontre à Palo Alto en 2000, Paul Watzlawick, directeur du Mental Research Institute et spécialiste éminent du changement, m'affirmait sur la base de son expérience et avec le recul de sa longue et impressionnante carrière que les *"as if strategies"* sont une des approches les plus performantes qu'il ait pratiquées pour inviter les protagonistes d'un système relationnel (famille, entreprise, organisation…) à s'engager dans sa transformation.

cherchant à inventorier les « scénarios » objectifs envisageables auxquels s'adapter au mieux. Les scénarios probabilistes s'inscrivent dans
la dynamique du « faire mieux ».

Scénariser la transformation consiste au contraire à inventer ses propres scénarios en puisant dans les ressources de l'imaginaire des personnes – des dirigeants aux collaborateurs – de la firme ou de
l'organisation, puis à explorer les chemins créatifs où conduisent ces
scénarios en suivant leurs ramifications. Quand les managers se nourrissent d'une culture ouverte sur le monde, les ressources de leur
imaginaire deviennent proprement illimitées et les entraînent vers les
rivages du « faire autrement » : l'anticipation et l'innovation globales
dont rêvent toutes les entreprises en quête de différenciation et de
création de valeur.

La création de fictions, la mise en scène, la fête, le jeu et l'humour
sont des rituels essentiels pour maintenir ouverte la porte symbolique de la transformation sans fin des entreprises. Les entrepreneurs
peuvent mettre en place avec leurs clients ou leurs partenaires de
nouveaux systèmes de coopération, de co-invention ou de coproduction, sous forme de jeux fictifs. Les jeux peuvent être des défis,
des surprises, et aussi des débats. Les débats véritables sont des jeux
du langage, qui changent temporairement les rôles dans une organisation, introduisent le hasard et ouvrent la possibilité aux non-
experts de s'exprimer sur les nouveaux défis, les innovations ou la
performance à réaliser envers la société ou les clients. Comme dans
certaines expériences d'art contemporain, ces débats peuvent introduire à une nouvelle « *esthétique de la décision* »[1], essentielle à la création dans l'entreprise. Le produit de la fiction est ensuite réinjecté
dans le réel.

La carrière de l'artiste française **Sophie Calle** se joue sur le long
terme, sans spéculation. Sa vie est une série d'œuvres d'art à la frontière de la réalité et de la fiction. Elle a développé dès 1978 des récits
factuels et fictionnels sur un mode autobiographique. Le sillon dans
lequel s'inscrivent ses travaux reflète une relation intime entre l'art et
la vie, singulièrement distincte du registre neutre et distancié des
œuvres conceptuelles. Son œuvre se donne à voir sous la forme

---

1. Expression empruntée à l'artiste français François Deck, « Esthétique de la
décision » colloque Art et Sociabilité, École normale supérieure, 7 juin 2001.

d'installations, de photographies et de récits dont l'articulation et l'agencement se rapprochent d'un art narratif issu lui aussi des années soixante-dix. Elle est l'une des artistes françaises les mieux vendues à l'étranger, notamment aux États-Unis ou au Japon. Le Centre Pompidou lui a offert 1 100 m² pour présenter les fictions de sa vie dans « M'as-tu vue », la plus vaste manifestation jamais consacrée à son travail. Christine Macel, commissaire de l'exposition, parle à son propos « *d'entrelacements inédits de récits factuels à tendance fictionnelle, accompagnés d'images photographiques* ». L'exposition est la somme de journaux faussement intimes dans lesquels elle met en scène ses émotions, ses manques et ses douleurs pour reconstruire des souvenirs. Ainsi *La douleur exquise* (164 textes et photographies, et une chambre d'hôtel reconstituée, 2003), vendue au Toyota Municipal Museum of Art, évoque une « souffrance » au Japon en 1984. Cette série raconte une histoire d'amour suivie d'une rupture vécue comme le moment le plus douloureux de sa vie. Comme dans toute son œuvre, les photographies sont utilisées ici pour rendre vraisemblable le récit. Sophie Calle nous montre que toute expérience, même la plus triviale, peut être scénarisée pour ouvrir son esprit à de nouvelles possibilités. Par exemple, son travail sur l'expérience vécue de la femme de chambre qui porte un regard « autre » sur les chambres d'un hôtel en auscultant les bagages des personnes qui y séjournent pourrait apporter un regard différent et très enrichissant aux entrepreneurs d'une chaîne d'hôtels.

Partant du postulat qu'interpréter le monde ne suffit pas, mais qu'il faut le transformer[1], l'artiste français **Philippe Parreno** infiltre le monde réel pour y inventer ses propres scénarios et écrire les récits correspondants. À partir de documents réels, il observe comment s'organise le défilé des évènements dans une vie, quel est l'ordre de leur répétition et il « sous-titre » les images de ces évènements pour révéler les scénarios et les liens entre individus et groupes qu'elles sous-tendent. Philippe Parreno produit de cette manière des formes à partir de commentaires. Il démonte des scénarios de vie pour en reconstruire de nouveaux. Il met en scène tout le processus qui a abouti à une image apparemment banale, comme dans le processus psychanalytique ou dans les discussions infinies du Talmud. Il utilise

---

1. Nicolas Bourriaud, *Post-production*, Éditions Lukas, NYC, 2002.

aussi des séquences irréelles, comme la vidéo d'une manifestation de très jeunes enfants scandant le slogan *"No more reality"* et invite le spectateur citoyen, consommateur, entrepreneur à s'interroger : sous quel sous-titre ou mot d'ordre caché les images dont il est abreuvé au quotidien défilent-elles ? Ici, la fiction permet de **décrypter le réel** par effet de retournement, et de libérer sa conscience pour inventer sa propre légende.

## Créer des expériences de service partagées (échapper aux formats imposés)

*« Au début du XXI<sup>e</sup> siècle*, constate **Bernard Stiegler**[1], *une énorme partie de l'activité industrielle consiste à produire des objets temporels qui coïncident dans le temps de leur écoulement avec l'écoulement du temps de votre conscience. Ce qui sera passé, cela ne se repassera jamais, ce sera passé à jamais, vous ne pourrez jamais revenir en arrière. Le XIX<sup>e</sup> siècle a vu la naissance de la grande industrie qui exploitait systématiquement les ressources naturelles pour développer une industrie de biens matériels de consommation. Le XX<sup>e</sup> siècle a été celui d'Hollywood, des grands médias de masse, de l'intelligence artificielle, des industries de l'information – et ce fut le développement d'une industrie faisant de la conscience et de l'esprit ses matières premières. Or un consommateur est avant tout une conscience et cette conscience est "spirituelle", au sens où un esprit (une culture, une époque) et des esprits (des prédécesseurs, des ancêtres, des traces) la constituent. Pour pouvoir vendre des automobiles Ford ou Chrysler, du soda Coca-Cola ou Schweppes, des appareils informatiques Apple ou IBM, des services France Télécom ou America On Line… il faut s'adresser à des consciences : ces consciences sont des marchés, elles sont le moteur même de ces marchés – et ce en tant qu'elles sont des corps et que ces corps ont des désirs. Aujourd'hui, les consciences sont essentiellement devenues la "matière première" qui permet d'accéder à des marchés de consommation… Elles forment un méta-marché, le marché qui donne accès à tous les autres marchés quels qu'ils soient, y compris les marchés financiers. Or les industries culturelles, et en particulier la télévision, constituent une énorme machine de synchronisation. Lorsque ces consciences, tous les jours, répètent le même comportement de consommation audiovisuelle, regardent les mêmes émissions, à la même heure, et ce de façon parfaitement*

---

1. Bernard Stiegler, *De la misère symbolique 1. L'époque hyperindustrielle*, Éditions Galilée, 2003.

*régulière, ces consciences finissent par devenir celle de la même personne – c'est-à-dire personne.* » Bernard Stiegler alerte les entrepreneurs sur le risque de négation du sujet et d'extinction du désir lié à un excès de formatage, typique de la modernité.

De fait, la logique technocratique et utilitariste pure, sans ouverture libre et partagée à l'imaginaire, peut conduire tout droit au « bonheur dans l'esclavage », pour reprendre le titre (*Happiness in Slavery*) d'un morceau célèbre du groupe américain **Nine Inch Nails**[1], illustré par un clip vidéo où la pratique de l'onanisme technologique renvoie non plus à un désir mais à une dépendance. Au contraire, l'hyperentreprise, terrain de production, d'échange et de jeu commun aux clients, aux collaborateurs, aux partenaires et aux fournisseurs, génère l'initiative conjointe, l'échange de valeur(s) et de plaisir partagé à travers la création d'une infinité d' « expériences de service ». Les expériences de service sont tous les actes professionnels et initiatives accomplis pour le service de quelqu'un ou de la collectivité. Si l'on y regarde bien, il devrait s'agir, dans l'environnement ouvert des hyperentreprises « sans dedans ni dehors », de la totalité des activités des collaborateurs des entreprises. Créer des expériences de service permet de construire chaque jour le sentiment d'humanité, qui n'est nullement acquis et qui manque à beaucoup, si l'on en croit les innombrables études et sondages sur l'état de nos sociétés. Comme les expériences artistiques contemporaines, les expériences de service sont des formes de vie vécues ici et maintenant, imprégnées d'émotion et ouvertes au désir pour les entrepreneurs, clients, collaborateurs et partenaires prêts à y investir leur imaginaire actif de personne responsable. Créer des expériences de service partagées avec ses clients, collaborateurs et partenaires permet aux managers entrepreneurs de s'affranchir du formatage des consciences et d'échapper à l'imaginaire par procuration fourni par le complexe télé-industriel hérité du XXᵉ siècle, dont l'expert mondial du marketing **Seth Godin** décrit la mort lente avec talent[2]. L'hyperentreprise appelle les entrepreneurs contemporains à la vérité nue de la rencontre créatrice de richesse, dans la multiplicité infinie des moments

---

1. Nine Inch Nails, *Happiness in Slavery*, in CD "Fixed", Editions Nothing/Interscope, Los Angeles, 1992.
2. Seth Godin, *La vache pourpre. Rendez votre marque, vos produits, votre entreprise remarquables !, op. cit.*

d'interaction qu'ils vivent avec leur environnement. Pour ces entrepreneurs, construire une hyperentreprise tissée d'expériences de service innovantes et ouvertes aux initiatives de leurs protagonistes au travers de milliers d'interactions quotidiennes est une œuvre d'art sans fin, une œuvre d'art total.

## Conduire le marché et réenchanter le monde

Pour « faire autrement », les managers entrepreneurs qui agissent dans le monde réel le transforment pour conduire le marché, innover et se différencier. Ils distinguent clairement l'entreprise vécue au quotidien, pleine de vie, de désir, de projets, de possibilités, mais aussi de stress, d'émotions, d'angoisses et de vertiges typiquement humains, de son image projetée sur les écrans, les écrits et les discours officiels. Et à rebours des discours publicitaires, c'est dans la chair de l'entreprise, dans son réel concret et quotidien qu'à l'instar de Sophie Calle, les entrepreneurs contemporains trouvent les ressources, avec leurs clients, leurs collaborateurs et leurs partenaires pour réenchanter le monde. L'univers platement réaliste, dont le socialisme soviétique fut le paroxysme mais que perpétuent de nombreuses bureaucraties, y compris au cœur des sociétés occidentales soi-disant libérales, est totalement inadapté à l'expérience de défi quotidien que constitue l'univers économique, social et culturel contemporain. Comme l'affirme **Jean-Pierre Raffaelli**, les êtres humains soumis à des pressions toujours croissantes ne pourraient tout simplement pas vivre sans l'imaginaire dont ils imprègnent leur quotidien. L'imaginaire est une ressource inépuisable pour transcender le chaos relationnel et inventer des solutions pertinentes avec les clients à chaque moment, dans chacune des innombrables interactions des hyperentreprises. Face au stress vécu dans ces flux incessants, l'investissement dans l'imaginaire permet d'échapper à l'inhibition d'action[1] et, si l'on en croit le biologiste **Henri Laborit**[2], à l'inhibition du système immuni-

---

1. Combien de fois voyons-nous des employés se réfugier derrière les procédures et les règlements pour ne pas agir, des responsables se protéger derrière leurs statuts pour éviter de se mettre en mouvement, au double sens du terme : s'activer, y compris physiquement, pour dénouer un problème mais aussi exprimer une émotion, puisque l'émotion, au sens étymologique, c'est la mise en mouvement.
2. Henri Laborit, *Éloge de la fuite*, Gallimard, coll. « Poche/essais, 2001 (réédition).

taire et donc à la maladie. L'appel régulier à l'imaginaire est donc source de santé pour l'entreprise comme pour les individus qui la composent, d'autant plus importante que les activités de l'hyperentreprise génèrent une tension cognitive complexe due à la simultanéité d'une compétence technique et d'une compétence relationnelle. Ce phénomène est bien décrit par le sociologue **Federico Butera** :[1] « *À l'ère du service, qui marque toutes les entreprises contemporaines, quel que soit leur secteur d'activité, il n'existe plus de séparation entre le fournisseur et le client. Contrairement au produit, le service ne se substitue pas à la communication, mais la véhicule… L'opérateur et le client entrent ainsi directement en relation : le processus de production s'effectue partiellement au moment de l'échange, qui est à la fois instrument et expression. Le prestataire de service et le client entretiennent une relation dans laquelle se mêlent "l'agir réalisant" et "l'agir communicant".* »

Comme les artistes, les entrepreneurs contemporains sont d'autant plus capables de s'investir dans un imaginaire fécond qu'ils maîtrisent les passages entre le réel et la fiction, **qui sont deux polarités d'une même réalité**. Le passage par la fiction permet simplement d'ouvrir la porte aux **désirs** des personnes – clients comme collaborateurs – qui interagissent dans les relations de service externes ou internes. Aspirations profondes qui résident largement dans l'imaginaire, **les désirs sont plus tournés vers l'action, la différence et la fidélité que les simples « envies »** traquées par le marketing classique[2]. En partageant leurs désirs et leurs rêves avec les autres, de manière équilibrée, responsable et respectueuse des personnes, les entrepreneurs contemporains s'affranchissent du mimétisme marketing et du conditionnement de la pensée unique des gestionnaires à court terme, pour créer des formes uniques, inimitables et inoubliables de produits, de services, de management, de relations avec les clients, d'investissement dans la société, de développement durable et harmonieux avec leur environnement.

1. Federico Butera, « Le travail et l'organisation dans les services : ce que nous enseigne Kafka », présentation d'un rapport de recherche. Ce sociologue est l'auteur de plusieurs ouvrages dont *Dalle occupazioni industriali alle nuovo occupazioni*, Éditions Angeli, Milan, 1987.
2. À ce propos, je recommande l'excellent ouvrage de Marie-Claude Sicard, *Les ressorts cachés du désir*, Village mondial, 2005.

## ⊙⊙ Mettre en scène
### des expériences de service fictionnelles

Vivre une expérience fictionnelle de l'intérieur est une expérience forte. J'utilise régulièrement le texte de Sophie Calle, *Adopter un lieu*, pour stimuler l'ouverture d'entrepreneurs aux multiples dimensions « autres » de leur environnement et aux possibilités de création de nouvelles expériences de service « ici et maintenant ». En se hissant au niveau de leur propre imaginaire dans les situations du quotidien, les managers contemporains se mettent en condition, à l'instar des artistes, de rencontrer l'imaginaire de leurs clients, collaborateurs et partenaires. L'expérience fictionnelle peut être mise en scène dans un espace de séminaire avec un petit groupe, mais elle est encore bien plus efficace dans des espaces de travail et de relations avec des clients à investir ou bien dans des lieux improvisés : la rue, un jardin public, un hall d'immeuble, un lieu de service ouvert au public... L'objectif pour les participants est d'apprendre à exploiter toutes les possibilités offertes par l'environnement, en faisant sciemment et délibérément la part entre ce qui est du ressort de la fiction, d'une part, et du réel, d'autre part. Autrement dit, le travail de fiction réintroduit une frontière stimulante entre réel et imaginaire. Bien évidemment, j'évoque ici un imaginaire subjectif, actif, construit par ses protagonistes pour donner forme à une vision stratégique inédite, à des produits, des services ou des relations différents ou à des percées dans l'environnement concurrentiel. Cet imaginaire actif et ludique permet de s'affranchir de l'imaginaire « subi » par procuration, comme celui qu'imposent trop souvent la publicité ou les croyances managériales.

## ⊙ Ateliers de création d'expériences de service.
### Éveiller l'imaginaire de l'hyperentreprise

J'anime depuis quelques années avec le metteur en scène Jean-Pierre Raffaelli un séminaire du master « Management des activités de Service » à l'IAE d'Aix-en-Provence, qui aide les étudiants et futurs managers à stimuler leur imaginaire et à inventer des moments d'émotion inoubliables. À l'occasion d'ateliers de création, nous les invitons à mettre en scène des expériences de service abordées comme des moments de vie typiques des interactions innombrables mais intenses que l'hyperentreprise met en œuvre chaque jour. Il s'agit de travailler avec les moyens du théâtre sur les deux dimensions de l'expérience, dans un présent où se déroule le *Kronos* de la fonction à remplir (par exemple organiser un processus d'accueil normé des clients dans un hôtel) et où se vit en même temps le *Kairos* du « moment de vérité » de la rencontre, moment de vie unique, incomparable et inter-subjectif. Le dispositif agit à la manière de la conjonction des temps présentée par les tableaux-miroirs de l'artiste italien Michelangelo Pistoletto : un miroir présente notre reflet vivant, mouvant, fugace du présent (Kairos) sur fond d'une image peinte, stable, inscrite dans le *Kronos*[1]. Nous demandons d'ailleurs aux étudiants de commencer par investir le tableau de leur choix en jouant l'avant, le pendant et l'après de la scène représentée, qu'il s'agisse de la *Décollation de saint Jean-Baptiste* du Caravage ou de *La Diseuse de bonne aventure* de Georges de Latour. Imaginer l'avant et l'après de ces tableaux ouvre l'imaginaire des étudiants et démontre par là même qu'une image d'art, fruit du désir de son auteur, stimule le désir de l'autre au lieu de l'éteindre. Par analogie, cet exercice aide à replacer l'expérience de service dans un processus de vie où l'imaginaire entre en action.

## Utiliser le corps comme support de fiction

L'artiste américain **Matthew Barney**, qui fut d'abord un athlète de haut niveau, puis un mannequin vedette avant de devenir un sculpteur/cinéaste, poursuit un rêve d'art total. Il élabore une œuvre dont chaque élément trouve sa place dans une économie globale en convoquant des disciplines multiples. Photos, performances, vidéos, installations, films, catalogues sont pensés et conçus comme des œuvres d'art à part entière, mais aussi comme parties intégrantes d'un métaprojet artistique dans sa totalité. L'œuvre de Matthew Barney est une entreprise, au sens propre et au sens figuré, qui mobilise des moyens importants et des techniciens de nombreuses disciplines. Construite autour d'une question unique tournée en variations infinies : « À quoi ressemble un corps postmoderne ? », l'œuvre entière produit une inquiétante étrangeté. Elle nous parle du corps et de ses métamorphoses, de l'identité sexuelle et de ses mutations, de l'hybridité et de la nostalgie platonicienne de l'androgynie, de la reproduction différenciée et de la séparation qui s'en suit.

---

1. Voir au chapitre 1, « Réconcilier le temps des affaires (Kronos) et le temps de la vie (Kairos) ».

Le musée d'Art moderne de la Ville de Paris a présenté en 2002 *The Cremaster Cycle*, cinq films sculptures qui encouragent le regard circulaire, fragmenté, aléatoire, et font voir le cinéma autrement. Dans cette série[1], les personnages hybrides occupent une place importante, de l'androgyne au satyre en passant par les métamorphoses du surhomme. *Cremaster* se présente comme un opéra en plusieurs actes dont le principe commun serait la correspondance symbolique que l'artiste établit entre les éléments constitutifs de son récit mythologique et les différentes zones énergétiques du corps. Que le titre générique de la série *Cremaster* provienne du nom donné au muscle tenseur des testicules souligne d'entrée de jeu l'importance que l'artiste accorde à la libido et à sa mécanique musculaire. Mais les références au corps renvoient autant à l'appareil reproducteur qu'à d'autres zones vitales (centre nerveux, voies respiratoires, système digestif...). Dans l'île de Man, où Matthew Barney situe *Cremaster 4*, on rêve, conçoit, pense, préfigure, prépare un genre de nouvel Adam, on fabrique l'homme de demain[2]. En présentant le corps humain comme système biologique aux limites floues, prolongé par des systèmes hybrides de prothèses et de fantasmes, Matthew Barney propose une métaphore des systèmes complexes. Le réel et le virtuel se mélangent pour créer les univers où vivent désormais les managers contemporains avec leurs clients, collaborateurs, partenaires et citoyens du monde : **des univers dont les seules limites sont celles de l'imaginaire.**

Plusieurs décennies avant l'explosion de la réalité virtuelle, l'artiste australien **Stelarc** faisait des expériences avec des instruments de simulation bricolés au Caulfield Institute of Technology, et plus tard au Royal Melbourne Institute of Technology. Entre 1968 et 1970, il construit une série d'habitacles baptisés *Compartiments sensoriels*, dans lesquels l'utilisateur est assailli par des lumières, des mouvements et des sons, et il fabrique des casques équipés de lunettes qui divisent la vision binoculaire, immergeant le spectateur dans un labyrinthe d'images surimprimées. L'artiste définissait ces outils comme le résultat d'une prise de conscience : la structure physiologique du corps est ce qui détermine son intelligence et ses sensations ; et si on modifie

---

1. Revue *DITS*, musée des Arts Contemporains MAC's Grand-Hornu, *n° 1 - L'hybride*, septembre 2002, « Les hybridations mythologiques », Matthew Barney.
2. Michel Onfray, *Archéologie du présent. Manifeste pour une esthétique cynique*, *op. cit.*

cette structure, on obtiendra une perception altérée. Partant de cette proposition, Stelarc développe **une esthétique prothétique**[1] où l'artiste est un guide qui imagine de nouvelles trajectoires, un sculpteur génétique qui restructure et hypersensibilise le corps humain, **un architecte des espaces intérieurs du corps,** un chirurgien primal qui implante des rêves et transplante des désirs, un alchimiste de l'évolution qui déclenche des mutations et transforme le paysage humain. Avec son corps presque nu bardé d'électrodes et traînant des câbles derrière lui, l'artiste ressemble pendant ses performances à l'un des cyborgs implacables de la série *Star Trek*. On peut voir dans le personnage de Stelarc un mutant qui fait le travail de la science-fiction à l'extérieur du genre. Quelquefois, ses performances ont lieu au milieu d'installations avec des tubes en verre traversés d'éclairs, s'illuminant ou scintillant en réponse aux signaux émis par son corps. Le cœur de l'artiste bat la mesure à coups sourds. L'ouverture et la fermeture des valves, l'aspiration et la projection du sang sont captées par des convertisseurs à ultrason qui lui permettent de jouer de son corps. Équipé de son corps amplifié, de ses yeux lasers transperçant la nuit, de sa troisième main dessinant dans le vide, de son bras automatique projeté en l'air comme celui d'une marionnette et de son ombre vidéo traversant furtivement les moniteurs ou avançant par saccades stroboscopiques, il incarne à l'avance l'hybride humain-machine que nous sommes appelés à devenir.

Pour les entreprises, le processus de création multiple et hybride de Matthew Barney pourrait être une source d'inspiration féconde. Matthew Barney est d'ailleurs l'un des artistes exposés dans l'entrée du siège du groupe **LVMH**, avenue Montaigne à Paris. Quant à l'œuvre de Stelarc, elle anticipe de manière grandiloquente le stade où hommes et machines formeront un continuum fusionnel de flux d'informations, d'actions et de sensations, mouvement amorcé avec l'ensemble des prothèses dont sont dépendants les entrepreneurs contemporains : téléphones portables, « organiseurs » électroniques, ordinateurs portables, qui sont autant de prolongements bien utiles des corps en mouvement physique et neuronal et dont l'intégration est appelée à se poursuivre. À ce titre, l'œuvre de Stelarc porte un message de réconciliation entre personnes et technologies : les tech-

---

1. Marc Déry, *Vitesse virtuelle, La cyberculture aujourd'hui*, Éditions Tempo/Abbeville, 1997.

Stelarc, *Split Body*, Galerija Kapelica, 29 octobre 1996,
photographié par Igor Andjelic © Stelarc

nologies sont nos amies pour inventer de nouvelles formes de vie, à condition de ne plus les considérer comme extérieures à nous-mêmes.

## La synthèse avec Orlan :

*« Je tiens à pouvoir passer de "l'un" à "l'autre"*
*sans que l'on soit obligé de choisir "l'un" plutôt que "l'autre". »*

L'artiste Orlan montre que la tension entre des éléments distincts est féconde au-delà des oppositions et ouvre à une intelligence plus fine du monde.

*Pourquoi est-il important d'adopter la dialectique du « et » et non pas le mani-chéisme du « ou » pour entreprendre le monde d'aujourd'hui ?*
La complexité est dans le monde, le monde est complexité. La complexité, c'est la nuance, et, pour nuancer des propos, il nous faut faire l'effort de l'analyse, intellectuelle et cognitive. J'aimerais commencer par une citation de Kei Tseu Yuan Joua Tchouan placée par **Marcelin Pleynet** en exergue de son *Système de la peinture* et que j'ai souvent utilisée dans mon enseignement : *« Pour ce qui est d'étudier la peinture, les uns préfèrent la com-plexité, les autres préfèrent la simplicité. La complexité est mauvaise, la simplicité est*

*mauvaise. Les uns préfèrent la facilité, les autres préfèrent la difficulté. La difficulté est mauvaise, la facilité est mauvaise. Les uns considèrent comme noble d'avoir de la méthode, les autres comme noble de ne pas avoir de méthode. Ne pas avoir de méthode est mauvais. Rester entièrement dans la méthode est encore plus mauvais. Il faut d'abord [observer] une règle sévère ; ensuite, pénétrer avec intelligence toutes les transformations. Le but de la possession de la méthode revient à pas de méthode. »*

Je trouve cette citation pertinente parce qu'elle prend en compte un principe de mon enseignement et de l'enseignement venu de l'exemple du baroque qui m'est cher, la dialectique du « et », que je préfère à la dualité du « ou », étant entendu que la dialectique du « et » inclut nécessairement la possibilité du « ou ». Recourant à la facilité, on oppose généralement les nouvelles technologies à des pratiques artistiques plus traditionnelles comme le travail du marbre ; or, précisément, ce qui m'intéresse, c'est d'utiliser les nouvelles technologies *et* le marbre, les nouvelles technologies *et* un vieux tour de magie pour faire « disparaître » mon corps. Les sculptures en matériaux nobles *et* les sculptures en matériaux fongibles, le pérenne *et* l'éphémère, etc.

J'ai pris conscience de ce « et » à partir du « jouir » de la flèche de l'ange extatique et érotique de la statue du **Bernin** à Saint-Pierre de Rome. C'est pourquoi j'ai réalisé des œuvres photographiques où dans le même espace photographique, il y a la citation d'une sculpture baroque de pli *et* du présent, puisque je me tiens debout sur un téléviseur. Sur d'autres photos, je tiens une croix blanche *et* une croix noire, le bien *et* le mal. Les technologies d'aujourd'hui sont une base pour construire mon travail et étendre le champ du possible. L'art, c'est aussi de la pensée et de l'action. La dialectique du « et » permet de « broder » les idées. **Je tiens à pouvoir passer de « l'un » à « l'autre » sans que l'on soit obligé de choisir « l'un » plutôt que « l'autre ». La tension entre des éléments distincts est féconde, au-delà des oppositions. Cette tension ouvre à une intelligence plus fine du monde.**

*Dans votre œuvre, vous alliez rigueur et abondance, quel est l'apport du baroque dans la société contemporaine ?*

C'est la question du concept et de la chair dans le monde d'aujourd'hui. On croit trop que la rigueur implique le maigre, le rachitique. Avec cette approche, il y aurait peu de dit dans les œuvres. Or, il peut y avoir rigueur en donnant de la matière dans un espace. Je ne vois pas pourquoi on devrait se cantonner au maigre. En France, **Louis XIV** a banni Le Bernin. Il y a toujours ce critère du « bon goût » qui ne peut passer que par quelque chose d'extrêmement contenu et simplifié. On en est toujours là, alors que la vie, c'est le « trop », la vie est pleine d'événements de tout ordre : sensoriels, intellectuels, au même instant. Dans la vraie vie, on est plongé dans le trop, dans le plein du baroque. Le baroque est dans la profusion, dans le « trop » et c'est en cela qu'il fait peur. Le baroque arrête la vie dans son mouvement. C'est un instantané. Pour moi, il a toujours été important que les choses soient construites intellectuellement, pratiquement, sans pour autant être décharnées. Le baroque me paraît extrêmement utile aujourd'hui car il est dans la complexité, dans la chair, dans la jouissance, **il enrichit les critères pour juger d'autres situations.**

*Quelle est la richesse particulière du rapport à un ou des « autres » de proximité, en soi ou chez les autres ?*

Je suis la preuve vivante de cette richesse. **Hannah Arendt** disait que la pluralité des existants est une loi humaine : « *Ne pas reconnaître le pluriel en soi, c'est ne pas reconnaître le pluriel hors de soi, ne pas reconnaître le pluriel hors de soi, c'est ne pas trouver le pluriel en soi.* ». Il est indispensable que je trouve les autres en moi pour que je puisse changer d'apparence. Changer d'identité est pour moi une hypothèse de travail : identité mutante et nomade. S'ouvrir à l'autre, c'est trouver toutes les apparences possibles de soi, en soi. Des possibilités insoupçonnées surgissent alors.

*À quelle ouverture le passage d'une forme à l'autre, d'un style à l'autre permet-il d'accéder ?*

Ce passage permet d'accéder à « l'entre-deux ». Si je prends l'exemple de ma pièce *Omniprésence*, constituée de diptyques réalisés à l'issue des opérations chirurgicales sur mon corps, entre les deux panneaux de chaque diptyque, il y a une mention « entre deux » avec la date du jour. Entre deux photos à l'ordinateur, par le procédé du *morphing*, on peut extraire l'image du milieu, de l'entre-deux. Ces images ne sont pas retouchées. Il y a 40 diptyques, qui correspondent à 40 jours et en haut de chaque diptyque, il y a la photo postopératoire, chaque jour pendant 40 jours, c'est « une mise en quarantaine du corps ». Au bout de 40 jours, l'installation était terminée. Cette œuvre met en relation la machine-corps, qui indique objectivement les stades de transformation, avec le corps, gonflé, boursouflé, meurtri, dans un entre-deux, entre « l'avant » et « l'après » de sa transformation. C'est aussi une mise en relation entre les images fournies par la machine-corps et les images fournies par la machine-ordinateur. L'intention est de réaliser un objet qui capte l'entre-deux, qui lui donne une forme évolutive, qui soit la trace d'un mouvement du regard, d'une tension entre une chose et une autre. **L'entre-deux, c'est justement ce qui n'est pas montré, ni travaillé la plupart du temps.** Certains chirurgiens ont d'ailleurs refusé de m'opérer parce que j'allais montrer « l'avant et l'après ». C'était en quelque sorte une indécence de montrer la trace du processus.

Or, la performance artistique, dans bien des cas, ne fait que rendre visible le processus au bout duquel se trouve l'œuvre. **Toute œuvre, dont la peinture, est à la fois le résultat *et* les traces d'une activité humaine, au même titre que les œuvres issues des performances.**

Par rapport au seul résultat de l'œuvre, présenter « l'entre-deux » du processus ouvre à une nouvelle perception enrichie du réel. Chaque œuvre doit trouver sa forme cohérente, adaptée à ses bases conceptuelles, à ses intentions et à ses objectifs, bref elle doit être **pertinente**. La cohérence entre le résultat et le processus est très importante pour assurer cette pertinence et la qualité de l'œuvre. La pertinence consiste à trouver la meilleure matérialité pour que l'œuvre donne à voir l'essence de l'idée qui la sous-tend.

Pour donner accès à cet entre-deux, certaines œuvres passent par des performances publiques, mais ce n'est pas obligatoire. Il est important de créer sans s'enfermer dans un style. Ce qui compte, c'est de passer d'une forme à l'autre, d'un médium à l'autre, de les mettre en jeu séparément et parfois de les montrer en même temps. Il est important à notre époque simplificatrice de ne pas se priver de cela. À bien des égards l'art tient de la complexité dont Edgar Morin rappelle qu'elle est un tissu – *complexus* : ce qui est tissé ensemble – de constituants hétérogènes inséparablement associés. La complexité pose le paradoxe de l'un et du multiple. La complexité est aussi le tissu d'évènements, actions, interactions, rétroactions, déterminations, aléas, qui constituent notre monde phénoménal.

Ce qui est complexe en mon œuvre est ma propension à passer d'une forme à l'autre et d'un style à l'autre, mais c'est toujours pour trouver les matériaux de la forme qui dira au mieux le concept de travail, **ce qui permet de sortir d'une forme préétablie** et/ou d'un style facilement intégré aux choses dites belles, de sortir du cadre et de mon cadre. On en trouve dans les vintages « tentative de sortir du cadre ». L'aspect formel m'intéresse peu comme valeur en soi, ni dans la vie ni dans l'art ni dans mes performances qui m'intéressent avant tout comme un processus pour produire des œuvres d'art, donc non pas pour une fin en soi. Le concept de base est la colonne vertébrale, la forme, la chair de l'œuvre, et cette chair, telle un manteau d'Arlequin, peut avoir des identités mutantes, mouvantes, nomades, ce qui est la caractéristique du corps.

*Corps mouvant, identité mouvante, être soi et être un autre, à quelle nouvelle perception du réel cela nous ouvre-t-il ?*

Il est extrêmement important de se situer toujours dans la distance, de voir « le plan du film », d'être prêt à « recommencer la prise, à refaire le plan, à rejouer la scène ». C'est un procédé métaphorique que j'utilise souvent, y compris dans ma vie privée. Quand quelque chose ne va pas, je refais le plan. C'est donc une attitude qui consiste à être au-dedans et au-dehors, pour intervenir de manière créative sur la réalité. Car le réel n'est pas le même pour tous, nous vivons dans plusieurs réalités. **Pour agir de manière plus riche, il est important de multiplier les identités et les points de vue, d'élargir son horizon, d'ouvrir les fenêtres, de ne pas être enfermé en soi, de se mettre toujours en perspective. Une identité trop forte, trop fixe, empêche ce type d'attitude.**

*Complexité et pensée nuancée, méthode et pas de méthode : saisir les entre-deux, les interstices, mettre en scène l'éphémère, s'agit-il là de postures d'entrepreneurs ?*

Ce sont avant tout des postures de vue (et de vie). Il s'agit de ne pas s'enfermer dans un scénario, de mener plusieurs options à la fois, de scier les barreaux de la cage dans laquelle nous sommes tous plus ou moins enfermés, au moins de tenter de les scier. Avoir au moins conscience de cette tentative est un grand pas pour entrevoir autre chose entre les barreaux. En ce sens, une posture d'entrepreneur, c'est une posture d'artiste, d'une certaine sorte d'artiste, c'est une posture utile à tous.

Grâce à cela, on peut saisir les accidents pour en faire quelque chose en prenant la distance nécessaire pour rebondir. Faire cela est une attitude d'artiste ; en même temps, ce n'est pas toujours facile. J'imagine que les entrepreneurs aussi connaissent ce genre de situations. Enfin, je parle des artistes qui mettent en scène l'œuvre d'art, **qui jouent tout autrement, à travers une interrogation.**

*Dans quelle mesure l'hybridation stimule-t-elle la création ?*

Le rapport à un autoportrait « hybridé » que je mets en scène dans mes *Selfs hybridations* permet de concrétiser l'idée que « je » **est un autre et plusieurs autres.** Cette idée se concrétise par **des formes inédites et pas forcément prévues à l'avance**, des formes générées par plusieurs images, qui donnent lieu à des portraits de personnages mutants... Je me réfère encore à la citation du maître chinois, qui n'est pas non plus sans lien avec la méthode adaptée à la complexité telle que la propose Edgar Morin, dans la mesure où elle est aussi de l'anti-méthode, de l'« a-méthode », au sens où *« elle ne connaît d'avance ni son but, ni son chemin »*. La complexité est à la fois une méthode et une anti-méthode, en ce sens qu'elle n'est pas une méthode refermée sur elle-même, elle n'est pas dogmatique et ne pense pas le monde à partir de principes, d'axiomes qui seraient établis une fois pour toutes, elle est toujours prête à se remettre en cause parce qu'elle se pense elle-même comme méthode ouverte...

C'est un accès à **l'imaginaire de l'identité nomade**, qui dépasse l'identité biologique. Je vais au-devant des formes non prévues au programme, retouchées, travaillées **jusqu'au point final.**

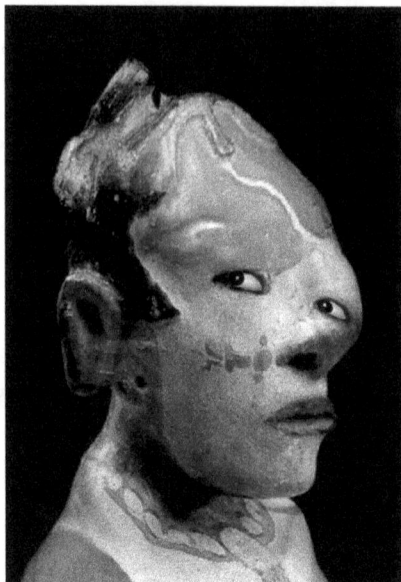

Orlan, *Défiguration-refiguration. Self-hybridation précolombienne n° 4,*
cibachrome collé sur aluminium, collection ENTREPART

## Entrez dans l'expérience

### L'Assédic de l'ouest francilien développe une culture de service adaptée à sa mission et à son métier d'assembleur pour l'emploi, à l'aide de méthodes inspirées de l'art contemporain et d'une conception de son service nourrie de l'essence du théâtre

Engagée dans une démarche de transformation de son métier de base, inscrite dans sa vision pour 2006, l'Assédic de l'ouest francilien a demandé à ENTREPART d'intervenir avec des méthodes innovantes pour l'aider à insuffler un esprit de service à la hauteur de son ambition stratégique.

En juin 2003, l'équipe d'ENTREPART passe six jours sur les sites des villes de Garges, de Nanterre, de Sarcelles et de Sartrouville dans la banlieue de Paris, pour regarder les formes du service : la mise en scène de l'espace et les circulations des personnes, la relation de service dans cinq champs d'interactions : collaborateurs-clients, collaborateurs-managers, collaborateurs-collaborateurs, clients-clients, clients-managers, les mouvements et les gestes, les dialogues saisis sur le vif et leur contexte, les variations émotionnelles... Ils réalisent un diagnostic selon la méthode REV' (Rendre votre Entreprise Vivante)[1]. Cette méthode permet de rendre visible une réalité qui a tendance à se dématérialiser pour devenir abstraite et désincarnée. La restitution des résultats a pour but de concrétiser l'intangible en présentant des scènes, des images, des formes de dialogue signifiantes, découpées dans le réel et assemblées pour acquérir une force d'évidence et provoquer une prise de recul et un questionnement critique du regardeur. La méthode fonctionne sur un mode analogue au « banc de montage alternatif de la réalité » qu'évoque Nicolas Bourriaud à propos de l'art contemporain. Elle utilise les données chiffrées, les mots, les formes pour provoquer un étonnement qui met en jeu non seulement l'intellect mais aussi la sensibilité.

### Vers un service inoubliable

L'espace où se joue le service est-il un endroit neutre ou un lieu de vie ? REV' permet d'accéder sans a priori aux qualités de la relation de service, au-delà du discours, en faisant fi des étiquettes posées trop souvent sur les clients et en dépassant la logique réductrice de profils et de check-lists. Il s'agit en réalité de placer son regard dans les mouvements de l'autre, de cultiver **la proximité et l'immersion** pour accéder à une dimension subjective et non plus seulement objective (à distance) de l'expérience de service comme expérience de vie. *« Le sens, c'est le visage de l'autre »*, explique le philosophe Emmanuel Levinas. Écouter l'autre revient à distinguer le service professionnel (la transaction, le respect des standards, la fourniture d'un service prédéfini), le service inimitable (la personnalisation) et le service inoubliable (l'initiative en cas d'aléa, la compréhension du désir latent du client, l'exploration des possibles et l'invention dans la relation de la micro-solution qui lui permette, dans le cas de l'Assédic, de ressortir du site d'accueil « regonflé » dans sa recherche d'emploi). En faisant la distinction entre ces trois niveaux de service, une entreprise ou une organisation peut donner de la profondeur à sa mission de service. Il y a là un enjeu important pour l'Assédic de l'ouest francilien, dont la direction souhaite faire évoluer la mission vers une contribution active et qualitative au retour à l'emploi des demandeurs d'emploi, en partenariat avec les autres acteurs de

---

1. La méthode « Rendre votre Entreprise Vivante (REV) » est présentée au chapitre 1.

l'emploi que sont l'ANPE, les organismes de formation, les collectivités régionales et les groupements d'employeurs.

Dans l'ouest francilien, au moment du diagnostic REV', les clients demandeurs d'emploi sont globalement satisfaits si l'on en croit leurs réponses aux sondages de satisfaction, mais pour eux les prestations de l'Assédic sont encore un service professionnel répondant à leur besoin de base d'indemnisation. Ils ne s'attendent pas vraiment à un service qui puisse les surprendre, mais au respect de ce à quoi ils pensent avoir droit.

Parallèlement, le diagnostic dans les sites d'accueil révèle un service professionnel mais relativement industrialisé, marqué par le souci de productivité et basé sur le dévouement et la rigueur technique des équipes. L'espace des sites d'accueil conditionne encore un parcours mécanique. Ce n'est pas ce qu'on pourrait appeler un lieu de vie. Les salles sont propres, bien rangées, mais quelque peu austères. Elles sont conçues comme un décor plus que comme une scénographie. L'accueil a été conçu comme une procédure imposée au client. L'objectif des agents est avant tout de ne pas faire d'erreur dans le dossier. À ce titre, l'expérience de la borne interactive Unidialog est intéressante car elle donne un rôle actif au demandeur d'emploi qui met en jeu son intelligence, son corps, et son intuition. Il est en situation active sans subir de rapport de domination concret, même si une domination abstraite, liée à la technologie, existe. Au fil du temps, la borne devient sujet. L'objet est personnifié par les clients, un peu comme le chien Aïbo de Sony.

### À l'origine, l'accueil était conçu comme une procédure

Les collaborateurs démontrent le souci de traiter le plus de demandeurs d'emploi dans le meilleur délai possible. Ils n'hésitent pas à s'entraider pour cela et à changer spontanément de poste de travail pour décharger leurs collègues. Mais cette recherche d'un professionnalisme irréprochable au plan technique et réglementaire s'exerce au détriment de l'altérité vis-à-vis des demandeurs d'emploi. Il était plus juste de parler au moment du diagnostic de demandeurs d'emploi et de collaborateurs Assédic qui effectuent une transaction plus qu'ils n'entrent véritablement en relation. Le diagnostic REV' démontre que cette situation est le résultat de facteurs déterminants de la relation, tels que la mise en scène déficiente de l'espace, le rôle dévolu aux technologies, la culture et le style de management, et non pas les compétences intrinsèques des personnes, qui pour la plupart sont conscientes des limites qualitatives de la relation actuelle et ne demandent qu'à l'enrichir.

Pourtant, en partageant leur expérience, ENTREPART découvre que les clients se sentent compris quand on répond à un besoin auquel ils n'avaient pas pensé ou quand ils partagent des moments de relation réelle avec les agents, ces derniers s'en trouvant eux-mêmes gratifiés. Un signe mineur d'intérêt authentique à leur égard suffit souvent à rendre les clients joyeux et les collaborateurs en retour. Deux minutes d'écoute vraie dans un échange de vingt minutes changent toute la teneur et la perception partagée de la relation. Fort de ce constat encourageant, la question est : comment ouvrir à chaque collaborateur un espace d'autonomie et de responsabilité envers autrui qui lui soit propre, dans le cadre d'une exigence partagée et librement acceptée, dans le respect de la personne, et donc hors de toute dérive behavioriste ?

## Créer une culture du service en couplant observation des formes et essence du théâtre

Pour exploiter activement le matériau présenté dans le diagnostic REV', ENTREPART organise et anime un séminaire avec le metteur en scène Jean-Pierre Raffaelli en utilisant l'essence et les moyens du théâtre pour faire vivre, mettre en scène et imaginer la transformation de l'expérience de service par les dirigeants eux-mêmes, réunis avec les responsables des sites d'accueil. Partant du principe que dans l'entreprise de service, l'action symbolique du centre crée un effet de transformation vers la périphérie par effets de résonance, ENTREPART propose à ce groupe de responsables de participer à un travail commun sur l'essence du service et sur les attitudes solidaires à développer. L'objectif de cette initiative est de créer un environnement favorable à l'évolution des comportements des personnes qui assurent les relations de service au quotidien, évolution maîtrisée et assumée par ces personnes elles-mêmes. Le défi est de créer un mouvement de coproduction du sens de la relation avec les clients, participant ainsi à enrichir une culture du service cohérente avec la mission noble et les objectifs de performance de l'Assédic de l'ouest francilien. La dimension du partage des connaissances, des pratiques et des sensibilités est centrale.

L'équipe de responsables travaille sur le présent en s'appuyant sur des situations décrites dans REV' et en les jouant selon certains principes de mise en scène, puis travaille sur le futur, la relation de service souhaitée, en mobilisant les ressources de son imaginaire. Ce séminaire intitulé « Université de Service ® » permet aux dirigeants d'explorer par le mouvement de leur intellect, de leur corps et de leur esprit des attitudes et comportements propres au service comme l'écoute, le regard sur l'autre, la prévenance, le soutien… et donc de produire un commencement de mémoire vivante.

### Le théâtre agit comme révélateur et activateur de responsabilité

La première journée commence avec un exercice de reconnaissance des trois énergies vitales. L'énergie statique est celle du squelette qui me tient. Le corps que j'habite est ma première maison, lieu de mes habitudes. Sans habitudes, je suis mort, mais mes habitudes doivent être énergiques. L'énergie cinétique est celle du mouvement. Je marche pour rétablir l'équilibre, sinon je tombe. L'énergie spirituelle est celle du souffle de vie et du partage. Créer les conditions de la relation, c'est d'abord se mettre en condition dans un espace statique, cinétique et spirituel avec les autres. Chacun découvre que l'espace s'écrit et qu'il est impossible pour quiconque, à commencer par les responsables, qui assurent une fonction symbolique, d'échapper aux regards. Tout ce qu'on montre est lu et interprété, qu'on le veuille ou non, quelle que soit sa fonction. Un autre exercice, « Le cercle de personnes à déconstruire et reconstruire », illustre comment on peut avoir le souci de l'autre sans perdre pour autant son objectif. À un moment, un participant se plaint du comportement d'un autre participant : « Il ne s'est pas occupé de moi. » Dans les conditions du séminaire, il exprime aisément cette frustration, mais dans le service au quotidien, les clients la pensent souvent sans l'exprimer. Ce que nous montrons est un choix : la qualité de la relation de l'Assédic avec ses clients est dans ce choix. Le service ne se rejoue pas. Chaque expérience de service avec nos clients – pour un manager les premiers clients sont ses collaborateurs – est un moment de vie qui ne se reproduira pas. Le service est donc notre première responsabilité.

### Réinventer la relation avec chaque client

L'espace d'un site d'accueil de l'Assédic est une scène qui médiatise les relations qui se nouent. La personne qui arrive est comme un spectateur. Elle découvre un espace hospitalier ou inhospitalier. Chaque jour, il y a des milliers de moments de vérités entre agents et clients. L'agent est comme acteur, il ne peut être à moitié dans la situation. « Ma vie n'est pas à côté de moi dans les moments professionnels. Ce sont des moments uniques. Si je ne les saisis pas, je n'aurai plus l'occasion d'être utile à l'autre qui est en face de moi. » Chacun joue sa vie à chaque seconde. Jouer sa vie n'est pas différent de nature que ce que font tous les comédiens sur une scène de théâtre.

Dans le métier pratiqué à l'Assédic, on réinvente la relation avec chaque client. « Nous devons nous adapter au client, depuis l'immigré qui ne connaît pas bien notre langue jusqu'au cadre supérieur qui surfe sur internet.» Dans la relation de service, on joue un personnage. Le rôle, c'est seulement ce qui est écrit, au-delà c'est l'acteur qui agit et interprète le rôle de manière adaptée, en fonction d'une mise en scène mais aussi d'une relation avec le public. Plus j'agis, plus je remets en question ce qui est écrit. En matière de management de service, la capacité à distinguer son personnage et son être intérieur est une preuve de maturité. Cette capacité est la condition du changement. C'est pourquoi il est essentiel de donner toute sa place au personnage et de le jouer pleinement pour que la relation ait lieu. Cela suppose de clarifier le rôle et de donner à l'acteur la capacité d'interpréter le rôle pour investir le personnage de la relation de service.

Dans la suite du séminaire, la consigne est donnée de traiter trois problématiques pour donner forme à une nouvelle culture de service : la relation collaborateur-client, la relation responsable de site-collaborateur, la relation directeur-responsable de site, chacune étant attribuée à un groupe. Ce travail a pour but de revisiter le trépied incontournable de la culture du service, culture de la responsabilité partagée, les relations de service collaborateurs-clients étant totalement dépendantes des relations managers-collaborateurs et des relations directeurs-managers. Chaque groupe écrit un scénario en se fixant des choix précis de mise en scène et en utilisant les trois registres (mots, images, espace). Les personnages nouveaux et leurs interactions sont inventés ensemble par confrontation et coopération entre les participants, qui leur donnent vie dans des saynètes typiques du métier de l'entreprise. Auparavant, pour ouvrir l'imaginaire et décupler leurs potentialités inventives, les participants sont invités à écrire des dialogues avec des mots, des chiffres, mais aussi avec leur corps, dans un espace où sont réparties des chaises en désordre apparent. Cet espace de travail fictionnel, destiné à mettre en mouvement l'imaginaire des participants, est inspiré par les œuvres de l'artiste **Franz West**, ces mêmes œuvres – chaises et bancs – étant à essayer par le regardeur. Sans dire un mot, les participants sont invités à écrire une scène avec leur corps. Cet exercice tiré du théâtre reste une des plus puissantes révélations pour les managers de l'Assédic de l'ouest francilien sur l'importance de la mise en scène de l'espace et des circulations dans une relation de service, en cohérence avec l'esprit, les qualités et les objectifs d'une entreprise.

⤳ **Gérard Galpin témoigne :**

*« Notre objectif est de favoriser le retour à l'emploi par l'excellence de notre relation de service avec nos clients et nos partenaires. »*

Aujourd'hui directeur du groupement des Assédic de la région parisienne, Gérard Galpin explique sa démarche d'« assembleur pour l'emploi » lorsqu'il était directeur de l'Assédic de l'ouest francilien, de 2001 à 2004.

*Comment définissez-vous le métier de l'Assédic ?*

L'image qui nous est renvoyée est celle d'une administration qui indemnise les chômeurs. Or, il y a un écart entre la perception du public et le sens de notre mission. Notre métier est d'abord un métier d'assureur. Nous gérons pour le compte des entreprises et de leurs salariés le risque chômage. C'est une activité orientée vers une paye de substitution entre deux emplois et non pas vers l'installation dans l'inactivité. Historiquement, nos collaborateurs ont souvent été, d'une part, des experts juridiques et, d'autre part, des spécialistes des outils de gestion informatisés. Seulement, il est impossible d'établir une relation de service, en ayant une exigence de retour à l'emploi, si les seules expertises mises à disposition sont celles-là.

*Quelles actions avez-vous lancées pour mettre en place cette relation de service ?*

Nous avons ouvert deux chantiers. L'un sera mené à terme, quels que soient les événements. L'état d'avancement de l'autre va dépendre de décisions politiques.

Le premier chantier consiste à insuffler dans notre organisation un esprit de service et à exercer notre mission en prenant en compte les attentes du public. C'est simple à dire mais très compliqué à faire. Pour développer ce chantier, nous avons mis en route une démarche de service avec l'aide d'ENTREPART en couplant l'utilisation du modèle européen d'excellence EFQM, pour nous obliger à atteindre des résultats et une approche qualitative avec des méthodes inspirées de l'art. Tout le monde est concerné par l'excellence de la relation de service, que ce soit la direction, l'encadrement ou les salariés. Notre volonté est de traiter les demandeurs d'emploi comme des clients. À la différence près que notre but n'est pas de les fidéliser, mais au moins d'espérer qu'ils véhiculent une excellente image de notre service.

Le second chantier se rapporte au rôle que l'Assédic peut jouer dans l'ensemble du dispositif lié à l'emploi. Je souhaite que nous puissions travailler dans une logique de résultats et être perçus comme l'assureur qui éteint le risque et aussi comme **un assembleur pour l'emploi**. Chronologiquement, nous sommes le premier à intervenir sur le marché en inscrivant le demandeur d'emploi. Imaginons le cas où un futur créateur

d'entreprise vient s'inscrire chez nous. Pourquoi l'Assédic ne l'orienterait-
elle pas vers une plate-forme dont c'est le métier ? Notre ambition doit
être de suivre le chômeur et d'accélérer son retour à l'emploi avec notre
partenaire naturel qu'est l'ANPE, mais aussi avec les collectivités locales ou
les organismes de formation. Nous pouvons envisager de nous faire aider le
cas échéant par un opérateur, sous obligation de résultat, dans le cadre d'un
budget défini. Pour aider nos clients à devenir des « chercheurs d'emploi »,
nous faisons preuve de pragmatisme dans une démarche de service qui nous
conduit à construire des solutions d'accompagnement **avec** nos clients et
nos partenaires pour assumer pleinement notre responsabilité sociale
d'entreprise. Cela nécessite de mettre en œuvre des compétences élargies à
une connaissance de la réalité de l'emploi, des initiatives des autres acteurs
et des dynamiques des secteurs professionnels ou des employeurs dans les
territoires où nous intervenons. Nous sommes tous liés par une relation de
service dynamique. Mon premier rôle, avec l'équipe de direction de l'Assédic de l'ouest francilien, est d'orienter constamment l'action de tous en ce
sens, de soutenir nos collaborateurs dans leurs démarches auprès de nos
clients, y compris en allant à leur rencontre pour mieux les connaître
quand il s'agit d'employeurs. C'est aussi de nouer des liens de coopération
constructifs et innovants avec nos partenaires. C'est ensemble que nous
pouvons accélérer le retour à l'emploi des chercheurs d'emploi et créer de
la valeur dans un territoire.

*Quelle est votre stratégie pour sensibiliser vos collaborateurs à la mission de
service de l'Assédic ?*

Mon objectif a été de provoquer une prise de conscience sur la nature du
lien qui doit s'établir entre le demandeur d'emploi et le collaborateur de
l'Assédic. J'ai choisi de faire appel à ENTREPART pour explorer cette problématique de l'identité et du rapport avec l'autre. ENTREPART a réalisé un
diagnostic baptisé « REV' » sur plusieurs sites d'accueil du département. La
restitution de nombreux dialogues saisis sur le vif entre clients et collaborateurs, chronométrés, montés à chaque fois comme des scénarios, était très
riche mais dérangeante. Ce travail illustratif de situations professionnelles
vécues a mis en exergue des dysfonctionnements plus ou moins importants
dans les relations de service auditées. Durant l'étape suivante – un séminaire
de deux jours destiné à une vingtaine de managers –, nous nous sommes
glissés dans la peau d'acteurs de théâtre. Sous la direction d'un metteur en
scène, **Jean-Pierre Raffaelli**, nous avons joué les scénarios rédigés dans un
premier temps. C'était une expérience marquante. Nous avons appris
l'importance de l'espace en tant que média privilégié dans une relation avec
l'autre. Nous avons aussi appris l'importance du geste et du corps comme
outil de communication, de la distance que l'on doit tenir avec les autres,
de la perception qui peut ressortir au-delà des mots. Nous avons bien maté-

rialisé ce que pouvait nous apporter l'art théâtral dans l'exercice de notre métier. Il est comme un accélérateur de particules sur le chemin difficile vers une relation efficace et de qualité au service des demandeurs d'emploi.

*Comment comptez-vous satisfaire les attentes de vos clients, les demandeurs d'emploi ?*

Les demandeurs d'emploi demandent de la considération. Ils ont besoin d'humanité et ont soif de reconnaissance. Notre projet, en lien avec ce que nous avons appris lors du séminaire organisé par Entrepart, est de faire définir par nos collaborateurs quelles sont les balises de services correspondant aux meilleures pratiques. Je m'explique : si depuis mon bureau j'écris un référentiel sur le comportement attendu de mes collaborateurs, cela ne sert à rien. En revanche, si mes collaborateurs font des parcours clients créatifs en se mettant à la place des demandeurs d'emploi, ils peuvent dire quels sont les comportements les mieux adaptés selon les circonstances.

Les demandeurs d'emploi attendent aussi un bon fonctionnement des canaux de communication. Ils veulent pouvoir nous joindre au téléphone, obtenir des rendez-vous, ne pas attendre quand ils se déplacent dans un site d'accueil, communiquer plus facilement *via* internet. Dans ce domaine, nous avons déjà des résultats : il n'y a plus de délai d'attente dans nos sites d'accueil. Nous proposons des rendez-vous. Pour internet, des progrès restent à faire comme la possibilité de communiquer directement par un courriel avec un conseiller de l'Assédic.

Les demandeurs d'emploi attendent aussi de notre part un service autour de l'accompagnement du retour à l'emploi. Ils souhaitent notre aide pour rédiger un CV, suivre une formation, être mis en relation avec les entreprises… Cela nous conforte dans notre nouveau rôle d'assembleur où la relation de service joue un rôle crucial et où les initiatives relationnelles et créatives des entrepreneurs que sont les managers de terrain fera la différence.

CHAPITRE 3

# Apprivoiser le chaos
# (Croiser, confronter, coopérer)

La force de l'artiste comme de l'entrepreneur réside dans sa capacité à se régénérer en permanence, à réactiver son entreprise, à capter les meilleures ressources disponibles pour son projet et à faire évoluer en temps réel ses savoir-faire et leur mise en œuvre. Pour cela, il compose avec le chaos ambiant, il accepte que dans chaque ordre réside un désordre vital, indispensable pour briser les modèles établis et accéder au « faire autrement ». « *Nous serons tous d'accord, je pense, sur la proposition très simple qui veut que les comportements face à la vie en société, la vie politique, religieuse et artistique soient tous des tentatives d'établir une certaine discipline, de l'ordre dans le chaos qui nous entoure continuellement* », affirme **Peter Greenaway**, artiste cinéaste anglais[1].

## L'entropie est inséparable de la vie

> "*It's a measure of disorder,*
> *A matter of time,*
> *We are living in Entropy.*"
>
> Kelly OSBOURNE

L'entropie, mouvement de dégradation inhérent à notre monde minéral, végétal, animal, humain, industriel et informationnel, a existé à toutes les époques. Mais jusqu'aux dernières années du

---

1. Intervention de Peter Greenaway lors du Grand Atelier organisé par l'université des sciences humaines de Strasbourg, Les Presses du Réel, coll. « Art & Université », 1998, p. 164.

XX$^e$ siècle, ses effets étaient cachés sous le discours consensuel et péremptoire du progrès. Avec le XXI$^e$ siècle, sa vérité éclate comme une évidence : l'accélération et la globalisation des mouvements économiques, sociaux et culturels qui marquent notre époque donnent une telle ampleur à l'entropie qu'elle devient le modèle dominant du monde que nous connaissons. Il est devenu impossible de la dissimuler, de la marginaliser ou de la rejeter sur autrui, qu'il s'agisse de l'entropie matérielle de sociétés générant des masses énormes de déchets, de l'entropie mentale de firmes générant une inflation de concepts jetables ou encore de l'entropie sensible de la publicité engendrant l'anesthésie hallucinatoire des sens. La circulation mondiale des biens, des personnes, des informations est telle que **si vous chassez l'entropie, elle vous revient en pleine figure.**

### Art, métamorphose et entropie

L'art est un processus sans fin de métamorphose par la création de formes nouvelles entre logique rationnelle et ouverture à l'irrationnel. **Bernard Arnault**, PDG de **LVMH**, déclare : « *Que ce soit dans la peinture, la musique ou la mode, il y a des fractures dans le parcours de la création. La réussite dans ces entreprises vient de la capacité que l'on a à gérer les deux, l'irrationnel et le rationnel ; à transformer cette irrationalité en réalité économique. C'est de cette contradiction entre l'eau et le feu que naît le mouvement. Et c'est cela qui est captivant. Pour réussir dans notre métier, il faut avoir un sens artistique, être capable de sentir les évolutions. Bien que je sois plus rationnel qu'irrationnel, l'idéal est d'avoir en soi cette ambivalence.* »[1]. Les artistes contemporains avancent sur le fil du rasoir entre ordre et désordre. Ils sont familiers des « *hasards contrôlés* », comme **Richard Serra** et ses *splash pieces*, pièces de métal en fusion qu'il projette sur les murs. La démarche de ce sculpteur américain se caractérise par une capacité à donner force d'évidence à des phénomènes complexes avec des moyens simples. L'équilibre dynamique entre ordre formel (apollinien) et désordre entropique (dionysiaque) est un des fondements du processus de création et de transformation de l'art comme des sociétés et de toute organisation humaine durable. L'art agit comme révélateur de ce mouvement vital, qui est aussi le socle de la réinvention et de la transformation des entreprises.

---

1. Bernard Arnault, *La passion créative*, entretiens avec Yves Messarovitch, Plon, 2000.

Pour éclairer ce mouvement de maîtrise du désordre créatif, l'analogie entre processus des artistes et processus des entrepreneurs est particulièrement probante : à l'issue d'un processus approfondi d'apprentissage, l'artiste s'ouvre au désapprentissage et à un nouvel apprentissage accéléré. Plus on a appris à désapprendre, plus on apprend à apprendre : le rythme d'innovation s'accélère indéfiniment, le désir d'entreprendre gonfle sans fin, l'intuition de nouveaux projets attise la passion de la création de richesse. Le désapprentissage prend racine dans l'acceptation de l'entropie. Accepter que chaque être en ce monde est mortel, que chaque élément va inexorablement vers sa dégradation et sa destruction, accepter que dans chaque ordre réside un désordre vital aide à briser les modèles établis, à accepter des dialectiques nouvelles et à accéder à l'autorité esthétique. L'autorité esthétique prend source non dans la maîtrise cartésienne d'un monde « objectif », mais dans la vibration subjective au cœur même des flux de beauté et de fureur de ce monde[1]. Tout comme l'artiste apprend et désapprend, le manager entrepreneur construit et déconstruit. Sa discipline revient à apprendre inlassablement de ses échecs comme de ses réussites, et à casser les modèles qu'on lui propose pour faire surgir les sources d'idées nouvelles. En tant que recherche d'équilibre dynamique entre l'ordre hérité des traditions et le désordre inhérent aux innovations et aux confrontations d'idées et de projets, l'entropie est aussi un puissant vecteur de réinvention et de transformation des entreprises.

Si l'on en croit **Louis Schweitzer**, président de RENAULT S.A., combiner ordre et désordre sera d'ailleurs la démarche de l'entrepreneur de demain : « *Il faudra intégrer les "produits du désordre" pour être irremplaçable [...] On voit bien l'impact de l'innovation, en l'occurrence plus conceptuelle que technologique, sur l'entreprise et bien au-delà. Pour qu'une telle culture s'épanouisse, il faut aménager des espaces de liberté où s'exprime un certain "désordre créatif" mais aussi canaliser celui-ci, qui peut devenir improductif, voire être générateur de non-qualité. [...] Il ne suffit plus d'être aussi bon que les autres, il faut être irremplaçable. Même si vous êtes très bon, vous n'êtes pas irremplaçable, car immanquablement quelqu'un sera aussi bon*

---

1. Souvenons-nous, avec Georges Didi-Huberman, que depuis la mythologie antique, Harmonie est fille de Vénus et de Mars : *Ouvrir Vénus. Nudité, rêve, cruauté. L'image ouvrante*, 1, Gallimard, 1999.

*que vous un jour. Mais si vous êtes différent, vous devenez irremplaçable. Il faut donc avoir cette capacité de faire ce que personne d'autre ne fait. En cela, l'inspiration, la diversité, la créativité sont des valeurs clés.* » [1]

## Intégrer l'entropie dans son processus d'entrepreneur

Le Land Art a travaillé l'entropie dans la nature et dans le paysage des banlieues postindustrielles des grandes villes américaines. Les interventions d'artistes comme **Robert Smithson** ou **Michael Heizer** transforment les espaces résiduels et décentrés des lieux délaissés par l'industrie, des carrières abandonnées, des territoires sans caractère de la périphérie des grandes villes, en monuments à la gloire de l'entropie. *« L'entropie contredit l'habituelle vision mécaniste du monde. En d'autres termes, c'est un état qui est irréversible, un état qui mène graduellement à un point d'équilibre et qu'on peut suggérer de diverses manières »*, déclare Robert Smithson dans un entretien avec Alison Sky[2]. On pourrait même dire que l'affaire du Watergate est un exemple d'entropie. On a un système clos qui commence par se détériorer et qui finit par éclater sans qu'il y ait moyen de recoller les morceaux.

Robert Smithson évoque un problème concret : celui de la réhabilitation des mines. *« Lorsque les responsables politiques passèrent des lois sur la remise en état, ils voulaient semble-t-il que le site fût rétabli comme il l'était avant son exploitation. C'est vraiment une drôle de façon de faire les choses. Imaginez un peu ce que cela donnerait de traiter ainsi la fosse Bingham dans l'Utah, qui est profonde de 4 500 pieds et qui s'étend sur 3 miles. Où donc iraient-ils prendre le matériau nécessaire à l'opération ? Cela prendrait une trentaine d'années et il faudrait aller le chercher sur une autre montagne. C'est comme si la législation sur la réhabilitation répondait à un rêve très vague se rapportant à un monde idéal depuis longtemps disparu. C'est une tentative pour retrouver un ordre naturel qui n'existe plus. Il nous*

---

1. Interview de Louis Schweitzer, PDG de RENAULT S.A., par Claude Vincent et François Lenglet, « Les 10 clés du futur, selon 10 patrons », Enjeux, *Les Échos*, avril 2002, p. 115.
2. Robert Smithson, « L'entropie rendue visible », entretien avec Alison Sky, repris dans *« The Collected Writings »* et traduit en français dans le catalogue Robert Smithson, *Le paysage entropique*, Éditions MAC, musées de Marseille, Réunion des musées nationaux, 1994.

*faut accepter l'entropie et apprendre à récupérer ces choses qui nous paraissent si laides [...] car soudain, on se retrouve dans une désolation en se demandant comment on a bien pu en arriver là.* »

En générant l'ordre impeccable de l'industrie : de l'inflation d'emballages à la production de carcasses d'ordinateurs en passant par la combustion nucléaire, la société moderne a généré plus de déchets que toute l'humanité en avait produits depuis son apparition. Le défi de la société contemporaine, dans la production artistique comme dans le marketing, l'industrie nucléaire, l'automobile, l'urbanisme ou les technologies de l'information, n'est donc plus de faire du neuf, mais de recycler à l'infini cet immense réservoir de richesses que constituent les déchets de la modernité.

Le travail des artistes suisses **Gerda Steiner** et **Jörg Lenzliger** est à ce titre une métaphore exemplaire des possibilités offertes par notre temps. Ils nous rappellent que lorsqu'en 1828, en pleine période romantique, pour la première fois on a réussi à produire synthétiquement de l'urée, on croyait enfin possible de produire la vie de façon artificielle. Aujourd'hui, on ne produit toujours pas de vie artificielle, mais on produit des mégatonnes d'urée granulée répandue comme fertilisant dans les champs. On en trouve aussi dans les cosmétiques, les colles, les fourrages pour animaux. L'urée est le produit de la synthèse des protéines. Elle se forme dans le foie, rejoint les reins par le sang, et est éliminée par l'urine. Notre corps en fabrique quotidiennement 20 grammes. La quantité d'urée produite sur terre est telle que les scientifiques ont calculé qu'en un siècle, la quantité qui circule dans le corps des personnes des pays développés a été multipliée par vingt.

À partir des propriétés de l'urée, Gerda Steiner et Jörg Lenzliger ont créé l'incroyable *Heimatmaschine*, leur « machine patrie » qui met en scène l'économie entropique. C'est un ensemble hybride de plantes et de tuyauteries qui produit des sculptures chimiques d'une beauté singulière, à base d'urée colorée. *Heimatmaschine* est une métaphore de l'entropie qui produit de la beauté. « *La "machine patrie"*, expliquent-ils, *est un organisme vivant. Toutes sortes de jus multicolores circulent dans son système vasculaire et nerveux. Plantes et cristaux sont approvisionnés par l'eau et la solution d'urée. Les pompes à membrane fonctionnent comme des cœurs et sont alimentées par de l'air comprimé grâce à un compresseur (poumon). La machine est construite principalement avec des matériaux de récupération et de rebut. La matière première urée de la machine patrie est produite artificiellement, elle contribue à la croissance économique dans la salle des machines. Cette croissance est foisonnante et difficilement contrôlable. Les changements sont toutefois lents, ce ne sont pas des explosions, mais ils ne reculent devant rien. Cette matière première synthétique est elle-même un produit de l'économie, ainsi elle s'autofertilise et encourage à croire à l'artificiel. Dans la production de patrie, tout ne se passe pas sans heurt. Hasards, erreurs et pannes aident autant la machine à aller de l'avant que les ingrédients qui lui sont indispensables. Dans ce labo de l'inventeur, sans cesse de nouveaux ingrédients et de nouveaux circuits doivent être expérimentés. Ça fleurit, pourrit, grimpe, sucé par les pucerons, se cristallise, dégouline, palpite, se liquéfie à nouveau, brûle en gargouillant. La recherche de patrie est le travail d'une vie.* »[1]

Gerda Steiner et Jörg Lenzliger, *Heimatmaschine*, Expo 002, Murten, Suisse, © Gerda Steiner et Jörg Lenzliger

## Entreprendre de manière responsable, entre Éros et Thanatos

L'artiste serbe et français **Vladimir Velickovic** semble s'être donné pour tâche de peindre la pulsion de mort si bien décrite par Freud dans *Au-delà du principe de plaisir*. Depuis toujours, et ce dès les pre-

---

1. Gerda Steiner et Jörg Lenzliger, extrait du catalogue *Heimatmaschine*, Éditions Urs Engeler, Basel, 2003.

mières œuvres, il a figuré et fixé l'essence, la nature, la forme, la force et les effets de Thanatos, cette libido de mort inhérente à toute vie et à tout projet, qui vient contrarier Éros, la pulsion de vie. Projet artistique ou projet d'entreprise, tout projet vivant porte en lui, dès sa naissance, l'anticipation de sa mort à venir. La force de l'artiste comme de l'entrepreneur est de jouer avec la tension entre pulsions de vie et de mort et d'accepter – passagèrement – la notion de perte, inhérente au jeu véritable. Les entrepreneurs font face à la pulsion de mort, comme les toréadors face au danger. Les travaux de Vladimir Velickovic mettent en scène la volonté propre aux artistes et aux entrepreneurs de cristalliser cette pulsion, de la matérialiser à la façon dont les entomologistes percent le thorax d'un insecte menaçant pour l'immobiliser sur le liège afin de le détailler à satiété et d'en mesurer la monstruosité. L'encre de Chine, la peinture, le papier, le carton, les collages, les pinceaux, la plume, le ruban adhésif, les photomontages, tout converge vers ce dessein : exhiber cette énergie sombre et la montrer en bête fauve réduite par l'artiste à l'immobilité d'une image saisissante. Vladimir Velickovic démontre l'inscription du monde réel sous le signe du tragique, ce tragique dont les entrepreneurs responsables – qu'ils agissent dans le domaine politique, économique, social ou culturel – gardent à l'esprit une conscience aiguë, au-delà du flot simplement dramatique des pseudo-évènements du quotidien. Dans le monde de Vladimir Velickovic, chacun dispose d'un corps, son seul bien. Et ce bien est fragile, exposé et précaire car la mort l'emportera. L'éternel retour de la pulsion de mort exprime la communauté des destins planétaires. À ce titre, tout entrepreneur et tout homme ou toute femme responsable d'un projet, d'une société, d'une équipe est dépositaire d'un destin individuel et collectif et oriente sa vie propre, celle de ses coéquipiers et celle des protagonistes de son environnement.

À l'heure d'internet, de la circulation des signes, des biens et des personnes, les destins des citoyens du monde sont toujours plus inter-reliés et **le tragique peut surgir à tout moment**, loin de son impulsion d'origine, pour le meilleur comme pour le pire : concurrence ou partenariats avec des acteurs de l'autre bout du monde, affinités électives et partage de goûts culturels entre internautes, comme réseaux fluctuants d'activistes terroristes. S'imprégner du temps qui passe est pour tout manager contemporain une manière de se souvenir de sa propre responsabilité dans le destin tragique des vies humaines. **Ettore Sottsass**, un des architectes et des designers les plus importants de notre époque, a toujours pris plaisir à photographier les ruines. Vivre lentement en goûtant ce destin d'homme qui le mène silencieusement vers la destruction l'emplit de nostalgie et donne d'autant plus d'attrait à son autre destin d'entrepreneur, qui au contraire le pousse chaque jour à « *imaginer un nouveau projet, un projet tout neuf, qui a le goût du chocolat et de la menthe et peut-être du citron* »[1].

La posture des artistes, qui aiguise la conscience pleine et entière de chaque geste et de ses conséquences, est utile aux entrepreneurs avertis des impacts toujours plus fulgurants et inattendus de leurs actes, véhiculés bien au-delà de la sphère visible par les moyens de transmission et de communication de l'ère contemporaine du « temps réel ». Au-delà de l'oubli de la mort de toute chose que tend à provoquer notre société d'amusement perpétuel, les managers entrepreneurs se souviennent qu'Éros et Thanatos imprègnent tout projet, qu'il soit individuel, engageant le destin d'une ou plusieurs personnes de l'entreprise, ou collectif, engageant son corps social entre vie et mort. Les entrepreneurs responsables sont donc d'autant plus attentifs à la justesse et à la justice de leurs décisions.

### *Accepter la perte pour mieux renaître et former son destin*

Il est si difficile d'acquérir quelque chose, de le maîtriser, de l'exploiter que la tendance à préserver les acquis fait partie de notre patrimoine comportemental. Comme l'acquis ne s'abandonne pas facilement, on s'y accroche jusqu'au pourrissement. C'est pourtant la capacité d'une personne ou d'une collectivité à se détacher de ses acquis qui lui permet de construire un futur plus riche. Aussi les créateurs s'entraînent-ils perpétuellement à la perte. La romancière **Nathalie Sarraute** raconte qu'elle a écrit un roman de 2 000 pages pour le brûler. Vingt ans plus tard, elle rédige *Tropismes* et révolutionne la littérature. Entre-temps, elle s'est consacrée à sa vie d'avocate, à ses enfants, au ménage, des supports de la vie comme les autres, sans lesquels tout être, même le plus créatif, devient fou. Mais chaque jour, à 6 heures, elle était au café pour écrire son livre. Savoir laisser une œuvre, la reprendre six mois après, la laisser chaque jour, accepter de perdre fait tomber la peur. Les entreprises mettent beau-

---

1. Ettore Sottsass *Le regard nomade, op.cit.*

coup de temps à abandonner ce qu'elles ont acquis. **Mais c'est tout ce qu'un entrepreneur fait « à côté », dans ce que de purs gestionnaires considéreraient comme de la perte de temps, qui lui permet de réaliser des actes réellement originaux.**

### ⟲ S'inspirer des lois chaotiques de la nature

**Dee Hock**, fondateur et ancien président de VISA INTERNATIONAL, déclare que VISA doit son succès à sa structure qui n'est pas autre chose qu'une évocation des lois chaotiques de la nature. Il utilise le terme « chaordic » pour décrire ce parfait équilibre entre chaos et ordre, où l'évolution se sent plus à la maison. Dee Hock a raconté l'aventure spectaculaire de VISA et son odyssée personnelle et philosophique dans un livre intitulé *Birth of the Chaordic Age*[1]. C'est pour lui une aventure qui va chercher ses fondements et ses clés chez « Mère ÉVOLUTION ». Il désassemble les hypothèses sur la manière dont nous devons mettre de l'ordre, organiser et configurer chaque chose, dans nos bureaux et dans nos institutions, jusqu'à nos modèles de pensée. Si vous vous demandez ce qu'est une organisation chaordique, Dee Hock pointera probablement son doigt vers un flocon de neige ou une aile d'abeille. Dans son esprit, une telle organisation ressemble plus à un système nerveux (à l'image d'internet) qu'à une bureaucratie centralisée. Les organisations chaordiques n'ont pas peur du changement ou de l'innovation. Elles savent par nature s'adapter de manière suprême. Elles sont multipolaires, incluent au lieu d'exclure, distribuent au lieu de retenir. Elles font aussi preuve d'une forte cohésion car elles sont tournées vers un objectif commun et des principes de base qui sont autant de guides de l'émotion. L'émotion, terme qui provient littéralement de la racine latine « mettre en mouvement », est le principe générateur de la dynamique de transformation des entreprises d'exception. Elle est à la base des décisions de la plupart des entrepreneurs, comme le constate et le souligne Emmanuel d'André.

---

1. Dee Hock, *Birth of the Chaordic Age*, Editions Bantam Doubleday Dell Publishing Group, New York, 1999.

⟳  **Emmanuel d'André témoigne :**

*« L'ouverture permanente au-delà de soi et du projet immédiat est fondamentale pour un dirigeant. »*

Le président d'honneur du groupe 3 SUISSES, administrateur de sociétés, président de Créativallée[1], donne son point de vue de dirigeant-entrepreneur.

« Un entrepreneur est quelqu'un qui prend des décisions car décider, c'est produire des possibles. Un bon angle d'approche est donc de se demander : comment prend-on les décisions ? Les gens sont plus émotionnels qu'ils ne le croient. Quand on demande à des patrons de PME de raconter leurs décisions, ils découvrent souvent eux-mêmes après coup qu'elles étaient influencées par des critères émotionnels plus que rationnels. Par exemple, on ne prend pas les décisions de la même manière le lundi matin ou le vendredi soir, l'état de santé est important. Personnellement, lorsqu'à 39 ans j'ai été contacté par un chasseur de têtes pour prendre la direction des 3 SUISSES, j'ai résisté jusqu'au moment où mon épouse m'a dit : « Prends le job, ça nous rajeunira. » Vu l'importance de l'émotion dans les décisions, il est essentiel de capter l'air du temps, d'où le succès du marketing sensible. En tant qu'administrateur de BOSCH, je sais que l'émotion se niche jusque dans un aileron de voiture.

**Cela dit, pour un chef d'entreprise, on se moque de la créativité si elle n'amène pas à des décisions.** En fait, mon expérience croisée avec des études sur le sujet me conduit à penser que c'est un emboîtement de cultures qui influe sur les décisions et les comportements de dirigeants :

* La « boîte noire ». Si un dirigeant déclare : « Mon père était ouvrier, ma mère couturière, ils m'ont aidé » et un autre : « Ils ne se sont pas occupés de moi », leurs attitudes et leurs modes de décision seront différents ;
* La culture de l'entreprise. Chacun des couples d'entreprises qui suivent est dans le même métier. Pourtant LA REDOUTE est différente des 3 SUISSES, GALERIES LAFAYETTE est différent du PRINTEMPS, SIEMENS est différent de BOSCH ;
* La culture régionale ou nationale. Un Marseillais n'est pas un Lillois ni un Texan.

**Les dirigeants sont désormais en permanence face à l'incertain.** Ceux qui n'aiment pas l'incertain ne peuvent pas diriger : ils se mettent des garde-fous partout. La pire des choses dans un monde incertain, c'est le syllogisme « nous décidons ceci, donc il va se passer cela, donc nous obtien-

---

1. Créativallée est une association d'aide à la création d'entreprise basée dans le Nord de la France.

drons tel résultat, donc nous aurons réussi ». Le monde incertain d'aujourd'hui ne permet plus ces raisonnements linéaires. À ceux qui s'accordent mal au désordre des évènements, les artistes apportent encore plus de désordre. Mais tant pis : ça leur sera utile. Le véritable entrepreneur aime détruire ce qu'il a construit pour reconstruire.

Pour le congrès Futuract, j'avais dressé un profil en creux des futurs dirigeants en indiquant que les lents, les solitaires et ceux qui veulent se sécuriser ne survivront pas longtemps dans le monde qui se présente à nous. Est solitaire celui par exemple qui n'a pas accès à l'art. S'intéresser à l'art, c'est sortir de sa solitude, se remettre en question par confrontation avec des approches autres. On a beaucoup écrit sur les deux parties du cerveau, droit et gauche. Or en observant des personnes amenées à prendre des décisions dans un univers hautement incertain, par exemple dans les salles de marché, on a découvert qu'une décision incertaine « se déplace », mobilisant des ressources réparties dans le cerveau, dont le lobe de l'altruisme que les neurologues ont découvert.

Il y a environ vingt formes de raisonnement : analyse, intuition, synthèse, extrapolation… J'observe que la plupart des dirigeants n'en utilisent qu'une partie hyperdéveloppée, plutôt apparentée au cerveau gauche : analyse, synthèse… nous nageons dans la rationalité. Émotion, intuition sont sous-employées. Cela dit, les Américains ou les Allemands sont monochromes, l'art est donc encore plus important pour eux que pour des Français. J'ai pu rencontrer des dirigeants tellement centrés sur la rationalité qu'ils étaient physiquement coupés de leur intuition et que leur champ de perception était limité. L'ouverture à l'imaginaire est donc très importante, mais je précise que l'art n'est pas la seule voie : l'amour par exemple ouvre également à l'imaginaire. Je voudrais insister sur un point : l'importance de la simplicité. Paul Valéry a écrit : « *Ce qui est simple est faux, ce qui n'est pas simple est inexploitable.* » Les métaphores sont un moyen efficace pour communiquer simplement avec l'ensemble des collaborateurs de l'entreprise. Aux 3 SUISSES, mon prédécesseur utilisait la métaphore suivante : « *Nouveau chef de gare, nouveau sifflet.* » C'était très simple, les personnes visualisaient facilement et tout le monde comprenait instantanément.

**Le langage des dirigeants doit se nourrir d'expérience.** C'est comme cela que je traduis la notion d'incarnation que vous proposez pour les dirigeants. Pour être efficace, la métaphore doit être concrète. Un jour, aux 3 SUISSES, nous avons installé « *l'arbre à cactus* », un arbre avec des petits clous où chacun était invité à accrocher des papiers avec toutes les rumeurs qui traversaient l'entreprise. Les deux premiers jours, l'arbre était plein de papiers, que nous prenions soin d'enlever toutes les deux heures, pour éviter les dérives. Il s'agissait de cracher le venin, ensuite il n'y avait plus rien, cet arbre métaphorique avait rempli son rôle.

Les dirigeants usent et abusent des métaphores sportives ou militaires dans leurs discours. Pour un gestionnaire, la métaphore sportive est évidente, elle réduit l'incertitude. Dans le sport, la seule incertitude, c'est : « Qui sera le premier ? » Il serait intéressant que les dirigeants utilisent aussi des métaphores tirées de l'art, qui apporteraient une dimension plus cohérente avec le monde d'aujourd'hui. De telles métaphores ouvriraient plus à la dimension émotionnelle, utile pour évoluer dans l'incertain. La métaphore du chef d'orchestre et du dirigeant est parfois utilisée et elle fonctionne bien.

En regard du questionnement permanent de l'artiste, je dirais que l'ouverture permanente au-delà de soi et du projet immédiat est fondamentale pour un dirigeant. *« Ne plus s'indigner, c'est déjà vieillir »*, a dit Hemingway. Lorsque j'avais 45 ans, un conseiller de synthèse m'indiqua que je ne réussirais ma carrière professionnelle que si je réussissais ma succession, qui pourtant était encore bien loin devant. Il s'agissait de me rappeler l'importance de toujours maintenir une ouverture sur l'après. Cette ouverture n'est pas alimentée que par l'art, il y a d'ailleurs à ce jour peu de chefs d'entreprise inspirés par l'art, mais je vois bien l'analogie avec l'artiste.

L'art peut aider à s'acclimater à l'environnement incertain, qui est devenu la règle. Je pense au *« dessine-moi un mouton »* du Petit Prince.

**Décoder les signaux faibles.** Sur la capacité à décoder les signaux faibles, je dis toujours que « ce qui vient est bien ». Si nous envisageons un projet d'ouverture de salons de thé tibétains à Paris et que nous nous donnons un mois pour y réfléchir, nous découvrirons que tous les jours nous rencontrons des faits et des idées qui nourrissent le projet, sans fournir d'effort particulier, seulement en étant ouverts à ce qui vient.

**René Carron**, président du CRÉDIT AGRICOLE, déclarait dans l'hebdomadaire *Le Point* du 26 février 2004 : *« Tous les patrons sont intelligents. Tous. La véritable question, c'est de savoir s'ils ont autant de tripes que d'intelligence. Je crois déterminant qu'ils aient plus de tripes que d'intelligence. »*

Dans le monde incertain d'aujourd'hui, l'attitude qui doit dominer, c'est le *Finding* plus que le *Solving*. L'artiste est dans cette posture, de plain-pied dans la vie, il hume. C'est important pour le dirigeant, parce que l'entreprise finit toujours par tuer le patron s'il n'est pas en phase avec son entreprise et avec l'esprit du temps. Pour l'association Progrès du Management, on ne trouve pas d'experts sur les signaux faibles. Je pense tout simplement que les gens qui sont à 120 % dans l'entreprise ne peuvent plus rien sortir. Il faut donc croiser les regards avec ceux qui voient ce que nous ne voyons pas. Il n'y a pas de hasard, il n'y a que la capacité à capter l'invisible.

Récemment à Marseille, j'ai indiqué fermement aux écoles de gestion et aux IAE leurs carences : manque de formation aux ressources humaines, au respect pour un métier, à la culture générale.

**Décider, c'est exercer. Un dirigeant est un créateur de réalités.** Cependant, une société où il n'y aurait que des chefs d'entreprise serait terriblement ennuyeuse. **L'artiste crée des réalités différentes.** La culture donne de l'âme au bilan.

Naturellement, l'entreprise est d'abord utilitaire, ou elle meurt, c'est une question de survie. Mais au-delà, l'entreprise est-elle utile ? Elle remplit une fonction dans la Cité. Elle verse des impôts et des salaires, elle démontre son utilité dans un bassin d'emploi. Les jeunes générations sont moins « saucissonnées » qu'auparavant ; par la qualité de sa politique, l'entreprise peut jouer un rôle civique important, c'est ce qu'ont compris certains dirigeants de chaînes d'hypermarchés par exemple. Aux États-Unis, l'entreprise a tendance à payer plus spontanément pour des aspects liés à la société parce qu'il existe une culture redistributive.

**À l'inverse, les artistes doivent être présents dans la réalité.** Je suis convaincu que les échanges entre artistes et entrepreneurs vont se développer, même si ce n'est pas encore une vraie réalité dans l'entreprise.

Aujourd'hui, certaines entreprises donnent dans le cadre du mécénat, mais ce qui est réellement intéressant dans la relation avec l'art, c'est le choc d'ouverture à d'autres univers, qui nécessite une interaction plus profonde. L'art peut élever le niveau général de culture des gens dans l'entreprise et provoquer la prise de conscience d'un excès de rationalité. La rencontre avec un artiste est importante. Quand **Jean-Claude Casadesus** prend la parole, ce n'est pas que le chef d'orchestre qui s'exprime. Depuis quinze ans, il va dans des écoles de quartier difficiles à Tourcoing, où il explique ce que c'est que la musique. On a observé une forte augmentation des résultats au bac dix ans après. L'art va entrer de plus en plus dans l'entreprise, mais selon la culture de l'entreprise, l'entrée artistique devra être différente. Dans certains cas, cela se fera plus facilement par l'architecture ou par la photographie, pour les premières étapes. »

## Favoriser l'agilité collective

*"One love One blood*
*One life You got to do what you should*
*One life*
*With each other."*

U2

Qu'elle soit tension ou complicité, tribale ou collective, la relation devient un enjeu majeur de sociétés où les nouvelles formes de communication isolent paradoxalement les individus dans leur bulle d'information. Le développement dans l'art contemporain d'une esthétique relationnelle témoigne de cet enjeu. Par la mise en place de dispositifs relationnels ou par de nouvelles formes d'activité artistique en réseaux, les artistes d'aujourd'hui ouvrent la voie à de nouveaux types d'interactions, de relations et de transferts de connaissance, d'activités et d'émotion, annonciateurs de nouveaux paradigmes pour les entreprises. Chaque acteur prend conscience qu'il participe à un jeu qui se construit en permanence et où il joue une partition avec d'autres. Les managers entrepreneurs créent une œuvre avec d'autres sans jouer aux propriétaires. La coopération et l'assemblage deviennent le cœur de leur métier. Ils prennent ce qui surgit de la coopération et favorisent de nouvelles articulations. Ils privilégient ainsi le « faire autrement » permanent au « faire bien » des producteurs et au « faire mieux » des gestionnaires. Ce « faire autrement » correspond à l'avènement d'une ère de postproduction généralisée. Dans la réalisation d'un film, la postproduction a la maîtrise du montage de l'œuvre et *in fine* de son sens global. De manière analogue, l'entrepreneur agit désormais par assemblage de ressources financières, techniques et créatives pour donner forme à ses projets.

## Mobiliser diverses formes d'intelligence à l'heure du « capitalisme cognitif »

Dans l'art contemporain, les artistes utilisent de nombreux médias, créent des assemblages de compétences, des systèmes souples pour organiser des projets sur mesure. C'est par exemple le cas des artistes français **Pierre Huyghe**, **Philippe Parreno** et **Dominique Gonzalez Foerster** qui mettent en scène **Ann Lee**, un personnage de manga, dans des environnements différents, chacun avec leur propre approche, en remettant en question la notion de propriété d'auteur.

En 1999, Pierre Huyghe et Philippe Parreno achètent pour 46 000 yens à une agence japonaise les droits d'un personnage de manga qu'ils appellent Ann Lee et à qui ils vont donner des rôles et des identités différents dans les films d'animation où ils l'inséreront. À part ses cheveux bleus et ses oreilles en pointe, elle n'a rien de particulier : de grands yeux, le nez à peine dessiné, un trait pour la bouche, elle est sans qualités psychologiques, destinée sans doute à ne faire que quelques apparitions. Sur ce marché, plus les personnages sont élaborés, plus ils ont de chance d'avoir une longue vie à l'intérieur d'une fiction et plus ils sont chers. Le projet des artistes s'appelle *No Ghost, Just a Shell* (« pas un fantôme, juste une coquille »), il fait d'Ann Lee un objet-lien et donne l'occasion aux artistes de créer une communauté dont le mode opératoire est l'enrichissement mutuel, le partage des connaissances et des pratiques[1] ; un groupe au sein duquel le patrimoine passe sous la responsabilité de chacun sans qu'aucun puisse s'en déclarer l'auteur, l'inventeur ou le propriétaire. Ann Lee était un produit aliénable, consommable et périssable. Détournée de sa fonction, elle devient objet de connaissance et catalyseur d'expériences. De produit passif inséré dans le marché, elle devient signe agissant capable d'engendrer de l'altérité. Instrument d'éveil et d'invention, espace d'interrogation.

Philippe Parreno[2] sait que seul l'individu qui a compris son unicité peut avoir des rapports avec ses semblables : « *Ann Lee est une banque de données qu'on envoie à chaque artiste et qui se charge un peu à la fois. Il est possible qu'elle change, elle est déjà passée de la 2D à la 3D. Elle grandit...* »[3] Il pose librement la question de la propriété de l'unique et par voie de conséquence celle de l'invention. Dans *Ann Lee in Anzen Zone* de l'artiste française Dominique Gonzalez-Foerster, Ann Lee se dédouble physiquement : elle dialogue avec sa propre image, évoquant une sorte de prophétie apocalyptique.

En tant que projet, *No Ghost, Just a Shell* soulève des questions comme la fonction d'auteur, le copyright, le territoire et la propriété privée... Mais les différentes versions d'Ann Lee ne dialoguent pas entre elles, même si l'exposition a été acquise dans son ensemble par le **Van Abbemuseum**. Du reste, chaque artiste a reçu la part qui correspond à sa cote sur le marché. L'auteur individuel n'est donc pas mort. Néanmoins, ce n'est pas un hasard si ce projet a pu voir le jour à un moment où l'économie rentrait dans une nouvelle phase résumée par le terme de « capitalisme cognitif », propice au développement des hyperentreprises. Cette forme de capitalisme se fonde en grande partie sur la coopération entre les individus, sur la circulation

---

1. Élisabeth Wetterwald, « Ann Lee, l'utopie clignotante », revue *DITS*, n° 2, « Le Récit », printemps-été 2003.
2. Xavier Douroux, directeur du Consortium à Dijon, préface à *Alien Affection*, catalogue de l'exposition de Philippe Parreno, *op. cit.*
3. Cité *in* Florence de Meredieu, Histoire matérielle et immatérielle de l'art moderne, Éditions Larousse/Sejer, 2004.

de l'information et sur le partage des connaissances, plutôt que sur l'échange de marchandises standardisées et périssables.

## Créer des possibilités de synergie

Pour **Chen Zhen** le mot « synergie » est un terme médical qui décrit les fonctions coordinatrices et les capacités synthétiques des différents organes dans le corps humain, ou celles de différents remèdes. *« Il est extrêmement intéressant d'appliquer ce mot, avec ses diverses implications et connotations, au terrain artistique, sur des questions telles que : comment absorber la nourriture de cultures variées, comment assimiler des modes de pensée interdisciplinaires différents, comment recueillir l'énergie et les capacités multiculturelles de différents milieux ? Un des principaux problèmes de la création artistique aujourd'hui réside dans la segmentation à outrance, qui conduit à une autocensure ainsi qu'à un manque d'empathie. La synergie désigne des possibilités communes concrètes au sein d'une nature matérielle et également un mode de pensée. Mais on peut aussi lui donner une autre signification : tout penser dans un contexte de réseau, c'est-à-dire replacer chaque chose dans le contexte d'une autre, considérer chaque chose dans le contexte des facteurs qui la sous-tendent. »*[1]

L'œuvre *Field of Synergy*[2] concrétise un processus de synergie en reliant toutes les parties d'un espace architectural en un itinéraire complet. Monumentale, cette œuvre remplit l'espace d'un ancien cinéma immense et présente une combinaison complexe de lits volants couplés à des formes organiques et d'un lit chinois traditionnel contenant des boules de jeu, se dressant au centre d'un espace recouvert de toiles jaunes évoquant l'océan. Conduit par ce courant d'énergie, on se lance dans d'extraordinaires expériences de participation à des jeux remplis de vitalité. On cherche des interactions entre les formes organiques et les structures architecturales, le plein et le vide, la transparence et l'opacité, l'ombre et la lumière. Le sens réel du travail de Chen Zhen apparaît : *« La création d'un champ de synergie dans lequel différents individus, cultures et mondes peuvent se rassembler et dialoguer. »*

1. "From Energy to Synergy, a conversation between Chen Zhen and Xhu Xian", in Chen Zhen, *Field of Synergy*, Galleria Continua, San Gimignano, Italie, 2001.
2. D'après Hou Hanru, « Chen Zhen, une extraordinaire aventure dans le domaine de la synergie », *in Chen Zhen, Invocation of Washing Fire*, Éditions ADAC & Gli Ori, Prato-Siena, 2003.

## Placer chaque élément d'une situation dans le contexte d'une autre

Un processus propice à l'émergence de synergies créatives consiste simplement à transposer un produit, une situation opérationnelle, une expérience vécue avec les clients ou à l'intérieur de l'entreprise dans un autre contexte physique, historique, géographique, culturel, et à étudier par confrontation les synergies créatives possibles. On s'obligera à interroger toutes les dimensions des éléments de la situation mis en confrontation.

### Entretenir un humus fertile

En 2001, **Bertrand Collomb**, président-directeur général du Groupe **Lafarge** constatait à la Cité de la Réussite, manifestation placée sous le signe de « l'imagination », que dire d'une personne qu'elle est imaginative est un compliment : « *Mais si vous pensez que quelqu'un d'imaginatif, c'est quelqu'un qui réinvente la roue en permanence, qui ignore 150 ans de compétences, cela ne peut pas marcher. Nous avons besoin de gens qui utilisent la compétence accumulée, qui s'articulent dans les réseaux, qui vont chercher des informations dans l'intranet et qui en même temps imaginent et prennent des initiatives. Il s'agit de créer des réseaux en commun en maintenant l'idée que chacun apporte une contribution originale. Mais la création s'organise selon des processus. On ne peut avoir 35 000 personnes qui travaillent dans le désordre. Pour que l'entreprise soit vivante, il faut concilier le formel et l'informel. Nous donnons par exemple aux chercheurs 10 % de leur temps pour créer librement. Je note aussi que les 20 % d'idées venant de gens qui ne sont pas des chercheurs patentés sont très importantes. Elles feront peut-être la différence.* » Si l'innovation ne se gère pas par décrets, on ne doit pas non plus s'en remettre au simple hasard et attendre qu'elle se produise toute seule. En fait, les idées et la créativité se cultivent comme on prend soin d'un jardin.

Dans son ouvrage *Asphyxiante culture*, l'artiste **Jean Dubuffet**[1] rappelle qu'à l'opposé du dirigisme d'État et de la hiérarchie culturelle qu'il impose, c'est en forme de prolifération horizontale, en foisonnement infiniment diversifié, que la pensée créative prend forme et santé. « *La création d'art ne peut se concevoir qu'individuelle, personnelle et faite par tous, et non pas déléguée à des mandataires* », elle nécessite « *de*

---

1. Jean Dubuffet, *Asphyxiante culture*, Les Éditions de Minuit, 1986.

*nourrir le grouillement primordial, l'humus dont naîtront les mille fleurs, au contraire d'une propagande culturelle qui le stérilise.* »

À l'occasion de l'exposition « Playlist » dont il fut le commissaire en 2004, **Nicolas Bourriaud** soulignait qu'au moment où se développe souterrainement une culture collectiviste sur internet – ce qu'illustre le système freeware de Linux, les artistes **sémionautes** puisent dans le répertoire partagé de formes, de postures et d'images de l'histoire de l'art et se les approprient comme un équipement collectif que chacun est libre d'utiliser selon ses besoins personnels. Dans l'imaginaire chaotique auquel se rattachent ces approches, le parcours entre les signes et le protocole de leur utilisation importent plus que les signes eux-mêmes, à tel point qu'un mouvement anti-copyright, intitulé « Copyleft », dont internet est à la fois le modèle et l'outil privilégié, lutte pour l'abolition du droit de propriété des œuvres de l'esprit. Les artistes se trouvent à notre époque face à un énorme potentiel de travail accumulé. Ils ont accès à des matériaux extérieurs, qui n'appartiennent pas à leur univers mental personnel, y compris en provenance d'autres cultures, et partagent un imaginaire déterritorialisé où ils jouent un rôle permanent de manipulateurs de symboles. Les œuvres d'art apparaissent alors, non plus comme la terminaison de processus créatifs, mais comme des interfaces, des générateurs d'activités pour tous ceux qui veulent y greffer leur imaginaire.

L'artiste français **Daniel Pflumm** développe une réflexion sur les stratégies de communication utilisées par les médias et sur les codes de l'esthétique publicitaire. Il détourne par exemple les logos de marques célèbres pour les réutiliser à son profit. Il met en relief la capacité des jeunes générations à vivre, à se déplacer, à se libérer des formats imposés et à jouer leur propre jeu dans un monde de marques qu'elles se réapproprient. Daniel Pflumm[1] ne formule pas de critiques, mais il s'approprie les méthodes des entreprises qui conditionnent notre comportement visuel. Il reprend, revisite, s'approprie des symboles, il reconstruit les logos, en détache les différentes couleurs, les éléments et les structures. Il contribue à abolir la distinction entre production et consommation, création et utopie, *ready-made* et œuvre originale en obligeant le spectateur à reconsidérer ses positions.

---

1. Texte publié sur le site internet du Palais de Tokyo, à l'occasion de l'exposition de Daniel Pflumm, qui s'est déroulée du 13 février au 18 avril 2004.

Les entrepreneurs contemporains évoluent dans le système chaotique d'interdépendance avec leurs clients, leurs collaborateurs, leurs actionnaires, leurs partenaires, caractéristique de l'hyperentreprise. Ils ne peuvent plus se dire « indépendants », au sens où l'entend une entreprise familiale classique. Conscients de l'importance cruciale de leur rôle symbolique – étymologiquement, qui réunit – dans un milieu technologique et médiatique centrifuge qui tend à séparer les intérêts individuels et à fragmenter la conscience de l'intérêt collectif, ils animent les coopérations, établissent et entretiennent des relations de personne à personne. Ils passent la majeure partie de leur temps dans des « entre-deux » : **médiateurs**, ils mettent en scène les espaces où se déroulent les relations de service ; **chamanes**, ils insufflent des valeurs communes et aident leurs équipes à trouver leur chemin dans le chaos ; **deejays**, ils assemblent les idées de différentes sources et périodes, qu'ils remixent pour créer avec leurs équipes les solutions anticipatrices les plus pertinentes.

« *Le courrier doit passer.* », « *De l'importance d'avoir des utilisateurs.* », « *Distribuez tôt, mettez à jour souvent.* » Dans sa thèse sur LINUX intitulée « La cathédrale et le bazar »[1], **Éric S. Raymond** souligne que ces consignes pratiques ont des incidences déterminantes sur le processus de conception du distributeur de logiciels gratuits. « *Linux est subversif. Qui aurait imaginé, il y a seulement cinq ans qu'un système d'exploitation de classe internationale prendrait forme par magie à partir de bidouilles faites pendant le temps libre de plusieurs milliers de développeurs disséminés de par le monde, et reliés seulement par les liens de l'internet ?… Le style de développement de Linus Torvalds – distribuez vite et souvent, déléguez tout ce que vous pouvez déléguer, soyez ouvert jusqu'à la promiscuité – est venu comme une surprise. À l'opposé des constructions de cathédrales, silencieuses et pleines de vénération, la communauté Linux paraissait plutôt ressembler à un bazar, grouillant de rituels et d'approches différentes…* »

Comme Linux, certaines entreprises se comportent en systèmes complexes depuis leur naissance, par culture, par choix ou par nécessité. Mais aujourd'hui, **la complexité s'impose à la grande majorité des entreprises,** y compris celles qui appartiennent à des univers de production réputés traditionnels, sous la pression de l'univers de communication, de flux et d'images qui font qu'elles s'ouvrent par

---

1. www.linux-france.org/article/these/cathedrale-bazar.

tous leurs pores. C'est le cas de **FAVI,** entreprise de fondeurs de laiton implantée dans le Nord de la France, où le « chamallow » a remplacé l'organigramme. Il symbolise l'organisation fluide typique de l'hyperentreprise, organisée en mini-usines qui agissent au service des clients, le chef agissant comme un guide aux côtés des entrepreneurs. Cette structure fluide est animée par trois valeurs interdépendantes : amour, profit et vie. L'amour des autres – clients, collègues, actionnaires, fournisseurs, interlocuteurs de la cité – conditionne le profit, qui est la respiration de l'entreprise (si elle ne respire plus, elle meurt). Le profit conditionne la vie, symbolisée par l'arbre. L'entreprise réalise plus de 15 % de cash-flow et peut s'enorgueillir d'un taux de service de 99,97 % auprès de ses clients de l'automobile !

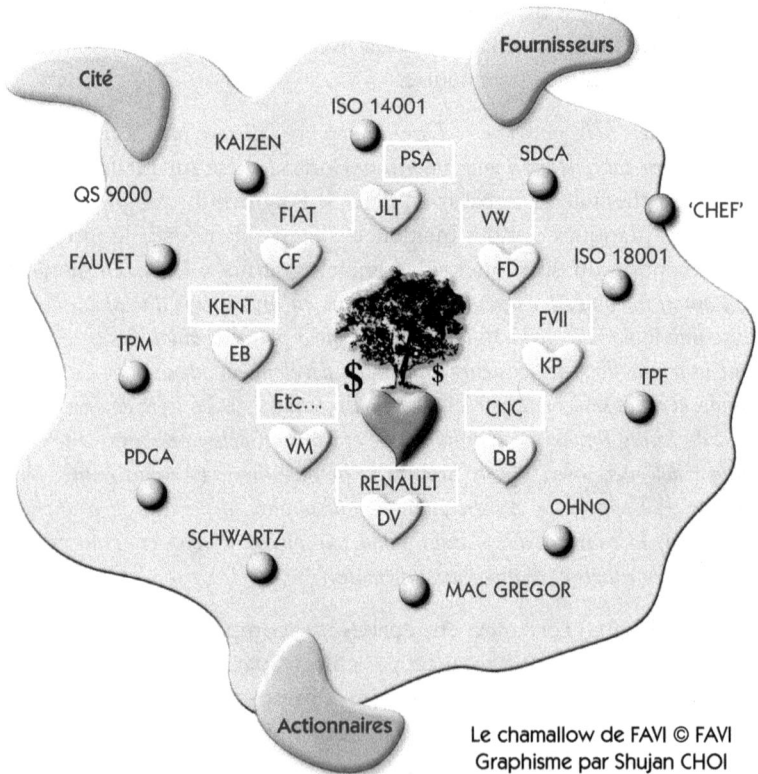

Le chamallow de FAVI © FAVI
Graphisme par Shujan CHOI

Le chamallow de FAVI : un humus fertile d'initiatives, de compétences, de signes et de valeurs. Dans le chamallow, chaque mini-usine est dédiée à un client avec qui elle gère directement les relations. Les responsables de mini-usines sont des entrepreneurs responsables qui animent l'entreprise selon un principe biologique. Les services de planification, de contrôle de gestion et de ressources humaines ont été supprimés. *Ces fonctions sont assurées par chaque équipe, qui s'auto-organise en accord avec les autres.* Les termes « QS 9000 », « Bertrand Schwartz », « Kaizen » sont les noms de méthodes ou d'approches dont les collaborateurs sont collectivement dépositaires. *Chaque collaborateur est garant de l'entretien d'une au moins de ces compétences pour l'ensemble de ses collègues.* Les collaborateurs de l'entreprise s'échangent des signes de reconnaissance et créent des objets symboliques produits avec du laiton, qu'ils offrent à leurs clients, à leurs collègues ou à leurs familles.

### Hervé Hannebicque témoigne :

*« Chacun doit porter une parcelle du leadership de l'entreprise, être entrepreneur, défricheur et porteur de sens au sein d'un réseau étendu. »*

Le directeur général adjoint et DRH de NOOS insiste sur l'importance du développement d'une culture en réseau.

*NOOS est une « entreprise réseau »... ?*

Le réseau est l'organisation humaine la plus souple et la plus simple. Et NOOS est le noyau d'une entreprise étendue. À nous de créer une *affectio societatis*, de modeler le cœur de l'entreprise pour faire vivre collectivement le réseau dans lequel elle s'inscrit. Car avec internet, tout se connecte à tout. La hiérarchie et le pouvoir sont déstabilisés. Le rôle d'un dirigeant est alors de faire des ponts et de fédérer des réseaux d'innovateurs. Plus on agrège un guichet unique, plus on crée la possibilité de fédérer. Ce qui me vient à l'esprit est l'image du Golden Gate. Les ressources humaines, c'est du marketing et de la vente. Nous vendons donc des solutions. Mais pas seulement. Mon job n'est plus un job de ressources humaines, c'est un travail d'alchimiste, de mise en résonance avec le monde qui évolue.

*Comment tracez-vous votre parcours dans tous ces flux ?*

La complexité tisse sa toile partout. Elle s'amplifie à cause du net, des technologies, mais aussi des comportements des gens. J'ai 200 courriels par jour. Comment faire pour tout suivre ? Le sens de l'essentiel et des priorités a tendance à se perdre. Tout l'art d'un leader est alors de se demander : « Comment je fais revenir vers l'essentiel ? », quitte à répéter, cinquante fois si nécessaire : « C'est quoi le problème ? » Et ensuite : « À quoi ça sert ? »

*Je fais l'hypothèse que la capacité à maîtriser la confrontation des temps longs et des temps courts fera la différence entre les entrepreneurs de demain. Qu'en pensez-vous ?*

Tout s'accélère. Une entreprise est obligée d'évoluer par rapport à son marché à la vitesse d'un TGV. Cela bouge toutes les semaines. Ce n'est pas compatible avec la respiration individuelle des gens et de cet être vivant qu'est justement une entreprise. Je cherche donc le temps de la vie, le bon rythme à imprimer. Il faut intervenir pour réguler, en se demandant constamment : « Qu'est-ce qui va générer de la vie ? », car la question du temps, c'est la question de la vie.

*Je crois qu'on attendait beaucoup de vous, à votre arrivée...*

À mon arrivée, j'ai trouvé une entreprise de 1 200 personnes avec 900 descriptions de poste ! Bref, chacun s'était construit sa bulle indépendante et c'était la cacophonie. De plus, avec 13 % de croissance, l'entreprise était encore à la recherche de gains de productivité et prête à licencier pour cela. J'ai proposé de trouver une autre solution, plus branchée sur la vie. Mon objectif a été de développer le sentiment d'appartenance et de réduire le nombre de fonctions pour créer un mouvement d'ensemble. Nous avons mis en place un plan de départs volontaires et j'ai créé une agence « emploi » pour ceux qui voulaient partir, avec une aide méthodologique et une aide financière à la clé. Cela nous arrangeait que des gens partent, mais nous les avons aidés. Il n'était pas question que quelqu'un parte sans que son projet soit financé. Nous avons choisi la vie et cela a marché. Dans les entreprises, la notion de liberté est importante. La question, c'est : « Comment faire bouger l'entreprise à partir d'un mouvement de liberté ? » Dans un univers privilégiant l'interactivité, une décision ne peut marcher que si on l'a bien expliquée, c'est le moyen de rendre les gens acteurs. Notre défi dans les ressources humaines a été d'être les meilleurs en communication, en conviction et en service. Nous avons aussi beaucoup travaillé la tolérance et la bienveillance collectives. Le revers des technologies de la communication, c'est par exemple la violence verbale dans les messages électroniques, l'oubli que l'autre est une personne. Nous avons donc pris des initiatives collectives qui incitent à l'échange et à la coopération, en apportant un accompagnement personnalisé dans certains cas. Aujourd'hui le rôle des dirigeants, c'est d'entretenir la vie, la liberté, la tolérance et le respect, et enfin le goût de l'innovation.

*Comment prenez-vous en compte l'entropie dans l'entreprise ?*

L'entreprise est une spirale qui peut s'élargir mais aussi se rétrécir brutalement. J'ai beaucoup réfléchi à ce qui s'est passé dans des civilisations brillantes comme l'Égypte ou la Grèce antiques. Une spirale, puis un frein brutal, mais cela ne les a pas empêchées de semer ailleurs, plus tard. Je constate de manière analogue l'existence d'une spirale dynamique de progrès des entrepreneurs. Il faut arrêter de rechercher la vérité dans le management. La dynamique de progrès ne peut marcher que si vous êtes entrepreneur de vous-même. Malheureusement, beaucoup d'entre nous ne sont pas capables de se percevoir avec un capital relationnel, d'intelligence, d'imaginaire et de santé, alors nous les aidons. C'est pour cette raison que j'ai développé le « PEPS : Parcours d'entrepreneur du progrès et de soi-même ». Nous allons vers la fin du *cocooning* et de l'assistanat ; ce qu'on pourra faire, c'est fédérer autour d'un sens que tout le monde produira ensemble. Et pour cela, une nouvelle question se pose : « Comment créer un **réseau** d'entrepreneurs ? » Nous avons une communauté et des personnes, des règles communes et une adaptation à des personnes, cet équilibre en souplesse est fondamental.

*J'observe que les entrepreneurs se trouvent face à des situations où le « ou », au sens du choix tranché, ne fonctionne plus, ils doivent travailler en tension, dans une logique du « et ». Qu'en pensez-vous ?*

En effet, aujourd'hui l'entrepreneur doit aimer gérer le paradoxe. Cela amène encore une question. Comment faire face à des situations paradoxales du type « je veux des responsabilités, mais en même temps je ne veux pas assumer les décisions de la direction ; je refuse l'autorité, mais en même temps j'ai besoin d'être structuré » ? Chacun doit porter une parcelle du *leadership* de l'entreprise, être entrepreneur, défricheur et porteur de sens au sein d'un réseau étendu. J'aime votre idée du « et ». Chacun doit gérer le « et » plutôt que le « ou », l'idée du « et » se traduisant par un jeu de balance entre la cohérence collective et l'autonomie individuelle. Tous les six mois, nous faisons le point pour savoir où nous en sommes dans l'équilibre car nous voulons un maximum de cohérence et un maximum de décentralisation. Quand nous sommes d'accord pour dire que nous sommes allés trop loin dans un sens au détriment de l'autre, nous corrigeons le tir ensemble et cet « ensemble » comprend autant les membres des différents réseaux d'entrepreneurs que de l'équipe de direction.

**Comment se construit l'esprit collectif ?**

La technologie démocratise le réseau. Une nouvelle agora émerge grâce à la technologie, avec de la matière. Au niveau des entrepreneurs, je crois beaucoup à l'actionnariat. L'exécutif de demain sera constitué de sociétés de personnes : chacun amenant son propre savoir-faire, son propre *goodwill*, son propre capital. Pour que les gens s'investissent dans l'intelligence et la création collectives, il est préférable qu'ils aient une sécurité psychologique, qu'ils ne trouveront plus dans les statuts. Ce qu'on peut faire de mieux, c'est de les aider rapidement à se constituer un capital financier qui les rassure et leur permette de libérer leur créativité. Nous avons pratiqué comme cela lorsque je travaillais chez THOMSON MULTIMÉDIA et cela a terriblement bien marché. Encore un paradoxe, la sécurité individuelle nourrit le sentiment collectif ou en tout cas permet de s'y investir. Chacun viendra avec sa propre société, ce qui est encore actuellement la meilleure limite au pillage des idées.

*Derrière ce modèle fluctuant se profile une autre manière de développer sa compétence...*

Je suis convaincu que le mode de formation doit être revu de fond en comble. Aujourd'hui, ce qui est important, c'est d'apprendre à apprendre, de mailler des savoirs, de créer des réseaux de savoir. En fait, il y a trois apprentissages importants : apprendre à vouloir (savoir dire « non » face à un problème technique, humain, éthique...), apprendre à apprendre, apprendre dans les jeux de la vie, au gré des rencontres, y compris entre générations, en famille, entre les petits-enfants et les grands-parents. Les grands-parents connaissent le rythme des saisons, les petits-enfants connaissent les *business models*. Les deux sont importants pour les entrepreneurs.

Nous allons vers des réseaux d'éducation. Les chasseurs de têtes n'ont rien compris. Ils devraient se transformer en sociétés avec des banquiers, des éditeurs, des pédagogues, des sociétés de réseaux qui portent un sens connu et les projets de leurs « poulains ». Au lieu de dire « vous allez m'embaucher quelqu'un », je voudrais pouvoir leur dire « vous allez me proposer le meilleur au sein du réseau d'éducation X ou Y ». Le patron de ces sociétés de « sens » ou « d'éducation » est un metteur en scène, un impresario pour ses « poulains ». Nous allons vers des écuries européennes.

*Pensez-vous que l'expression « agilité collective » soit appropriée pour l'entreprise ?*

Oui, si cette agilité permet constamment d'adapter les réponses au contexte : il y a des moments où il faut attaquer vite et gagner, d'autres où il faut contourner patiemment l'obstacle. Mais comme toute stratégie met en œuvre des solutions globales et complexes, c'est effectivement une agilité collective que nous cherchons à développer.

Il faut beaucoup d'humour, il faut introduire beaucoup de convivialité, pour regarder autre chose que son nombril, nous avons d'ailleurs organisé un rallye pédestre où les lots étaient remis à des associations caritatives.

Le défi des dirigeants est de bâtir une colonne vertébrale qui capte les tendances, maintient les fondamentaux *et* tend la main quand il y a des problèmes. Chez NOOS, nous avons créé une œuvre d'art sur une pâte humaine, qui ne sera jamais reproductible ailleurs. Pour savoir qu'on est dans la vie, il faut le capter au niveau des gens. L'entrepreneur d'aujourd'hui doit capter les tendances qui montent : c'est un capteur, un défricheur, un traducteur.

## Fédérer les énergies autour d'un symbole

Chargé de régénérer l'entreprise, le nouveau PDG de LA REDOUTE **Jean-Claude Sarrazin** lance, au début des années quatre-vingt, le **« 48 heures chrono »** ; cet objectif chiffré devient **le symbole de toute la dynamique de transformation de l'entrepris**e, qui avait fini par penser que son secteur d'activité, la vente par correspondance, était soumis à la fatalité du déclin d'un mode de vente démodé. Ayant analysé les courriers des clients, Jean-Claude Sarrazin comprend qu'il n'en est rien, que les clients sont attachés à ce type de relation, mais qu'ils déplorent le manque de réactivité et surtout de lisibilité sur le délai de livraison. Le génie de Jean-Claude Sarrazin est alors de trouver le chiffre symbolique qui fédérera autant les clients que les collaborateurs. Car ce « 48 » parle aux clients et rassure les collaborateurs, qui comprennent tous que l'entreprise peut être sauvée, au prix d'une refonte complète, autant de son organisation que de sa culture. La force de ce « 48 » est qu'il ouvre instantanément à une autre représentation mentale et à une tout autre image de LA REDOUTE, dont bénéficiera l'ensemble du secteur. Naturellement, si Jean-Claude Sarrazin s'était comporté en simple gestionnaire et avait fait de savants calculs pour proposer un indicateur composite assorti de quelques décimales, l'effet aurait été nul. La force d'un chiffre symbolique, c'est qu'il rayonne de clarté, qu'il parle à chacun et qu'il produit le sens direct et concret de l'action, au cœur de l'agitation et du désordre toujours croissants, typique de l'environnement concurrentiel ouvert comme de la vie. Le chiffre symbolique est facteur de cohésion opérationnelle, de libération d'énergie et de lien social autour d'un défi partagé.

## Animer des formes de coopération libres et propices au désir

*« À chaque seconde, les gens se rassemblent en flux puis se séparent, ils s'approchent pour être plus près les uns des autres. Sans cesse, ils forment et reforment des compositions d'une incroyable complexité… C'est la totalité de cette vie que je veux reproduire dans chaque chose que je fais »*, souligne l'artiste **Alberto Giacometti**[1]. Apparus en juin 2003 à New York, lancés par le site du Mob Project, les flashmobs ou « foules éclairs », ces rendez-vous mystérieux auxquels se rendent les participants pré-

---

1. Alberto Giacometti, *Ma longue marche*, Éditions Michel Leiris et Jacques Dupin, Hermann, Paris, 1990.

venus au dernier moment par e-mail ou SMS essaiment dans toutes les grandes villes du monde. Fin juin 2003, le grand magasin new-yorkais MACY'S reçoit une centaine de clients réclamant au vendeur un tapis de l'amour. Derrière ce phénomène, il ne faut voir aucune revendication. Il s'agit de créer une foule et de suspendre brièvement le cours habituel des choses. Le 13 août 2003, une centaine de mobbers traversent, pieds nus, l'avenue Paulista de São Paulo. Le 28 août 2003, à l'heure de la fermeture, les agents de sécurité du Louvre[1] assistent en compagnie de touristes éberlués à l'arrivée de 150 personnes dans l'entrée du musée. Participer à une flashmob signifie vivre une expérience amusante et collective tout en restant dans sa bulle individuelle.

« Si le principe de la coïncidence organisée n'est pas nouveau, les nouvelles technologies facilitent l'organisation de ce type d'action collective », note l'intellectuel américain **Howard Rheingold**. Selon lui, les flashmobs constituent la version d'un concept plus ancien et plus large, qu'il a théorisé sous le terme « smart mobs ». Des foules intelligentes constituées de gens capables d'agir ensemble, même s'ils ne se connaissent pas, émergent quand les technologies informatiques et de communication sont capables d'amplifier les talents humains en matière de coopération. L'évolution du design marque le début de l'ère des choses et des objets sensibles[2]. Le téléphone portable qui fait office de télécommande, en est une illustration balbutiante. Le cyberespace permet non seulement les communications interactives « un vers un » et les diffusions de type « un vers tous », mais également les mémoires dynamiques partagées, la communication à la fois collective, interactive et plurielle des communautés virtuelles et du web. Cette souplesse d'utilisation est particulièrement favorable à l'**intelligence collective**[3]. Dès qu'un problème est formulé quelque part, il est accessible à un très grand nombre d'intelligences personnelles (ou de

---

1. « La naissance des foules intelligentes », revue *Beaux-Arts*, octobre 2003.
2. Avec le projet « Ifonly », les partenaires d'ENTREPART **Kristina Andersen** et **Laura Polazzi**, service designers de l'Interaction Design Institute Ivrea, ont par exemple développé un concept d'appareil à transmettre des émotions et des sentiments à distance par les sens : lumière, chaleur, gonflement, vibration.
3. Pierre Lévy, responsable de la chaire de recherche du Canada en intelligence collective, conférence « Communautés virtuelles et intelligence collective », colloque « Communautés virtuelles, penser et agir en réseau », UQAM, Montréal, novembre 2003.

petits groupes) et les solutions découvertes peuvent être comparées et utilisées par tous. Ce mode de fonctionnement, typique de la communauté scientifique, est particulièrement encouragé dans le monde du « logiciel libre », mais il se généralise à d'autres secteurs. L'intelligence collective peut être considérée comme l'art (difficile) de multiplier les intelligences les unes par les autres. Les biennales et les expositions artistiques elles-mêmes dépassent le statut figé de présentation d'œuvres ou de simple reflet d'une actualité. Elles interagissent avec leur environnement et deviennent des facteurs d'émergence d'idées neuves, de transformation culturelle de leur environnement et d'intelligence collective entre les artistes et les publics[1]. De manière analogue, pour dynamiser les hyperentreprises, les managers contemporains inventent des jeux où les gagnants sont ceux qui valorisent le mieux l'intelligence disponible, mettent en synergie les compétences et coopèrent le plus efficacement.

### Alain Bashung témoigne :

*« Il faut planifier, jouer avec le désir des autres.*
*Ce qu'il faut éviter, si on veut se placer dans une démarche*
*de coopération créative, c'est de dire ce que l'on veut.*
*Mieux vaut seulement placer quelques balises, pour indiquer*
*ce que l'on ne veut pas, et ensuite laisser faire. »*

L'auteur, compositeur, interprète... poète livre ses impressions sur le temps du processus de création et de la direction d'équipe et parle de son expérience de coopération avec une artiste d'une autre discipline.

*Vous avez écrit une chanson intitulée* Ma petite entreprise ne connaît pas la crise, *vous êtes un entrepreneur heureux...*
C'est une réflexion que j'ai eue par rapport à plusieurs constatations. J'ai parlé de petite entreprise à une époque où beaucoup de PME faisaient faillite. Nous en étions à ce moment-là à 2 000 dépôts de bilan par mois. Il semblait n'y avoir que de grandes compagnies qui se portaient bien et qui ramassaient la mise. Or, malgré tout, ce sont les PME qui font tourner l'économie. Il ne faut pas les mépriser, c'est injuste, j'ai donc voulu en parler. Les Français ont des rapports curieux, paradoxaux avec l'argent. Un type riche passe pour un « salaud », un type sans argent est méprisé. On se trouve donc pris dans une culpabilité permanente, quoi qu'on fasse. Mais

---

1. Charles Esche, directeur du Van Abbemuseum, Eindhoven, Contribution au débat "Biennals" *in* revue *Frieze, Issue 92*, juillet-août 2005.

c'était aussi une époque où on parlait de crise. Pour moi, une crise, c'est quelque chose d'assez bref. Alors qu'à ce moment-là, personne ne voyait la fin des problèmes. Ma vision était donc plutôt une mutation qu'un passage bref vers autre chose. Je n'étais pas d'accord avec la façon dont on jetait les mots, avec cette désinvolture. À ce moment-là, j'avais aussi des problèmes financiers assez compliqués, comme j'en ai eu souvent. Il y avait donc dans cette affirmation une part de positivisme, du style « ayons du panache », et le reste suivra. Dans le mot « entreprise », il y avait également une notion ancienne de rapport amoureux. Autrefois, on disait « entreprendre une femme ». Avoir un rapport plus ou moins passionné avec une autre personne, c'est l'entreprise la plus périlleuse au monde. Je raconte l'histoire d'un type qui se dévoue et se voue à l'amour d'une femme, corps et âme. Du matin au soir, **il se voue à son entreprise sans prendre de vacances.**

*Ce croisement d'idées renseigne sur votre processus de création.*

Effectivement, cette chanson illustre ma manière de fonctionner, je traite souvent un sujet à travers un autre, je rebondis d'un sujet à l'autre pour créer une diversité d'images et d'humeurs. Traiter un seul sujet à fond ne me passionne pas car cela devient un devoir rédactionnel. Quand différentes choses s'entrechoquent, cela m'inspire plus. Cette confrontation crée des situations surréalistes, génère un aspect ludique. Les rebonds créent un vocabulaire. *« L'amour importe, l'amour s'exporte. »* L'entreprise aussi crée son vocabulaire. Voilà ce que j'aime : deux mots ont la même racine, pourraient s'apparenter au même registre économique (import/export) mais **le contexte créé par les différents univers que j'ai croisés provoque une confrontation qui génère l'effet poétique**, et je l'espère un sursaut d'attention de la part de la personne qui écoute. Cela intrigue, cela fait réfléchir. Il y a aussi de la géographie dans cette chanson, elle a un rapport avec la mondialisation, j'y parle de Birmanie, de Crimée…

*Quel est votre processus de « germination » des idées ?*

Je prends des notes dans les hôtels, je suis le chemin inconscient des idées, des phrases qui me traversent l'esprit. Si elles resurgissent trois mois après, cela veut dire qu'elles sont intéressantes. Pour faire germer, il faut semer quelques graines. D'autres auteurs se lèvent le matin pour avoir terminé une chanson le soir, cela ne m'amuse absolument pas. D'ailleurs, si j'écrivais ou je composais une chanson en une journée, j'aurais l'impression qu'elle n'est pas terminée. Je regarde plutôt comment les autres vivent et j'en tire des éléments, c'est mélangé avec ce que je vis personnellement et avec le reflet des médias. Je cherche aussi ce qui n'est pas dit, pas montré, ce qui manque. Je ne me contente pas de mimétisme. Il y a toujours des choses « contre » à dire, je peux d'ailleurs me contredire moi-même. C'est parfois un jeu, mais pas une contradiction fondamentale. Le but est seulement d'arriver à quelque chose.

La création, c'est une attitude « contre » ou bien « pour », mais dans ce cas « pour » d'une manière fulgurante. Je mélange aussi des rêves éveillés, des souhaits avec mes engagements.

*Captez-vous l'« air du temps » ?*
Si je captais seulement l'air du temps, ce que j'écrirais serait déjà dépassé, les éléments de l'air du temps ne sont que des parcelles d'un tout. Il m'arrive parfois d'utiliser des mots du Moyen Âge. Ce sont des nostalgies personnelles. Par exemple, le mot « ribaude » n'est plus utilisé aujourd'hui, mais je l'ai entendu enfant dans la bouche d'Orson Welles, dans le film *Falstaff*. Pour écrire, le temps du présent n'est pas suffisant. J'aime l'idée de cette double attitude : d'aller vers l'inconnu, de prospecter un futur, et de perpétuer des choses du passé qui me touchent toujours. Je ne me sens pas dans la situation de renier le passé, cela ne veut rien dire. Il y a des chansons qui ressemblent à de petites expériences, à des essais, comme pour cerner une espèce d'inconnu, juste pour cerner des choses pour lesquelles on n'a pas de vision claire, pas d'analyse, en attendant de comprendre. Par exemple, l'utilisation de l'absurde. Entre les paradoxes et l'absurde, je trouve de l'inspiration. Tout ce qui blesse, confond, peut être cerné avec des phrases en forme de métaphore, de proposition de quelque chose qui vous ramène à vous, vous amène à rêvasser dessus, à y placer vos propres rêveries, ce n'est pas dictatorial, la personne qui écoute est libre d'y apporter ce qu'elle veut.

*Comment faites-vous pour durer face à la pression du quotidien ?*
Il faut planifier, jouer avec le désir des autres. Le mot « désir » est juste, il correspond à une situation claire. Un musicien ne doit pas venir me voir parce qu'il a besoin de travailler, mais parce que je l'attire dans un univers musical qui l'intéresse, où il va apprendre, en tirer une richesse musicale, financière, matérielle, de réputation, de plaisir. C'est à l'artiste à créer ces désirs. Les musiciens qui m'entourent n'aiment pas la routine, ils cherchent des moments forts, une expérience humaine.

Il faut être vigilant car ce n'est pas l'artiste seulement qui doit être attractif, mais sa production. Si, pour l'enregistrement d'un disque, le musicien vient pour une image qu'il s'est forgée de l'artiste mais qu'il n'est pas en phase avec ses dernières productions musicales, la coopération ne fonctionne pas non plus. Il y a un problème de moment qui est important. Il faut capter un moment donné où les choses peuvent se cristalliser intelligemment, avec du cœur.

*Vous dirigez (ou animez) toute une équipe... ?*
Une équipe en tournée, ce sont des musiciens, des techniciens, des chauffeurs, des producteurs. Naturellement, le défi quotidien, c'est que chaque concert se passe le mieux possible : **tout doit fonctionner au même moment**. Ce qui est vraiment important, c'est de constituer un groupe où

chacun a une responsabilité. Si quelqu'un « fait le guignol », il aura une deuxième ou une troisième chance, mais ensuite il devra partir car, sinon, il casserait toute la dynamique. **Je cherche à mettre en place des rapports intelligents, pas des rapports de force, et j'attends la même chose en retour de chaque membre de l'équipe.** La convivialité est importante. Chacun donne le maximum, avec les marges de force ou de faiblesse de chacun, qu'il faut accepter. Mais les attitudes d'intrigue sont exclues, cela ne peut pas exister, ou alors c'est immédiatement arrêté car si un maillon s'affaiblit trop, toute la machine s'arrête. Et puis il y a les moments clés qui sont les concerts. Ce n'est pas quelque chose qu'on fait et qu'on peut recommencer si c'est raté. C'est très précis. Cela a à voir avec le cirque et ses trapézistes où la moindre négligence est une catastrophe. Quand les choses se passent bien, il faut faire en sorte que le plaisir irradie sur tout le monde. L'homme qui tient le micro donne l'humeur générale de la tournée. J'ai commencé avec des gens qui avaient une vision très ancienne de ce métier. Il y avait le chanteur et les autres, dans des cloisonnements hiérarchisés. Bien sûr, il y a toujours des hiérarchies, mais tout le monde peut s'adresser à tout le monde, les techniciens m'adressent spontanément la parole, il n'y a pas le sous-chef qui transmet les messages pour grignoter une parcelle de pouvoir.

*Vous avez fait appel à Dominique Gonzalez-Foerster, artiste vidéaste, pour l'installation filmique qui enveloppe la scène durant votre « tournée des grands espaces », en 2004. Comment s'est déroulée la coopération ?*

Je cherchais à construire une scène, quelque chose qui ait à voir avec le visuel de la scène, un prolongement de mon univers, sans explication. Je voulais juste des images qui font penser à autre chose. **Un mot et une image permettent de ressentir des choses mieux qu'un discours.** Dominique Gonzalez-Foerster m'a été présentée. Elle ne venait pas de la scène rock mais des arts plastiques. Nous avons parlé de voyages. Je l'ai découverte. J'avais fait un film il y a 10 ans **en Chine** durant deux mois et ce pays m'avait frappé par sa différence dans la façon de voir la vie et la mort. Ce pays me paraissait fascinant et brutal, loin de notre vision des choses. Aujourd'hui, cela change peut-être un peu. Mais cette expérience est un moment important de ma vie. C'était l'histoire d'un instituteur qui travaillait dans le cadre de la coopération. Il était fasciné par le pays et rejeté violemment, et, sur place, je ressentais un peu la même impression que mon personnage. Cela a créé un moment fort. Et puis j'ai visité **Venise** plusieurs fois et c'est aussi une expérience forte. Au-delà du romantisme, cette ville vit en autarcie, aujourd'hui on y voit peu de signes de futurs possibles et pourtant cela fonctionne. J'imagine les Vénitiens qui ont fait Venise, qui fabriquaient quelque chose au-dessus de leurs forces. Nous sommes en face d'un futur imprévisible aujourd'hui. Et je me demande : sommes-nous aussi fous qu'eux aujourd'hui ? Avons-nous cette force, autrement que pour détruire ?

Incidemment, Dominique Gonzalez-Foerster et moi avons fait le lien entre la Chine et Venise : **Marco Polo.** J'ai vu en Chine un bâtiment où le nom de Marco Polo était inscrit en lettres occidentales. Le lien, c'était donc deux continents éloignés, avec l'aventure et l'inconnu symbolisés par ce Marco Polo qui faisait déjà du commerce. Dominique Gonzalez-Foerster a filmé, j'ai donné des vidéos, ma discographie. Il était surtout important de ne pas expliquer, de ne pas traîner des clichés rock mais de respecter l'idée de suggérer ardemment. Il ne fallait pas simplement effleurer une sensation, plutôt faire semblant d'effleurer. Au résultat, les images s'intègrent aux chansons, le traitement est extrêmement cohérent avec l'esprit que j'ai voulu créer entre les chansons et la scène. Quand on voit du désert, on ne sait pas si c'est la neige ou du sable. Il y a des fantômes de Murnau. C'était bien l'intention, de raconter mes fantômes depuis ma tendre enfance, sans les asséner. Ce sont des sensations qui ont fabriqué toutes ces chansons et m'ont créé moi-même. Par exemple les films d'art et d'essai des petites salles de campagne. À l'école, on me disait que **Kafka** ou **Shakespeare**, c'était sérieux. Au cinéma, j'ai vu que c'était aussi trivial, drôle, truculent, humain. Il est vrai que, dans mon enfance, nous étions moins abreuvés d'images, chaque image était donc imprimée beaucoup plus fort. Dominique Gonzalez-Foerster a filmé des endroits, puis avec mon épouse Chloé, dans un studio, nous avons fait les incrustations sur un fond vert. Nous nous sommes retrouvés à gravir des montagnes et à marcher sur les toits. En même temps, au-delà de l'objectif de production, cette coopération a été une grande ouverture.

*L'impression que vous donnez est celle d'une grande fluidité dans la coopération avec cette artiste venue d'une autre discipline.*

À un moment donné, nous avons parlé de ce que je voulais éviter, elle aussi, des pièges où ne pas tomber et bien sûr des limites matérielles et financières. Des idées lui sont venues ensuite naturellement, sans avoir à se corriger trop. **Ce qu'il faut éviter, si on veut se placer dans une démarche de coopération créative, c'est de dire ce que l'on veut. Mieux vaut seulement placer quelques balises, pour indiquer ce que l'on ne veut pas, et ensuite laisser faire.** Cette rencontre n'a pas été seulement fluide et facile. Elle a provoqué un état d'excitation créative de part et d'autre car nous découvrions que cette coopération permettait de réaliser beaucoup de petites choses que nous n'avions pas pu faire auparavant. **C'est le moment intéressant où elle s'est dit « avec lui, je peux le faire » et où je me suis dit « avec elle, je peux le faire »,** cela nous a aidés à nous libérer de nombreux fantômes que nous ne savions pas où ranger.

*Comment trouvez-vous le désir de poursuivre votre démarche de création, où puisez-vous l'énergie ?*
Il y a un moment où on essaye de construire, comme pour une maison. Ensuite, on a l'impression que la maison est construite, et donc qu'il faut vite en construire une autre. Comme on en a déjà construit une dont on est assez satisfait, on essaie d'en construire une autre différente. C'est une sorte de défi. **L'idée de défi apporte beaucoup d'énergie.** C'est ce que je montre sur scène où on voit un bonhomme qui tombe sur scène et qui se relève, jusqu'au jour où je ne me relèverai pas. Comme Hamlet.

## Pratiquer la coopération créative

La société SODEXHO, qui compte parmi les leaders mondiaux dans son activité, ressemble fort à une hyperentreprise. Elle a fait de la coopération créative le moteur de son développement autour de trois valeurs : l'esprit de service, l'esprit d'équipe et l'esprit de progrès. Les critères de recrutement de SODEXHO se basent essentiellement sur ces trois valeurs qui nourrissent une dynamique permanente d'échange et de coopération créative, stimulée par **des forums de l'innovation accessibles à tous les collaborateurs et au plus grand nombre de clients.** Ces forums sont organisés au plan national, par activités, et au plan mondial. Les collaborateurs entrepreneurs et innovateurs sont considérés comme responsables : leurs innovations doivent être approuvées par des témoignages de clients, assorties d'un plan marketing et d'un compte d'exploitation prévisionnel qui estime la rentabilité de l'innovation. En participant personnellement à ces forums, **Pierre Bellon**, PDG de l'entreprise, pratique à sa manière **l'autorité esthétique.** L'entreprise valorise ses managers et collaborateurs entrepreneurs, ce que reconnaît un délégué syndical et gérant de restaurant, interviewé par l'organisme français dédié aux conditions de travail (Agence nationale pour l'amélioration des conditions de travail − ANACT)[1] : « *Il faut reconnaître au groupe sa capacité à faire évoluer rapidement en interne les salariés : quelqu'un d'innovant peut y trouver sa place, car sa propension à s'adapter aux changements sera remarquée et valorisée.* » Chez SODEXHO, les valeurs autour desquelles la coopération et le développement s'organisent sont simples et claires. Grâce à ces valeurs, SODEXHO dépasse les aspects fonctionnels de son service pour rendre la vie de ses

---

1. *In* dossier « Création de valeur. Solliciter toute l'organisation ? » revue mensuelle *Travail et changement*, Anact, n° 278, juin 2002.

clients plus agréable, par exemple en créant une atmosphère d'humanité sur les « bases vie » de plate-formes pétrolières, dans un environnement physiologiquement et psychologiquement éprouvant. Le génie de SODEXHO est de les mettre en pratique dans une multitude d'expériences quotidiennes et de favoriser ainsi le lien social.

## Du lien culturel au lien social, l'art peut stimuler les partenariats public-privé

Nées pour coopérer de manière intelligente avec leur environnement, les hyperentreprises ont tout à gagner à organiser des échanges créatifs approfondis avec les acteurs de l'environnement, qui peuvent comporter des dimensions innovantes de confrontation de point de vue, de coproduction d'idées et de déplacement vers les lieux de vie ou d'activité de ces acteurs. L'utilisation d'attitudes, de démarches et de méthodes de l'art et du design contemporains permet d'amplifier le rendement de ces démarches, de provoquer une adhésion par la participation active et conjointe des acteurs de l'environnement et de l'entreprise et de sortir efficacement des sentiers battus. Le partage d'expériences de création, l'échange avec des artistes, la simple présence d'œuvres d'art dans les entreprises ou leur création *in situ* provoquent le questionnement partagé, le débat et l'accroissement de la connaissance. L'exemple de la société VACANCES BLEUES, spécialisée dans les loisirs pour seniors et basée à Marseille, offre un excellent exemple de ce type d'approche, conduite à l'initiative de son président, **Christian Carassou-Maillan** : la collection d'œuvres d'art contemporain de l'entreprise est installée dans les bureaux et les hôtels où elle fait l'objet d'une appropriation active par les employés et donne lieu à des discussions internes plutôt animées. Deux fois par an, les bureaux sont transformés en lieux d'exposition et l'entreprise accueille un ou deux artistes. Les œuvres s'immiscent un peu partout dans les locaux. Un prévernissage est organisé avec les salariés en présence des artistes. *« Quand l'exposition est finie, chaque salarié négocie l'œuvre qu'il aimerait avoir dans son bureau. Au début, c'était un peu difficile à faire admettre, aujourd'hui, c'est devenu une demande de l'intérieur. Cela fait dorénavant partie de la culture de l'entreprise. Notre démarche participe aussi d'un travail plus global sur l'image de la ville, liée à une démarche* *citoyenne et un engagement auprès de jeunes artistes.* »[1] Le lien culturel qui se tisse à l'occasion de telles initiatives, y compris à travers des confrontations de points de vue opposés, favorise le développement de l'innovation dans tous les domaines, mais aussi du lien social dont de nombreux responsables déplorent la tendance à se déliter. On **oublie trop souvent qu'il n'y a pas de lien social possible sans lien culturel.**

À l'échelle de systèmes complexes, comme par exemple des quartiers de villes où interagissent les entreprises privées, les associations, les collectivités et les administrations, l'art et les artistes ont un rôle encore plus essentiel de **médiation** à jouer pour tisser ou retisser les liens sociaux. Dans ce contexte, où les sources des innovations et les gisements de connaissance deviennent difficilement repérables et impossibles à attribuer clairement à l'un ou l'autre des acteurs en présence, les concepts de privé et de public ne s'opposent plus strictement. Les « partenariats public-privé » offrent aux personnes morales un champ de possibles pour « faire autrement » : inventer des solutions innovantes et efficaces à des problèmes complexes. Les solutions évoquées ici émergent à la croisée des compétences, des énergies et des imaginaires des acteurs, à l'instar des créations artistiques collectives. Elles n'existeraient pas sans la confrontation des points de vue et la découverte des talents des uns et des autres qui souvent ne se connaissent pas. Il n'est donc pas à craindre, de la part de l'un ou l'autre des acteurs, de perdre ses prérogatives ni son âme. En revanche, tout est à gagner pour le collectif dans un supplément d'innovation et la naissance d'initiatives inédites aux frontières de coopération impensables et impossibles sans la mise en interaction des partenaires publics et privés. Comme dans bien d'autres domaines, les artistes contemporains ont été pionniers en matière de démarches transdisciplinaires… Par ailleurs, ils sont par nature des assembleurs de talents au plan technique, de l'organisation, des valeurs éthiques et esthétiques, du leadership, du management et des financements, tant au niveau des micro-entreprises des artistes indépendants que de la production d'œuvres complexes pour les artistes créateurs d'environnements ou les metteurs en scène de théâtre et de cinéma artistiques. L'action des artistes a donc toute sa place pour susciter l'effervescence créative au

---

1. Extraits d'un article de *Zéro deux à Marseille*, revue d'actualité artistique, été 2005 et de l'entretien accordé par Christian Carassou-Maillan à cette occasion.

croisement des enjeux collectifs et des désirs individuels dans des domaines complexes comme l'urbanisme, l'habitat, l'emploi, l'écologie… : sensibilisation de décideurs publics et privés aux dimensions esthétiques et éthiques qui traversent des projets dans toutes leurs dimensions, développement des qualités de l'habitat, des lieux d'activité sociale et économique et des circulations, autre regard porté par les citoyens sur leur lieu de vie, sur leurs conditions d'existence et sur leur relation aux autres, sentiment d'être ensemble et de participer au développement de sa ville et au mouvement du monde. Les possibilités sont immenses et encore largement sous-exploitées, alors que les questions complexes d'aujourd'hui nécessitent des approches concrètes et créatives, capables de prendre en compte des dimensions inaccessibles aux seules réflexions théoriques et analytiques.

Des initiatives prometteuses voient pourtant le jour, grâce à de véritables entrepreneurs de la chose publique : au musée des Abattoirs de Toulouse, **Pascal Pique**, directeur des arts contemporains au moral d'entrepreneur, organise des expositions en relation avec la ville et avec le tissu régional. À l'occasion d'une exposition de l'artiste français **Joël Hubaut**[1], il invite par voie de presse les Toulousains à apporter au musée des objets de couleur rose, que l'artiste assemble pour composer une œuvre-parcours monumentale et interactive de plusieurs étages, où chacun est invité à questionner la couleur rose et à en découvrir les connotations infinies, parfois sinistres[2], au-delà des interprétations formatées par le conditionnement ambiant. Ce faisant, il ouvre le musée sur la ville et il initie avec humour les citoyens à l'art contemporain. Le journal régional consacre sa une au vernissage, ce qui eut été impensable sans cette ouverture vers les citoyens. Poussant plus loin le rapport intersubjectif, Pascal Pique crée avec son compère **Patrick Tarrès** le premier festival international d'Art contemporain chez l'habitant, dans le petit village de **Fiac**, au cœur du Tarn[3]. Chaque année, dix artistes sont invités à créer une œuvre au domicile de dix habitants, chez eux et avec eux. Les habitants eux-mêmes reçoivent les visiteurs le temps d'un week-end et leur expliquent leur démarche conjointe avec l'artiste. Le projet a souvent

---

1. « Psyclom-Clom ePideMik CYberPink », été 2001.
2. Le rose était la couleur des insignes que les nazis obligeaient les homosexuels à porter.
3. www.afiac.org.

nécessité plusieurs semaines de coopération entre les habitants et les artistes. Un lien inédit se crée entre le lieu, la mémoire de ses habitants, l'intention de l'artiste et les visiteurs. Le même type de liens créatifs pourrait fort bien se tisser entre des organisations publiques et des entreprises pour stimuler l'imaginaire collectif, par exemple sur des bassins d'emploi ou dans des quartiers de ville à dynamiser.

Les écoles de management s'intéressent désormais aux démarches interdisciplinaires, qui seules permettront de décloisonner les énergies créatrices pour dépasser les problèmes fonctionnels immédiats et traiter les problèmes complexes. En organisant « Teamwork, l'art comme travail d'équipe », avec la complicité de l'artiste partenaire **Daniel Firman**, HEC a mis en exergue cette qualité de création, à deux ou à plusieurs, typique des artistes qui peut inspirer les managers contemporains. Sur son campus de Jouy-en-Josas, la prestigieuse école de commerce a accueilli en 2002 une partie de la collection d'art contemporain de la Deutsche Bank. Confrontations, relations symbiotiques, juxtapositions d'identités (l'artiste Arnulf Rainer et un singe), partage d'espaces donnent à explorer les formes les plus variées de collaborations artistiques. Les complicités ou tensions extrêmes présentées par certains artistes démontrent que toute coopération est susceptible d'accélérer le processus créatif et d'amplifier son rendement.

### Daniel Firman témoigne :

*« J'ai réalisé une sculpture furtive avec le soutien de l'ONERA.*
*Tout a commencé avec le rapprochement formel que j'ai opéré*
*entre la forteresse de Salses et l'avion furtif américain F-117. »*

**Artiste, entrepreneur et chercheur, Daniel Firman concilie compétences publiques et privées.**

« Je suis entrepreneur indépendant, profession libérale. Une étape importante est le montage financier d'un projet. Il est rare qu'on ne travaille pas avec un lieu qui produise une œuvre. L'investissement sur les productions est de plus en plus lourd à cause des technologies employées. Mais le lieu n'est pas forcément un lieu artistique. J'ai réalisé une sculpture furtive avec le soutien de l'ONERA[1]. Tout a commencé avec le rapprochement formel que j'ai opéré entre la forteresse de Salses, dans le Sud de la France, une machine de guerre sophistiquée et avant-gardiste qui a été conçue au

---

1. Office national d'études et de recherches aérospatiales.

XV$^e$ siècle de manière à voir sans être vu, et l'avion furtif américain F-117. Les outils technologiques de l'ONERA ont confirmé mon intuition et nous en sommes venus à créer une sculpture furtive, visible à l'œil nu, mais totalement indétectable par un radar. C'est possible ! Les compétences de la recherche publique ont croisé ma démarche d'artiste privé.

Le fonctionnement des artistes est pluriel. Leur positionnement est à la fois public et privé. Notre marché est à la fois subventionné et promotionné par l'institution. Cela génère un dialogue très étrange entre le privé et le public, qui s'influencent mutuellement. Un certain milieu de l'art met en avant un artiste. Ce qui génère des achats par les collectionneurs affiliés. Dans l'art, il n'y a pas de stratégie de marché. Si on respecte l'éthique de la création artistique, on ne peut pas dire « je vais faire tel objet qui aura un débouché ». En revanche, je sais à l'avance si l'objet peut être installé dans un habitat privé ou réactivé par une institution de type musée. Personnellement, j'utilise un savoir expérimental. Il y a trois catégories d'artistes, les stylistiques, les obsessionnels et les chercheurs. J'appartiens à cette dernière catégorie. Je suis dans une problématique de l'objet, de la sculpture. Je cherche comment, à partir de rien, de schémas archaïques, on peut faire basculer les choses dans des domaines très pointus : ouverture à des questions complexes au carrefour de différents savoirs. Je travaille dans un processus permanent de production. Les *Gathering,* œuvres présentant des personnages grandeur nature avec des objets sur la tête, ont été achetés par un collectionneur privé. Je fonctionne beaucoup par la vente de pièces. Mon chiffre d'affaires est équilibré entre collections privées et publiques. L'artiste cherche évidemment à susciter un intérêt d'acquisition. Mais ce qui m'intéresse, c'est de susciter **le désir de vivre avec des pièces** (des objets *pensés*) et non de les posséder (des objets *fonctions*). Il est important d'arriver à imposer des formes qui émergent plastiquement dans l'espace. C'était une faiblesse française dans les années soixante-dix. Travailler sur la forme, c'est crucial, c'est la force d'impact de l'art. La limite, c'est l'éthique, au cœur de la démarche de l'artiste : le regard qu'il pose sur les choses, la cohérence de la forme avec le contenu, le point de vue, l'attitude de l'artiste, pour ne pas réduire la démarche à une simple manipulation de formes.

Le mode de production est affilié à l'exposition. Je travaille sur fonds propres ou avec l'aide d'un acheteur qui s'engage sur l'acquisition de la pièce. L'aspect économique fait partie de l'œuvre. **Je peux tirer un parti créatif de la contrainte économique** : je monte les projets en conscience des moyens qu'on peut engager. L'économie des artistes est une des choses les plus abstraites : on jongle entre des modes de rentrée très divers : produit des ventes des œuvres, auxquels s'ajoutent enseignement, conférences... »

Daniel Firman, *Color safe*, une œuvre de la série « Gathering », 2003
© Daniel Firman

La capacité des artistes, dont témoigne Daniel Firman, à concilier cultures, contraintes et financements publics et privés, tout en préservant les qualités éthiques et esthétiques de leurs œuvres, devrait non seulement conduire à les associer plus étroitement aux projets croisant enjeux publics et privés, mais également conduire les managers entrepreneurs agissant dans ce champ à s'inspirer de leurs pratiques d'excellence.

## ◯◯◯ Étudier une performance complexe
mise en scène par un artiste contemporain

Réalisée au Consortium[1] de Dijon, *Snow dancing*[2] est une performance de l'artiste français **Philippe Parreno**, qui dure une nuit, un jour et une nuit, et met en scène un certain nombre de services coproduits par les visiteurs de l'œuvre – par exemple faire sculpter par un cordonnier ultrarapide des semelles de chaussures personnalisées, où est gravé le slogan de son choix, que l'on peut ensuite imprimer sur le sol en marchant sur une mousse craquante. Ces services, comme l'ont relevé les étudiants du master de management des activités de services de l'IAE d'Aix-en-Provence à qui je demande d'étudier le cas, *« permettent à chaque personne de se faire sa propre représentation, de ressentir des émotions et d'éprouver les joies de l'intersubjectivité. Snow dancing sollicite une faculté de créativité constante. La relation humaine est à la base des actes de chacun, des échanges, dans un rapport d'égalité. On y travaille plus sur la relation que sur une personne ou un objet et une forte dynamique est entretenue entre le passé, le présent et le futur, le sens de cette œuvre participative et éphémère étant de donner forme aux traces, aux stigmates d'une activité humaine. Snow dancing met en scène une communauté humaine, ce que d'aucuns appelleraient une tribu, on y recycle des matières, on modifie un espace dans une logique de fiction basée sur une connaissance très fine des relations de l'entreprise de service à son environnement. »* L'atout de telles œuvres, outre l'emphase qu'elles mettent sur des traits marquants, des postures et attitudes qui intéressent les entrepreneurs contemporains, c'est qu'elles agissent aussi comme des **stimulateurs d'idées**. Les étudiants de l'IAE y trouvent matière à imaginer une multitude de nouveaux services originaux, l'intérêt d'une œuvre d'artiste étant qu'en tant que structure « ouverte » au questionnement, **elle stimule la créativité plus qu'elle ne la restreint**. Bien loin de l'éteindre, rencontrer le désir de l'autre stimule notre propre désir[3].

1. Le Consortium est un centre d'art contemporain parmi les plus dynamiques en France, fondé sur des financements publics et privés.
2. À l'origine, *Snow Dancing* est une nouvelle publiée aux éditions G.W. Press à Londres en 1995, puis adaptée la même année sous la forme d'une performance/exposition au Consortium. Le texte français de la nouvelle figure dans le recueil de textes de Philippe Parreno réunis sous le titre *Speech Bubbles* et édités aux Éditions Les Presses du Réel, 2001.
3. Sur le désir dans la relation entre l'entreprise et ses clients, voir l'excellent ouvrage de Marie-Claude Sicard, *Les ressorts cachés du désir, op. cit.*

## Provoquer les ruptures créatrices

Inventer le navire à voile ou à vapeur, c'est inventer le naufrage. Inventer l'automobile domestique, c'est produire le télescopage en chaîne sur l'autoroute. Faire décoller le plus lourd que l'air, l'avion mais également le dirigeable, c'est inventer le *crash*, la catastrophe aérienne. Panne des systèmes informatiques, bouleversement économique des marchés financiers : soudain, avec le krach boursier, c'est la face cachée des sciences économiques et des techniques de cotation automatiques des valeurs qui émerge, tel l'iceberg du Titanic, mais cette fois simultanément à Wall Street, à Tokyo comme à Londres, par l'effet de connexion des réseaux. Ainsi pour Aristote hier comme pour nous aujourd'hui, si *« l'accident révèle la substance »*, c'est bien « ce qui arrive » − *accidens* − qui est une sorte d'analyse de « ce qui est en dessous » − *substare* − de tout savoir. Dès lors, affirme l'urbaniste **Paul Virilio**, « *se battre contre les dégâts du progrès, c'est avant tout découvrir la vérité cachée de nos réussites* »[1]…

Les managers contemporains, immergés dans l'hypermonde technologique, tirent parti des innombrables accidents du quotidien pour générer des idées nouvelles. En cela, les pratiques des artistes peuvent être une inspiration utile pour « faire autrement ».

### S'ouvrir à la rêverie et tirer parti des aléas

L'exemple des artistes aux prises avec un incident imprévisible démontre aux entrepreneurs contemporains tout l'intérêt de garder une certaine souplesse dans leurs intentions face aux résistances et aux incertitudes du réel. La capacité des artistes à circuler librement à travers les multiples niveaux différenciés de la conscience est intéressante, en tant qu'elle s'insère dans une planification souple. Ainsi, un sculpteur peut modifier son projet à cause du grain de bois ou des détours rebelles de ses fibres.

Dans son ouvrage de référence sur **Francis Bacon**, **John Russell**[2] fait la description du processus de cet artiste dont la cote était la plus élevée pour un peintre contemporain au moment de sa mort, en

---

1. Paul Virilio, *Ce qui arrive*, Fondation Cartier pour l'Art contemporain, Paris, 2003.
2. John Russell, *Francis Bacon*, Éditions Thames & Hudson, Londres, Paris, 1994 pour la traduction française.

1993. Francis Bacon peignait « *de manière incisive et nerveuse, jetant de rapides coups d'œil à gauche et à droite, comme si, à travers les murs devenus transparents comme les cloisons d'une cage, allait surgir à portée de ses griffes quelque créature bonne à attraper* ». La posture du chat prêt à bondir ressemble à sa technique picturale. « *Nous ignorons tout de la psychologie du chat pendant son guet, mais nous en savons assez sur la rêverie pour être certains que, dans le cas de Bacon, il s'agit d'une activité intentionnelle et constructive.* » L'attention active et flottante de Bacon symbolise ce que quelques années plus tard, **Anton Ehrenzweig** allait qualifier d'observation inconsciente, « *celle qui nous aide à établir des correspondances et à faire des découvertes dont nous prive "l'attention normale", ajustée et concentrée* »[1]. C'est une expérience des plus communes et des plus universelles dans la vie quotidienne : si nous oublions momentanément quelque chose, nous ne pouvons pas nous le remémorer en fronçant les sourcils et en nous concentrant ; mais si, au contraire, nous détournons notre attention et si nous laissons flotter notre esprit, la chose que nous cherchions remontera d'elle-même à la surface. Ehrenzweig proposa de considérer que ce qu'on avait appelé auparavant le « chaos de l'inconscient » est en réalité « *une structure sérielle, d'une beauté et d'une complexité suprêmes, accessible à la seule vision inconsciente* ». Le nom familier de cette structure indifférenciée de la vision inconsciente qui repose sur la décision de ne pas forcer, de ne pas anticiper, de ne pas nouer et dont l'artiste a besoin, c'est la « rêverie ».

Si le cinéaste américain **David Lynch** est devenu un réalisateur de films cultes, reflets exacerbés de l'esthétique de notre époque, on connaît moins sa vocation initiale de peintre. Écoutons-le parler de son processus créatif : « *Dès qu'on donne des tas de coups de pinceau, tout devient très différent. Ce n'est plus la peinture qui parle, mais beaucoup trop le peintre. Il faut donc laisser les accidents et les bizarreries – les laisser travailler afin d'obtenir une espèce de qualité organique. J'admire les gens qui ont une idée et qui peignent cette idée. Ça ne pourrait jamais, mais jamais m'arriver. Dès que je commence à peindre, ça devient tout de suite quelque chose d'autre. (Plutôt qu'une écriture automatique), ce serait plutôt comme prendre des bouts de textes qu'on a écrits, ou même que quelqu'un d'autre a écrits, les hacher menu et ensuite les réarranger au hasard, puis les jeter comme certains le font, et puis lire ce que ça donne ; ça peut être extraordinaire. Ça*

---

1. John Russell, op. cité.

*peut donner naissance à quelque chose de nouveau. Il faut toujours laisser la porte ouverte à d'autres forces pour qu'elles agissent. Quand on est seul, écrire simplement ce qui vous passe par la tête, ça peut être très limité. Il faut, d'une certaine façon, ouvrir, tout jeter et laisser intervenir d'autres choses. Cette méthode fait naître plus d'idées, et elle peut donner des résultats incroyables.* »[1]

On reconnaît l'artiste à celui qui incorpore immédiatement l'accident dans sa planification, sans qu'on puisse le distinguer de son projet plus intentionnel. Une peinture du peintre français **Utrillo** intrigue souvent à première vue. Elle représente une communiante à la robe grise. On raconte que lorsque Utrillo peignit ce tableau, il avait sa palette à la main et une cigarette à la bouche. Des cendres tombèrent dans la peinture blanche et lui donnèrent une étrange coloration grise. Utrillo comprit immédiatement le parti qu'il pouvait tirer de cette intervention du hasard pour donner cette étrangeté qui intéresse autant les regardeurs de son œuvre aujourd'hui.

Les artistes vont jusqu'à générer l'accident pour faire apparaître des points de vue nouveaux et à utiliser la fiction pour le dédramatiser. Est accidentel en ce sens « *tout ce qui dans le médium ne se conforme pas à la planification préconçue de l'artiste, ce qu'il ressent comme totalement étranger et qui échappe à son contrôle* »[2]. *Réaction sensible et rétroaction instantanée font qu'il y a application de décisions toujours nouvelles et c'est cela qui distingue* « *le talent d'une exploitation irresponsable de l'accident* »[3].

En revanche, l'étudiant rigide ou le manager trop enclin à exercer un contrôle absolu risquent de transformer un incident imprévisible en « accident » frustrant. Ils se privent alors de la stimulation créative offerte par cette contrainte. À l'instar des artistes qui apprennent par un « balayage inconscient » à contrôler les complexités infinies de l'art, c'est donc en apprenant une posture tempérée entre contrôle, écoute et rêverie que les managers contemporains accèdent à l'ordre caché de l'entreprise et apprivoisent l'incertitude que les gestionnaires leur présentent souvent sous la forme d'un risque. Les managers

---

1. David Lynch, *Entretiens avec Chris Rodley*, Éditions Cahiers du Cinéma, Paris, 1998.
2. Anton Ehrenzweig, *L'ordre caché de l'art. Le motif fécond et l'heureux accident – maîtriser l'œuvre*, Gallimard, 1974.
3. *Ibid.*

entrepreneurs tirent parti de tous les évènements et aléas – perte d'un client ou d'un fournisseur stratégiques, départ d'un collaborateur, commande inédite et imprévue, impasse technique, attaque d'un concurrent, changement de réglementation –, comme autant d'opportunités pour rebondir et innover.

## Éviter de répéter les recettes

L'artiste américain « **Robert Rauschenberg** *rappelle la révélation qu'il eut en voyant son professeur déchirer sa composition appliquée et en rassembler les morceaux au hasard. Mais une telle fragmentation physique ne produirait plus aujourd'hui ni choc, ni révélation. Les méthodes de dessin fondamental, même quand elles usent de ce genre de disruption, mènent à des résultats pleinement prévisibles dont on peut voir des exemples partout dans les galeries d'art commerciales* ». Le problème est que « *dès que l'étudiant s'est familiarisé avec leurs effets, ils perdent leur ancien effet disrupteur et s'intègrent facilement à sa planification* »[1].

L'art connaît donc le risque de la répétition stérile, comme n'hésitent pas à le souligner, souvent avec excès, certains chroniqueurs.

Pour contrer toute dérive vers la facilité, le spécialiste de l'art **Anton Ehrenzweig** stipule, en pensant aux étudiants en arts : « *Le professeur doit imaginer une nouvelle situation, assez étrangère, pour priver l'étudiant d'une solution toute faite.* »

### ⦿⦿⦿  Renoncer à ce qui a assuré son succès

Comme les artistes, les entrepreneurs, même les plus talentueux, sont sujets à la tentation de répéter les recettes du succès et de s'enfoncer dans les ornières de la routine. Après avoir exploité au maximum les effets de leurs stratégies de rupture créative, des entreprises considérées comme les plus innovantes, telles **SONY** dans les années 1980 ou **NOKIA** dans les années 1990, ont fait face à des challengers qui les ont remises en question comme **SAMSUNG** ou **LG**, mais aussi à des acteurs traditionnels comme **MOTOROLA**. Au tournant des années 2000, l'entreprise américaine basée près de Chicago n'a pas hésité à casser son propre modèle et à sortir des sentiers battus en introduisant une importante force de frappe de jeunes desi-

1. Anton Ehrenzweig, *L'ordre caché de l'art. Le conflit créateur*, Gallimard, 1974.

gners missionnés pour bousculer les formes du passé. Cette stratégie s'est révélée payante, le déclin des ventes ayant été enrayé. Les stratégies de rupture gagnantes des managers perdent donc de leur pertinence si elles sont trop répétées. C'est ce qui est arrivé à BENETTON, explique **Frédéric Fréry**[1]. Pour se développer dès les années cinquante et soixante, le fabricant italien s'appuie en effet sur une structure virtuelle. À l'époque, la famille Benetton ne détient pas les ressources financières indispensables à la mise en place d'une organisation capitaliste intégrée. En dehors du contrôle exclusif de l'étape de la teinture en plongée, BENETTON utilise trois types de mécanismes de substitution : l'intégration logistique, l'intégration médiatique et l'intégration culturelle. Cette stratégie de rupture s'avère gagnante durant deux décennies. L'intégration culturelle de BENETTON repose notamment sur un travail intensif avec artistes et designers à la *Fabbrica*, espace de coopération avec des artistes et des designers en résidence sur les lieux mêmes de l'entreprise. Durant une longue période, l'ensemble des entreprises de la galaxie BENETTON se reconnaît dans cette coopération créative. La partie visible de cet investissement culturel est notamment la coopération étroite avec l'artiste photographe **Oliviero Toscani**, qui traduit un engagement réel de l'entreprise dans les problématiques du monde contemporain, exaltant la fraternité et l'antiracisme. Réunissant les mythes de différentes cultures (Jeanne d'Arc aussi bien que Marilyn Monroe), valorisant l'égalité des races à travers des photographies présentant une main noire et une main blanche, les campagnes ont un impact inespéré, mais *HIV Positive* et *Nous dans les couloirs de la mort* apparaissent progressivement comme des provocations pour une partie du public, alors qu'elles sont encensées par d'autres. Soulignons que l'alchimie entre la démarche artistique, l'engagement culturel et citoyen et les campagnes publicitaires n'a jamais, bien au contraire, d'effet néfaste sur les ventes, comme en attestent les chiffres, BENETTON ayant créé une relation de reconnaissance mutuelle avec une partie importante du public. C'est à cause de la réprobation de communautés et de lobbies que les distributeurs de la marque, notamment SEARS aux États-Unis, poussent Luciano Benetton à abandonner le partenariat avec un artiste dont les œuvres furent exposées à la biennale de Venise en 2001. L'intégration culturelle connaît ainsi une limite… culturelle car sur le plan financier, la puissance des photographies artistiques et le fracas médiatique qu'elles

---

1. Frédéric Fréry, *Benetton ou l'entreprise virtuelle*, Vuibert, 2002.

provoquent ont permis au groupe de dépenser seulement 4 % de son chiffre d'affaires en publicité (y compris les honoraires d'Oliviero Toscani) contre 6 à 7 % pour ses concurrents.

Parvenu aux limites de la répétition d'une stratégie de rupture géniale, Luciano Benetton remet le modèle en question et crée une nouvelle rupture inattendue. Au cours des années quatre-vingt-dix, autant l'intégration logistique et médiatique que l'intégration culturelle d'un gigantesque réseau montrèrent leurs limites. **L'utilisation systématique des ressources initiales du succès** finit par assécher le potentiel d'innovation et la variété des compétences, au moment où ZARA, THE GAP ou H&M entament gravement sa position concurrentielle. En réaction à la dérive de ses trois modes d'intégration, BENETTON fait le choix, à partir de 2000, d'une solution de rupture extrême : tourner le dos au modèle virtuel, un modèle né en partie du hasard et de la nécessité pour acheter et prendre le contrôle direct de l'œuvre de sa vie, la chaîne de valeur qui l'a porté au succès. Par cette opération symbolique magistrale, **Luciano Benetton** prend à revers l'ensemble de ses concurrents et observateurs. Entre 2000 et 2004, BENETTON investit plus de 750 millions d'euros dans l'ouverture de megastores. Même si ce retournement s'avère difficile – les ZARA et autres concurrents sont aujourd'hui prêts à dépasser le maître –, le geste de Luciano Benetton est typique de la capacité de l'entrepreneur à créer une rupture créatrice. *« Depuis les Twin Towers,* déclare le directeur de la publicité Paolo Landi, *on ne peut plus se servir de la publicité de la même façon et ce qui choque n'est plus la même chose : aujourd'hui, ce sont les décapitations en Irak. »*[1]. Aussi BENETTON, toujours fidèle à son engagement international, réalise-t-il une nouvelle campagne, *Food for life*, conjointement avec le World Food Program, agence des Nations-Unies qui lutte contre la faim dans le monde.

## ◯ L'Université de Service ®
### – Coproduire le sens de la relation avec les autres : clients, collaborateurs, partenaires, acteurs de l'environnement

L'Université de Service utilise des processus inspirés de l'art contemporain pour faire imaginer une nouvelle relation de service aux dirigeants, aux managers et à leurs collaborateurs, entre eux, avec leurs clients et leurs partenaires. Partant du principe que dans l'entreprise de service, l'action symbolique du centre crée un effet de transfor-

---

1. *In* « Benetton voit grand », *Le Figaro,* édition du jeudi 16 septembre 2004.

mation vers la périphérie par effets de résonance[1], ENTREPART propose à un groupe de responsables, en commençant par les dirigeants, de participer à un travail commun sur l'essence du service et sur les attitudes solidaires à développer. Le défi est de créer un mouvement de coproduction du sens de la relation avec les clients. La dimension du partage des connaissances, des pratiques et des sensibilités est centrale. Ce partage contribue à forger un lien social et culturel entre les personnes de l'entreprise, entre elles et avec leur environnement.

L'Université de Service s'appuie sur les moyens offerts par le théâtre contemporain (des corps en mouvement dans un espace et des acteurs d'une mise en scène, plutôt qu'un texte appris et répété) pour faire vivre, mettre en scène et imaginer la transformation de l'expérience de service à une équipe de managers. Le groupe exploite activement le matériau (textes de dialogues) pris mot pour mot sur le vif, schémas, croquis, photos tirés de situations réelles et assortis des éléments du contexte, comme ceux présentés dans le diagnostic REV', diagnostic qualitatif des formes du service réalisé en immersion dans des situations réelles. Les participants jouent les situations décrites selon certains principes de mise en scène, puis travaillent sur le futur, la relation de service souhaitée, en mobilisant les ressources de leur imaginaire. Le séminaire permet aux participants d'explorer par le mouvement de leur intellect, de leur corps et de leur esprit des attitudes et comportements propres au service comme l'écoute, le regard sur l'autre, la prévenance, le soutien... et donc de produire un commencement de mémoire vivante. Les dirigeants et leurs collaborateurs utilisent les ressources de leur imaginaire pour inventer une nouvelle relation de service où ils rencontrent non pas les besoins, mais les désirs de leurs clients. En croisant les ressources du théâtre contemporain et les audaces des entrepreneurs, l'Université de Service permet de s'affranchir d'une transaction de service entre clients et collaborateurs, limitée à la réponse aux besoins contractuels, pour développer toute la richesse d'une relation entre personnes capables de désir et d'invention, qu'elles appartiennent à l'entreprise, qu'elles soient clientes ou qu'elles agissent en tant que fournisseurs ou partenaires.

1. Nous faisons référence ici au concept de « fluctuations fugitives » de l'architecte urbaniste Adrien Sina, qui met en scène les effets de résonance positive d'actions chargées de sens (www.adrien-sina.net).

## La synthèse avec Michel Maffesoli :

*« Les entrepreneurs les plus performants sont capables d'intégrer le ludique, l'imaginaire et l'onirique à côté de la raison. »*

Le directeur du Centre d'études sur l'actuel et le quotidien, professeur de sociologie à l'université Paris-V, annonce la naissance d'une ère basée sur le concept d'harmonie conflictuelle.

*Partagez-vous l'hypothèse de cet ouvrage, à savoir qu'entrepreneurs et artistes ont intérêt à échanger pour faire face aux mutations des sociétés contemporaines ?*

Nous revivons aujourd'hui le XV$^e$ siècle, où **Léonard de Vinci**, ingénieur et artiste, cristallisait ce qui était dans l'esprit du temps. La vraie création artistique ne vient que du bas et non pas des élites car elle cristallise l'air du temps. Proches du terrain concret, les patrons sont plus subtils que les hommes politiques pour capter et cristalliser l'esprit du temps. La corrélation entre art et entreprise redevient essentielle en cette période, justement pour cela.

*À beaucoup de chroniqueurs, notamment dans le domaine du management, la période actuelle paraît chaotique. Quel est votre point de vue ?*

Ce qui est frappant chez les jeunes aujourd'hui, c'est la nécessité d'un désordre sous-jacent, qui se manifeste notamment dans la musique rock, techno, les free parties… pour vivre le quotidien dans une sérénité surprenante. Les jeunes n'ont pas la même inquiétude que leurs aînés. C'est un paradoxe d'aujourd'hui que cette sérénité issue du désordre. Il existe pourtant des sources théoriques solides à l'appui de ce paradoxe apparent. Je pense au mathématicien **René Thom**, théoricien des catastrophes ou à **Susan Condé**, qui par ses travaux sur l'art fractal offre la forme la plus fine d'analyse du désordre comme étant structurant.

*Est-ce que cela change quelque chose dans la manière d'entreprendre ?*

Les entrepreneurs doivent comprendre d'abord que ce n'est plus le travail qui est essentiel, mais la création. La caractéristique qui va faire qu'une entreprise va marcher, c'est la capacité créatrice des dirigeants et de tous les collaborateurs. Le travail est une modalité particulière de la création, qui se nourrit de créativité. Dans les sociétés humaines, la créativité se manifeste selon trois paramètres : ludique, imaginaire et onirique. La période moderne a considéré que ces trois modalités devaient se cantonner à l'ordre du privé. Dans les entreprises, c'est la logique du 1 % culturel. Or, pour entreprendre aujourd'hui et réussir, ne marche que la mobilisation de ces trois paramètres. Les entrepreneurs les plus performants sont capables d'intégrer les trois, à côté de la raison. Alors que l'air du temps est de faire de sa vie une œuvre d'art, un entrepreneur ne peut être en congruence avec le monde d'aujourd'hui s'il ignore ces paramètres.

*Deux traits que l'on prête souvent à notre époque sont l'aspiration au lien, à la communauté avec l'image des tribus et, par contraste, une forte propension à l'individualisme.*

Sur le premier point, j'approuve totalement et je voudrais mettre en exergue la notion de « reliance », avancée par le sociologue belge **Bolle de Bal** et largement relayée et développée par **Edgar Morin**. L'idée est que là où il y a de la séparation, il y a forcément de la liaison. Cette idée poétique qui affirme qu'il y a *de facto* de la correspondance est très adaptée au monde d'aujourd'hui. Notre éducation ancestrale nous a appris à séparer (analyser, au sens littéral, signifie « couper pour mieux étudier »), nos mythes sont empreints de cette séparation − « *Dieu sépara la lumière des ténèbres* » −, jusqu'à la *spaltung* de l'analyse freudienne. La reliance renvoie à une notion plus orientale de Yin et de Yang, au-delà du champ de notre pensée occidentale. Une piste prospective qui semble pertinente dans notre monde globalisé et complexe est que nous entrons dans une phase où la correspondance est plus efficace que la séparation. Là où toute notre tradition judéo-chrétienne était fondée sur la séparation corps/esprit, nous nous dirigeons au contraire vers une synergie. Tout aujourd'hui renvoie à cette interaction, dans l'évolution des technologies, des flux économiques, des cultures. Un clin d'œil linguistique en passant : en anglais, *reliance* signifie « confiance ». On pourrait en déduire que la reliance nous met en confiance entre nous et avec la terre.

En revanche, pour ce qui est de l'individualisme, je m'insurge, c'est une sottise, un tic de langage, un soupir, une copule. Quand un journaliste ne sait pas quoi écrire, il commence sa phrase par la formule : « Compte tenu de l'individualisme contemporain… » Cela signifie seulement que les gens de nos générations, qui eux sont individualistes, continuent à projeter leurs valeurs modernes, bourgeoises et rousseauistes sur le monde.

Les nouvelles générations sont tout sauf individualistes. Cela va changer la donne pour les entrepreneurs. Au lieu d'être confrontés à des représentants syndicaux, individus bien identifiés et responsables au nom d'un collectif, doté d'un programme de revendications, les chefs d'entreprise se trouveront de plus en plus confrontés à des personnes appartenant à des microtribus ou à des coordinations « visqueuses » et sans aucun programme. Nous entrons dans l'ère du mimétisme absolu.

*Dans un tel contexte, le chef d'entreprise assure-t-il encore une fonction symbolique ?*

Le responsable d'une entreprise exerce toujours un pouvoir symbolique et un pouvoir réel, mais c'est la forme que prend ce pouvoir, la manière de l'exercer qui se transforme radicalement. Ma proposition est la suivante : autant le pouvoir vertical, pouvoir paranoïaque qui écrase, ne marche plus, autant l'autorité, au sens étymologique du terme : « Ce qui fait croître », a de beaux jours devant elle. L'autorité est une forme métanoïaque (placée « à côté », en accompagnement, et non pas « au-dessus ») de l'exercice du pouvoir. Les personnes des nouvelles générations sont en recherche d'autorité. Le « gourou », qui accompagne, guide, enseigne, oriente est la figure paroxystique de l'autorité. Le Japon a trouvé avec les Trésors nationaux vivants un modèle d'autorité métanoïaque, combinant la posture du « vieux sage » et la mise en œuvre de processus de compensation et de fonctions d'initiation.

Autant un individu, fût-il associé contractuellement à l'entreprise, a besoin de pouvoir pour lui indiquer ce qu'il doit faire, autant les microtribus ont besoin d'accompagnement. Ainsi, la topologie du pouvoir n'est plus verticale mais horizontale. C'est le retour du « frère », du « grand frère ». Traditionnellement, dans nos structures occidentales verticales et paranoïaques, le chef peut dire « je sais » et « j'impose », alors qu'une logique métanoïaque émergente fait intervenir une pensée « à côté », **un pouvoir d'accompagnement**.

*Vous opposez la dimension tragique et la dimension dramatique du pouvoir : quelles conséquences en tirez-vous dans la manière d'entreprendre ?*

L'approche dramatique conduit à chercher des solutions définitives, comme des *happy ends*, même si ceux-ci sont éloignés. Dans un univers dramatique, tout le monde pense « on y arrivera, au ciel », c'est l'héritage judéo-chrétien, confirmé par la dialectique hégélienne et couronnée par Marx, qui stipulait que la société ne se pose que des problèmes qu'elle peut résoudre.

Dans la tragédie, il n'y a pas de solution définitive, on va vivre pleinement le problème en recherchant une harmonie conflictuelle. Nous avons atteint un tel degré de complexité des problèmes qui se présentent à nous que nous entrons dans une ère tragique, qui exige de penser qu'il puisse y avoir un équilibre, non pas en résolvant les problèmes, mais en les vivant. **Toute institution ne cherchera plus à résoudre le problème une fois pour toutes mais à faire avec, à se dépatouiller.** Dans le paradigme tragique, on règle un problème d'une certaine façon maintenant, on le résoudra autrement demain ; tout comme on vit avec soi et son contraire, on est ceci et en même temps cela. C'est la fin des lois générales dont est imprégnée toute notre culture occidentale, de Jésus-Christ jusqu'au XIXᵉ siècle. Le raisonnement « thèse, antithèse, synthèse, je dépasse le problème » ne permet plus de répondre aux défis de notre temps. Nous entrons dans une ère orientalisée, non plus de dépassement vers un paradis céleste mais de conjonction des contraires, de structuration de tensions non résolues, ce qui est très important pour les entrepreneurs contemporains.

*Quelles sont les méthodes les plus appropriées pour comprendre et agir dans un tel univers ?*

Ce sont les méthodes qualitatives. Les méthodes quantitatives sont basées sur l'approche d'un individu moyen et stable. Il s'agit d'une mise à distance et d'une représentation dépassées. Aujourd'hui, nous devons agir en termes de présentation et non de représentation. La présentation fait sens par sédimentation et donc la méthode – le mot vient du grec *meta odos*, « on se met en chemin ». C'est donc en fonction du chemin et non d'une cartographie générale de ce qui serait des chemins en général que la méthode se construit. Pour comprendre l'univers tragique d'aujourd'hui, la méthode vient *a posteriori*, quand on a balisé quelque chose par exploration.

## Entrez dans l'expérience

### Pas-de-Calais Habitat se transforme en opérateur urbain, ou comment donner une forme cohérente au nouveau métier complexe de l'hyperentreprise, dans une logique de développement solidaire et durable

En 2002, Pas-de-Calais Habitat commence à travailler sur une nouvelle stratégie de service pour les cinq années à venir. Dans une logique de développement solidaire et durable, l'organisme d'habitat social souhaite investir le champ de la qualité de vie pour ses habitants, domaine où sa capacité d'intervention semble *a priori* limitée, et pourtant...

Tout commence en juillet 2002 par un séminaire de deux jours avec l'ensemble de l'équipe de direction. Un état des lieux est établi dès la première demi-journée. La politique de développement, les apports et limites du système d'écoute des clients, la situation économique et financière de Pas-de-Calais Habitat font l'objet d'un bilan détaillé.

Pour renouveler la vision des dirigeants, ENTREPART propose l'intervention de l'artiste **Jean-Claude Desmerges**. Celui-ci participe à des réunions avec les habitants et passe de longs moments dans les résidences, à différents moments de la journée et de la nuit. Il réalise un film qui présente son point de vue d'artiste, subjectif et assumé comme tel. Ce document met en évidence un certain vide symbolique des espaces urbains. Si les immeubles sont pimpants et les intérieurs coquets, les espaces de circulation découragent la flânerie, la rencontre, le lien social, la convivialité, bref tout ce qui fait le charme d'une vie de quartier.

### Organiser le paysage urbain à l'image de ses habitants

Le film est projeté et donne lieu à des réactions animées de la part de l'équipe de direction. Dans le cadre d'un atelier de création plastique intitulé « Habiter l'autre », l'artiste invite ensuite chaque participant à « fictionner le réel ». De la peinture, du plâtre, des fils de fer, des appareils photos et des ordinateurs capables de dessiner des maquettes sont mis à la disposition de chacun. Le but du « jeu » consiste à se glisser aussi bien dans la peau de personnages vivants (locataire, voisin, gardien d'immeuble, épicier du coin…) que d'objets à animer (abribus, boîte à lettres, container à roulettes) entrant quotidiennement en relation avec les locataires. *« Comment organiser le paysage urbain à l'image des habitants ? »*, telle est la question posée par Jean-Claude Desmerges, qui souligne : « *Le monde ne doit pas s'éloigner des habitants mais il faut aussi qu'ils fassent l'effort de le retenir, en inventant des modèles de sociabilité via une esthétique relationnelle et non pas en reproduisant des modèles préétablis ou convenus.* » Le travail par petits groupes révèle d'innombrables possibilités. Il débouche sur la création d'une résidence où la richesse symbolique des lieux d'habitation, des relations et des circulations stimulerait la qualité de vie.

Le lendemain, démarre un autre travail sur la vision à cinq ans de Pas-de-Calais Habitat. Trois langages sont utilisés. Le langage des chiffres – trouver des indicateurs symboliques de la transformation –, le langage des mots – écrire trois articles publiés dans cinq ans, l'un dans *Le Monde*, un autre dans *Les Échos* et le dernier dans un quotidien régional, qui racontent chacun à leur manière comment Pas-de-Calais Habitat a réussi son pari –, le langage des images – produire des dessins et des photomontages illustrant le résultat atteint. Ces éléments du futur sont ensuite injectés dans un outil de représentation dynamique du chemin de transformation, la Matrice de Vision, et sont croisés avec des éléments – financiers, techniques, commerciaux – issus du passé (d'où venons-nous ?…) et des enjeux du temps présent. À partir de cette tension, l'équipe de direction définit des priorités stratégiques et situe les ruptures « Faire Autrement », les actions de progrès « Faire

Mieux » et les lignes de continuité « Faire Bien ». La construction de la Matrice de Vision laisse entrevoir un nouveau métier, celui d'opérateur urbain.

### Dessiner un portrait de l'opérateur urbain

Dans la période qui suit, après avoir été affiné et formalisé sous forme d'un schéma, le nouveau métier est présenté à l'ensemble des managers. Ceux-ci se déclarent séduits, mais considèrent qu'il s'agit encore d'un concept abstrait. Lors du séminaire suivant de l'équipe de direction, ENTREPART invite donc les managers de l'entreprise à dessiner un portrait de l'opérateur urbain pour lui donner un visage plus concret, toujours en combinant les trois langages : chiffres symboliques, récits et dessins et en explorant les six dimensions suivantes : valeurs, stratégie et modes d'intervention, dynamique, service, management, modes de gestion. Le portrait de l'opérateur urbain qui se dessine est le suivant :

- **Ses valeurs.** C'est un opérateur qui favorise le mélange, **l'échange** des expériences et des cultures et **la rencontre**, et qui pratique **l'équité**. Il retisse du lien entre l'espace public et des histoires vécues, symbolisées par **les bancs publics** qu'il fait refleurir ;

- **Sa stratégie.** C'est une véritable locomotive qui pratique **la veille** permanente et l'écoute intensive. Ce sont ses atouts pour agir toujours avec trois longueurs d'avance. Il pratique l'équité comme atout stratégique pour expliquer ses choix. Il propose une offre globale. Il est **un point de référence** pour ses collaborateurs comme pour tous les oprateurs dont **il inspire** les démarches, sans provoquer alignement ou imitation servile ;

- **Son rythme.** Comme le coureur de biathlon/décathlon, **il adapte** tactiquement son rythme en fonction de la longueur et des difficultés liées à chaque course. Il sait moduler le tempo des projets et **s'imposer des changements de rythme**, au service d'**une vision qui entraîne les autres. Il ajoute une focale à court terme (3 ans)** son systme de prévision qui était jusque-là vissé sur le moyen terme (10 ans) ;

- **Son service.** Il est orienté **vers le lien et la rencontre**, bref la relation au sens profond. Il recherche **l'efficience qui se traduit par un service rapide et de qualité** optimisé d'un point de vue économique. Ainsi, l'opérateur urbain de référence offre **l'essence même du service public** ;

- **Son management.** L'opérateur urbain de référence **prend les choses en main et agit avec courage.** Orienté vers le résultat, il optimise ses moyens sans remettre au lendemain. Tenace, résistant, il sait innover en allant parfois à contre-courant, c'est **un véritable opérateur qui tient ses engagements** ;
- **Son profil de gestion.** Gérer équivaut pour l'opérateur urbain de référence à **anticiper et prévenir les risques.** Sa gestion **rigoureuse** est au service de sa prennité et exige l'implication de chacun. Le symbole de cette gestion est un ratio « dette sur capitaux permanents » maîtrisé.

### L'écoute des habitants oriente les projets urbains

Ce portrait de l'opérateur urbain et sa stratégie sont ensuite présentés à l'ensemble des managers opérationnels de Pas-de-Calais Habitat, par groupes de 40, à l'occasion de réunions participatives d'une journée où ils sont invités à apporter leur propre contribution à la définition du chemin de transformation, avec leur propre Matrice de Vision. En parallèle, les processus de l'entreprise sont redessinés par des équipes transversales et 50 collaborateurs se mettent à l'écoute des clients, à leur domicile, avec la méthode Écoute Active Turbo pour recueillir leurs besoins, attentes et désirs dans leur propre environnement.

Il apparaît au fil de ces travaux mêlant rigueur et créativité que le cœur de métier de l'opérateur urbain est d'offrir un service global, où le développement urbain est partie intégrante du service aux habitants et où l'écoute des habitants oriente les projets urbains. La vision de l'opérateur urbain est celle d'une hyperentreprise qui vit pleinement son utilité à l'autre : ses clients habitants, les élus et les acteurs de son environnement. Ainsi émerge une forme d'entreprise qui assume pleinement son interdépendance avec son environnement et crée la valeur de son service à travers un tissu de relations intersubjectives entre ses collaborateurs, ses clients, ses partenaires et les élus qui administrent les territoires où elle agit.

En juillet 2003, pour donner forme aux qualités de management nécessaires à l'opérateur urbain, ENTREPART fait appel à **Jean-Pierre Raffaelli**, metteur en scène de théâtre, qui propose un travail à partir de textes de l'écrivain autrichien **Kroetz**. Au cours du séminaire, les dirigeants de l'organisme entrent dans la peau de protagonistes qui pourraient être leurs clients. L'univers fictionnel, le travail de mise en scène et les échanges approfondis avec l'artiste après chaque séquence amplifient les prises de conscience par les managers sur les exigences qualitatives de la relation de service et de son environnement fonctionnel et culturel. Ils en tirent des enseignements sur les évolutions de la relation de service à initier, mais aussi sur les nécessaires transformations des relations de management avec les responsables de proximité. Les discussions sont également animées sur la distinction entre la simple « décoration urbaine » trop souvent observée et la nécessaire mise en scène de l'espace de vie urbain.

En parallèle, Jean-Michel Stécowiat et son équipe décident de donner une forme lisible à ce métier et, avec l'aide d'ENTREPART et le concours de l'Association française de normalisation (Afnor), rédigent un document qui prend le nom d'« Accord Opérateur urbain – valeurs éthiques, engagements de service – démarche partenariale ».

La publication officielle de ce document le 5 décembre 2003 démontre à quel point la créativité, poussée jusqu'à la mise en œuvre de processus fictionnels engageant le savoir, l'agir et le sentir de dirigeants, peut se combiner avec une approche d'essence normative pour donner corps à une nouvelle vision d'entreprise et à son déploiement opérationnel.

« *Opérateur urbain, c'est ce que nous sommes aujourd'hui, bien plus qu'un bailleur social, pour répondre aux défis de la vie sociale et urbaine en ce début de XXI^e siècle* », constatent **Michel Vancaille**, président de Pas-de-Calais Habitat, et **Jean-Michel Stécowiat**, son directeur général. Pas-de-Calais Habitat offre aujourd'hui une gamme de logements pour toutes les générations, des célibataires aux personnes âgées en passant par les jeunes couples, en location ou en accession sociale à la propriété. C'est un opérateur qui veut parvenir à une coproduction des services avec et pour les habitants, grâce à un partenariat constructif et équitable associant les élus.

Tout au long de ce travail de 18 mois où se croisent les réflexions stratégiques stimulées par des changements radicaux de points de vue avec les artistes, la définition d'une nouvelle politique, la reconfiguration des processus et du système de management de l'organisme et l'exploration de l'univers des habitants avec la méthode Écoute Active Turbo, une nouvelle représentation du métier, combinée à une nouvelle forme d'entreprise de service, émerge. En regard de l'ampleur du chantier et de la transformation de la représentation du métier qu'il a permis, le délai global apparaît finalement court, les interventions artistiques et les méthodes créatives et qualitatives utilisées dans la déclinaison jouant périodiquement un rôle d'accélérateur.

### L'opérateur urbain présenté dans l'Accord Afnor

Le métier d'opérateur urbain est défini par la capacité à conduire des opérations urbaines et à assurer des services aux habitants, soit directement, soit en partenariat, tout en assurant la cohérence, la qualité et l'équilibre d'ensemble nécessaires à un développement solidaire et durable.

La qualité de vie d'un habitant dépend à la fois des prestations réalisées par l'opérateur urbain :

- Soit directement (par exemple, l'entretien des parties communes des bâtiments) ;

- Soit par une collaboration entre l'opérateur urbain et la collectivité (par exemple, le maintien de l'équilibre et de la sécurité dans les quartiers par la mise en place d'une politique de mixité sociale) ;

- Soit par un partenariat avec des associations (par exemple, association d'aide aux victimes ou d'animation de quartiers).

Aux compétences reconnues des bailleurs sociaux en matière de maîtrise d'ouvrage, de construction de logement, de gestion et de services liés au logement, l'opérateur urbain ajoute celle de coproducteur de la qualité de l'espace urbain. Organisateur, médiateur, initiateur de projets, il concilie dans son action la maîtrise des métiers de l'habitat et de la proximité, l'amélioration constante de la qualité de l'offre de services et l'innovation dans les logements, leur environnement et les relations avec les habitants.

C'est un métier relationnel et de service global, inséparable des notions de coopération, de partenariat, d'écoute et d'ouverture aux autres : l'opérateur urbain se situe à l'interface de nombreux acteurs, de nombreuses activités et services, et joue un rôle d'assembleur entre des prestations qu'il assure directement, qu'il assure en partenariat ou qui sont assurées par d'autres intervenants dont les expertises et les missions sont complémentaires.

Il favorise le lien, l'échange et la rencontre entre les habitants, entre les habitants et leur espace public, entre les habitants et leur histoire, entre les habitants et leur ville.

Il apporte sa connaissance des habitants, des enjeux de l'habitat et de la vie en milieu urbain à ses partenaires : élus, collectivités, financeurs, services de l'État.

## Jean-Michel Stécowiat témoigne :

*« La coopération directe avec des artistes a permis de formaliser
ce que nous sommes et d'inventer ce que nous voulons être :
un opérateur urbain. »*

Le directeur général de Pas-de-Calais Habitat témoigne.

*Comment est né ce slogan : « Pour nous, vous êtes quelqu'un d'important »,
qui sert de fil conducteur aux actions de Pas-de-Calais Habitat ?*

En 1997, Pas-de-Calais Habitat lance une grande enquête de satisfaction de
nos clients qui s'inscrit dans la politique de réorganisation de l'entreprise
vers le client « locataire ». En dépouillant les résultats, nous prenons conscience que nous avons du mal à respecter certains engagements. Par exemple en matière de travaux. Le slogan : *« Pour nous, vous êtes quelqu'un
d'important »* naît à ce moment-là. Quand nous décidons de réagir dans
l'urgence pour améliorer nos points faibles. Cette mobilisation débouche
en 1999 sur la rédaction d'une charte de qualité orientée autour de quatre
thématiques : la disponibilité, la propreté, la sécurité, la tranquillité ou la
possibilité de vivre paisiblement dans son logement. Trente-quatre mille
cinq cents chartes de qualité sont imprimées à l'époque. Ce sont les
900 collaborateurs de l'entreprise qui les distribuent en faisant du porte-à-
porte et en cherchant à entamer la discussion. Chacun, y compris les administrateurs de Pas-de-Calais Habitat, visitera alors entre 40 et 80 logements.
**Cet acte physique de relation « clientèle » nous a vraiment tous beau-
coup marqués.** Parallèlement, nous avons poursuivi une politique de réorganisation interne. Cela s'est traduit sur le terrain par la création de 45 sites
correspondant à un patrimoine de 36 000 logements. Tous ces sites sont
dirigés par une personne polyvalente de haut niveau. Elle gère les équipements de proximité et à une relation personnalisée avec chaque locataire
puisqu'elle connaît bien leur histoire. Au[1] lieu d'attendre que le client
vienne vers nous, nous allons vers lui.

*Comment les deux séminaires organisés par* ENTREPART *vous ont-ils permis
d'avancer vers une nouvelle stratégie de service ?*

Ce qui est fondamental dans une équipe de direction est de pouvoir partager des mots, des actes, des ressentis, des attitudes et des comportements.
Le détour par l'art nous a permis de nous confronter à la manière dont
nous allions porter collectivement le projet d'entreprise. Il a agi comme
une révélation… Nous avons pu vivre de l'intérieur ce qu'était la relation à
l'autre en l'écrivant, la jouant et l'analysant. Les scènes ne décrivaient pas
des situations classiques d'entreprise, mais évoquaient des tranches de vie
vécues par nos clients dans nos logements. Comme l'histoire d'un couple
aux prises avec les difficultés de la vie quotidienne que nous avons travaillée

avec le metteur en scène Jean-Pierre Raffaelli. Nous nous sommes retrouvés à tour de rôle dans la peau de l'acteur et du spectateur, touchés par des histoires simples mais bien réelles. Le sens même du service passe par là. La coopération directe avec des artistes ou les méthodes créatives proposées par ENTREPART nous ont permis de formaliser ce que nous sommes et d'inventer ce que nous voulons être : un opérateur urbain.

*Pourquoi souhaitiez-vous faire valider par l'Afnor ce nouveau métier d'opérateur urbain ?*

D'un point de vue méthodologique, nous avions besoin de vérifier si nous faisions bonne route. L'Afnor nous a proposé d'aller voir tous nos partenaires (les élus membres du conseil d'administration, la Caisse des dépôts et consignations, la police et la justice, les associations de locataires, celles d'aide aux victimes, les organisations syndicales, le conseil général) pour leur présenter un premier jet illustrant ce profil d'opérateur urbain. **Leur regard extérieur compte beaucoup.** Nous leur avons donc demandé s'ils seraient prêts à valider ce type de positionnement. Le conseil général a regardé par exemple les valeurs qui étaient véhiculées par ce métier en train de se développer dans le département du Pas-de-Calais. L'opérateur urbain partage des compétences avec d'autres acteurs. À l'image de la mise en place de contrats d'objectif avec la police et la justice. Nous avons par exemple favorisé la mise en place d'un dépôt de plainte simplifié qui peut devenir un enjeu national…

*Quel est le prochain pas que vous allez accomplir pour satisfaire vos clients ?*

Le prochain pas important qui doit être fait concrètement est une véritable prise en compte de l'intelligence locale. Sur le service, on est jugé sur le détail. À l'image du carrelage qui manque dans la salle de bain, du tuyau qui n'a pas été repeint, d'une porte d'entrée qui ferme mal… Ce ne sont pas des problèmes que l'on peut résoudre avec des procédures, une normalisation ou des contrôles.

Il faut pouvoir s'appuyer sur le personnel, qui au quotidien est au contact des habitants, que ce soient les responsables de site, les gardiens ou encore les femmes de ménage très présentes dans les cages d'escalier. S'ils constatent des micro-dysfonctionnements, ils doivent avoir la liberté de prendre des initiatives. Nous estimons que 20 % des interventions peuvent être déclenchées sans demander une autorisation à la hiérarchie. Avec nos partenaires, comme la police, nous constatons aussi que ce sont les brigadiers, les agents de proximité, qui savent le mieux ce qui se passe.

# CHAPITRE 4

# Concrétiser l'immatériel
# (Entreprendre)

## Nourrir son engagement en faisant

L'engagement intellectuel, psychique, physique, éthique et esthétique des artistes contemporains dans leur démarche est un des premiers critères d'appréciation de leur performance. De cet engagement dépend souvent la force et la cohérence d'une œuvre, sa capacité à provoquer les questionnements, les nouveaux regards, les émotions profondes, les réflexions puissantes ou insolites, les jeux pétillants de l'esprit ou l'envie de participer à de nouvelles formes de vie. Pour ce qui est de la cote, il en va un peu de même qu'à la Bourse. Si de nombreuses cotes reflètent une grande qualité artistique, la corrélation entre une cote instantanée et la qualité de l'œuvre est aussi aléatoire que la liaison entre la cotation d'une société en Bourse et sa performance globale réelle. La vraie performance se révèle dans la durée, parfois très longue. Pour l'hyperentreprise contemporaine aussi, la qualité sincère, profonde, active de l'engagement est un gage de développement durable et de reconnaissance par le marché et la société à long terme. La figure de l'entrepreneur est une figure d'action. Elle désigne la part des femmes et des hommes qui font œuvre d'entreprise dans les contextes culturels, économiques et sociaux qui ont traversé les époques. Leurs histoires sont souvent personnelles. Au-delà de l'existant, les managers et collaborateurs entrepreneurs développent ce que les autres n'ont pas encore vu et connu, utilisant pour cela les capacités de création et de transformation que recèle leur imaginaire.

## Avancer dans le monde réel, malgré les obstacles

L'imaginaire prend sa source dans un rapport sensible à la part inconnue et résistante du monde réel. Par le dessin, le jeune enfant utilise son corps pour créer un lien dynamique entre son esprit et la matière. Il crée des formes qui participent à une appropriation et à une transformation d'une part du monde réel qu'il « apprivoise ». Ainsi se conduit depuis des millénaires le processus quotidien de civilisation et se construit la mémoire vivante de l'humanité, par confrontation au réel.

L'artiste **Vincent Van Gogh** frappe toutes les formes de la nature et les objets. Il peint non pas des lignes et des formes, mais des choses de nature inerte en pleines convulsions. Les paysages montrent leurs replis éventrés en pleine métamorphose. *« Je dirai que Van Gogh est peintre*, explique le poète **Antonin Artaud**[1], *parce qu'il a recollecté la nature, qu'il l'a comme retranspirée et fait suer, qu'il a fait gicler en faisceaux sur ses toiles, en gerbes monumentales de couleurs, le séculaire concassement d'éléments, l'épouvantable pression élémentaire d'apostrophes, de stries, de virgules, de barres dont on ne peut plus croire après lui que les aspects naturels ne soient faits. C'est la vérité torride d'un soleil de deux heures de l'après-midi. »* Une quête de reconnaissance familiale mais aussi d'utilité poursuit Vincent Van Gogh toute sa vie. Après avoir exercé d'autres métiers, il entreprend sa peinture comme sa vie et veut à tout prix démontrer qu'il est un peintre. L'œuvre de Vincent a été réalisée en peu de temps : dix ans seulement. Chez lui, quelques semaines sont parfois aussi importantes que plusieurs années chez un autre artiste. Pendant son séjour à Auvers-sur-Oise, sa créativité et sa productivité sont exceptionnelles : une toile par jour. Cette courte et violente période déroute, tellement sa production fut novatrice. Un papier a été trouvé sur Vincent après son décès. Il y évoque son quotidien : *« Eh bien mon travail à moi, j'y risque ma vie et ma raison y a fondré à moitié… »* Van Gogh ne cherche aucun résultat immédiat, mais il se livre totalement à son art. Son œuvre démontre à quel point la performance réside dans le processus de mobilisation de l'énergie créatrice. Et, ainsi, il fait surgir des formes nouvelles, inoubliables pour quiconque a vu un seul de ses tableaux. La critique et le public finiront par reconnaître sa performance, puisqu'il deviendra l'un des

---

1. Antonin Artaud, *Van Gogh le suicidé de la société*, Gallimard, 1974.

peintres les plus célèbres de tous les temps, dont les œuvres figurent parmi les records mondiaux de la cote. Il a manqué à ce tempérament d'entrepreneur fou, emporté par le temps de création (*Kairos*), un gestionnaire de confiance à ses côtés pour gérer le temps de ses affaires (*Kronos*).

L'œuvre du peintre français **Henri Matisse** est une des aventures plastiques les plus étonnantes de ce siècle. Elle trouve son apothéose dans les papiers et les gouaches découpées des dernières années, formes épurées sculptées à même la couleur dans un lyrisme serein et éblouissant, en écho aux *Kirie* japonais. Cette période de sa vie marque un retour à l'expérimentation, contrainte et forcée par la maladie. Matisse a maintenant 74 ans et des ennuis de santé. Il doit rester couché une grande partie de la journée et il se déplace en chaise roulante. Mais cela ne l'empêche pas de dessiner avec un grand bâton en bambou au bout duquel est fixé un fusain ; au fil du temps, Il a de plus en plus de mal à tenir ses pinceaux. Immobilisé par la maladie, il découpe les formes sur des feuilles auparavant gouachées. Il dirige une assistante qui les épingle et les déplace sur le mur jusqu'à trouver l'équilibre souhaité. Les ciseaux, maniés avec dextérité, remplacent donc désormais crayons et pinceaux. «*...Il n'y a pas de rupture, entre mes anciens tableaux et mes découpages, seulement plus d'absolu, plus d'abstraction. J'ai atteint une forme décantée jusqu'à l'essentiel et j'ai conservé de l'objet que je présentais autrefois dans la complexité de son espace, le signe qui suffit et qui est nécessaire à le faire exister dans sa forme et pour l'ensemble dans lequel je l'ai conçu.*»[1]

L'irrigation combinée de l'intellect, du corps et de l'esprit par le désir est importante, autant dans la création que dans l'acte d'entreprendre. Vincent Van Gogh et Henri Matisse illustrent l'engagement de l'artiste comme entrepreneur de sa vie. Profondément engagés dans leur œuvre, ils trouvent des ressources jusqu'à leur mort pour agir. Quand certaines de ses facultés lui manquent, Henri Matisse déploie d'autres stratégies et d'autres techniques, animé plus par le désir de créer et d'entreprendre que le besoin de souffler et de thésauriser. Comme chez l'entrepreneur, l'action, le mouvement, les aléas de la vie alimentent un désir nourri d'une volonté farouche de tenir tête à la mort.

1. Henri Matisse, *Matisse, gouaches découpées*, Editions Taschen, Paris, 1996.

## Mobiliser toute son énergie

Le XXᵉ siècle a connu deux géants de la peinture : l'artiste espagnol **Pablo Picasso** (1881-1973) et l'artiste britannique **Francis Bacon** (1909-1992). Tous les deux se sont singularisés par un engagement qui se nourrissait d'une confrontation sans cesse renouvelée entre soi et le monde. Tous les deux ont fait preuve d'une remarquable tonicité. Picasso a vécu jusqu'à 92 ans sans jamais cesser d'être considéré comme une force de création. Francis Bacon a atteint 83 ans en « brûlant la chandelle par les deux bouts » durant toute sa vie, buvant sans cesse, faisant la fête toutes les nuits, s'entourant d'une cour d'admirateurs pour se retrouver devant ses toiles, sobre et génial.

Le monde entier connaît le génie de Picasso, mais l'homme n'a jamais pu faire l'objet d'une opinion générale concordante. En 1951, le réalisateur **Edward Quinn** rencontre Picasso lors d'une exposition de céramiques. Le peintre l'autorise à le prendre en photo. Picasso aime le résultat et lui permet de venir le voir et de le photographier régulièrement chez lui et à son travail, pendant qu'il continue à peindre, à dessiner, à sculpter ou à se relaxer avec sa famille et ses amis. Aucune de ses nombreuses sessions ne fait l'objet d'une mise en scène – Picasso continue simplement à vivre et Edward Quinn l'observe sans interférer. Le résultat est un journal d'images quotidiennes, révélant la personnalité fascinante et pleine de vitalité de Picasso, et **la façon dont il s'inspirait de son expérience quotidienne pour travailler**. Artiste solaire, Picasso embrasse le monde avec une puissante jubilation. Cette impressionnante énergie créatrice traverse immanquablement le spectateur de ses œuvres, à condition d'admirer ses peintures en direct et non sous forme d'images de reproduction. Ainsi sautent aux yeux les traces de vie fulgurantes de ce démiurge de la peinture, inscrites dans la matière étalée joyeusement, par un geste franc, assuré et direct sur la toile, le bois ou le métal. Les supports parfois pauvres et les moyens somme toute modestes qu'il utilise ne limitent en aucune manière l'envergure de son entreprise créatrice. Pablo Picasso croise la splendeur des mythes immémoriaux avec sa vision profonde du réel, qu'il s'emploie à dévoiler. Son engagement politique côtoie sa passion des plaisirs de la vie. L'érotisme rencontre la gravité. Pour Picasso, le monde est un immense réservoir de formes et tout est bon, à tout moment, jusqu'à la fin de sa vie et sans arrêt, pour entreprendre l'art.

La découverte de Picasso est évoquée par **Francis Bacon** comme une inspiration fondatrice à l'origine de sa vocation de peintre. C'est après avoir vu une exposition de dessins de Picasso, pendant l'été 1927, que Francis Bacon réalise ses premiers dessins. Mais le peintre venu d'Irlande et installé à Londres détruit à la fin de la Seconde Guerre mondiale tout ce qu'il a produit auparavant et seules quelques pièces vendues à l'époque permettent de saisir ses premières recherches. Francis Bacon est le peintre de l'énergie. Après la découverte des camps de concentration, il raconte tout ce qu'on tue dans l'être humain. Bacon s'immerge dans les créations des autres pour mieux s'en libérer, en les abandonnant à ses propres obsessions. Lorsque j'eus la chance de voir directement les extraordinaires tableaux de « papes hurlants », thème que Bacon a traité plus d'une cinquantaine de fois, en tension avec Velasquez, le cri humain résonna en moi à travers le seul regard. Obsédé par l'histoire tragique de l'Europe moderne, Francis Bacon n'a de cesse de faire violence à l'image apprêtée du monde telle que nous nous attendons à la voir. Pour comprendre les mécanismes du monde moderne, il étudie les photographies sportives ou d'actualité ou les clichés scientifiques sur le mouvement des corps, les dictionnaires médicaux. Il accède alors à une espèce de folie de l'homme moderne. Mais attention, sa violence est dans la peinture, pas dans le sujet traité pour lequel il a une infinie tendresse. S'il touche les nerfs aigus de son époque comme si on touchait les nerfs d'une dent, s'il nous conduit au bord du gouffre, c'est qu'il aimerait que notre temps soit guéri, mais la réalité n'est pas comme ça. Après sa mort, en 1992, on retrouve dispersés dans l'atelier londonien de Bacon plus de 7 500 documents jaunis et déchirés – coupures de presse ou pages de livres arrachées. Photos de sport, de guerre, de médecine… tout le captive. Bacon s'inspire d'un véritable **humus visuel** sans privilégier un domaine plus qu'un autre. Pour représenter l'être intime comme personne avant lui, **sa matière première est l'expérience humaine directe**, à laquelle il se confronte dans ses contextes extrêmes – visites d'hôpitaux psychiatriques – et le substrat inconscient sur lequel elle repose – animalité rencontrée lors de ses incursions dans les abattoirs. La peinture est pour Francis Bacon ce qui lui permet de saisir une part de réalité absolue. À travers la puissance des figures déformées et des chairs informes, le peintre donne à voir la nature profonde de l'être humain, sa vérité… La figure humaine est dévoilée à vif avec ses énergies, ses cris, ses douleurs et sa fragilité.

Picasso et Bacon sont deux artistes en action : l'un dévore le quotidien, absorbe dans l'action de peindre ou de sculpter tout ce que son expérience réelle lui met sous la main, au sens propre comme au sens figuré – d'un morceau de tôle trouvé, il réalise un profil sculpté. L'autre semble se cogner dans le miroir de la figure humaine, qu'il tente de traverser. Énergie à double face, droit sur la ligne de tension entre Éros, la pulsion de vie, et Thanatos, la pulsion de mort. Généreux, affable dans la vie, doté d'une sensibilité extrême, Francis Bacon explore la face sombre, inconnue du monde. Plutôt que de dévorer l'actualité, il se baigne dans ses sensations, transfigure ses images, rebondit sur son rythme et face à la toile, il agit comme un lutteur, tout en flux, en équilibre instable entre la rage du trait et la douceur de la couleur. Et de toile en toile, ces deux créateurs « hors catégorie » démontrent que **leur entreprise ne se nourrit pas d'abstractions, mais d'un contact franc, direct et dionysiaque avec le monde réel, dans toute sa richesse et sa complexité**.

Au-delà de leur énergie propre, les artistes contemporains renouent d'une certaine manière avec les pratiques de mobilisation collective des maîtres de la Renaissance en créant des œuvres de grande envergure : les géants de la peinture vénitienne comme Bellini ou Titien mobilisaient des ateliers entiers, les maîtres flamands comme Rubens animaient de véritables entreprises, le Florentin Buontalenti orchestrait des équipes multimétiers pour créer des spectacles multimédias mêlant artifices, peintures, danse, musique, machineries complexes, jeux d'eaux pour les *intermezzi* des Médicis[1]. Des artistes contemporains comme Jeff Koons, Pierre Huyghe ou Anselm Kiefer dépensent une énergie considérable et mobilisent des équipes de métiers différents pour assurer la production d'œuvres protéiformes. Une artiste comme **Nancy Holt** explique que quand elle a produit *Sun tunnels*, une œuvre composée de quatre tubes massifs de béton installés au cœur du désert de l'Utah pour observer les mouvements

---

1. Conservés méticuleusement dans les archives des Offices de Florence, les livres comptables des fêtes des Médicis sont riches d'enseignements sur les entreprises de grande ampleur, bien qu'éphémères, que constituaient les productions de ces évènements, où se mêlaient intimement les dimensions artistiques, économiques, techniques, politiques et mystiques. Les techniques inventées et développées à l'occasion de ces fêtes étaient injectées dans les industries de l'époque, dans le cadre de ce que nous appellerions aujourd'hui des « transferts de technologies ».

cosmiques et créer sans autre artifice un autre rapport au temps, elle a employé 41 personnes de compétences aussi diverses que des astrophysiciens, des grutiers et des ingénieurs du béton. L'artiste américaine reconnaît que cette expérience d'entrepreneur a élargi sa propre ouverture sur le monde[1].

## Produire du sens au jour le jour

Dans les entreprises, le risque de céder aux conformismes faciles de la gestion et aux simulacres de l'image de surface conduit trop souvent à réduire les capacités d'action des responsables aux signes extérieurs du pouvoir. Faute d'un questionnement producteur de sens, ouvert sur l'imaginaire et créateur de projets analogues à celui des artistes, l'autorité des managers se délite au profit du seul pouvoir formel, comme c'est déjà largement le cas pour la sphère politique. En se laissant aller à cette pente, les entrepreneurs prennent le risque grave de fragiliser la dimension symbolique, liée à un imaginaire partagé, dont toute organisation humaine a besoin pour orienter durablement ses forces dans le sens de la création de richesse économique, humaine et sociale, ce que d'aucuns nomment « l'identité corporate ».

Selon **Bernard Emsellem**, directeur de la communication à la SNCF, *« L'identité corporate, c'est ce qui constitue la singularité d'une entreprise, ce qui fait qu'elle n'est à nulle autre pareille ; ce qui lui permet de conserver une certaine cohérence par-delà la nécessaire prise en compte de la diversité des métiers, des savoir-faire, des champs d'action. Ce qui scelle l'unité pour structurer l'unicité [...] L'entreprise ne se fige pas dans un patrimoine intouchable. Elle est ce qu'elle veut être, elle s'enrichit d'une ambition, d'un projet, d'une vision. L'identité corporate représente alors une dynamique qui projette vers un futur à construire, tout en s'appuyant sur ce qui fait la force de l'entreprise. Dès lors, on n'est plus ici dans l'obsession de la différence qui caractérise le travail sur les marques (et la définition d'un positionnement) : bien souvent la question de l'entreprise n'est pas d'être différente mais d'être. Non pas l'espace mais le temps, non pas un territoire mais un futur. »*[2]

À l'instar d'artistes comme Francis Bacon, seul le questionnement libre, régulier et partagé permet aux managers entrepreneurs de

---

1. Article publié en 1977 dans la revue internationale *Artforum*.
2. Bernard Emsellem, *Le capital corporate, manifeste*, Éditions TBWA Corporate et Textuel, Paris, 2001.

dépasser la dictature de l'instant, de s'ouvrir à la force de la vérité et au désir, de donner forme à un devenir et de produire avec leurs équipes le sens de leur action, bref, de concrétiser l'immatériel. D'autant plus que sous l'effet paradoxal de la société de l'« écume », (chaque individu évoluant en symbiose avec sa sphère « tribale » autonome) le sens de l'action ne peut tout simplement plus être « donné »[1] par quelque instance supérieure ou centrale, dans les entreprises comme dans la société, mais **produit ensemble** au jour le jour dans des interactions. Le véritable questionnement a pour vertu de briser le cercle vicieux du mimétisme afin d'élargir le champ des possibles. Il ouvre la pensée critique. En questionnant le monde, l'entrepreneur surprend et incite les autres à faire preuve d'intelligence. Par le questionnement, l'entrepreneur se met en déséquilibre créatif. Il casse les automatismes et évite d'être recouvert par la chape des conventions. Sa question est un burin qui entame le marbre des certitudes. Sa pensée critique est un scalpel qui incise la platitude des habitudes mentales pour mettre en relief de nouvelles perspectives, tout comme les découvertes anatomiques de la Renaissance ont ouvert la voie à de nouvelles représentations dynamiques du corps par les peintres de l'époque. Cette pénétration des mystères du corps reste une pratique de l'art contemporain. L'artiste française **Orlan** parle des nouvelles possibilités ouvertes par l'exploration de son propre corps à l'aide de technologies avancées, à l'occasion de ses performances artistiques : « *Désormais je peux voir mon propre corps ouvert sans en souffrir… Je peux me voir jusqu'au fond des entrailles, nouveau stade du miroir. Je peux voir le cœur de mon amant et son dessin splendide n'a rien à voir avec les mièvreries symboliques habituellement dessinées.* »[2]

Pour **Fred Forest**[3], avec l'art contemporain, « *de la contemplation chère à l'art classique, nous sommes passés dans la dynamique du "comment émergent les choses !"* C'est le sens de la démarche des artistes qui provoquent la

---

1. Même si l'on entend souvent cette aspiration dans les entreprises : « Les dirigeants doivent donner du sens. » Ainsi s'exprime la nostalgie du monde classique où le sens venait d'en haut et où il ne restait qu'à s'y conformer. Aujourd'hui, c'est à chacun, responsable de son propre destin dans son environnement, de produire le sens **avec les autres**, ce qui est sans doute une charge lourde, mais nettement plus stimulante pour l'intellect, le corps et l'esprit.
2. Orlan, « Art charnel à corps perdu », interview à *Trublyon, le magazine des scratchs papiers*, n° 3, janvier-février-mars 2004.
3. Fred Forest, *Pour un art actuel. L'art à l'heure d'internet*, L'Harmattan, Paris, 1998.

*pratique interactive des réseaux et nous confrontent à de nouveaux apprentis-*
*sages de l'espace où l'art se révèle soudain comme un instrument d'adaptation*
*inventive, pour nous aider à faire face à des situations inédites. Ainsi, l'artiste*
*se trouve-t-il amené à jouer un rôle rénové de **producteur de sens** dans un*
*monde complexe où le sens ne peut plus être "donné"».*

**Ydessa Hendeles**, commissaire de l'exposition « Partners » à la Haus
der Kunst à Munich en 2003[1] offre un exemple pratique de commissaire d'exposition entrepreneur et co-producteur de sens avec ses
« clients ». Ses expositions se déploient comme des narrations particulièrement efficaces pour les visiteurs, précisément parce qu'elles ne
sont pas préétablies, c'est-à-dire qu'elles ne projettent pas un sens
cohérent et objectif à partir d'une savante sélection d'objets, mais
qu'elles laissent toute la place aux visiteurs pour construire leur part
de récit. *« Le récit d'Ydessa Hendeles se manifeste comme un processus qui*
*se construit pendant la visite de l'exposition. C'est le parcours qui devient le*
*récit »,* déclare Ernst van Alphen. Ydessa Hendeles ne se conforme pas
à la pratique habituelle des musées qui présentent les œuvres en bloc,
en lien avec la technique employée pour les créer, mais **elle cons-**
**truit un contenu qui émerge à travers leur coexistence dans un**
**lieu.** *« Je m'aperçois que quand je combine différents travaux sans prêter*
*attention à leur forme ou à leur position habituelle dans l'histoire de l'art et*
*parfois même sans me soucier que ce soient des objets d'art à proprement par-*
*ler, je peux déclencher des relations entre des pièces qui ne seraient pas appa-*
*rentes sans cette juxtaposition. Ce que je cherche, ce sont de nouvelles*
*connexions métaphoriques. »*

Cette manière de travailler propre à Ydessa Hendeles sort du cadre
habituel de ce que fait un commissaire ou un organisateur d'expositions. Le parcours d'une exposition devient dans ces conditions un
processus accessible aux regardeurs, **mais aussi un processus sur**
**lequel ils ont une influence.** Dans le même esprit, les acteurs de
l'entreprise peuvent produire et exposer le sens de leur action. Pour
permettre aux personnes des entreprises de construire leurs propres
repères dans le mouvement perpétuel et pour entretenir la santé de
l'entreprise, les managers contemporains n'hésitent pas à coproduire
le sens de leur action et à générer des idées nouvelles en opérant des

---

1. Extrait du catalogue de l'exposition « Partners », éditeurs Haus der Kunst, München, et Walther König, Köln, 2003.

connexions métaphoriques au fil des interactions avec leurs collaborateurs, clients et partenaires. Pour cela, ils offrent et mettent en scène régulièrement des parcours autonomes de découverte de leurs lieux de mémoire et d'action aux personnes de l'entreprise, si possible en lien avec leurs clients. Cette démarche, qui inclut l'exploration des documents historiques de l'entreprise en regard des évènements politiques, économiques ou sociaux, est un moyen de stimuler les capacités créatives propres de chacun.

## Stimuler les connexions métaphoriques avec le Service Design

Imaginons une firme qui encourage des coopérations créatives où chacun peut trouver son espace de projet. Alors l'ensemble des acteurs influent sur la stratégie, la capacité d'adaptation, la fluidité des processus et la richesse des innovations par ces coopérations mêmes. C'est ce que nous développons avec les approches de Service Design où les protagonistes de systèmes relationnels complexes (habitat, espaces publics, transports...) imaginent de nouveaux environnements, guidés par leur imaginaire, leurs sensations et leur connaissance. Ils inventent leurs propres parcours en intégrant des objets, des photographies, des mots symboliques, des références historiques en confrontation avec les créations de designers, et même parfois leurs propres créations. Le Service Design facilite l'intégration harmonieuse de dimensions matérielles et immatérielles trop souvent traitées séparément. Il stimule l'esthétique de l'entreprise, son sentiment profond d'« être et de vibrer ensemble », qui nourrit le sens de l'action et encourage les collaborateurs à surfer ensemble sur les défis du quotidien. Comme le surfer qui jouit de la vague sans chercher à savoir exactement à quel endroit de la côte il va arriver, chacun dans l'hyperentreprise apprend par l'expérience qu'il partage le plaisir et l'ivresse d'accomplir des gestes qui expriment son talent. Dans toute l'entreprise, les managers contemporains réinventent chaque jour leur expérience en environnement turbulent. Ils donnent leur propre sens à leur action, sans se soucier de l'endroit exact où elle les mènera car cela apparaît bien futile – voire impossible – dans un contexte où la plupart des paramètres sont en déplacement constant. L'important est de tenir debout en équilibre sur la déferlante, en résonance avec le reste de la tribu.

## Radicaliser son exigence jusqu'à faire de sa vie une œuvre d'art

Adopter des positions extrêmes est une voie empruntée par les artistes contemporains pour obtenir la performance maximale de leur art. Pour un artiste, l'extrême est la marque d'une exigence.

Constatant que les contributions offertes par l'art à la société pour l'amélioration de la qualité de la vie échouent face à l'inertie de la réalité, l'artiste suisse **Urs Lüthi** a résolu de radicaliser sa démarche pour s'appartenir de nouveau à lui-même en tant qu'artiste. Son art n'est pas un modèle pour le monde. **Il est le monde.** L'art est le monde, même si c'est un autre monde. Il ne tient qu'à nous de participer à ce monde, à cette forme de vie ou d'en être de simples spectateurs. Pour ses derniers projets, il s'est doté avec le label *Art for a better life*[1] d'une identité corporate certifiée par le profil de sa tête – l'artiste se porte personnellement garant de son produit. Des médicaments sont présentés dans *Health* ou des produits de beauté dans *Beauty*. Les panneaux du cycle *Therapy*, dotés de sous-titres tels que *Sexmachine*, *Freedom* ou *Happiness* proclament les auto-affirmations *"I live my dreams"*, *"I have no fear"*, *"My mind is open"*, *"I create my life"* dans une trame multicouche de couleurs et de textes. Au centre de ses tableaux, nous trouvons du reste un point blanc, sur lequel nous devons, selon la légende intégrée, nous concentrer cinq minutes par jour pour devenir à notre tour « sans limites », « beaux » ou « couronnés de succès ». Tous ces tableaux s'accompagnent de phrases à répéter en exercices réguliers comme *"Sit by the seaside and feel like being a wave"*, *"Smile deliberately to strangers"*, *"Act for one hour like your opposite sex"*, *"Go to public places and imagine yourself being an alien"*… prescriptions autothérapeutiques ou mantras d'intention plus francs, plus directs… et bien plus amusants que de nombreux slogans fades et lénifiants proférés par les catéchismes des gourous du management. Pourquoi ne pas essayer de les mettre en pratique dès demain dans votre entreprise ?

En 1997, l'artiste allemand **Dieter Roth** commence à travailler en Islande sur un projet de film autobiographique *Solo Szenen*. Il continue de tourner dans ses ateliers de Hambourg et de Bâle. Cela donne

---

1. Urs Lüthi, *Art for a better life*, pavillon suisse à la 49e biennale de Venise, que l'on peut comprendre aussi comme *"Art is the better life"*, catalogue édité par Ufficio federale per la Cultura, Berna, & Éditions Periferia, Flurina, & Gianni Paravicini-Tönz, Lucerna/Poschiavo, 2001.

128 films non coupés, joués simultanément sur de multiples écrans, chaque moment de sa vie, chaque espace de son habitat devenant un lieu d'exposition par écrans interposés. Dieter Roth constate qu'au fil du temps, l'art a toujours pénétré plus profondément dans sa vie jusqu'à se confondre avec elle. Cette œuvre-vie est ouverte au regard d'autrui, sans dedans ni dehors. L'artiste partage tous les moments de son insatiable créativité avec le public. Finalement, il ne veut ou ne peut plus désormais faire la séparation entre les deux, à l'image d'un entrepreneur passionné par l'œuvre de sa vie.

Quand elle expose son œuvre, **Frida Kahlo** expose sa vie. Née en 1907 au Mexique, Frida Kahlo a croisé le destin d'un pays et celui d'un artiste révolutionnaire, auteur de fresques murales, Diego Rivera. Vers l'âge de 8 ans, Frida Kahlo est atteinte par la poliomyélite qui déformera son pied droit. Son père, peintre et photographe, lui fait partager ses passions. À ses côtés, elle s'initie à la nature morte et au portrait. Vers 18 ans, elle est blessée au ventre et surtout au dos dans un grave accident de bus. La colonne vertébrale est durement touchée. Son art reflète cette souffrance, la condamnant souvent à réaliser des autoportraits. Cette thérapie lui permet de survivre à tous les chocs infligés à son corps et à 33 opérations chirurgicales. Le corps est certainement pour Frida le centre de toutes ses pensées. Son corps blessé est le lieu idéal pour éliminer toutes les barrières entre soi et le monde. Se représenter soi-même, c'est représenter le monde. Ce *« ruban autour d'une bombe »*, comme la définissait André Breton, a mélangé son art, ses opinions et sa vie pour un partage avec autrui. À son propos, **Jean-Pierre Raffaelli** affirme : *« Il n'y a pas d'histoires personnelles, il n'y a que des histoires humaines et c'est un rôle essentiel des artistes que de partager ces histoires. »*

### Markus Kreiss témoigne :

*« Mon entreprise est une entreprise mondiale.*
*C'est une entreprise qui ne parle aucune langue. »*

Pour Markus Kreiss, l'art est une entreprise de liberté, l'entreprise de sa vie.

« Le siège de mon entreprise est à Cologne, une ville de taille moyenne, mais un carrefour mondialement connu ; c'est important pour la diffusion, c'est un point de repère. Mes films ne peuvent pas se vendre dans le circuit des galeries. Le produit est digital, facilement reproductible. C'est différent d'un film 16 ou 35 mm, qui est un objet. Cela ne revient pas cher, ce ne sont que des bits, des « 0 » et des « 1 ». Cette année, nous étions au MIP à Cannes où on vend aussi des produits ouzbeks ou mexicains pas chers. Mes œuvres sont flexibles : la même image peut être regardée avec des musiques différentes, pour montrer que le son influe sur la perception de l'image. Quand je vends une toile, il n'y a pas de son, pourquoi y en aurait-il sur un support vidéo ?

Mon entreprise doit être quasi instantanément un peu partout. Elle doit être dans des endroits stratégiques, des *concept-stores*, des bars prêts à accueillir ce type d'œuvres, des hôtels design. Je mets en place une coopération en amont avec l'architecte qui conçoit le lieu où mes œuvres seront présentes.

Je développe un concept d'œuvre changeante. La forme et la stratégie de mon entreprise sont liées au type d'œuvre que je produis. C'est le réseau de distribution qui est important. Le projet ultime est de créer une chaîne de télévision qui programmerait en permanence cette œuvre changeante.

Pour les milieux de l'art, cette approche est nouvelle. Je suis associé avec une personne qui auparavant était journaliste à LCI, elle s'est occupée du site internet de TF1. Nous nous improvisons commerciaux sur le terrain et hommes de marketing. Actuellement, nous donnons un caractère à l'entreprise, *via* les produits et *via* le site internet. Nous construisons une identité pour conquérir le public, sans intéresser pour le moment les grandes chaînes de télévision.

Je vis un dilemme pour le partage de mon temps entre marketing, production et création. Le *business model*, c'est que tout ce qu'on gagne, on l'investit dans la production car pour installer un style, il faut prendre de l'avance, ce qui veut dire réaliser au moins une vingtaine d'œuvres pour le public. Nous pratiquons le merchandising : l'artiste entre dans les musées et s'occupe du placement des produits comme un petit commerçant dans un supermarché.

Je mène en réalité deux projets en parallèle : faire mes films et faire exister l'entreprise. Je cherche un contrat de sponsoring avec une société comme SHARP ou THOMSON, qui afficherait mes œuvres sur ses écrans. Le développement de cette forme d'œuvre est très lié à l'apparition d'un nouveau support : l'écran plat. THOMSON m'intéresse parce qu'ils ont un écran avec lecteur incorporé, et aussi parce qu'ils travaillent avec **Philippe Starck**. Nous pourrions nous payer sur des films sponsorisés. En marketing, je tourne autour d'une solution. Tout est à inventer. Nous dépendons des technologies.

Il n'y a pas de dialogue, pas de dramatique dans mes films. La question qui me préoccupe est la suivante : comment faire des images avec lesquelles on aimerait vivre ? SONY a fait appel à nous pour présenter un nouveau vidéo-projecteur. Ils produisent des films, mais ils n'avaient rien d'adapté pour ce genre de situations. La difficulté est de produire des images qui ont toutes un caractère de lenteur hypnotique, de garder ce goût d'images pour des films de 24 heures.

Dans une chaîne de télévision, mes images ont provoqué des réactions vives. Elles ont été considérées comme des images documentaires sans commentaires. Les journalistes ont protesté car les images étaient beaucoup plus fortes. Ils craignaient de perdre leur job.

Je ne veux pas être trop soumis à des commandes. Je veux garder mon inspiration propre. Je me crée mon espace de liberté, qui est sans doute beaucoup plus libre que celui qui est attaché à une galerie. L'artiste dans les circuits de l'art est souvent soumis à la pression de « refaire du pareil au même ». Je vends aussi à des musées pour des exploitations en performance publique. J'ai vendu un film au Fonds national d'art contemporain, au Centre national d'art moderne, au Centre national de la photographie. La notoriété est là. Un film a été coproduit avec le Fonds régional d'art contemporain d'Alsace, mais les financements me permettent juste de vivre, pas de produire.

Je voudrais produire un nouveau film chaque semaine. La plupart des artistes vidéastes bricolent avec des mini-budgets, hormis **Matthew Barney**. J'aimerais prendre des stars pour mes films. Je vise également les halls d'accueil des grandes entreprises. Ma stratégie est de vendre film par film. Je veux permettre à des gens qui veulent plonger dans un autre monde – à l'image des spas – de se détendre.

L'écran d'ordinateur n'est pas forcément bon comme support pour regarder mes œuvres. Les gens sont devant toute la journée. Ils veulent autre chose. Il faut être présent sur des supports autres, ceux qui sont dans leur vie de détente.

J'ai créé un monde à part, un monde nouveau. Les galeristes me considèrent comme un concurrent. J'annonce la réduction des intermédiateurs. Il y a inflation de commissaires d'exposition (*curators*), qui parlent de moins en moins des enjeux de l'art. Avec mon système, je ne suis plus soumis au pouvoir d'un commissaire qui choisit à la place de l'artiste ce qu'il met dans un catalogue. »

# Vivre la création permanente
# en évitant le repli sur soi

*« L'artiste est un relais traversé par ce qui habite sa création, un passage, une porte, un réceptacle, comme les anciens prophètes. »*

Anselm KIEFER, artiste

À l'opposé de l'esprit d'entreprise se situe le repli sur soi. L'écrivain et prix Goncourt **Jean-Christophe Ruffin** propose une démonstration par l'absurde de tentations qui pourraient apparaître aux classiques et aux modernes comme des solutions aux prétendus maux contemporains. Cette démonstration sonne comme un avertissement dans son roman *Globalia*.

Globalia s'offre comme une démocratie idéale dont la devise, pourtant étrangement familière, fait frémir : *« La sécurité, c'est la liberté. La sécurité, c'est la protection. La protection, c'est la surveillance la surveillance c'est la liberté. »* Elle se présente aussi comme une société « parfaite » protégée par une bulle de verre sous laquelle le climat est réglé par des canons à beau temps. **Sa cohésion repose sur la peur** du terrorisme, des risques écologiques, de la paupérisation et son isolation stricte du reste du monde (les non-zones sont des espaces sauvages livrés à la nature et peuplées de déchus). Tout y est surveillé et planifié. Comme l'homme y est considéré comme une espèce potentiellement dangereuse, le droit à l'histoire a été remplacé par le droit à la tradition, fixant à chacun un petit nombre de références culturelles standardisées. La démocratie dans Globalia est universelle. Donnant à chacun les mêmes droits, elle suppose l'abandon strict de toutes les causes. Un système de protection sociale assure à tous un minimum « prospérité » versé à vie. Tout irait donc pour le mieux dans le meilleur des mondes s'il n'y avait cette terrible évidence : Globalia n'a plus d'ennemis. *« Or un bon ennemi est la clef d'une société équilibrée »*, explique le mystérieux Ron Altman, qui dirige Globalia. Plus d'ennemi, plus d'histoire (passé = présent = futur), plus de désir, plus de mouvement, plus de transformation, donc plus de développement possible : **une telle société sans aléas, sans désordre, sans désir figure tout simplement la mort de l'esprit d'entreprise.**

Pour se transformer et offrir les meilleurs services à son environnement, l'hyperentreprise adopte au contraire une posture de **création permanente** : relais, lieu de passage et de transformation des matiè-

252 LE MANAGER À L'ÉCOUTE DE L'ARTISTE

res, des objets, des informations, des personnes, des expériences, des relations, de l'environnement, du temps…

*« Si nous étions tous artistes, nous serions tous libres, libres de jouer au lieu de produire »*, explique **Robert Filliou**[1]. Cet artiste français fut l'un des acteurs majeurs de l'art international des années soixante jusqu'en 1987, date de son décès. Ardent promoteur de la « création permanente », Robert Filliou la définit comme la capacité pour chacun, artiste, ou non, à tout moment de la vie et en tout lieu, d'initier un processus créateur. Pour cela suffisent l'innocence et l'imagination. Qui possède ces qualités ? Tout le monde, mais surtout les enfants, notamment les enfants que nous avons été et qui ont oublié ces valeurs : de là naît sa volonté de créer des non-écoles et des méthodes pour désapprendre et réapprendre. N'est-ce pas un programme idéal pour des entrepreneurs libres ?

En 1971, Robert Filliou s'installe au Stedelijk Museum, à Amsterdam, où il transforme la salle d'exposition en un « Territoire de la République géniale », à l'aménagement duquel chaque visiteur peut participer. Il y invite chacun à retrouver les qualités de l'enfant qui est en lui, à retrouver son génie créateur plutôt que d'exercer simplement ses talents, à s'affranchir de ses savoir-faire et de ses compétences acquises qui se pratiquent de façon répétitive sans laisser de place à l'innocence et à l'imagination. Ainsi est réalisée en quatre semaines une œuvre conjointe de Robert Filliou et des visiteurs anonymes de la « République géniale ». À travers la suggestion qu'il fait à chacun de créer son propre territoire, l'enjeu est d'instaurer un nouvel art de vivre. De passer du travail comme peine au travail comme jeu.

L'immense apport de Robert Filliou est de nous inviter à renouer le fil entre la créativité et la création. La créativité est une capacité typiquement humaine, peut-être la seule qui nous différencie du règne animal, et pourtant nous n'utilisons que peu, la plupart du temps cette capacité. Toute la démarche de Robert Filliou vise à nous faire découvrir que cette richesse est à notre portée et à briser les freins imposés par notre éducation.

---

1. Robert Filliou, catalogue de l'exposition « Génie sans talent », présentée au musée d'Art Moderne Lille Métropole, 2003.

## ◯◯◯ Dessiner beaucoup, pour relier créativité et création et stimuler le goût d'entreprendre par jeu

L'artiste belge **Jan Fabre** déclare : « *Le dessin est quelque chose de magique. En un instant, je peux sur un morceau de papier transformer un carré en un tapis volant. Je peux être un magicien, créer des univers, traduire toute mon imagination. Lorsque j'écris, les mots m'entraînent vers un dessin : le dessin m'inspire des mots. Ce que je ne peux pas exprimer en mots, je le dessine. Ce que je ne peux pas dessiner, je le mets en mots. Quand je pense, je dessine, lorsque je dessine, je pense.* »[1]

J'utilise personnellement beaucoup le dessin dans les séminaires de vision stratégique ou de développement de dirigeants et, à chaque fois, lorsque je propose le premier dessin, fusent des « je ne sais pas dessiner » ou « je ne suis pas créatif ». Ces réactions sont liées au fait qu'à l'âge de six ou sept ans, la plupart d'entre nous avons été formés par une éducation qui favorisait un langage rationnel et un regard sur le monde formaté par la perspective classique. Cette représentation mentale fait que toute personne qui ne dessine pas en perspective ou ne fait pas un dessin « ressemblant à la réalité »[2] pense ne pas savoir dessiner. Or, à chacun de ces séminaires, le génie de chacun s'exprime : des dessins de visions futures, de cartes stratégiques, de symboles de l'entreprise, de flux relationnels… fleurissent et, au bout de quelques heures, les mêmes personnes disent immanquablement : « Je ne me croyais pas aussi créatif(tive). »

**La créativité** est une capacité qui existe absolument en chacun de nous car chacun de nous est doté d'un néocortex pour transformer son environnement et en faire surgir les potentialités infinies. La créativité est donc une activité que chaque manager entrepreneur peut partager avec ses collaborateurs, ses clients ou ses partenaires et sur laquelle existent de nombreux ouvrages de qualité, malheureusement souvent ignorés des dirigeants trop soucieux de préserver le « faire bien », au détriment du « faire mieux » et du « faire autrement ».

---

1. Jan Fabre, dialogue avec Jérôme Sans, *in* catalogue de l'exposition « For intérieur », *op. cit.*
2. Qui serait en fait ressemblant à l'image du monde que nous ont inculquée la géométrie et la perspective.

**La création**, terme souvent débattu[1], renvoie plutôt à une démarche personnelle et individuelle, portant sur une œuvre clairement attribuée à son auteur. Dans le langage courant, les créateurs sont les poètes, mais aussi les vedettes de la mode où les « grands artistes » tels **Alberto Giacometti**. L'idéologie classique a créé une coupure entre la créativité populaire et ces « grands créateurs ». Or, tout comme l'entreprise[2], l'art est né et se nourrit de la culture populaire. Pourquoi citer Alberto Giacometti ? Parce que quiconque a pu admirer ses dessins a pu admirer le génie qui les anime et leur surprenante simplicité. Parce que quiconque s'est intéressé à cet artiste sait combien il est resté humble, travaillant chaque jour dans son atelier parisien selon un sobre rituel, passant simplement le soir déguster un verre et converser dans un bar populaire de la rue Vavin à Paris. Mais si un enfant dessine et noue un rapport intuitif, maîtrisé et créatif avec le monde, si ses parents lui offrent la chance d'admirer un jour les dessins d'Alberto Giacometti, alors il fera par lui-même le lien entre sa créativité et la création d'un « grand artiste » et sans doute jamais il ne dira « qu'il ne sait pas dessiner ». Cette prise de conscience lui permettra d'entreprendre de nombreux projets créatifs dans tous les domaines de la vie et de bénéficier d'un capital important dans le monde fait de signes, d'images et d'émotions qui émerge aujourd'hui.

Quand Robert Filliou parle de « création permanente », il abolit donc avec autant d'humour que de sérieux la distance entre la créativité et la création, entre tous les hommes et les femmes et les « créateurs ». Il invite chacun à renouer le fil de sa vraie vie humaine, pleine et entière. Pour l'hyperentreprise, s'inscrire dans une dynamique de création permanente est une invitation faite à ses collaborateurs, à ses partenaires et à ses clients de créer des expériences intelligentes, efficaces et agréables, dussent-elles durer l'espace d'un instant, et de participer ainsi à la « vraie vie » au cœur même de l'activité professionnelle. Dans son ouvrage intitulé *L'euphorie perpétuelle*[3], le philosophe **Pascal Bruckner** livre ses réflexions sur la « vraie vie » : « *La vraie vie n'est pas absente, elle est intermittente, un éclair dans la grisaille dont on garde ensuite la nostalgie émue. Ou plutôt il*

---

1. Certains experts, à la suite du philosophe Michel Foucault, remettent en cause la notion d'auteur autonome, considérant qu'une personne qui crée est le produit d'un contexte par lequel elle « est agie ».
2. Jack Welch, l'entrepreneur le plus admiré de notre époque, revendique son origine modeste.
3. Pascal Bruckner, *L'euphorie perpétuelle, essai sur le devoir de bonheur*, Grasset, 2000.

*n'y a pas de "vraie vie" au sens d'une vérité et d'une seule mais beaucoup de vies intéressantes possibles et c'est cela la bonne nouvelle. Ce fut également la noblesse du surréalisme que d'exalter "le merveilleux quotidien", que de nous inviter à une révolution du regard pour voir notre environnement avec des yeux neufs. La poésie ne se cache pas dans les cieux ou un futur hypothétique, elle est accessible à tous, tout de suite. À l'artiste de nous montrer que la vie dite commune est tout sauf commune, de nous éveiller à sa féerie. Une révolution esthétique est d'abord une révélation qui rajeunit le monde, ouvre sur lui des perspectives inédites. Le quelconque est toujours de l'exceptionnel invisible comme l'exception est un quelconque exhumé.»*

La vraie vie stimulante et joyeuse se cache dans tous les moments du quotidien. Le propre des entrepreneurs contemporains est d'utiliser **leurs capacités de jeu et d'humour** – l'humour est le meilleur indice de la capacité des managers à prendre du recul par rapport aux problèmes et aux défis – pour exalter la richesse de ce quotidien dans les moments de vérité que sont les multiples expériences qu'ils vivent avec leurs clients, collaborateurs et partenaires, qu'il s'agisse de séminaires de réflexion stratégique, de réunions de conception de nouvelles offres, d'échanges commerciaux, de réalisation de prestations, de conduite de projets ou d'écoute des clients.

### Louis Pelloux témoigne :

*« Les processus de création artistiques peuvent inspirer les pratiques de management. »*

Le créateur du groupe PELLOUX a joué les pionniers en nouant des liens entre artistes et entrepreneurs.

Inventeur des sociétés civiles de placement immobilier (SCPI), **Louis Pelloux** découvre l'art africain, lors d'un voyage en Côte d'Ivoire, et en rapporte à Paris une statuette Baoulé. *« Face à cet art, j'ai ressenti de l'émotion. »* Il devient un amateur éclairé qui s'informe et achète de petits objets. L'art primitif a fortement influencé les grands artistes modernes et contemporains. C'est en cherchant à comprendre pourquoi que Louis Pelloux s'intéresse alors à la période où Picasso, Klee, Kandinsky ouvrent de nouvelles voies.

Un jour, il participe à une réunion d'un club de décideurs où a été invité le sculpteur **César**. Il découvre la vertu des artistes de faire travailler les deux lobes de leur cerveau. Pour stimuler l'imagination de ses collaborateurs, Louis Pelloux commence à faire entrer des artistes dans l'entreprise. *« Je leur disais : "Vous allez présenter vos œuvres et expliquer ce que vous voulez exprimer et pourquoi vous avez choisi ce métier." Ils participaient parfois à nos séminaires et* *engageaient le dialogue avec les participants. Certains traduisaient leur perception de l'entreprise en créant une œuvre. J'essayais de trouver des artistes qui, par leur personnalité, étaient capables de transmettre des messages. Trop souvent, le mécénat se dirige exclusivement vers la préservation du patrimoine au lieu d'alimenter également la création contemporaine pourtant bien vivante. Le mérite de ces artistes était de sortir les collaborateurs de leur cadre quotidien et de déplacer leurs frontières mentales. Il est indispensable de regarder les personnes dans toutes les dimensions de l'homme et pas comme des machines à produire. »*

En 1987, le groupe PELLOUX est installé avenue des Champs-Élysées. Les travaux de rénovation de la terrasse Martini située à l'étage supérieur défigurent la façade de l'immeuble. Louis Pelloux demande à son fils de trouver une solution pour habiller la sapine qui sert à évacuer les gravats. Harnaché comme un alpiniste, l'artiste **Pierre Manguin** peint *in situ* avec deux assistants une toile de 140 m² baptisée *L'Atelier de la rue*. En exergue des dépliants de présentation de l'opération figure la phrase suivante : « *Pour nous, le service, c'est tout un art.* »

À travers sa politique de communication assise sur la créativité, le groupe PELLOUX était perçu beaucoup plus puissant qu'il ne l'était réellement. Les deux branches Corime « gestion des SCPI » et Septime « administration et commercialisation en immobilier d'entreprise » ne comptaient au total que 230 personnes. « *Chez nous, le management et l'actionnariat se confondaient. Notre capacité de réaction et nos prises de décision étaient très rapides, ce qui n'était pas le cas chez nos concurrents directs qui nous regardaient faire pour nous imiter ensuite.* » Louis Pelloux a institué dans son groupe « l'idée du mois », qui incitait chacun à faire au mieux dans son métier ou sa fonction. « *Ce n'était pas révolutionnaire, mais notre objectif était de montrer à nos collaborateurs que dans leur métier, ils avaient tous les jours la possibilité de faire autrement. Un jour, je discutais avec un collaborateur à son bureau. À un moment donné, sur un point qui me paraissait bizarre, je lui avais demandé : "Pourquoi faites-vous comme cela ?" Il me répondit : "Parce qu'on m'a dit de faire comme ça.» À cette autre question : "Si vous étiez autonome, vous feriez comment ?", il répondit : "Ah, je ferais différemment…" « Eh bien alors faites-le", lui dis-je aussitôt. De là est née l'initiative de "l'idée du mois", un système de suggestions simple, dynamique. Le jury, composé de deux cadres et de trois salariés, tournait chaque trimestre pour stimuler la capacité d'initiative et solliciter un flux constant de propositions.* »

Louis Pelloux fait la distinction entre deux types d'entreprise, « *celles où les collaborateurs et les clients savent que l'autorité en face est décisionnaire et celles où l'autorité financière dirige à distance par procuration déléguée à de multiples échelons qui ne possèdent qu'une parcelle du pouvoir et ne participent pas aux choix stratégiques. Chez nos concurrents, les gérants de SCPI ne décidaient pas. Dans les entreprises trop touchées par la financiarisation de l'économie, la capacité d'initiative a tendance à se dégrader et l'encadrement est majoritairement désabusé. Les jeunes cadres n'envisagent plus de faire carrière dans une "boîte" et sont en permanence à l'écoute du marché et à la recherche d'un nouveau "job". Le différentiel n'est pas toujours que pécuniaire. Il est très souvent qualitatif* ».

Toujours animé de la même passion, Louis Pelloux étudie le marché de l'art contemporain dont il déplore qu'il ait été largement « nationalisé » en France, ce qui a fait beaucoup de tort à sa reconnaissance internationale[1]. « *Pour émerger, un artiste doit être reconnu par les institutions* », regrette-t-il. Rapidement, il se découvre une nouvelle vocation : le rapprochement des artistes et des entrepreneurs. « *Je ne me suis pas rendu compte tout de suite de ce que m'apportaient les créatifs et les artistes, les enrichissements sont progressifs, j'ai eu envie de les partager avec d'autres. Les processus de création artistiques peuvent inspirer les pratiques de management.* » Les vertus sportives et guerrières qui mobilisaient les troupes de l'entreprise ont été surexploitées et surmédiatisées. L'artiste peut être avec son style un accompagnateur des stratégies et de la gestion des ressources humaines. Même si l'idée « *qu'artistes et entrepreneurs ont des projets à partager* » est dans l'air, les débuts sont difficiles. « *J'ai trop parlé d'art et pas assez de management.* » Depuis, Louis Pelloux a rectifié le tir en professionnel passionné, il parle d'abord aux entrepreneurs de leurs défis et ensuite éclaire leurs préoccupations avec les apports de l'art en création.

## ⟨⟨⟩⟩  Transformer son offre de produits et de services avec des artistes

**Kimiko Yoshida**, artiste japonaise, a coopéré avec ENTREPART pour ouvrir les directeurs européens de la chaîne hôtelière Mercure (groupe Accor) à un autre regard sur l'espace de leurs hôtels, en accord avec Franck Point, directeur du marketing opérationnel. L'objectif était de provoquer *in situ*, c'est-à-dire dans l'espace même d'un hôtel, la prise de conscience de l'allégement de l'expérience sensible des clients et visiteurs, allégement nécessaire pour provoquer une sensation de bien-être et un allégement du stress. Sur le thème de la soustraction, les managers participants furent amenés à identifier les affiches, le mobilier, les objets qu'ils supprimeraient dans les différents lieux de l'hôtel pour échapper à l'agressivité typiquement moderne des supports promotionnels et goûter la fluidité d'un

---

1. Louis Pelloux se réfère au rapport du sociologue Alain Quemin sur « Le rôle des pays prescripteurs sur le marché et dans le monde de l'art contemporain », publié le 7 juin 2001 et édité sous le titre *L'art contemporain international : entre les institutions et le marché (le rapport disparu)*, coll. « Rayon Art », Éditions Jacqueline Chambon/Artprice.

espace contemporain. La démarche de l'artiste fut de faire découvrir par eux-mêmes aux participants les possibilités de transformation esthétique du lieu et non de leur imposer son point de vue.

### Kimiko Yoshida témoigne :

*« La transformation des entreprises est comme une création artistique. Le travail de coopération entre artistes et entrepreneurs, c'est la dernière façon de sauver l'entreprise. »*

L'artiste Kimiko Yoshida explique la synthèse entre son expérience d'entrepreneur et son processus de création artistique.

*Selon vous, les artistes sont-ils des entrepreneurs ?*

Dans mon cas, j'ai fondé deux entreprises, c'était la base de ma carrière, de ma vie. Ma pratique de l'art s'est basée sur la fondation d'une entreprise de mode. J'ai créé ma propre entreprise de mode, ce qui a été ma meilleure expérience. J'étais à la fois directeur général et directeur artistique. Je connais à présent les règles financières de gestion. J'ai dessiné moi-même, j'ai fait tourner l'entreprise. À vingt-six ans, j'ai fait tourner un atelier de production en Chine pour rentabiliser ma création car la main-d'œuvre était trop coûteuse au Japon. C'est cet équilibre entre création d'entreprise et création artistique qui m'a structurée. Ensuite, j'ai fait l'école d'art du Fresnoy[1] en France, que j'ai quittée en 1999. Ce que j'ai appris de l'entreprise en marketing, en gestion, en relations sociales, en relations presse, me sert beaucoup pour structurer mon travail d'artiste, qui nécessite de développer mon réseau. J'ai aujourd'hui deux galeries aux États-Unis, cela correspond au plan que j'ai établi depuis 2003, à la manière d'un entrepreneur. J'ai d'abord voyagé « pour rien » plusieurs fois aux USA puis en 2004, les contacts se sont renforcés, en 2005 les concrétisations arrivent. Mon chiffre d'affaires est très stable. La couverture de presse se développe. Moscou, Madrid, Chicago, New York. C'est inattendu et en même temps le résultat d'une démarche ordonnée, comme en entreprise. Pour moi, en entreprise, c'est le même travail qu'en art, qu'il s'agisse de travailler sur de la maroquinerie, des bijoux, des vêtements. Il s'agit d'établir un équilibre entre production, marketing, publicité et création artistique. Il est important de s'occuper beaucoup du produit. Si le produit n'est pas bon, cela ne marche pas. Les marques de luxe, c'est proche de l'art, cela répond à un plaisir seulement, une valeur qui n'est pas nécessaire pour la vie au sens de l'utilité.

---

1. Le Fresnoy, studio national des arts contemporains de renommée mondiale, est situé à Tourcoing, dans le Nord de la France.

*Vous avez eu une expérience importante en entreprise, avec le maroquinier belge de prestige DELVAUX.*

J'ai notamment apporté à DELVAUX deux opérations qui resteront quelque part dans l'histoire de la Belgique. Je cherchais quelque chose de fort en Belgique. J'ai fait un sac de tennis pour DELVAUX. J'ai réfléchi à partir d'une balle de tennis. Une balle de tennis, c'est vide, plein d'air. J'ai traduit la balle de tennis en sac DELVAUX. À l'extérieur, j'ai utilisé des feutres de couleur fluo, comme celui des balles de tennis, pour « vitaminer » DEL-VAUX. Mais à l'intérieur, j'ai mis du cuir à la place du caoutchouc. À l'occasion de Roland Garros, on a fait un stand. Ce qui a été fort, c'est que cette année-là ce sont deux Belges, une Flamande et une Wallonne, qui ont été finalistes. La veille de la finale, j'ai conçu une publicité avec deux sacs de balles de tennis, qui a été saluée par le *New York Times* et *Le Monde*. Les deux sacs étaient en vis-à-vis en finale. Une autre opération, c'était avec le magazine *Week End Knack*, qui fêtait 20 ans de mode belge. J'étais invitée comme directeur artistique de ce numéro. Vingt ans de mode belge, c'était le reflet du passé pour le futur, un concept de miroir. Je voulais donner un miroir cadeau de la forme d'un pin's, avec du cuir DELVAUX. La phrase « miroir, miroir, dis-moi qui est la plus belle » était gravée sur le miroir. J'ai créé 250 000 exemplaires pour accompagner ce numéro spécial du maga-zine. Évidemment, cela a servi DELVAUX. Il y avait un quatre pages spécial de publicité pour DELVAUX à travers mon art : des autoportraits de la Belle au bois dormant, de Blanche-Neige. Avec mon passage, le ratio nombre de pages dans la presse/coût s'est fortement amélioré. Mais le travail avec toutes les équipes DELVAUX était le plus important. J'ai travaillé avec les designers, j'ai travaillé aussi avec les concepteurs d'étalage, par exemple autour de concepts. C'est du *visual merchandising*, mais avec une exigence d'équilibre propre à l'art. Et puis, j'ai travaillé avec la production pour assouplir les matières, faire des sacs moins rigides. Il fallait développer un nouveau toucher. J'ai montré aux maquettistes comment créer un sac de forme similaire, mais avec un toucher différent, adapté à la vie d'aujourd'hui. Comme je venais d'un tout autre monde, j'ai donné des sujets qui ouvraient l'imaginaire : je disais « faites-moi la touche nuage » et non pas « faites-moi le sac plus souple ». Ils ont beaucoup travaillé sur cette touche. Auparavant, les maquettistes suivaient les dessins décidés à l'avance. Pour moi, les personnes du marketing devaient être des créateurs. Il fallait transformer car l'art apporte la transformation, je me demande toujours : « Comment transformer ? » J'ai ensuite travaillé avec les ouvriers. Il était important d'être près d'eux pour les accompagner, donner une finesse de définition. Je me suis aussi employée à changer la hiérarchie entre ouvriers et designers. Je leur disais que j'étais là pour apprendre. C'était un échange. Ils venaient me parler. Au début, ils me disaient que ma demande était

Kimiko Yoshida, *Incarnations*, Tribeca Issey Miyake, New York, 2005 (www.kimiko.fr)

impossible. Ensuite, petit à petit, ils se sont rendus compte que c'était possible, puis ils ont trouvé cela magnifique, ils ont été heureux à leur travail comme ils ne l'avaient jamais été.

*Nous avons réalisé ensemble une expérience avec les hôtels* MERCURE. *Qu'en retenez-vous ?*

Cela m'a confirmé que pour transformer une entreprise, il faut donner une façon de trancher qui n'est pas habituelle. On parle souvent avec un vocabulaire abstrait. Il ne faut pas se perdre les uns les autres. J'ai donné un mot abstrait, « soustraction », et ensuite j'ai fait effectuer une opération concrète « plus » et « moins » sur les lieux mêmes de l'hôtel, ce qui a ouvert l'imaginaire. Ce qui était important, c'était que chacun participe. Leur regard s'est transformé, cela signifie donc que nous avons fait de l'art. Dans les entreprises en général, c'est la transformation de l'art qui est nécessaire aujourd'hui. Les entreprises sont structurées, certes, et c'est important, mais en même temps, elles sont saturées. Trancher permet d'échapper à la saturation. L'entreprise est une matière de l'art d'aujourd'hui. En communiquant, on transforme d'abord des symptômes. La décoration de l'hôtel est un symptôme psychanalytique de l'entreprise.

*L'art peut-il contribuer à la santé des entreprises ?*

Si on transforme le symptôme, on fait réfléchir l'entreprise. La transformation des entreprises est comme une création artistique. Le travail de coopération entre artistes et entrepreneurs, c'est la dernière façon de sauver l'entreprise. L'entreprise est comme de la mosaïque, du verre soufflé, c'est une matière gigantesque, structurée. Souvent, quand l'entreprise ne marche pas, c'est par manque d'équilibre : finance, presse, conception, production, esthétique. C'est une logique d'équilibre qui fait qu'une entreprise marche. La presse, bien sûr, c'est très important. Je fais de l'art pour mon développement, mais aussi celui des galeries, des musées, l'équilibre de ma gestion. Je vais créer une structure d'entreprise pour mon activité artistique pour avoir plus de puissance. Il faut que je m'appuie sur d'autres pour me concentrer plus sur mon propre domaine, c'est le propre de l'entreprise.

## Définir son métier dans l'action

La caractéristique des artistes et des entrepreneurs est qu'ils définissent leur métier dans l'action, face au vide. Il n'existe pas de métier normé d'artiste ni d'entrepreneur, tout simplement parce que c'est impossible. Chaque démarche est singulière, née d'un désir singulier, dans un contexte singulier et pour une relation singulière avec les clients et l'environnement. « *Il existe une différence fondamentale entre le métier de l'artiste et les autres, qui tient à la nature des gestes qu'on y accomplit. Tandis que la profession de boulanger, de pilote d'avion, d'ouvrier-métallurgiste ou de concepteur-rédacteur de publicité requiert de l'apprentissage et la mise en œuvre de gestes définis à l'avance, l'artiste moderne doit lui-même inventer la succession de postures et de gestes qui lui permettront de produire… Dans cette étrange profession, rien n'est prédéterminé. L'hostilité du public envers l'art moderne provient du fait qu'il reflète avec exactitude la misère du quotidien et la vacuité de nos emplois : on voudrait borner la liberté de l'artiste à des aptitudes professionnelles, à des savoir-faire et des techniques dont la survivance est rassurante… Or l'art moderne se présente comme un ensemble de pratiques dénuées de règles, irréductibles à des normes, dont la pierre de touche s'avère difficile à trouver. Il constitue donc une "supercherie", un scandale permanent pour la pensée normative* », explique **Nicolas Bourriaud**[1].

---

1. Nicolas Bourriaud, *Formes de vie, l'art moderne et l'invention de soi*, Denoël, 1999.

## Faire émerger les idées nouvelles
## dans le mouvement même de l'action

L'artiste sud-africain **William Kentridge** est l'auteur de films d'animation artistiques qui sont de véritables chefs-d'œuvre. Il fait émerger ses idées de la répétition du geste. À la différence de dessins animés classiques réalisés à partir d'images de *story-boards* dessinées dans des postures successives puis filmées en accéléré, William Kentridge utilise un seul tableau fixe sur lequel il donne forme à des figures mouvantes par un procédé continu de dessin au fusain, puis d'effacement. Il est intéressé par le temps, son défilement, sa trace, le souvenir que les événements, les êtres et les choses laissent quand nous fermons les yeux sur notre passé. Quelle technique autre que le dessin image par image pouvait mieux rendre compte du phénomène ? Chacun de ses courts métrages est basé sur une série de vingt à quarante dessins, généralement de grand format. Chaque dessin est une sorte de plan séquence, au cadrage souvent immuable.

William Kentridge modifie petit à petit sa composition entre chaque prise en effaçant certaines parties pour les redessiner. De fait, il photographie à intervalles réguliers les différents stades d'un même dessin, ce qui donne aux images des films une fluidité et une vibration qui amplifient le caractère vivant et poétique des scènes. La technique du fusain, éphémère et volatile, se prête bien à cette démarche, avec ceci de particulier qu'elle laisse subsister des traces de ce qui a été effacé. Le résultat à l'écran donne une image un peu fragile, tout en nuances, bien dans la manière d'un homme obsédé par l'idée de la trace, de la réminiscence. Écoutons William Kentridge parler de son processus de création : « *L'activité physique de dessiner par séquences fait émerger de nouvelles idées de mouvement qui seront intégrées au film. Bien sûr, il y a beaucoup d'idées qui ne mènent nulle part, mais de temps en temps, il y a une espèce de percée qui se produit à travers le processus de répétition physique du dessin, répéter, répéter le geste, c'est ce qui libère une nouvelle manière de penser. Par exemple, dans le film* Mine, *il y a une scène où Soho, le patron de la mine, est dans son lit avec une tasse de café. J'avais besoin de faire un lien avec la mine. L'idée de faire traverser le piston de la cafetière* (à travers le fond du pot, puis son lit, puis son plancher, puis le sol jusque dans la mine – NDR) *m'est venue en dessinant. Je ne savais pas, en commençant la journée, que j'utiliserais la cafetière. En travaillant sur le dessin, il m'est apparu évident que je pouvais apprendre quelque chose de cette cafetière.* »[1]

La manière de travailler de William Kentridge explicite à quel point il est important, pour faire émerger les idées créatives, non seulement de se confronter au monde réel au sens de l'actualité personnelle, urbaine, sociale ou politique, à l'instar de Picasso ou de Bacon, mais aussi de **se confronter au réel du travail lui-même** : souplesse et résistance du matériau qui peut être le médium (toile, papier, métal, pierre, pixels) pour un artiste visuel ; ouverture, résistance ou coopération des personnes (collaborateurs, partenaires, clients, interlocuteurs de la collectivité), des systèmes, des technologies pour un entrepreneur. L'engagement de l'intellect, du corps et de l'esprit dans des situations et des expériences relationnelles est extrêmement bénéfique pour qui veut stimuler ses capacités créatrices, à condition de se placer dans une attitude d'ouverture et d'être prêt à **exploiter les aléas comme défis à la création.**

À l'instar d'un William Kentridge, créer nécessite donc des managers contemporains un engagement intellectuel, physique et spiri-tuel : réflexion, courage, sensibilité aux réactions invisibles du monde – les molécules de la matière, le mouvement des neurones, les flux d'information. *« Je n'ai pas fini une œuvre que déjà l'œuvre à venir apparaît »*, expliquent souvent les artistes. Cette expression pourrait s'appliquer à **Jean-Paul Duval**, PDG de la société IGREC. IGREC, société installée dans le Tarn, au sud de la France, s'était spécialisée dans le recouvrement à distance des factures de ses clients grands comptes, la plupart installés à Paris. IGREC est reconnue pour la qualité exceptionnelle de son service. Au fil de la coopération avec ses clients dans son métier de recouvrement, IGREC, qui est amenée à consulter régulièrement des documents archivés, découvre leurs problèmes de coûts d'entreposage des archives, liés au prix du mètre carré dans la capitale. Forte de la confiance établie grâce à son haut niveau de performance et en s'appuyant sur un partenariat avec un développeur de logiciels de transfert et d'archivage à distance, IGREC

---

1. William Kentridge, extrait du film *Drawing the passing*, documentaire de Maria Anna Tappeiner et Reinhard Wulf, David Krut Publishing, 1999, traduction française par l'auteur.

propose à ses clients de déménager leurs archives de Paris dans le Tarn pour les stocker dans de bien meilleures conditions de coûts. Ainsi, à partir de sa première « œuvre », Jean-Paul Duval crée ARCHIBALD, une seconde société qui n'a rien à voir avec l'idée de la première.

### Relier les faits de l'expérience et le sixième sens de l'imaginaire

> « L'action est un processus d'apprentissage. À mesure qu'on agit pour réaliser ses projets, on acquiert de l'expérience, et on devient plus compétent pour le faire. Mais dans ce cas-là, naturellement, nos actions ne peuvent avoir été "efficientes" dès le début – ni même vers la fin, puisque la connaissance parfaite n'est jamais atteinte, et qu'il reste toujours quelque chose à apprendre. »[1]
>
> Murray ROTHBARD, économiste

Dans les arts japonais, floraux comme martiaux, le *Senseï* est celui qui, en atteignant la perfection technique, décroche une sorte de bonus spirituel. Le respect qui entoure le grand créateur japonais du 7e Art, **Akira Kurosawa**, n'est pas de la terreur, comme chez d'autres moins géniaux. C'est le fait que comme les *Senseï*, Akira Kurosawa ignore l'abstraction. Il parle métier, il réfléchit sur des faits, des expériences. Quand on l'interroge sur ses choix, il dit : « *Ça m'est venu naturellement.* »[2]

Si l'artiste allemand **Josef Beuys** réussit à coexister pendant trois jours dans une galerie de New York avec un coyote du Texas, lors d'une de ses plus belles actions, *I like America and America likes me*, jouant de sa seule canne de berger et protégé d'une cape de feutre, c'est avant tout une démonstration de maîtrise tirée d'un apprentissage très ancien, lié à une expérience personnelle dramatique. Ancien pilote de la Luftwaffe, Joseph Beuys a été recueilli par des Tatares après que son avion a été abattu au-dessus de la steppe russe. Ceux qui lui ont sauvé la vie l'ont enveloppé dans de la graisse et du feutre. Cette expérience entre un Occidental et des Orientaux marque Beuys pour la vie. Elle influence et stimule toute son œuvre, extrê-

---

1. Murray Rothbard, *Économistes et charlatans*, Les Belles Lettres, 1991.
2. Extrait de *AK*, film de Chris Marker, 1985, présenté dans son portrait réalisé par Chris Darke pour Channel Four, édité en France par Arte vidéo.

mement prolifique. La rencontre de Beuys avec le coyote ouvre donc la voie de l'apprentissage : éclaireur, conducteur comme certains de ses matériaux de prédilection (graisse, feutre, métal…), il est le berger qui guide ceux qui veulent bien le suivre vers une voie de réconciliation. Activateur de flux, Beuys place la relation au centre de son travail. La rencontre avec le coyote est un symbole de dialogue : le feutre protège des morsures de l'animal, mais en même temps il est doux, la canne également protège, mais elle permet d'amadouer l'animal qui la triture dans ses mâchoires. À la fin de la semaine de cohabitation, la relation s'est mise en place : l'homme et le coyote se sont mutuellement apprivoisés. Tout s'est passé comme si Beuys avait vécu en chamane, ce magicien soignant qui communique avec les morts et établit le contact avec les esprits familiers qui prennent des formes animales et dont il imite les cris.

À la fois attitude et comportement, la démarche de Joseph Beuys, infatigable nomade, relève du symbolisme (le lien par les substances) et de l'anticipation (nouveau lien Orient-Occident) autant que de l'imaginaire (des utopies sociales, politiques, écologiques et spirituelles). Cette démarche d'artiste, qui tire un « sixième sens » du croisement de son expérience et de sa réflexion, constitue une métaphore inspiratrice pour les managers entrepreneurs désireux de « faire autrement », dont **Jack Welch**, PDG de GENERAL ELECTRIC et passeur entre le XX$^e$ et le XXI$^e$ siècle, a tracé la voie fulgurante : « *Dans un environnement où sévit une concurrence impitoyable, le vrai leader doit posséder un sixième sens pour les mutations à venir sur le marché. Il est capable d'imaginer l'inimaginable.* »[1]

Dans ses œuvres, l'artiste néerlandais **Joep Van Lieshout** imagine – et réalise – l'inimaginable. Il recherche des leçons de survie, en partant du constat que notre environnement, parfois absurde et envahi de slogans, de croyances, d'objets inutiles et polluants, monopolise une quantité insensée d'énergie pour peu de résultats en termes de développement sociétal et d'harmonie. Son « Atelier » fabrique des objets qui nous protègent, comme par exemple ce crâne géant dans lequel on peut se retirer et s'armer contre notre société surexcitée, à l'abri du bruit inhumain qui vient de partout et qui est une atteinte contre la vie et la réflexion. C'est une chambre de privation sensorielle où

---

1. Jack Welch, avec Suzy Welch, *Mes conseils pour réussir*, Village Mondial, 2005.

puiser une nouvelle énergie. Joep Van Lieshout désosse aussi une Alfa Romeo 164 pour la transformer en poulailler. Les roues servent d'abreuvoir pour les volatiles et le moteur de la défunte voiture devient un générateur capable d'alimenter en énergie une dizaine d'habitants en cas de catastrophe écologique. Il existe aussi chez Joep Van Lieshout le besoin de manifester sa puissance sexuelle comme stratégie de survie. Les formes de phallus que l'artiste dessine se rapprochent de celles d'une arme. Il ne laisse planer aucun doute sur l'association des deux : un élément de l'arme s'appelle d'ailleurs « ejector ». Dans ce sens aussi, son *Atelier des armes et des bombes* est la suite logique de son esthétique agressive, agressive au sens où toute initiative, toute entreprise, tout acte créateur est une agression contre la matrice des habitudes, de la routine et des standards. Mais ce n'est qu'un côté de la logique. L'autre côté, c'est la protection du « gentil remue-ménage », des femmes, de la nourriture qu'on prépare soi-même, des ébats érotiques, bref l'artiste entrepreneur Joep Van Lieshout protège la « communauté idyllique » avec tout son confort.

Plus il agit, plus l'artiste néerlandais accumule des expériences dont il tire de nouvelles idées de création de dispositifs d'alerte sur les dérives possibles de communautés menacées par une société à qui on ne pourrait plus faire confiance. Car son œuvre nomade est à interpréter au deuxième degré. L'artiste parodie l'autodéfense qui pourrait devenir l'ultime étape de l'auto-équipement permis par les nouvelles technologies. L'apprentissage tiré de ses expériences d'artiste s'enrichit de la mémoire des expériences totalitaires de l'Europe, mémoire dont Joep Van Lieshout, sans en avoir subi le joug, se pose comme un gardien vigilant. Par son détournement artistique de formes d'activisme en marge de la légalité, Joep Van Lieshout en appelle sans angélisme ni rigorisme à la responsabilité solidaire de chaque citoyen du monde pour éviter et désamorcer les activismes anarchistes ou conservateurs susceptibles de mettre en péril l'État de droit et la démocratie des citoyens, protecteurs des cellules vitales de la société. Il met ses qualités d'entrepreneur réalisateur d'environnements de vie opérationnels au service de causes nobles, allant jusqu'à réaliser des blocs opératoires flottants capables d'accueillir en eaux extraterritoriales des personnes victimes de pauvreté ou de lois autoritaires au large des côtes de leur pays. Pour conforter l'efficacité de sa tribu artistique, Joep Van Lieshout n'hésite d'ailleurs pas à faire appel à des consultants en management L'étude des profils psychologiques des membres de l'équipe par le cabinet de conseil en ressources humaines « Belbin Associates » a d'ailleurs été publiée dans un catalogue consacré à l'artiste.

## Agir beaucoup pour désirer encore plus

L'instantanéité et la multiplicité des exploits comme des catastrophes possibles sont typiques du monde contemporain. Ces caractéristiques de notre environnement invitent à de nouveaux comportements face à l'action : quand les managers entrepreneurs démarrent un projet, ils se lancent dans l'action pour dialoguer avec les problèmes qui émergent de la réalisation et trouver des solutions. Ce phénomène est bien connu et piloté par les artistes qui pratiquent des performances en temps réel. L'invention de solutions techniques ou de bifurcations esthétiques au cœur même du processus fait partie du jeu artistique. Ce phénomène est amplifié lorsque la participation active et pleine d'imprévu des spectateurs est requise.

De même, si la réalisation technique des produits de l'entreprise est confiée à des tiers, les entrepreneurs contemporains suivent de près les évènements qui adviennent en chemin pour en tirer de nouvelles idées concrètes. Ils savent qu'il est nécessaire d'agir beaucoup pour atteindre un niveau d'excellence qui permette d'engranger durablement des résultats exceptionnels. Leur propension à multiplier les projets est un entraînement, même si elle effraie parfois leur entourage. Mieux vaut multiplier les projets de taille modeste – souvent en découpant de grands projets en sous-projets tests –, agir par essais-erreurs et récolter les fruits de ceux qui passent la rampe que de lancer un nombre limité de grands projets à la fois[1]. Pour garantir la cohérence subtile entre tous les projets, les entrepreneurs contemporains

---

1. La préférence donnée dans certaines cultures aux grands projets aboutit souvent à appauvrir l'émission de projets innovants. En concentrant tous les espoirs et les ressources sur quelques projets, les acteurs d'une entreprise ou d'une région concentrent le risque et cherchent de multiples assurances. Ainsi se développe une culture de la méfiance vis-à-vis de l'innovation, notamment quand, par malheur, les quelques projets retenus s'enlisent. En période de réduction des ressources, l'exemple des artistes, qui avancent par essais-erreurs avec peu de ressources – en tout cas souvent moins que n'en demanderaient leurs rêves de création – et qui utilisent la pénurie comme une contrainte stimulante, est à méditer pour les entrepreneurs contemporains.

donnent, comme Joseph Beuys, une forme incarnée à leur volonté d'arriver à un but et construisent patiemment et énergiquement les moyens de leur ambition, sur un mode mi-ludique, mi-opérationnel, toujours inventif, comme Joep Van Lieshout. Curieux, ils savent qu'en agissant beaucoup et en pratiquant un nomadisme de l'intelligence, du corps et de l'esprit, ils découvriront des réalités cachées, comme les artistes dévoilent ce qui était voilé au départ, et cela les motive. Inventifs, ils anticipent qu'ils devront faire preuve de créativité pour « transmuter » ces réalités en produits, en services, en organisations, en relations, en formes de vie nouvelles. Ils apprendront et désapprendront. Cette anticipation de la déconstruction nourrit leur désir.

### ⟨⟨⟩⟩ Fracasser les bonnes pratiques pour faire surgir des débris des idées différentes

Alors que les gestionnaires modernes imitent les « bonnes pratiques » par le biais du *benchmarking* (« faire bien » et « faire mieux »), au risque de banaliser totalement leur offre, de faire perdre toute sa chair à leur organisation et de tuer l'âme de leur entreprise, les managers entrepreneurs cassent en morceaux ces « bonnes pratiques » et les critiquent violemment dans un rituel de destruction créatrice pour en faire surgir la sève et recomposer des assemblages inédits (« faire autrement »). Ainsi, c'est parce qu'il existe des managers actifs et créatifs avec leurs équipes que les entreprises contemporaines bien vivantes sont uniques, affirmées dans leur identité et fières de l'être.

### ⟨∼ Jean-François Zobrist témoigne :

*« À l'image des artistes, nous pouvons faire évoluer le client parce que nous assumons notre identité. »*

Le directeur général de FAVI pratique le management par l'action. Il règle les problèmes qui se posent « en y allant » et en se confrontant avec la réalité. À l'instar de l'artiste Josef Beuys, il se définit comme un berger qui guide son entreprise.

*Comment anticiper les défis qui se posent au quotidien dans une activité comme la vôtre ?*
Pour s'inscrire dans la durée, il faut comprendre que l'être humain aspire à ce qui est certain. Mais la vie est l'incertain ! Le monde est incertain. Comment faire face à cette réalité ? Par la « métaction », l'action pour l'action,

le passage à l'acte intuitif sans analyse de risque, donc avec prise de risque, parce que le bon sens ou les circonstances l'exigent. La ligne Maginot était le fruit d'une réflexion longue et coûteuse qui prétendait nous protéger. Tous les risques avaient été imaginés : les bombardements, les gaz, l'empoisonnement de l'eau, les attaques terrestres, aériennes… Et dans cette vision « légaliste », il était évident que l'ennemi respecterait la neutralité de la Belgique ! Je préfère les archers de Parthes. Ces cavaliers avaient une stratégie très simple : lorsque 100 cavaliers archers étaient confrontés à 1 000 ennemis, ils fuyaient et, après une certaine distance, se retournaient et éliminaient les 50 cavaliers ennemis les plus rapides, puis ils fuyaient à nouveau, et puis se retournaient. Ce faisant, ils n'étaient jamais confrontés à l'ensemble des 1 000 ennemis. Après avoir vu 500 de leurs coreligionnaires massacrés, il est fort à parier que les 500 autres se lassaient de ce jeu de dupes et tournaient bride ! Il en est de même dans la pratique de la « métaction ». Quelle que soit l'action engagée, les problèmes générés ne se posent pas tous en même temps, on a donc le temps de les traiter dans l'ordre d'importance réelle, et l'un après l'autre. « Foere in allant, foere in avinchant », comme on dit en Picardie, voilà le maître mot !

### Comment évaluer la pertinence des actions ?

Mieux vaut trois actions dont deux bonnes et une annulée que de la réflexion qui ne débouche sur aucune action ; mieux vaut une action imparfaite qui existe – et qui règle un problème à 60 % – qu'une action parfaite qui n'existera jamais. Nous devons à la fois aller vite et inscrire notre action dans la durée. Ce qui suppose d'être à l'écoute dans un système hyperréactif.

### Vos clients influencent donc votre action ?

Les clients, c'est le dehors, l'incertain. Ils interviennent dans la vie de l'entreprise, ils ont des motivations. Quand une personne est embauchée chez FAVI, elle s'engage dans une lettre qu'elle signe et qui est envoyée au client… Perdre cette notion du client, c'est mourir ! Mais à l'image des artistes, nous ne faisons pas de clientélisme. Nous pouvons faire évoluer le client parce que nous assumons notre identité. La devise de notre entreprise, qui produit des pièces détachées pour le secteur de l'automobile, est : *« Toujours plus et mieux pour le client à Hallencourt. »* Si les clients sont heureux, les actionnaires sont heureux…

### L'incertain permanent, n'est-ce pas inquiétant pour les collaborateurs de l'entreprise ?

Si, bien sûr, il faut donc faire de l'incertain une fête et une aventure. En s'éloignant du côté reptilien des gens et de leur besoin de reconnaissance pour aller vers l'onirique et les faire rêver.

Pour manager ce processus, j'ai structuré le flou : avec des valeurs (d'autres le font avec des rites), avec l'amour (d'autres le font avec le lien), avec la mini-usine (d'autres le font avec le village) ; tout cela pour manager l'incertain.

*La culture de l'entreprise ou de la région joue-t-elle un rôle dans votre approche ?*

L'Anglo-Saxon vient du nord, il vient d'Odin et de Thor, dont le but et la gloire ultimes, c'est la mort au combat. Dans le Wallalah, on se fait la gueule pour l'éternité. Nous, les Latins judéo-chrétiens, on a le petit Jésus ; c'est un système gentil, mais qui n'avance pas. Chez FAVI, on a choisi le système rural : il faut labourer ce matin. Le matin même, on décide en fonction de la météo si on laboure, oui ou non. On pense donc à un jour, mais si on achète un terrain, on pense à 20 ans. Et puis, ce qui est très important pour vivre ensemble l'entreprise et ses incertitudes dans la durée, c'est le bonheur. J'utilise la **matrice du bonheur** pour dialoguer avec les ouvriers. Qu'est-ce qui nous rend malheureux ? Le passé à 45 % (avoir été manipulé ou dévalorisé...), le présent à 10 % (un travail pas attractif, pas de gaieté...) et le futur à 45 % (la crainte de l'avenir). Ma responsabilité en tant qu'entrepreneur est de donner un peu de certitude à l'opérateur. S'il n'a pas de présent, il n'a pas de futur... Quand il a un problème sur la chaîne de production, il a droit à une assistance bienveillante. Pour moi la notion de valeur ajoutée ne veut rien dire, mais le bonheur est une forme de valeur ajoutée ! Il faut sortir de la fonction main pour aller à la fonction cœur ! Nous donnons ainsi chaque mois un petit cœur pour des occasions bien précises. Ces cadeaux sont insérés dans les colis de pièces fabriquées par les ouvriers.

*Vous avez créé un système de management très souple et innovant.*

Dans le management d'une entreprise comme la nôtre, une entreprise de 600 personnes située à Hallencourt, dans le Nord de la France, il n'y a plus de système hiérarchique, ni de chef d'équipe, ni de chef de fabrication, ni de planning. Dans la « métaction », le vrai chef est celui qui a le ballon et celui qui a le ballon est forcément celui qui porte un problème client. Généralement, ce sont les opératrices et les opérateurs qui portent réellement les vrais problèmes des clients ! Et le chef, me direz-vous ? Hé bien, il ne fait rien, tel l'entraîneur. Il est assis sur le banc de touche et il regarde le dehors de son équipe, il regarde l'équipe adverse, il regarde d'où vient le vent, la lumière du soleil ; il regarde qui a le ballon pour encourager le reste de l'équipe à anticiper afin d'aider le porteur du ballon ! Ce sont donc les opérateurs(trices) qui reçoivent la commande et la traitent. Ils sont autonomes et responsables. **Ce qui est important c'est d'avoir un espace de liberté bordé par des valeurs comme le bon sens et l'instinct de conservation.**

# Accomplir la mission noble de l'entreprise

Le premier apport de l'hyperentreprise à la société est de créer des produits, des services, des usages et des expériences relationnelles avec ses clients qui remplissent une fonction pratique. Mais sa responsabilité dépasse ce rôle « étroit ». L'hyperentreprise prend beaucoup de place dans la vie des individus. Quelle est sa contribution à la vie de la société ? Plus elle étend son activité à travers des systèmes de flux marchands ou publics, informationnels, culturels, esthétiques et éthiques, plus elle agit à des niveaux toujours plus intimes de l'expérience de vie des individus : clients, citoyens, habitants du monde. C'est là qu'elle rencontre sa sphère de responsabilité et que rayonne sa mission noble.

Dans ce contexte, les managers contemporains sont porteurs – délibérément ou à leur corps défendant – de projets à visée éducative[1], à l'instar des grands artistes reconnus par les générations suivantes, qui sont ceux « qui participent à l'équilibre du monde »[2]. Chez ces artistes, l'esthétique rencontre l'éthique. Au service du monde, les managers entrepreneurs se préoccupent de la valeur créée dans leur environnement, pour les autres et pour eux-mêmes, au-delà du nécessaire profit que leur dicte la part gestionnaire de leur personnalité. Les artistes laissent une trace en semant de nouvelles représentations et maintiennent une ouverture des esprits sur des choses qui ne sont pas strictement utilitaires. Comment se fait-il que **François Pinault** investisse dans une collection d'art contemporain et achète à prix d'or des performances, œuvres éphémères par excellence ? Peut-être parce qu'au-delà de l'utilité, l'art conduit à se souvenir que le monde est plein de questions non résolues et que ses valeurs transcendent l'utilitarisme forcené de la modernité.

## *Élargir sa gamme de créations de valeur*

Par son questionnement permanent, l'art oblige à sortir du cadre et à cheminer sur toute la gamme des valeurs qui traversent les sociétés

---

1. Les cas se multiplient où l'entreprise est, pour de jeunes recrutés, le premier environnement structurant en termes de valeurs, lorsque leur famille ou l'école n'ont pas pu ou pas su jouer ce rôle.
2. Selon l'expression de Pierre Jaccaud, metteur en scène, commissaire d'exposition, directeur de « Chambre de séjour avec vue », Saignon-en-Lubéron.

humaines, et en particulier les entreprises, et qui se répartissent sché-
matiquement sur quatre niveaux – valeur patrimoniale, valeur utile,
valeur relationnelle et valeur symbolique :

▶ **Créer de la valeur patrimoniale.** Pour un entrepreneur classique,
la valeur d'une entreprise est d'abord reflétée par ses actifs : capitaux
immobiliers et mobiliers, valeur « intrinsèque » de ses produits et de
sa marque, valeur de son management (réputation, personnalité et
formation de ses dirigeants). Cette valeur patrimoniale, qui correspond à la notion de valeur la plus proche du profit, est largement
appréciée en fonction des résultats passés de la firme et de ses prévisions à court terme. Elle porte en quelque sorte sur le « contenu »
d'une organisation, à l'intérieur de son périmètre légal, et ignore
largement les relations de cette organisation avec son environnement, ainsi que ses projets à long terme. Cette valeur permet
cependant de se livrer à des extrapolations sur le potentiel de la
firme. Dans le champ de l'art, cette valeur correspond à la cote des
œuvres du passé, de l'époque classique à la période moderne.

▶ **Créer de la valeur utile.** Pour un entrepreneur moderne, la valeur
d'une entreprise, de ses produits, de son management, de sa marque, c'est aussi – avant tout ? – et de plus en plus ce pour quoi les
clients, les consommateurs, les actionnaires, les collaborateurs sont
prêts à payer en échange de ce qu'ils reçoivent, ou ce qu'ils s'attendent à recevoir en fonction de ce qu'ils donnent. Cette valeur est
proportionnelle à l'expérience que font les partenaires de l'entreprise de l'utilité – pratique en termes d'usage, financière en termes
spéculatifs ou médiatiques en termes de prestige – de ce qu'ils
reçoivent. Je la désigne donc sous le terme de valeur utile. Dans le
champ de l'art, il s'agit de la valeur marchande des œuvres contemporaines et des plus-values successives qui permettent de construire
une collection. Hormis l'avantage financier, la valeur d'utilité de
l'art est réduite, depuis la césure opérée à la Renaissance entre art et
artisanat. Le design contemporain est une manière de réconciliation
partielle entre art et utilité. « *Plutôt que d'utilité, les artistes parlent plus
volontiers d'opérationnalité*, explique **Paul Ardenne**[1]. *L'utilité est une
notion compréhensible dans les sociétés de type archaïque : ce silex est utile*

---

1. Entretien avec l'auteur, 2004. Agrégé d'histoire, docteur en histoire de l'art,
Paul Ardenne est maître de conférences à l'université Picardie Jules-Verne
d'Amiens. Collaborateur, entre autres, des revues *Art press*, *L'Œil* et *Archistorm*.

*pour produire du feu. Aujourd'hui, en revanche... Quelle est à cette heure l'utilité de la Kawasaki ZX 10 R, qui atteint 300 km/h sur route ouverte, ou celle de la dernière génération des perceuses Bosch par rapport à leurs devancières ? Le mieux, dans ce cas, n'est pas forcément l'ennemi du bien, mais est-il vraiment utile ? En a-t-on le besoin pressant et vital ? L'utile n'est-il pas devenu, en premier lieu, ce critère de qualification de l'objet permettant de rendre l'objet compétitif en termes de marché, avant même que soit posée la question de sa stricte utilité ?* » L'opérationnalité retient, plus que l'utilité, l'esprit des artistes. « *Cette fois*, poursuit Paul Ardenne, *c'est l'impact que l'on va mesurer, l'effet médiatique, l'inscription : le potentiel énergétique de l'œuvre d'art, ce qu'elle peut "mouvoir" d'idées, de données concrètes, d'attitudes, comme un cargo meut sa cargaison sur la mer. Il importe, pour quiconque a souci d'"opérationnalité", que l'œuvre d'art touche.* » Paul Ardenne apporte une illustration de son propos : « *L'artiste ZEVS (Zone d'activation visuelle et sonore), durant l'automne 2002, se rend à Berlin, sur l'Alexanderplatz. Six heures du matin, il fait encore sombre, ZEVS y escalade alors une publicité géante pour les cafés Lavazza : une affiche placardée contre la façade d'un immeuble, représentant un mannequin féminin en maillot de bain buvant du café, et qu'il découpe selon ses contours. Puis ZEVS annonce à Lavazza ce "kidnapping visuel" et propose de restituer à la firme italienne l'image escamotée, contre rançon (le "doigt" du mannequin est même envoyé par courrier au siège de la représentation allemande de la firme, comme s'il s'agissait d'un otage réel...). L'affaire fera un certain bruit. D'abord, dans la police, parce que preuve est faite que l'Alexanderplatz est mal surveillée. Chez Lavazza aussi, où le représentant allemand sera congédié pour mauvaise gestion médiatique de cette affaire. Une forme classique d'opérationnalité en substance : l'œuvre d'art, dans ce cas de figure, a un impact, comme l'ont au demeurant bien des œuvres destinées à l'espace public et à la rue. Sa valeur ne peut dépendre que de cette force d'impact. S'il ne suscite aucune réaction, le terrorisme "visuel" de ZEVS manque évidemment son but.* »

▶ **Créer de la valeur relationnelle.** Pour un manager contemporain, la valeur relationnelle est extrêmement importante car elle influe largement sur la perception[1] des sujets intelligents, actifs et sensibles qui interagissent dans et avec l'hyperentreprise. La valeur relation-

---

1. À l'heure de l'échange généralisé de flux de valeur immatérielle, Richard B. Chase & Sriram Dasu affirment : « *Dans toute prestation de service, la perception est la réalité .*» *In Harvard Business Review,* juin 2001.

nelle prend corps dans les relations dynamiques de l'hyperentreprise avec son environnement et apparaît comme un équilibre instable et permanent entre création de valeur et destruction de valeur, au gré de la qualité et de la quantité des interactions internes et externes, dans leur forme et dans le contenu qu'elles véhiculent. La valeur relationnelle est immatérielle, insaisissable et volatile et ne peut être capturée qu'à l'état de trace éphémère d'une performance, à l'instar des photographies des performances de l'artiste **Dennis Oppenheim** évoquées au chapitre 1. Elle s'exprime sous la forme d'une satisfaction des clients ou d'une prise de risque des investisseurs. Les entrepreneurs sont d'autant plus attentifs à la qualité et à l'intensité des relations internes et externes que **la densité des interactions conditionne la vitalité de la firme en matière d'innovation.** Plus il y a confrontation de points de vue, plus les idées nouvelles germent et se multiplient. Des entreprises championnes de l'innovation comme 3M ont été jusqu'à concevoir les architectures de leurs bâtiments les plus récents de telle manière que les relations physiques autant que virtuelles soient stimulées. Dans le champ de l'art, la valeur relationnelle a toujours été extrêmement importante. Dès la Renaissance, les artistes ont beaucoup voyagé et se sont rencontrés pour féconder leurs pratiques ; quant à l'importance des relations entre l'artiste et son commanditaire, elle est tellement cruciale qu'elle a fait l'objet de nombreuses études scientifiques documentées sur leurs influences réciproques. Dans le monde contemporain, les interactions, relations, confrontations entre artistes, critiques, collectionneurs, commissaires d'expositions et directeurs d'institutions constituent la souche « rhizomique » du foisonnement créatif mais aussi le réseau où se font et se défont les valeurs de l'art.

▶ **Créer de la valeur symbolique.** Les entrepreneurs et les artistes cherchent à créer un quatrième type de valeur : la valeur symbolique, qui fait lien entre les hommes autour de missions nobles. La valeur symbolique est constituée de l'ensemble des dimensions éthiques, esthétiques et spirituelles, qui soutiennent la qualité de la vie dans les sociétés humaines et assurent les conditions de la transmission de connaissances, d'opérationnalité et de sensibilité aux générations à venir. Comme le souligne le penseur français **Jean Baudrillard**[1], **cette valeur symbolique ne s'échange**

---

1. Jean Baudrillard, *L'échange impossible*, Éditions Galilée, Paris, 1999.

**contre rien**, et c'est ce qui fait sa puissance infinie. La valeur symbolique d'une organisation humaine indique le sens que les membres d'une entreprise, d'une administration, d'une association ou d'une nation donnent à leur vie – pour la part investie dans cette organisation, mais souvent bien au-delà, dans l'univers contemporain où s'estompent toutes les frontières. Dans l'appréciation globale de la valeur d'une organisation, **la valeur symbolique prend une importance croissante**, d'autant plus que les caractéristiques techniques, les prix, le management et les caractéristiques explicites des services rendus à ses clients, ses collaborateurs, ses partenaires et ses actionnaires se banalisent et se nivellent d'une entreprise à l'autre. Pour une entreprise, méconnaître sa valeur symbolique revient à méconnaître ses capacités à **tisser des liens écologiques avec son environnement, avec son avenir et celui des sociétés où elle intervient**, et à négliger une grande part de son potentiel d'innovation, au sens global. La valeur symbolique se nourrit de la conscience éthique – les valeurs morales ou spirituelles partagées – et du sentiment esthétique – le sentiment d'« être ensemble ». Les artistes sont à la fois des capteurs, des amplificateurs, des créateurs et des vecteurs de valeur symbolique. Ils détectent et mettent en évidence les liens – ou les fractures – qui traversent une société ou une entreprise. Le langage de formes qu'ils utilisent est le mieux à même de faire éprouver ces valeurs invisibles. Après des siècles où les artistes ont mis en scène les valeurs dominantes des sociétés (« faire bien » puis « faire mieux »), les artistes contemporains interrogent plutôt ces valeurs pour maintenir éveillée notre conscience (« faire autrement »). Ce rôle des artistes est salutaire à une époque contemporaine où la surabondance des slogans et des modes favorise l'assoupissement généralisé. Le questionnement permanent des habitudes par les artistes leur permet de garder le lien avec leur « mission noble », qui est de créer des rapports intelligents, critiques et sensibles entre les hommes et la réalité qui les entoure pour mieux la transformer. S'intéresser au questionnement des artistes est une source inépuisable d'innovation et un facteur puissant d'anticipation pour les managers contemporains, à condition de s'ouvrir à leur pratique avec un esprit ouvert et curieux, sans jugement moral *a priori*.

Ce processus de questionnement permet tout autant aux entrepreneurs de résister, pour leurs collaborateurs et pour eux-mêmes, à la pente de la facilité et de la routine typiques des organisations qui se cantonnent aux catégories traditionnelles de création de valeur patrimoniale et de valeur utile. En ajoutant la création de valeur relationnelle et la création de valeur symbolique aux objectifs de l'entreprise, les managers entrepreneurs gardent le lien concret avec leur mission noble. Parfois, cela les aide tout simplement à la reformuler. Voici quelques exemples où un processus de questionnement créatif analogue à celui des artistes a permis de renouer avec la mission noble : pour un organisme de crédit, la fonction de base est de prêter de l'argent, la mission noble peut être de le faire dans des conditions de solvabilité qui contribuent aux projets de vie et à la réalisation des rêves de ses clients sans pour autant les rendre dépendants. Pour une entreprise de *Facility Management*, la fonction de base est d'assurer des prestations de tous ordres sur des sites industriels ou tertiaires, la mission noble peut être d'imaginer comment contribuer au développement de son client, au bien-être des collaborateurs de ce client, et de veiller pour son compte au respect de l'environnement. Pour une entreprise de restauration collective, la fonction de base est de nourrir les personnes dans le cadre d'un budget donné, la mission noble peut être de contribuer à leur équilibre diététique et aussi de créer une certaine convivialité humaine avec des trésors d'imagination. Pour un organisme d'habitat social, la fonction de base est de loger des personnes à revenu modeste, la mission noble peut être de créer avec eux leur qualité de vie et de changer leur regard sur eux-mêmes et sur leur environnement, en cohérence avec les équilibres dynamiques d'un environnement urbain. Nous constatons que dans tous les cas, l'accès à la mission noble exige la prise en compte d'un environnement relationnel plus large que celui de la seule prestation fonctionnelle, d'un horizon temporel plus lointain que celui de la transaction immédiate, d'une dynamique de pensée, d'action et d'imagination, de valeurs relationnelles et symboliques qui dépassent les seules valeurs patrimoniale et d'utilité.

S'interroger régulièrement sur toute la gamme de ces quatre niveaux de valeur aide les entrepreneurs comme les artistes à retrouver et à construire le sens de leur « mission noble ».

### Valérie Mathieu témoigne :

*« On peut produire de la valeur symbolique*
*par une relation de service. »*

Le directeur du master « Management des activités de service » de l'Institut d'administration des entreprises (IAE) d'Aix-en-Provence expose sa vision du lien entre valeur relationnelle et valeur symbolique.

*La période contemporaine offre-t-elle des gisements cachés de création de valeur ?*
On peut produire la valeur par une relation de service. Cela induit un changement radical dans la manière de penser et de produire la valeur. La question de l'identité du produit vendu, matérielle ou immatérielle, devient secondaire. Dans l'industrie, par exemple, la valeur de l'offre réside de plus en plus dans les services associés au produit : formation, conseil, audit, contrat de financement. Inversement, ce n'est pas parce qu'une entreprise est dans la nomenclature tertiaire qu'elle produit la majeure partie de la valeur dans le contact à l'autre ; pensons au *hard discount*.

*Cette évolution a-t-elle des impacts en matière de stratégie, de management, d'organisation ?*
Pour créer cette valeur en contact avec le client, l'entreprise a de plus en plus besoin de faire appel à des partenaires horizontaux. Elle devient un chef d'orchestre de tous ces partenaires. Le client passe d'une attente classique d'un produit vers l'attente d'une fonction, jusqu'à un résultat de plus en plus éloigné du produit d'origine. Il achète « de la sécurité », « de la tranquillité », un résultat épuré. L'entreprise, le fournisseur, accepte de réaliser cela, mais pas directement. L'entreprise acquiert progressivement des compétences pour mettre en œuvre une nouvelle production de la valeur, fondée sur les relations. Les impacts sur la responsabilité, sur la relation de pouvoir, sur la gestion des clients sont multiples. Le client exige une responsabilité. La question « qui fait réellement quoi ? » ne l'intéresse plus, mais plutôt « qui est responsable des décisions et de la résolution des problèmes ? ». Les périmètres d'action des acteurs des entreprises eux-mêmes s'élargissent. Les ingénieurs grands comptes, les ingénieurs d'affaires, les responsables d'exploitation étendent leur action au périmètre de l'ensemble de l'activité de leurs clients parallèlement à un accroissement du niveau d'intimité entre les acteurs. Cette intimité devient absolument nécessaire, elle s'exprime en termes de connaissance des uns et des autres, de fréquence dans les relations.

*Quels sont les impacts de cette mutation sur le management des entreprises ?*
L'entreprise est un phénomène collectif. Pour conduire cette mutation, il faut avoir une capacité d'entraînement et de fédération. Comment ? De nouvelles qualités doivent émerger en complément du charisme, de l'intel-

ligence ou encore du courage. Il est logique d'imaginer que ces nouvelles qualités doivent s'inscrire dans une relation à l'autre comme l'empathie, l'attention, ou plus simplement la gentillesse. Il est difficile de tricher là-dessus et n'importe qui peut l'évaluer.

*Cette transmission de valeur est-elle réservée aux seuls commerciaux ?*

Naturellement non, dans ce contexte où la création de valeur est beaucoup plus globale, l'entreprise recèle un grand nombre de services cachés. Il s'agit des gisements de valeur liés à l'histoire de l'entreprise ou à des comportements individuels, qui existent dans toute entreprise. Souvent l'entreprise ne les a pas repérés ou la personne n'en est pas consciente. Le service caché n'est pas forcément payant, mais **créateur de valeur symbolique**. Certaines entreprises équilibrent leurs services payants et certains services gratuits dont la fonction est d'être un support de la relation avec les clients. Il s'agit d'un investissement dans une stratégie de profit à long terme. Ces entreprises s'attachent à révéler, à formaliser les services cachés, à les lister comme sources de valeur. C'est le cas de RENAULT TRUCKS qui, conscient du potentiel relationnel du service de livraison, a développé en interne des formations destinées à valoriser un nouveau métier : le spécialiste livraisons véhicules. Dans l'entreprise de service, la capacité relationnelle d'une personne peut être considérée comme un actif.

*Cette approche de l'entreprise de service peut-elle conduire à des bouleversements dans la conception de l'économie et de la société ?*

Entrer en relation avec l'autre, entrer « bien » en relation avec l'autre, est source de richesse. Mieux expliquer ce nouveau mode de création de richesse peut contribuer à de nombreux débats, dans et hors des entreprises. Un engagement clair et véritable dans la construction des relations peut avoir un impact considérable sur l'innovation, sur la façon de la gérer, sur l'identité des acteurs, sur la notion de frontières, dans une dimension qui dépasse le débat des compétences individuelles : il s'agit d'apprendre à entrer en relation avec l'autre, ce qui est tout à fait différent de l'apprentissage d'une tâche et de la sélection d'une commande sur une machine. Aujourd'hui, **l'entreprise doit être capable d'établir d'abord une relation cognitive avec le client pour espérer évoluer un jour vers une relation affective, unique gage finalement de longévité**, même relative.

## *S'engager dans le développement durable de l'entreprise et de son environnement*

Pris dans le tourbillon de l'actualité, les entrepreneurs contemporains sont confrontés au risque permanent de la perte de mémoire. De programme en projet, de nouveau positionnement de marque en changement de nom, de fusion en rachat, le risque est grand de perdre la mémoire nécessaire à la régénération du futur de l'entreprise et de céder à un révisionnisme permanent. Le rapport à la mémoire ne peut donc plus être passif. Les managers désireux d'échapper à la répétition du « faire bien » pour accéder à la dynamique du « faire mieux » et à la transformation du « faire autrement » prennent soin de réactiver régulièrement la mémoire de leur entreprise à la manière des artistes contemporains. Avec leurs collaborateurs, ils écrivent la légende d'une aventure permanente, à travers les récits d'expériences vécues ou à vivre qui tissent la trame du devenir de l'entreprise.

*« La seule chose que les membres d'une société partagent réellement,* écrit le sociologue **Maurice Halbwachs** dans les années quarante, *c'est ce qu'ils ont oublié de leur passé commun : la mémoire collective est sans doute plus la somme des oublis que la somme des souvenirs. »*[1] Si le souvenir semble essentiellement le résultat d'une élaboration individuelle, l'oubli rassemble ceux qui ont oublié. Voyager dans le temps de notre mémoire, c'est aussi expérimenter les intuitions qui feront du temps présent un avenir toujours à construire. En 1997, l'artiste français **Christian Boltanski**, à l'invitation de l'écrivain **Renaud Camus**, investit le château de Plieux, dans le Gers, où il installe dans le grenier à foin ouvert à tous les vents les portraits des enfants de la petite école du village qui vient de fermer pour cause de rationalisation budgétaire. Ces portraits sont imprimés sur des draps comme autant de linceuls qui flottent au vent. Dans le grenier sont réparties les tables de l'école sur un sol jonché de paille et de roses. Je me souviens qu'en pénétrant dans l'œuvre, ma propre mémoire d'écolier, ravivée par les sens, s'est mêlée à la mémoire de ces enfants. Christian Boltanski célèbre la mémoire avec toute son intelligence et son talent internationalement reconnus. Dans une partie de ses travaux, figure de manière dominante le thème de la reconstitution — ses tentatives répétées de restituer la mémoire de son enfance et de sa vie de famille —, thème illustré par des œuvres telles que *Club Mickey* et *Famille D.* Entre 1987 et 1990, Christian Boltanski crée de nombreuses œuvres à partir d'un portrait de groupe pris en 1939 ; celui-ci montre plusieurs enfants juifs costumés à l'occasion de la fête de

---

1. Maurice Halbwachs, *La mémoire collective*, Editions Albin Michel, Paris, 1997.

Pourim, fête qui commémore le jour où la population juive de Perse échappa de justesse à un massacre. Ces travaux prennent les formes de reliquaires et d'autels. Une version de ce travail fut montrée à Bâle dans le **Museum für Gegenwartskunst**, sous le nom de *Réserves : la fête de Pourim*. L'artiste déposa plus de 500 kg de vêtements usagés sur le sol, et dirigea sur eux la lumière de lampes de bureaux, accrochées à la jonction entre mur et plafond. Pour voir l'exposition, les visiteurs étaient obligés de marcher sur les vêtements et, au fur à mesure qu'ils avançaient, ils éprouvaient de plus en plus la sensation de fouler aux pieds des corps humains. Dans le monde de Christian Boltanski, le spectateur est compromis par ses actions, tout autant que l'artiste. L'acte de piétiner ces habits privés de leur occupant originel soulignait cette absence. Par un tel acte, l'artiste en appelle à la responsabilité de chacun et souligne qu'il n'est pas de développement durable, d'une entreprise comme de toute autre organisation humaine, sans lien vivant entre la mémoire trop souvent oubliée du passé, la mémoire active du présent et les désirs de futur.

L'artiste allemand **Jochen Gerz** donne la parole à ceux qui l'ont perdue. Il a inscrit en Allemagne, le nom des Juifs disparus sous des pierres destinées au pavage d'une place. Invisibles, les noms scellés demeurent des fragments d'une mémoire enfouie et cependant active. Il réalise un monument contre le fascisme à Hambourg, une colonne destinée à s'enfoncer dans le sol en cinq ou six ans jusqu'à y disparaître complètement. Ce monument/événement symbolise la trace fugace de la mémoire des hommes. À Paris, il propose en 2000 à dix sans domicile fixe (SDF) une intervention devant Notre-Dame de Paris, intitulée *L'Anti-Monument − Les mots de Paris* qui dure six mois. Les personnes volontaires sont formées pour retrouver la capacité à se « représenter » et, ce faisant, à nouer un contact éphémère avec les passants qui permette l'échange et parfois le don entre les nantis et les plus démunis. Un abribus est posé sur le parvis de Notre-Dame, il sera démonté aussi facilement que monté et il ne restera de ce « monument vivant » que des traces (des coupures de journaux et un livret[1]) et la mémoire des personnes qui ont vécu la rencontre ou en ont entendu parler... Face à l'œuvre de Jochen Gerz, une partie de l'opinion s'émeut d'une mise en scène de personnes dépendantes

---

1. Jochen Gerz, *L'anti-monument. Les mots de Paris*, Éditions Paris musées/Actes Sud, Paris, 2002.

qui pourrait tourner à la manipulation. La réaction du public semble empreinte de la nostalgie illusoire du monde antérieur, où le lien social et l'insertion professionnelle étaient combinés dans un imaginaire de « carrières » durables, en réalité inaccessibles à la plupart des SDF d'aujourd'hui, comme ceux concernés par cette opération. Alors que l'opinion publique s'attache à une utilité de l'œuvre, l'artiste valorise quant à lui la valeur symbolique de l'expérience éphémère et s'attache à transformer **des victimes en sujets**. Là où il pourrait réaliser une œuvre à admirer, qui permettrait de recueillir des dons pour ces personnes qui ont perdu la parole, **il préfère leur donner l'occasion de parler directement**, pour eux-mêmes et au nom de « tous ceux qui ne parlent plus ».

L'artiste français **Philippe Parreno** se présente, non pas tant comme un créateur d'objets que comme **un sauveteur d'images, de récits, de secrets, une sorte de** « mémoire vive ». Piochant ici et là des souvenirs, des images vouées à disparaître, des expressions langagières, des témoignages ou des objets, il les recharge de sens, leur redonne une forme, les transforme de manière à ce qu'ils acquièrent un nouveau statut. Philippe Parreno s'adonne à **une vaste entreprise de récupération**, exaltant la richesse des zones oubliées ou négligées par la communication médiatique de notre espace mental, actif et sensible. Par exemple, il réalise la vidéo *Credits*, qui est *« le résultat d'une enquête autour d'un lieu, le produit de différents points de vue subjectifs regroupés autour d'un souvenir »*[1]. À l'arrière-plan de l'image, on aperçoit des immeubles en forme de parallélépipèdes, typiques d'une zone de banlieue. Au premier plan, des sacs plastiques multicolores sont accrochés aux branches de petits arbres morts. Sur le rythme lancinant des riffs de guitare d'Angus Young[2], l'image, presque immobile, s'anime en fonction de variations atmosphériques et temporelles (brouillard, vent, aube, aurore). Ce lieu, c'est un de ces terrains vagues qui entourent les villes nouvelles au moment du lancement, en 1976, de ce qui fut appelé en France le programme des ZUP (zones d'urbanisation prioritaire). Le souvenir, ce sont les enfants qui protestent contre la disparition de leurs terrains de jeux en dégradant les arbres plantés par la municipalité et en accrochant des sacs plastiques aux

1. D'après Élisabeth Wetterwald, « Philippe Parreno, l'exposition comme pratique de liberté », revue *Parachute*, Québec, n° 102, avril-mai-juin 2001.
2. Angus Young est le guitariste du groupe australien AC/DC.

jeunes pousses… Le processus employé ici par Philippe Parreno est tout à fait transposable pour des managers entrepreneurs désireux d'activer la mémoire vive de leur entreprise et de la réhabiter pour « réécrire le scénario » et accéder au « faire autrement ».

### Yann Delacour témoigne :

*« En tant qu'artiste, dans chacun de mes actes,*
*je questionne un contexte économique et politique. »*

L'artiste Yann Delacour incorpore les enjeux de développement économique, politique, biologique dans son œuvre. Il est à l'initiative de l'interface « Art & Économie » du Centre des jeunes dirigeants d'entreprise (CJD).

*Comment en êtes-vous venu à vous intéresser au Centre des jeunes dirigeants ?*
Le CJD a mené une réflexion sur la « performance globale »[1]. Cela m'a intrigué et j'ai fait ma propre traduction de la « performance globale » pour un artiste contemporain : il assure les fonctions marketing, communication, production, ventes, mais aussi une contribution à la société, dans le cadre d'un engagement éthique et esthétique. Cet engagement définit la nature même de son action. Le terme de « performance globale » peut paraître effrayant s'il est dogmatique. En fait, il résonne fortement avec l'actualité économique et politique nationale et internationale. En tant qu'artiste, dans chacun de mes actes, je questionne un contexte économique et politique. Si je choisis de peindre des fleurs ou un paysage urbain, ce choix s'inscrit fatalement dans ce contexte. La prégnance de l'environnement politique et économique se combine avec les contraintes pratiques et logistiques contemporaines. Je connais des artistes des générations précédentes qui sont devenus des entrepreneurs dotés d'équipements lourds. Certains

---

1. Pour le CJD, une entreprise qui développe une performance globale est une entreprise : qui se projette dans l'avenir et qui bâtit des stratégies à moyen terme (plutôt que sur le court terme) ; qui fait participer ses salariés à sa construction, à son évolution, à sa stratégie, à ses processus de décision ; qui conçoit le domaine des ressources humaines comme un domaine stratégique avec des préoccupations fortes d'épanouissement et d'employabilité des salariés ; qui développe de manière structurée le dialogue entre ses différentes parties prenantes ; qui fonde ses relations clients et fournisseurs sur une éthique équitable et durable ; qui met l'innovation au cœur de sa stratégie ; qui respecte son environnement ; qui a une forte préoccupation de la société civile et favorise l'implication de ses représentants dans la vie de la cité (extrait du site internet du Centre des jeunes dirigeants d'entreprise, juillet 2005).

sont propriétaires de fonderies. Ils gèrent le déplacement de leurs œuvres et tous les aspects du *business* avec les municipalités, les organisateurs d'expositions... De fait, il ne leur reste plus que 10 à 15 % de leur temps à consacrer à leur production artistique. La performance globale, c'est donc, pour des artistes de ma génération, le défi d'un équilibre à trouver entre les différentes activités de l'artiste entrepreneur que je suis. Heureusement, la miniaturisation de nombreux équipements, comme la vidéo par exemple, permet d'aller plus vite et de gérer plus facilement les contraintes logistiques. Certains rient de l'artiste avec son attaché-case, son microordinateur portable et son téléphone, mais c'est une réalité aujourd'hui. Plus largement, la « performance globale », c'est un contenu artistique, social, économique et politique qui questionne mon éthique et qui oriente des choix de sujets et de stratégies variées dans mon travail. Par exemple, quand je réalise des installations avec 15 000 soldats yankees Playmobil sur un champ de bataille fictif, je joue avec l'idée de colonisation par la pensée unique mondialisée. En même temps, je capitalise sur le concept de peur critique de cette pensée unique. En effet, dans mes installations, les soldats yankees se fuient. Ils ont peur les uns des autres car en fait ils sont les seuls soldats présents et tous les bataillons portent le même uniforme.

*Qu'avez-vous incorporé dans votre travail, à partir des échanges avec le CJD ?*

Le CJD m'intéresse parce qu'il travaille sur des vraies questions qui traversent les frontières de milieux trop cloisonnés en France : l'art, l'économie, la politique, les institutions, tout ce que j'intègre dans un concept artistique global. Notre entretien pour votre livre peut aussi nourrir mon travail d'artiste. En France, l'institutionnalisation de l'art a desservi les artistes. Tout passant par les institutions, il faut accepter leur médiation pour apparaître sur la scène internationale. Mais comme les observateurs et collectionneurs internationaux connaissent ce système français, ils ont tendance à sous-évaluer les artistes français. Le dilemme est donc d'accepter les contacts institutionnels et la sous-évaluation qui va avec, ou bien de générer son propre système de réseaux, comme le pratiquent des artistes britanniques de renommée internationale tels Damien Hirst ou les frères Chapman. J'en suis venu à considérer qu'il vaut mieux court-circuiter le système institué et générer le sien propre, en lien avec des relais. Le CJD m'offre cette possibilité : je génère librement mon propre système d'exposition et j'invite les artistes que je veux. C'est de ma part un engagement éthique de valorisation des artistes et de rééquilibrage de leur poids face aux commissaires d'exposition qui habituellement prédéfinissent des schémas d'exposition préétablis selon leurs propres critères. L'image du CJD permet de cadrer un nouvel environnement. Grâce à ce partenariat, en tant qu'artiste, j'interagis dans un environnement global et pas seulement dans le milieu artistique.

En commun accord avec le CJD, ce partenariat est ouvert à d'autres artistes comme Benjamin Sabatier, c'est l'idée de l'interface « Art & Économie ».

*Voyez-vous des limites à l'échange avec les entreprises ?*

Des difficultés peuvent survenir quand l'entreprise a déjà défini son schéma de partenariat à l'avance, avec un cadre précis de mécénat ou des objectifs publicitaires ciblés. Il faut veiller à ne pas tout traduire en concept publicitaire. L'art dégage un espace de liberté d'expression. Il y a une pédagogie à développer, pour faire comprendre à un chef d'entreprise que l'artiste travaille sur un autre espace-temps que l'entreprise. Il travaille en temps réel, certes, mais pour des effets à long terme. Donc, si une entreprise a trop anticipé sur le résultat du partenariat, si elle impose des schémas préétablis à l'artiste, cela rend le partenariat difficile. Pour être féconde, la relation artiste-entreprise doit se situer dans un univers non pas de confrontation, mais de dialogue entre des démarches parallèles.

*L'artiste est-il un entrepreneur dans le monde ?*

Évidemment, et c'est ce que je touche du doigt avec la « performance globale » du CJD. J'enseigne dans une école d'art et je retourne la proposition à mes élèves. Je leur explique qu'être artiste, ce n'est pas seulement peindre dans un atelier, mais questionner son environnement. L'artiste bohème, c'est fini ; d'ailleurs, les artistes ont souvent été des entrepreneurs, y compris à la Renaissance, où ils avaient de grands ateliers.

*Vous avez réalisé une installation intitulée Évolution au festival Rohkunstbau, près de Berlin. Il s'agit de ce champ de bataille avec 15 000 figurines PLAY-MOBIL. Vous travaillez en partenariat avec cette entreprise...*

J'ai effectivement une relation suivie avec PLAYMOBIL. chaque fois que j'expose une installation avec leurs figurines, ils me livrent quelques milliers de figurines supplémentaires, en contrepartie de la promotion faite à l'entreprise par l'évènement. Aujourd'hui, cela me permet de réaliser des installations de taille imposante. Je travaille beaucoup sur l'idée de croissance et de développement, tant sous l'angle biologique qu'économique. Cette œuvre en croissance perpétuelle, s'inscrit bien dans mon travail. Mais aujourd'hui, mon partenariat avec PLAYMOBIL va évoluer. J'ai un projet d'atelier dans l'entreprise. Il s'agit de créer un territoire artistique de liberté d'expression. La question qui se pose immédiatement est : mais alors, cette liberté n'existe-t-elle pas au-delà ? Ce lieu, qui sera un vide au milieu de l'entreprise, rendra concrètes certaines tensions immatérielles. Je pense qu'il y a un enjeu pour les entreprises qui consiste à passer du « trop-plein » au vide. Je suis très influencé par la peinture des paysages chinois des XIᵉ et XIIᵉ siècle, où le vide prend une vraie matérialité. L'entreprise est un paysage social, économique, urbain contemporain assez surchargé. Au cœur du trop-plein, je propose d'ouvrir un vide latent de création. Un lieu hyperprotégé de

Yann Delacour, *Évolution*, œuvre réalisée avec des figurines Playmobil, 2004, 170/150 cm, Ed 1/3 © Yann Delacour

non-accessibilité dans l'entreprise. Je dois encore régler des questions juridiques de copyright pour créer ce lieu. Il y a là aussi quelque chose à inventer avec l'entreprise. Au début du XXᵉ siècle, les artistes se sont alliés aux architectes pour donner naissance à l'Art nouveau. Aujourd'hui, les artistes doivent s'allier avec toutes sortes de métiers. L'artiste est compétent techniquement, mais, comme un entrepreneur, il ne peut pas travailler seul. Il coopère avec des économistes, des juristes… L'artiste construit beaucoup dans la relation. En France, il y a un énorme besoin de décloisonner, de construire ensemble. Les artistes doivent compter sur eux-mêmes et pas sur l'assistanat. Pour cela, ils doivent se placer en position motrice. À partir de là, des logiques d'alliance, de construction sont nécessaires pour faire bouger les choses. C'est un problème de casting et de rencontre, pour traiter des questions contextuelles, globales et générationnelles. Nous avons à traiter la question « post-68 ». Un artiste n'est jamais indépendant, celui qui croit cela va vers des problèmes graves. Aucun artiste ne peut imposer son système à l'environnement, il doit travailler avec.

*La question de la pérennité se pose-t-elle dans les mêmes termes pour un artiste et pour un entrepreneur ?*

Non, en tout cas par rapport aux entreprises traditionnelles. Celles-ci cherchent à survivre et à pérenniser leurs produits et leurs systèmes. Pour l'artiste, le désir de pérennité se place plutôt dans le renouvellement. Un système artistique qui a fait date laisse une trace quasi indélébile. Donc, pour l'artiste, l'intention et le geste sont ce qu'il y a de plus important. Un artiste est ultra-mobile, un crayon et un papier lui suffisent. À un moment donné, il travaille sur un point d'intersection avec son époque. Mais puisque vous parlez de mouvement vers l'immatériel dans votre livre, peut-être les attitudes des entrepreneurs tendront-elles à se rapprocher de celles des artistes...

## Pratiquer l'écologie appliquée

Le monde est une enveloppe vivante où tout est relation entre la sphère biologique, humaine et cosmique. En prenant soin de toutes ces relations, les managers contemporains tirent parti de la prise de conscience de la notion d'environnement dont les philosophes **Alain Finkielkraut** et **Peter Sloterdijk**[1] nous rappellent qu'elle est extrêmement récente : « *Qu'est-ce qu'un environnement sinon la forme la plus générale de l'altérité ? La notion d'environnement n'est pas un concept classique. Elle s'inscrit dans la métabiologie du XX$^e$ siècle, qui repose sur la découverte d'une altérité neutre qui ne dit pas si elle concerne les personnes ou les choses.* » En consultant régulièrement le pouls interne de l'entreprise et en combinant plusieurs rythmes, le sien propre, celui de ses collaborateurs, de ses clients, de la société, le manager responsable prend acte des répercussions sur des formes de vie autour de lui bien au-delà de ce qu'il peut imaginer.

Dans son ouvrage *Tout est paysage*[2], l'architecte et urbaniste belge **Lucien Kroll** rappelle que depuis 1866 (Ernst Haeckel), **l'écologie est simplement la science des relations** et affirme que l'écologie appliquée est une réconciliation et non pas une révolution. Au lieu d'adopter une posture de rejet agressive envers la modernité qui mène vite à l'excès, Lucien Kroll propose d'emprunter d'autres voies plus élaborées qui pourraient inspirer les entrepreneurs contemporains responsables. Ces voies passent par la perception des différences, l'intuition des mouvements légers et continus de la société, de ses tendances, la confrontation directe avec les personnes concernées par les projets, qui sont autant d'acteurs et d'auteurs motivés de leur devenir. Applicable à l'hyperentreprise, l'écologie appliquée renvoie à la démarche de nombreux artistes qui déplacent leur regard et le

---

1. Alain Finkielkraut et Peter Sloterdijk, *Les battements du monde*, Pauvert, 2003.
2. Lucien Kroll, *Tout est paysage*, Éditions Sens & Tonka, Paris, 2001.

nôtre, dans la lignée de l'« infra-mince » mis en exergue par l'artiste américain **Marcel Duchamp** : ouvrir sa perception à tous les interstices, les interfaces, les relations, les sensations fugitives comme le froissement d'un pantalon de velours, qui tissent le fil sensible de nos vies et contribuent à leur équilibre fragile. Comme tout organisme vivant, l'entreprise est constituée de tissus entremêlés : tissus musculaires et nerveux traversés de flux sanguins, électriques, informatifs. Le tissu de l'entreprise est social, du latin *socius*. Un tissu fait d'échanges subtils entre les personnes, les technologies et les objets qui la composent. Un tissu composé d'un potentiel imaginaire infini, à la mesure des récits et des visions que peuvent inventer ensemble ses membres pour décupler son intelligence collective.

Les expériences que je mène en entreprise avec des artistes ou avec des méthodes dérivées des processus de l'art et du design contemporains prouvent, par les énergies qu'elles réveillent, que la plupart des entreprises et organisations dorment littéralement sur 80 % de leur potentiel de création de richesse, par ignorance des capacités intelligentes de leurs membres. Quand Lucien Kroll démontre, en demandant à des citadins de quartiers modestes d'imaginer leur habitat et ses transformations sur une période de 50 ans, que chaque personne est capable d'imaginer des solutions innovantes, respectueuses de l'environnement et qui donnent plaisir à habiter ensemble un lieu, les entrepreneurs d'aujourd'hui peuvent avoir toute confiance en leurs collaborateurs pour imaginer une multitude d'initiatives propres à créer de la richesse pour l'entreprise et son environnement et contribuer à un monde meilleur, plus coloré et plus amusant. Pourquoi ne pas commencer demain ?

Les artistes montrent le chemin : *a priori*, l'œuvre de l'artiste slovène **Marjetica Potrc** se définit plus par « où elle a été » et « ce qu'elle a vu » que par « ce qu'elle a fait » [1]. Artiste nomade, elle parcourt les villes « invisibles », ainsi nommées car ignorées de la plupart des architectes et urbanistes : bidonvilles et banlieues chaotiques des mégalopoles, qu'elle préfère appeler des « shantytowns ». Elle observe les modes de développement apparemment anarchiques de ces villes et décrypte leurs logiques sous-jacentes à travers une analyse

---

1. D'après Marjetica Potrc, *Urban negotiation*, catalogue édité par l'institut Valencià d'Art Modern, 2003.

des formes d'habitat, de topographie et de « vivre ensemble ». En combinant l'acuité de son regard d'artiste, ses compétences d'architecte et sa proximité d'anthropologue, cet artiste entrepreneur écologique invente avec les habitants des solutions originales et donne forme à des structures de survie adaptées à leurs moyens et à leur culture. Ces structures qui présentent une fonctionnalité réelle dans le monde sont également présentées dans des galeries et des lieux d'art. Ce sont des sculptures basées sur une architecture, elle-même produit de l'inventivité humaine. L'artiste invente avec les personnes les solutions originales adaptées à leur environnement, à leur mode de vie et à leurs moyens, en utilisant les matériaux à leur disposition.

*Ramshackle sheds in East Wahdat before the upgrading programme*

*The upgrading begins to transform the neighbourhood*

Marjetica Potrc, "East Wahdat : Upgrading Program",
(© photographie source sur la gauche par Jacques Betant)
œuvre de l'artiste sur la droite, 2001, matériaux de construction, infrastructures
de communication et d'énergie, *The Sheltering Connections*,
sélections de la collection permanente © Allen Memorial art Museum,
Oberlin College, Oberlin, OH, USA
© photo des œuvres par John Seyfried

En Islande, il y a des centaines de chutes d'eau. Chacune d'entre elles est unique et porteuse des germes de la vie. De nombreux poèmes ont été écrits à leur sujet et elles sont objet d'inspiration pour de nombreux artistes. Elles ont une valeur intrinsèque qui va au-delà de leur beauté. Depuis le début du XX$^e$ siècle, l'industrie hydroélectrique s'est développée en endommageant quelques-unes des plus célèbres chutes d'eau comme Gullfoss et The Golden Fall, un des sites les plus visités du pays. Si Sigridur Tomasdottir, la fille d'un fermier, n'avait pas mené une campagne vigoureuse de protection de la nature, ces joyaux auraient été perdus pour toujours. L'artiste islandaise **Rüri** lui a dédié son travail intitulé *Archive, Endangered Waters*, réalisé pour la 50ᵉ biennale de Venise. Elle utilise des photographies de chutes d'eau prises sur le vif près de torrents tumultueux et de montagnes glacées. Le projet comporte 52 clichés insérés entre deux plaques de verre. Ces plaques montées sur rail sont mobiles. Le spectateur est le point de référence de ce travail. Car il peut extraire ces clichés ou les réinsérer dans une sorte de matrice d'acier qui fait penser à un gros bahut ou à un énorme aquarium géant. *« Rüri crée un objet oxymorique qui associe ce qui habituellement se repousse »*, explique **Michel Onfray**[1] Cet objet d'acier, sorte de cercueil inoxydable, est froid, coupant, tranchant, construit en volumes aux arêtes nettes, entouré de barreaux et évoquant les cages pour animaux de laboratoire ou les coffres de banques suisses. Il cache de la vie, mais de la vie en sursis. Le contenu, constitué par ces photos de sources appelées à disparaître en cas de réalisation des projets, est coloré, varié, divers, sonore. *« Réellement métallique, virtuellement poétique, l'œuvre abrite les potentialités d'une vitalité excitante dans l'art contemporain. Cette machine archive du présent pour qu'il ne se perde pas définitivement dans le passé. »* Quand le spectateur tire une photographie, il entend le son de la chute d'eau qui lui est associé. Le verre souligne la fragilité et la précarité du devenir des chutes d'eau aussi bien que la transparence et le côté éphémère de l'eau. Il capture la lumière, la diffracte et la transmet en formant un flux d'énergie qui rayonne vers le spectateur. Les chutes d'eau vont-elles perdre leur voix ? Le travail de Rüri suppose évidemment une connaissance des projets d'industrialisation de l'Islande : au nord de l'île, existe le projet de détourner un cours d'eau en provenance du Vatnajökull, le plus grand glacier européen, afin d'inonder la région sur 57 km², pour créer une centrale hydroélectrique. Or, ce flux d'eau naturelle charrie habituellement des tonnes de poussière qui se poseraient sur la région, tel un linceul empêchant la flore et donc la faune rare et précieuse de cet endroit de subsister. De même, au sud à Thjorsaver, deux centrales devraient voir le jour afin de fournir de l'électricité à un consortium

---

1. Michel Onfray, *Archéologie du présent. Manifeste pour une esthétique cynique*, op.cit.

américain voué à produire de l'aluminium. Dans cet autre cas de figure, un projet de parc naturel passerait par pertes et profits. L'œuvre de Rüri invite à une réflexion sur l'équilibre des enjeux économiques et écologiques, avant que ne soient prises des décisions entropiques irréversibles.

## Concilier création de richesse économique, sociale et environnementale

PATAGONIA, entreprise californienne présidée par Yvon Chouinard, un entrepreneur engagé, démontre qu'il est possible de prospérer en assumant une mission noble. PATAGONIA réalise plus de 200 millions de dollars de chiffre d'affaires, reverse 10 % de ses profits à des associations caritatives, sous forme d'un « impôt volontaire » et offre du temps à ses employés pour s'engager deux mois et demi par an dans des organisations non gouvernementales et environnementales de leur choix. PATAGONIA développe la conscience écologique de ses clients, de ses partenaires et de ses employés. Ses produits et l'architecture de ses entrepôts respectent les normes environnementales et les exigences du commerce équitable. PATAGONIA est une entreprise rentable et attractive : les clients acceptent de payer plus cher des vêtements garantis à vie, les employés sont remarquablement attachés à l'entreprise, à sa culture, à ses produits et à ses relations avec l'environnement, et, d'ailleurs, les demandes de recrutement affluent. PATAGONIA est un exemple de cohérence entre valeur patrimoniale, valeur relationnelle et valeur symbolique. Sa singularité réside dans une autre manière d'habiter les relations avec le monde qui ne remet pas en cause les structures très souples de l'entreprise.

Combiner les imaginaires pour écrire
une histoire écologique de l'entreprise, de ses produits,
de ses services, de ses relations à l'environnement

Il suffit de réunir quelques personnes, de leur présenter des images d'œuvres d'art et de leur demander d'exprimer ce que ces images évoquent pour chacune d'elles, en puisant dans leurs souvenirs d'enfance, leurs enjeux du présent ou leurs rêves pour le futur, pour que surgissent des idées surprenantes. En combinant ces idées dans un récit écrit à plusieurs mains, on s'aperçoit très vite de la capacité d'un groupe de personnes à multiplier les points de vue sur une situation donnée et à inventer des systèmes d'une richesse proprement extraordinaire. La mise en relation des imaginaires, confrontée aux réalités de l'entreprise et à des données subtiles de l'environnement, permet d'accéder sans effort à une pensée complexe qui met en relation un nombre important de données et de dimensions. Intégrer les exigences de respect de l'environnement naturel et urbain apparaît comme un jeu et non pas une contrainte. Utiliser des langages de formes (réaliser des maquettes ou des sculptures pour représenter un projet immatériel) permet d'utiliser le corps pour rendre tangible le projet le plus conceptuel. ENTREPART a organisé avec l'artiste Daniel Firman un séminaire pour la centaine de responsables de formation du groupe Crédit Agricole chargés de concevoir des projets de formation innovants. Les projets de formation sont des objets conceptuels destinés à des systèmes multiclients complexes, dont les impacts débordent souvent les frontières de l'entreprise vers les clients et les acteurs de l'environnement. À l'occasion d'ateliers-laboratoires, **Daniel Firman** demanda aux managers présents : « *Votre projet est-il vertical, horizontal, continu, séquentiel, discontinu, sphérique, cubique ?* » Ces responsables durent construire une sculpture éphémère de leurs projets respectifs, ce qui en soi provoqua l'émergence de nombreuses idées nouvelles. Par le toucher, le mouvement du corps et le déplacement d'objets, mais aussi la prise en compte physique des idées des uns et des autres, les idées surgissent, en même temps que le souvenir que l'autre est une personne intelligente, sensible et douée de présence physique et d'énergie. Dans les organisations où les personnes sont désignées par des codes ou des numéros de dossiers, cette prise de conscience est salvatrice pour éveiller les capacités de création.

### Les transform'acteurs® – Démultiplier la capacité de l'hyperentreprise à « faire autrement »

La transformation créatrice se construit aux frontières de l'entreprise contemporaine, dans des relations de co-création avec d'autres : clients, partenaires, collègues. Plus « voyants » que « visionnaires », les entrepreneurs contemporains concrétisent leur vision en marchant et inventent en permanence l'entreprise comme une expérience à partager avec les clients, les collaborateurs, les fournisseurs. Ils tirent leur légitimité de cette capacité à générer autour d'eux de l'imagination, de l'action et du plaisir. À ce titre, ils montrent l'exemple pour transmettre à chacun dans l'entreprise le désir d'adopter une attitude d'entrepreneur. La création d'un réseau de transform'acteurs constitue une voie pratique pour démultiplier la capacité de l'hyperentreprise à « faire autrement ». Les transform'acteurs sont des personnes volontaires de tous les niveaux et fonctions de l'entreprise, qui s'associent à sa transformation. Ils peuvent également être des clients ou des partenaires de l'environnement de l'entreprise. Les transform'acteurs interrogent la stratégie et proposent de nouvelles façons de faire et d'entrer en relation. Ils écoutent et regardent autour d'eux, croisent leurs regards et proposent des actions structurées nourries de la connaissance de l'environnement. Alors que trop souvent les visages des dirigeants sont éclairés de la pâle lumière artificielle qui émane des tableurs affichés sur les écrans de leurs ordinateurs, les transform'acteurs les inondent de la lumière crue de la « vraie vie ». Les transform'acteurs permettent à toute l'entreprise d'être en veille pour qu'elle reste bien en phase avec le monde contemporain où la réussite est tellement éphémère. Un facteur clé de succès de la mise en place d'un réseau de transform'acteurs consiste à **utiliser les mêmes outils et référents stratégiques que la direction et naturellement à travailler sur des questions réellement stratégiques.** La différence est dans l'angle de vue qu'ils apportent et la matière opérationnelle dont ils nourrissent les questions stratégiques. De cet écart surgissent des pistes et des idées de « faire autrement », notamment à l'occasion de discussions et débats ouverts et directs avec les dirigeants. Par leur existence et leur dynamique même, par les flux et les flots d'échanges, de questions, d'informations qu'ils génèrent, les transform'acteurs participent à la transformation écologique des hyperentreprises.

### La synthèse avec Art Orienté objet :

*« Entreprendre, c'est passer à l'acte en dépit des codes et des freins institutionnels. »*

**Marion Laval-Jeantet** et **Benoît Mangin** conduisent leur entreprise artistique sous le nom d'Art Orienté objet.

*Comment est né Art Orienté objet ?*

La programmation orientée objet en informatique s'est présentée comme une inversion des anciennes logiques de programmation qui partaient de la procédure. De la même manière, nous partons d'un symptôme social pour créer. À partir d'un objet, il s'agit de trouver des nouvelles manières de concevoir, qui ouvrent à des compréhensions du monde. Par ailleurs, nous tenions à l'idée de matérialité de l'objet, même si, concrètement, il peut s'avérer immatériel.

*Quelle est la part de sincérité dans votre entreprise ?*

Quand l'art contemporain s'est mis à intégrer le processus dans ses œuvres, un « créneau » s'est ouvert. Beaucoup d'artistes, avant de se lancer dans un travail, se sont mis à se demander : « Est-ce que le créneau est déjà pris ? » C'est une erreur de penser en terme de créneaux. L'art est avant tout une réflexion sur l'époque, mais c'est la subjectivité qui cristallise l'œuvre, qui en fait l'originalité. **Si on ne fait que refléter le monde autour, on est dans la démarche du créatif publicitaire. L'artiste véhicule un monde subjectif d'images, qui ne peut pas être celui d'un autre.**

Dans Art Orienté objet, nous sommes deux, nous avons trouvé notre singularité ensemble. Si une œuvre n'est pas assez singulière, elle perd sa valeur. Chaque artiste a sa voie propre et les comparaisons sont stériles. On peut penser que **Poussin** n'est pas aussi fort que **Rembrandt** sur un plan plastique mais il est plus fort sur un plan symbolique. Ce qui reste à défendre dans l'art, c'est la singularité. À la différence d'un artiste, un créatif a systématiquement une commande. Nous avons réalisé une œuvre dans cette logique, pour la maison de champagne VEUVE CLICQUOT. J'incarnais une veuve Clicquot dominatrice, vêtue de cuir et chaînes, domptant cinq dobermans. L'image était critique tout en exprimant une esthétique *glamour* décalée, et c'est ce que les commanditaires ont retenu. Hélas dans la plupart des cas, dès qu'il y a commande, la singularité disparaît au profit du signe.

*Mais alors, quel est le sens de votre production ?*

Nous interrogeons le statut de l'artiste dans la société d'aujourd'hui, nous tentons de renvoyer une image de la société qui permette au spectateur attentif de se positionner psychologiquement, éthiquement, politiquement... Pour une intervention dans le cadre du festival Sonsbeek aux Pays-Bas, nous avons demandé à HOLLAND GENETICS de nous fournir une vache génétiquement modifiée. Les bouchers ne récupérant pas la tête et la peau, nous l'avons taxidermisée, tatouée et placée dans une vitrine du quartier rouge d'Amsterdam avec un fond peint. La vache était en vitrine, nous savions qu'une œuvre en vitrine ne serait pas détruite. La mention tatouée disait : « *N'absorbez rien et surtout pas de lait.* » Cela interrogeait le tabou physique, alimentaire, sexuel, etc. En fait, nous réactualisions en 3D la structure d'un tableau classique, avec un fond de paysage comparable aux tableaux du XVIIᵉ siècle. La reine des Pays-Bas n'a pas vu l'œuvre car l'étiquette royale lui interdisait d'aller dans le quartier rouge. Elle s'en est excusée auprès de nous. Quant à HOLLAND GENETICS, la société était inquiète

que nous présentions ainsi un de leurs produits, les uns y voyant un manifeste « pro-manipulation » les autres un manifeste « anti-manipulation ».
L'œuvre a été porteuse pour l'entreprise, comme l'ont souligné les critiques
américains. Les entreprises sont à la fois désireuses de ce genre d'échanges
et toujours inquiètes.

### Comment entreprenez-vous ?

Tout d'abord, nous entreprenons beaucoup de choses et chaque projet que
nous menons est une expédition. Nous créons nos propres canaux ; dans
un pays comme la France, beaucoup d'artistes n'estiment pas nécessaire de
passer en dehors des créneaux institutionnels avant d'entreprendre, ce qui
peut faire perdre beaucoup de temps et limiter considérablement le volume
d'activité. Pour notre part, si on ne nous propose pas la structure, nous la
créons. C'est pour cela que nous avons par exemple créé notre maison
d'édition. L'entreprise est plutôt pour nous un circuit court.

L'art pourrait être caractérisé comme une association d'images codifiées
chargées d'émotion. Maîtrisant la connotation, l'artiste relie les faits avec
l'émotivité et les facteurs plastiques. Ainsi, étonnamment, un artiste est plus
capable de rationaliser l'ésotérisme qu'un spécialiste. Mais la production
artistique est souvent volontairement ouverte. Être non spécialisé, c'est produire un monde complexe, personnel, incompréhensible au non-curieux.
L'artiste est alors contraint d'être entrepreneur, pour promouvoir son
monde. L'entrepreneur promeut une idée. À l'origine d'une démarche
d'entrepreneur, il y a souvent une idée que la personne est obligée de pousser par elle-même car elle n'a pas la possibilité de la promouvoir et de la
développer en tant que salarié ou par le biais d'une autre institution. Alors,
elle trouve sa propre voie et crée un entourage favorable à la réalisation de
son idée.

Nous n'attendons donc pas l'aval institutionnel pour faire. Nous fabriquons
nos modes de production. Nous avons également ouvert un laboratoire de
postproduction, ouvert à d'autres artistes pour pouvoir le financer. Nous
faisons un plan prévisionnel de développement d'entreprise, avec des projections. Ainsi, en 1997 nous avons décidé d'inverser notre vision de la globalisation en nous immergeant dans un contexte africain. Nous avons
repéré à Washington le **World Watch Institute**, institut de conseil gouver-
nemental américain qui est le seul à produire des prévisions plutôt pessimis-
tes sur l'équilibre macro-économique et écologique. À partir de leur
rapport annuel, nous avons fait un mini-sommet, « Veilleurs du monde »,
en Afrique, au Bénin, avec un Russe, un Allemand, un Américain et quatre
Africains. L'Afrique était le seul endroit où il était possible d'organiser un

mini-sommet avec des moyens d'artistes. Un mini-sommet Nord-Sud dont la conclusion devait être une exposition. Ce mini-sommet a produit des œuvres d'art métissées, très bricolées, avec des moyens africains.

Nous nous mettons en retrait pour produire une réflexion distancée à l'usage des gens qui sont dans la vie active. La question du futur de la société, du mode de fonctionnement du monde est une obsession. Que peut-on injecter dans cet écosystème qui permette de le ressourcer ? Nous explorons les pensées minoritaires : celles des femmes, des enfants, des vieillards, des handicapés, des exilés... Dans un monde où la pensée est assez standardisée, comment changer de point de vue et développer une vision positive de la mondialisation, qui va vers la multiplicité des choix ? Le travail artistique s'enrichit tous les jours au contact de nouveaux terrains d'expérimentation et peut enrichir en retour les spectateurs attentifs aux œuvres. Par exemple, les approches pharmacologiques ont une vision compartimentée. En tant qu'artistes, nous sommes des éponges, nous absorbons tout et restituons après. Il y avait eu un fiasco dans l'utilisation des plantes pygmées. Nous avons expérimenté les plantes sur nous-mêmes, en intégrant le contexte culturel, apportant de nouvelles hypothèses scientifiques.

*Imaginez-vous les réactions que le public aura face à votre œuvre ?*

**Entreprendre, c'est passer à l'acte.** Pour favoriser ce passage à l'acte, la figure d'un entrepreneur binôme est très productive. Tous les vrais entrepreneurs doivent mener un combat initial. Il y a toujours une phase initiale de nouveauté dans l'entreprise, analogue à ce que connaît l'artiste quand il crée son œuvre. La première obsession, c'est de survivre. Nous sommes à la fois en retrait et producteurs. Nous essayons de penser. Nous avons un devoir de conceptualiser au-delà de l'image esthétique, de « la peau » des choses. En travaillant ainsi sous le niveau des apparences, nous ne savons pas *a priori* ce qu'une œuvre peut déclencher. Nous avons utilisé de la laine de la brebis clonée **Dolly** pour faire un tricot animalier dans un laboratoire de l'INRA. Cela a provoqué beaucoup de débats à l'intérieur de ce laboratoire, ce que souhaitait le directeur **Axel Kahn**, qui était notre commanditaire et qui avait perçu un malaise latent. À partir d'une effigie, des réflexions et polémiques peuvent s'enclencher. L'artiste fait fonctionner une mécanique de représentation rôdée dans le temps et cela provoque des réactions. Nous faisons des œuvres en pensant : « Comment le public va-t-il réagir ? » L'avantage d'être deux, c'est que nous testons les œuvres l'un sur l'autre. Plus on est hors champ de l'art, plus le public est constitué de gens qui ne sont pas nécessairement formés aux codes esthétiques contemporains, et cela nous intéresse, comme une terre vierge intéresse l'explorateur, c'est le sens de notre entreprise.

Bien sûr nous paraissons parfois un peu trop entrepreneurs et entreprenants pour des galeries françaises car nous avons une idée précise de ce que nous recherchons. Du coup, nous avons développé des logiques de partenariats entre galeries. Certains artistes sont les producteurs d'un galeriste qui est à l'écoute du marché pour eux. L'artiste est alors dessaisi de la logique sociale de production. Par rapport à ce système, nous avons explosé, multipliant les partenaires. Pour monter des projets d'envergure, comme notre projet africain, il nous fallait une couverture presse, un centre d'art, plusieurs galeries, et nous avons rencontré différents interlocuteurs et avons mis en place une démarche de partenariat. Aucun, seul, ne se serait engagé là-dedans. Sans cesse, nous suscitons des alliances inattendues, galeries, centres d'art, mais aussi musées de sciences naturelles, laboratoires, entreprises d'électroménager, pétrolières ou même pêcheries...

*Pourquoi avez-vous créé un lieu de présentation et de diffusion d'art[1] ?*
Pour se donner un moyen d'autonomie financière supplémentaire. Avoir un lieu proche du lieu de vie où c'est possible, expérimenter et échanger, c'est important. Nous donnons corps à quelque chose spatialement. L'atelier en tant que tel a été phagocyté par le projet de lieu, mais il est devenu un ferment. À partir du lieu, nous créons notre réseau avec des journalistes qui ont trouvé notre sensibilité intéressante. C'est aussi un laboratoire avec ses outils de production ouverts à d'autres artistes, un lieu où on peut construire le monde. Les échanges techniques permettent aussi de découvrir de nouvelles possibilités. Des artistes techniciens qui se mettent au service des autres provoquent l'invention de solutions nouvelles. Pour se financer, les artistes enseignent, créent leurs entreprises, y compris artistiques, deviennent consultants, initiateurs de projets et concepteurs, passent de rôles de producteurs à prestataires de service. Les entreprises créées par des artistes sont, dans une certaine mesure, partie de leur œuvre.

L'essoufflement institutionnel de l'art est tel aujourd'hui que beaucoup initient des programmes hors des murs. Et on reproche alors à un centre indépendant d'être plus productif en projets qu'un centre institutionnel consommateur de ressources.

*Quelle est votre source d'énergie ?*
**La source d'énergie, c'est la création permanente.** Il y a toujours un ressort qui fait naître l'espoir que la création va faire reconnaître la qualité de la démarche. La France valide une démarche artistique sur la durée, par la critique, la prolifération d'écrits, les États-Unis par le marché.

---

1. La Fabrique de couleurs, 5 rue Garibaldi à Montreuil-sous-Bois (contact : +33 (0)1 48 58 74 28 ou bmangin@free.fr).

## Entrez dans l'expérience

### « Agir en entrepreneurs de service créatifs »

Les jeunes managers à potentiel du CRÉDIT AGRICOLE traversent dix sources de créativité inspirées de l'art et du design contemporains.

Au Crédit Agricole, de jeunes managers à potentiel s'ouvrent à la créativité et favorisent leur capacité à mettre en œuvre des innovations de service en lien avec la stratégie du groupe. Le parcours pédagogique conçu par ENTREPART avec l'Institut de formation du Crédit Agricole (IFCAM) dans le cadre de son Institut du management, s'intitule « Agir en entrepreneurs de service créatifs ». C'est un parcours de découverte où est inscrite une volonté de leur faire perdre leurs repères. Le but est de faire pratiquer des processus analogues à ceux d'artistes ou de designers contemporains et de stimuler leurs réflexions, attitudes et comportements d'entrepreneurs créatifs. Les participants sont invités à ancrer ce parcours sur **une problématique réelle** à laquelle ils sont confrontés. À la manière de l'artiste qui procède par bonds, ENTREPART les incite à aller chercher des sources d'inspiration dans des univers différents (la littérature, la philosophie, le design…) de leur monde habituel, non seulement pour avancer dans leur projet mais aussi pour s'essayer dans de nouvelles attitudes.

En les invitant à étudier des articles, des textes, des dessins apparemment éloignés de leur univers habituel, nous partageons avec eux l'idée de faire des liens créatifs en allant chercher de la matière première dans d'autres univers. Ils commencent à réfléchir sur ce qu'ils sont et ce qu'ils font. Ils sont ensuite confrontés à des œuvres d'art, par groupes de trois à quatre personnes. Les jeunes managers découvrent qu'elles sont des énigmes, expressions du désir d'un artiste qui ouvre et active leur propre désir. Ils explorent ces œuvres pour construire ensemble un récit. Par la multiplicité des singularités, ils créent une multitude de récits imaginaires qui peuvent être autant de scénarios. Dans l'entreprise, si on multiplie les expressions singulières autour d'un projet, on ouvre un imaginaire qui permet de multiplier les solutions à inventer. C'est un moyen de s'extirper du mimétisme et des solutions toutes faites pour accéder au « faire autrement ».

Les jeunes entrepreneurs expérimentent bien d'autres sources de créativité qui bousculent leurs manières de penser habituelles et dont les artistes et les designers sont pourtant coutumiers. Ils explorent de cette façon dix sources de créativité inspirées de l'art et du design contemporains et cohérentes avec les quatre attitudes : baliser l'incertain, s'ouvrir au mystère de l'autre, apprivoiser le chaos, concrétiser l'immatériel, pour arriver en fin de séminaire à un prototype d'innovation (nouveau service, nouveau type de relation avec les clients ou entre partenaires internes, nouvelle organisation, nouveau style de management, changement d'un paramètre structurant dans la culture de l'entreprise).

**Ce prototype doit être assorti d'un plan d'action.** Il intègre des éléments de valeur ajoutée et prend en compte les contraintes techniques et les coûts. L'enseignement qu'en tirent les jeunes managers est qu'il existe de multiples voies, dont certaines paradoxales, pour générer la créativité, transformer un projet et créer de la richesse. L'entreprise apparaît aux participants comme une œuvre de création permanente, où les processus qu'utilisent les artistes sont tout à fait à portée de main. Les jeunes managers sortent épuisés de ce parcours pour eux inhabituel. Ils découvrent un travail qui les sollicite beaucoup et qui leur fait chausser de nombreuses paires de lunettes, en les renvoyant à une vision moins fragmentée de leur mission et en leur faisant prendre conscience de toutes les ressources qu'ils peuvent mobiliser. Au final, ils découvrent **un art de vivre l'entreprise** en utilisant les ressources de l'art dans leur activité.

# Trois principes d'action
# pour diriger l'hyperentreprise

Avec vous, j'ai exploré au fil de cet ouvrage quatre attitudes des entrepreneurs contemporains pour mettre en mouvement l'hyperentreprise : baliser l'incertain (regarder), s'ouvrir au mystère de l'Autre (écouter), apprivoiser le chaos (croiser, confronter, coopérer) et concrétiser l'immatériel (entreprendre). Ces quatre attitudes apportent toute leur puissance si elles rencontrent des manières « autres » de diriger les entreprises. En matière de direction aussi, les pratiques des artistes contemporains peuvent être source d'inspiration féconde. En guise de conclusion, je vous propose donc d'examiner **trois principes d'action** utiles pour diriger l'hyperentreprise et approcher la vérité de cette structure floue, faite de frontières souples, intelligentes, actives et sensibles, qui produit en permanence son devenir dans ses interactions avec ses clients, ses collaborateurs, ses partenaires, les interlocuteurs de son environnement.

Quand ARTHUR ANDERSEN, une des marques les plus prestigieuses de la planète, disparaît en quelques semaines, on peut se demander : a-t-elle vraiment existé ? On a du mal à croire que cette vénérable institution centenaire a été désintégrée et que ses membres se soient nichés dans les alvéoles d'autres « hôtels à compétences », à la manière des cadres japonais qui passent leurs nuits dans les alvéoles des hôtels-cabines de Tokyo. Et pourtant, l'oubli propre à un monde de flux incessants semble déjà avoir fait son œuvre. La fluctuance des hyperentreprises, c'est aussi le mouvement de va-et-vient des fonctions qui s'externalisent ou s'internalisent. Par conséquent, les personnes agissant sur les frontières du cœur de métier finissent parfois par ne plus savoir très bien dans quelle entreprise elles travaillent et selon quelle direction. **La dématérialisation touche également le rapport aux dirigeants**, au moment où l'existence palpable des organisations est de plus en plus difficile à cerner à travers les statuts figés hérités du passé et, encore moins, à l'heure des réseaux, à l'aune des relations hiérarchiques. En parallèle, les flux économiques, financiers, relationnels et créatifs poursuivent leur mouvement imperturbable. Pour donner une tangibilité aux orientations des directions, les normes de production techniques du « faire bien » de l'ère classique et les *business models* abstraits du « faire mieux » de l'ère moderne sont insuffisants.

Pour matérialiser l'aventure commune et convaincre chacun de s'investir vers le succès, les entrepreneurs contemporains appliquent le « faire autrement » à la direction de l'hyperentreprise, à travers trois principes d'action : produire des expériences partagées, réaliser des performances quotidiennes, pratiquer des évaluations esthétiques.

## Produire des expériences partagées

> *« Il s'agit de réaffirmer que l'œuvre d'art est un événement avant d'être un monument ou un simple témoignage, et l'esthétique, aussi une affaire d'énergétique. L'art constitue une expérience qui engage le regardeur. »*

Nicolas BOURRIAUD et Jérôme SANS[1]

---

1. *In* texte de présentation d'« Expérience de la durée », thème de la biennale de Lyon 2005.

## *Juxtaposer les images permet d'accéder à une compréhension dynamique des phénomènes d'une société... ou d'une entreprise*

Aby Warburg[1], historien d'art, n'a jamais cessé de repenser l'ensemble de son savoir, de le réorganiser, de l'ouvrir à de nouveaux champs. Les positivistes appellent cela, de façon méprisante, « papillonner ». Parler aux papillons, des heures durant, n'était-ce pas, en définitive, interroger l'image comme telle, l'image vivante, l'image battement qu'un épinglage de naturaliste n'eût fait que nécroser ?[2] En 1895, l'historien publie une étude consacrée aux « Intermèdes » créés à Florence en 1589, à l'occasion du mariage du grand-duc Ferdinand Ier de Toscane et de Christine de Lorraine... Warburg trouve dans ces spectacles un modèle expérimental qui lui permettra de révéler et d'analyser les mécanismes dont il a décelé la présence à l'intérieur de la peinture. La même année, peu après la publication de son texte, **il entreprend un voyage en Amérique qui le conduit jusque dans les villages Hopi du Nouveau-Mexique et de l'Arizona.** Assistant à des danses rituelles comme celle des antilopes dans les pueblos indiens, il voit se reformer sous ses yeux les fêtes qu'il vient d'étudier. Les mascarades avec leurs chars, les *Canti*

---

1. Aby Warburg est un personnage extraordinaire. Héritier de la banque Warburg né en 1866, il utilise dès les années 1890 les possibilités offertes par la photographie pour rapprocher des images *a priori* aussi éloignées pour la pensée classique que les scènes des fêtes florentines des Médicis et les cérémonies du serpent des Indiens Hopi d'Arizona. Il décèle dans l'analogie des formes que prennent les fêtes les traces d'une période de transition vers la modernité : résistance d'un monde révolu coexistant avec les signes avant-coureurs du monde moderne. Il confronte des objets hétérogènes pour repérer les lignes de fracture, les tensions, les contradictions, les énergies au travail dans une œuvre considérée comme harmonieuse et homogène par la critique classique. En 1896, par un geste raisonné de rupture, cet historien d'art entrepreneur va voir sur place les cérémonies Hopi pour percevoir directement la validité de ses intuitions. Il est tellement en avance sur son temps qu'il faillit y perdre la raison. Après un séjour en hôpital psychiatrique, il écrit des conférences dont nous découvrons aujourd'hui la puissance. Contemporain avant l'heure, il opère par collages, montages et collisions d'images et réalise un atlas de l'art, la *Mnémosyne*, abritée dans sa bibliothèque de Hambourg, dont le plan est organisé selon les relations qui gouvernent l'être au monde des Indiens.
2. Philippe-Alain Michaud, *Aby Warburg et l'image en mouvement*, Éditions Macula, Paris, 1998.

*Carnascialeschi* de Laurent de Médicis lui apparaissent comme les avatars des danses qu'il a vues sur les hauts plateaux d'Arizona !

À partir de ces deux épisodes qui se répondent comme en miroir, Aby Warburg révolutionne la conception de l'histoire de l'art, d'une approche passive à une démarche de construction active : il ne s'agit plus seulement d'observer les phénomènes et de les comprendre, mais de les reproduire ou de les susciter, de sorte que s'efface la limite entre la représentation et son interprétation. L'historien de l'art obéit à des associations souterraines. Par son attitude nomade, il échappe aux conditionnements classiques de sa discipline en se jouant des influences et des chronologies. À partir de 1924, il élabore, avec son atlas intitulé *Mnémosyne*, une histoire de l'art sans texte qui procède par **juxtaposition de documents empruntés à tous les champs du savoir et à des temps différents** : esquisse mystérieuse d'un nouveau type d'exposition loin des généalogies établies. Il s'affranchit du poids de la tradition et anticipe le monde contemporain : stimuler une intelligence nouvelle à partir de « l'image-mouvement ».

L'artiste américain **Robert Rauschenberg** se considère comme *« du papier photosensible qui est seulement éclairé »* et capte le monde. Il prend ses images partout. Il accueille la planète. En écartant des images figées, arrêtées, ou trop chargées et susceptibles de devenir une illustration ; en rejetant ce qui dans chaque image pourrait imposer des significations évidentes, suggérer des relations implicites ou inconscientes, des associations ou des clichés. Il n'existe pas ici d'objet ou de sens unique, mais une invitation auprès du regardeur à **produire le sens de son expérience,** en fonction des associations que produit son propre esprit à partir de cette image fragmentée du monde. L'artiste « ne s'exprime pas » : il propose et n'a, par principe, aucun privilège par rapport au spectateur car ils sont égaux devant l'image[1]. La force de Rauschenberg, qui en fait un des artistes les plus puissants de la deuxième moitié du XX$^e$ siècle, est d'imposer un mouvement cinétique de l'esprit avec les moyens de la peinture.

Les dirigeants contemporains ont tout à gagner à agir de la sorte : favoriser des associations libres de compétences et faire confiance aux collaborateurs pour inventer les solutions en fonction des situations

---

1. Youssef Ishaghpour, *Rauschenberg, le monde comme images de reproduction*, Éditions Farrago/Léo Scheer, Tours, 2003.

qui se présentent. Favoriser le jeu pour stimuler les facultés créatives. Faire des propositions et laisser chacun produire le sens de l'action. Ainsi, les initiatives et les résultats dépassent les espérances. Le haut niveau de connaissance générale et les capacités inouïes de navigation dans les informations des collaborateurs des nouvelles générations non seulement permettent, mais exigent ce type d'approche, sous peine de brimer leur appétit d'épanouissement et de priver l'entreprise d'immenses richesses. La capacité de **faire émerger des formes de coopérations, de cohérence et de valeurs souterraines** par simple mise en relation, comme le font Aby Warburg ou Robert Rauschenberg, est une des premières ressources à mobiliser par les dirigeants pour mettre l'hyperentreprise en mouvement et la faire vivre comme une expérience sans cesse renouvelée.

Dans l'univers d'images contemporain, pourquoi donc les dirigeants s'expriment-ils encore autant par mots et par chiffres et si peu par des images, se coupant d'emblée du langage majoritaire qu'utilisent leurs collaborateurs et leurs clients, notamment ceux qui sont nés avec les nouvelles technologies de l'information ? Plutôt que de se référer aux enseignements sédimentés dans les traditions et les savoirs et aux sèches analyses de leurs gestionnaires, pourquoi ne pas recomposer régulièrement le paysage de l'entreprise, par association d'images prélevées à l'intérieur comme à l'extérieur ? Pourquoi ne pas faire partager régulièrement ces images aux collaborateurs et aux clients, pour stimuler les idées par associations créatrices et pour sentir ensemble l'entreprise comme une expérience vivante et sans cesse renouvelée ?

**Paul Ardenne**[1] rappelle que *« "l'expérience" – à l'origine, l'experiantia latine – dérive du terme experiri, « faire l'essai de », un essai accompli de manière volontaire et dans une perspective exploratoire, visant à un "élargissement ou un enrichissement de la connaissance, du savoir, des aptitudes". Parce qu'elle est une épreuve, l'expérience est de nature à dynamiser la création ».* Des artistes américains comme **Bruce Nauman, Robert Smithson** ou **Richard Serra** ont été des pionniers dans le passage de la création d'objets statiques à la mise en scène d'expériences nomades. Le sculpteur **Richard Serra** déclare : *« Nous étions moins soumis à l'autorité de l'objet, à la préciosité des matériaux, et plus proches des questions de temps, de traversée, de déambulation dans l'espace. Quand on voit*

---

1. Paul Ardenne, *Un art contextuel*, Flammarion, 2002.

*mes pièces, on ne retient pas un objet. On retient une expérience, un passage.*
*Faire l'expérience d'une de mes pièces, c'est éprouver une notion du temps, du*
*lieu et y réagir. Ce n'est pas se souvenir d'un objet, parce qu'il n'y a pas*
*d'objet à retenir.* »[1]

« *Faire l'expérience de* Spiral Jetty, *c'est se recentrer au noyau du temps*
*et de l'espace. L'œuvre n'est pas objet, mais expérience à vivre.* »
Robert Smithson, *Spiral Jetty*, Rozel Point, nord du grand Lac salé, Utah, 1970
© Photographie Christian & Sylvie Mayeur, août 2004

La 7ᵉ biennale d'Art contemporain de Lyon en 2003 mettait justement l'accent sur **l'art comme expérience singulière**, engageant
l'artiste et les visiteurs des œuvres dans un itinéraire incomparable.
C'était l'occasion pour le public de découvrir de nombreuses installations. **Paul Mc Carthy** et **Mike Kelley**, qui vivent à Los Angeles, faisaient participer les visiteurs à une œuvre d'art total : *Sod & Sodie Sock*
(1998) associait la sculpture, la photographie, le dessin, la musique et
la vidéo pour inviter le visiteur à réaliser un parcours et partager une
expérience dans un univers grotesque qui provoque de manière fulgurante des réflexions profondes. Les deux artistes avaient reconstitué un

---

1. Richard Serra, interview publiée dans le quotidien *Libération*, samedi 31 juillet
et dimanche 1ᵉʳ août 2004.

campement militaire abandonné sur tout le second étage du musée d'Art contemporain de Lyon. Le visiteur était mis à l'épreuve. Il pénétrait dans des tentes où subsistaient des traces d'activité : par terre, on trouvait des objets dont on avait du mal à percevoir l'utilité, des ustensiles de cuisine pour préparer des repas... Dans une des tentes, il y avait une table d'opération, dans une autre des cheveux coupés ou des fétiches sexuels sur le sol. Autour du camp, sous une musique oppressante, étaient projetés des photos ou des films non datés, témoins des activités intenses, vaines et sans utilité qui s'étaient déroulées dans le camp. En devenant objet de visite, ce camp militaire installé dans un musée désacralisait le mythe du guerrier sans qu'aucun discours fût nécessaire. Il n'y avait d'ailleurs aucun document à lire et les personnages dans les films ne parlaient pas.

De telles installations visant à faire vivre des expériences intelligentes, (inter)actives et sensibles n'ont pas émergé par hasard dans l'univers artistique. Ces formes correspondent à la manière de vivre le monde par les générations nées dans l'univers de l'image artificielle, des flux continus d'informations, de relations et d'émotions dont la matrice est l'internet. Très imprégné d'images et de formes plastiques, le festival de théâtre d'Avignon 2005 a été révélateur de la fracture entre le public enthousiaste des générations de l'après-internet et le public plus classique, nostalgique du texte. Non pas qu'il faille opposer l'un et l'autre : Les pièces de théâtre sans paroles de la **Societas Raffaello Sanzio** montrent par exemple que des images nourries des mythes de l'humanité confrontés aux tragédies contemporaines sont porteuses d'un texte fabuleux, d'autant plus émouvant et stimulant qu'il est sous-jacent. Avec leurs entreprises et les technologies qu'elles développent, les dirigeants contemporains ont contribué directement à l'omniprésence de l'image comme expérience sensible dans un monde désormais autant virtuel que réel. Comment pourraient-ils continuer à reléguer l'image au statut d'illustration ? Je les invite au contraire à multiplier, pour leurs collaborateurs comme pour eux-mêmes, les occasions de vivre des expériences stimulantes, sachant que le processus même de vibrer, de créer, de rire ensemble génère désormais plus de performance que le contenu technique, les règles d'organisation ou les exhortations au dépassement pour la gloire de l'entreprise. Inventeurs d'expériences, les dirigeants sont appelés à épouser la figure des artistes : scénaristes, assembleurs et réalisateurs.

« *L'art s'empare des scénarios de la vie collective et constitue une sorte de banc de montage alternatif des scénarios sociaux* »[1], explique **Nicolas Bourriaud**, directeur du Palais de Tokyo. Par rapport à l'ensemble des activités sociales, l'art contemporain pourrait se décrire comme **une zone off-shore de création d'expériences** : ni tout à fait intégrée dans la société ni tout à fait cantonnée à un rôle d'observation neutre. Le montage est un principe esthétique qui fait apparaître le temps et l'espace de la perception comme quelque chose de discontinu et d'instable. Son apparition dans l'art est liée à la décomposition d'une représentation du monde homogène, unifiée par une idée centrale. À cette représentation s'est substituée une représentation pluraliste et hétérogène qui ne peut être saisie et dominée dans toutes ses parties. Cette représentation fragmentée transmet tout son potentiel imaginaire à notre conscience.

**Richard Shusterman**[2] parle de l'art comme expérience en prenant l'exemple du rap, de l'éthique et de l'art de vivre postmodernes. « *La sélection et le montage de morceaux de bandes préenregistrées, technique fondamentale de l'art du rap, sont un défi à l'idéal traditionnel d'unité et d'intégrité. Le postmodernisme, c'est la technique du collage. L'idéologie du romantisme et de l'art pour l'art a renforcé l'habitude de traiter les œuvres d'art comme des objets virtuellement sacrés… En opposition à cette esthétique de l'unité organique, le rap reflète la fragmentation schizophrène et l'effet de collage caractéristique de l'esthétique postmoderne. Le rap montre qu'emprunt et création ne sont pas incompatibles.* »

### Les dirigeants contemporains sont les génies du montage, du collage et de l'assemblage

Pour faire surgir des projets uniques, les dirigeants des hyperentreprises provoquent des dynamiques de décision analogues à celles de l'art : la décision surgit dans le moment de l'expérience, du déséquilibre, du mouvement même de la pensée et de l'intuition, à partir de l'anticipation de ce qui va se passer après, à l'instar du processus du montage, largement utilisé dans l'art contemporain. Par le processus

---

1. Table ronde « Réflexions croisées. Territoires actuels, transformer les territoires urbains », organisée par ENTREPART le 15 mars 2004 à l'Espace Immanence, Paris.
2. Richard Shusterman, *L'art à l'état vif*, Les Éditions de Minuit, 1992.

du montage, du collage et de l'assemblage de compétences, de ressources, de technologies, de styles, de valeurs, d'ambitions et d'images en temps réel, les dirigeants contemporains mettent leur pensée
et leur intuition en déséquilibre. Ils examinent les tensions, les oppositions, les frontières avec leurs clients, leurs concurrents, leurs partenaires, en confrontant les points individuels avec les expressions de
groupes, en adoptant des stratégies nomades d'infiltration de territoires autres[1] – autrement dit en bondissant dans la logique des autres,
en insérant leur travail dans celui des autres. Ces génies du bricolage
proposent à leurs clients et à leurs collaborateurs des environnements
d'achat, de travail, de coopération, de création où chacun participe à
la composition d'une expérience partagée, à partir de propositions
d'éléments à la carte. En relation $B$ to $C$[2], ce sont des environnements
interactifs, des relations de service d'accompagnement, de coproduction et même de coconception plus que de vente, des logiques de
« marketing tribal » où les clients eux-mêmes colportent leurs expériences. En relation $B$ to $B$[3], ce sont des formes de partenariats toujours plus poussées où chacun des protagonistes apporte sa
compétence, son énergie et sa sensibilité propres, avec la possibilité
de réarranger en temps réel les composants du contrat ou du projet.

### Relier expérience intérieure et ouverture cosmique

Les écrans de l'artiste française **Dominique Gonzalez-Foerster**[4] prennent la forme d'une paroi, d'un rideau, d'une façade, d'une fenêtre ou
d'une chambre d'hôtel. Les écrans sont partout, invisibles ou surdi-
mensionnés. Les images et les sons percent à travers ces filtres animés,
extensions du corps et de la pensée. La technologie fait partie du
voyage d'écran à écran, on se déplace avec des walkmans, des ordinateurs, des caméras digitales, des machines portables qui cherchent leur
réseau. Le *Cosmodrome*, environnement de lumière et de son réalisé
avec le musicien danois **Jay Jay Johanson**, est un espace de nuit dans
lequel on circule en aveugle sur un sol recouvert de sable. Les murs
sont autant d'écrans imperceptibles qui traduisent brièvement notre
position en traits de lumière cosmique et en inflexions sonores, par le

---

1. Voir à ce propos la méthode de diagnostic REV' présentée au chapitre 1.
2. *Business to Consumer* – d'entreprise à consommateur.
3. *Business to Business* – d'entreprise à entreprise.
4. Stéphanie Moisdon-Tremblay, *Dominique Gonzalez-Foerster*, Hazan, Paris, 2002.

biais de la musique et de la voix humaine d'un ordinateur. Comme dans le film *2001, Odyssée de l'espace*, il s'agit de mettre en place un espace paradoxal : fermé, obscurci, et qui ouvre pourtant sur l'infini... Le *Cosmodrome* se présente comme une boîte noire et devient ainsi une porte de la perception, une matérialisation du sens et de la pensée, de son opacité infranchissable, espace qui préserve son étrangeté et sa nature de pure surface. Les traits de lumière fugace font surgir chez les visiteurs des pensées extraites de leur expérience intérieure. Chacune de ces images est un point mobile sur la carte du monde que chaque individu nomade contemporain transporte avec lui. C'est le départ d'un vacillement, la recherche d'un moment habité, une ouverture à l'imaginaire propre de chaque personne... Aux expériences divertissantes d'internet ou de Disneyland, ces œuvres proposent un contrepoint étrange, inquiétant, spirituel et politique qui toujours invite au questionnement et stimule la créativité propre de celui qui est invité à **habiter l'image plus qu'à la consommer.** L'image habitée ne prétend pas donner de leçons, à la manière des tableaux anciens, ni émerveiller, encore moins amuser. Elle donne à réfléchir, elle déclenche une transformation du regard sur le monde et stimule des possibilités de vie nouvelles. Si l'image du tableau en perspective, chose mentale, donnait accès à une vision objective et distanciée du monde, l'image habitée renvoie à l'inter-subjectivité typique de l'hyperentreprise immergée dans un monde d'interactions. L'expérience artistique n'est donc ni technique, ni scientifique. C'est une expérience esthétique, subjective et assumée comme telle[1], qui permet de découvrir « *l'altérité du sentir, son devenir porteur d'avenir* »[2].

## *À l'expérience accumulée, l'hyperentreprise privilégie la succession d'expériences esthétiques éphémères*

Comme les artistes, les dirigeants contemporains sont **des producteurs d'expériences esthétiques éphémères**, c'est-à-dire d'expé-

---

1. L'artiste « *oppose ainsi la prééminence du sujet à la volonté scientifique de réduire l'être humain au statut d'objet* » et se pose en « *sujet connaissant* », c'est-à-dire faisant émerger la connaissance d'un contact intellectuel, pragmatique et sensible avec le monde réel dans sa complexité. D'après Raphael Cuir, « Du sujet de l'anatomie à l'anatomie du sujet », thèse de doctorat en histoire et sciences de l'art de l'École des hautes études en sciences sociales (EHESS), juin 2004.
2. Bernard Stiegler, *De la misère symbolique 1. L'époque hyperindustrielle*, *op.cit.*

riences à vivre **avec** leurs clients, collègues, collaborateurs et partenaires. Ces expériences sont des moments d'usage de produits, des relations d'échange de biens, de services, d'énergie, d'informations, d'intelligence, de connaissance, d'émotion, de plaisir, des processus de production ou d'innovation, des cristallisations de vie intense où se rencontrent des compétences, des initiatives et des imaginaires. Les expériences professionnelles sont dès lors d'un ordre paradoxal : stables et éphémères, immédiates et inscrites dans la durée. Leur valeur économique, émotionnelle et même sentimentale s'inscrit dans la tension propre aux expériences esthétiques : l'instant et la permanence, l'immédiateté et la durée, le libre engagement et la fidélité. Ce paradoxe influence les choix stratégiques des entreprises, des administrations, des associations, des clients, des partenaires, comme c'est le cas pour d'autres figures de la vie : des parents, des amants et des couples. Selon la forme que prennent les expériences proposées par les entreprises, elles stimulent ou non l'imaginaire, elles suscitent ou non le désir, elles ouvrent ou non la possibilité d'accéder au « faire autrement ». Dans une logique de parc d'attractions, les entreprises imposent leur imaginaire à leurs collaborateurs et à leurs clients et les amusent avec leurs projets d'entreprises en kit, jusqu'au moment où ils se lassent. Dans une logique d'expérience esthétique plus proche de celle des artistes, les hyperentreprises proposent au contraire d'habiter un imaginaire à partager dont chacun est un acteur libre.

Les dirigeants des hyperentreprises contemporaines invitent leurs collaborateurs **responsables** à mobiliser leurs propres ressources et à développer sans fin leurs compétences techniques, pratiques et créatives en interaction avec autrui. Dans leurs organisations ou dans les relations entre collaborateurs et avec les clients, ils intègrent la part émotionnelle et sensible qui envahit désormais tous les compartiments de la vie, du vêtement masculin au design des immeubles en passant par les ronds-points routiers, les objets ménagers, les outils de jardin, jusqu'aux hypermarchés, aux hôpitaux ou à certains entrepôts. En participant à cette esthétisation du monde, les dirigeants créent des formes relationnelles : processus efficaces, flux intelligents, coopérations jouissives. Pour créer de la valeur avec les nouvelles générations, ils pratiquent le plaisir d'agir en commun (ce que les Anglo-Saxons appellent le *fun*), la dépense d'énergie comme dans les concerts de rock, le rythme soutenu de l'action qui rappelle la pulsation des fêtes technos, la surprise permanente pour maintenir l'éveil des sens et répondre au besoin d'émerveillement. Ils témoignent aussi de l'affection nécessaire pour répondre au besoin de « vibrer ensemble » et de se sentir protégés dans un monde qui n'offre plus de protections statutaires ni de carrières assurées.

Dans l'hyperentreprise mature, chacun se vit comme entrepreneur et chacun affiche et partage les histoires de ses expériences et de ses découvertes, pour en démultiplier la richesse à travers des produits, des travaux, des œuvres, des expériences accessibles à autrui. Les dirigeants qui vivent, animent et respirent leur entreprise de cette manière ont déjà créé les conditions du succès. Il reste à réaliser les performances.

## Réaliser des performances quotidiennes

### Désormais, le mot « performance » désigne l'action et le résultat

**Marina Abramovic** est une pionnière incontestée de la forme d'art appelée « performance », apparue dans les années soixante et aujourd'hui largement répandue. Dans *Rhythm 5*, une performance accomplie au Student Culturel Center de Belgrade, cette artiste serbe, qui a connu la négation de l'individu et de sa liberté corporelle dans le monde communiste, commence par construire une étoile à cinq pointes faite de bois trempé dans 100 litres d'essence. *« J'allume l'étoile, je cours autour de l'étoile, je coupe mes cheveux et les jette sur chaque terminaison en pointe, je coupe mes ongles et je les jette vers chaque terminaison de l'étoile, j'entre dans l'espace vide au milieu de l'étoile pour m'y allonger. Je ne me rends pas compte que le feu a consumé tout l'oxygène alors que je suis au cœur de l'étoile. Je perds conscience. Comme je suis allongée, le public ne réagit pas. Quand une flamme touche ma jambe et que je ne réagis toujours pas, deux spectateurs se précipitent et me sortent de l'étoile. Je suis confrontée avec les limites de mon corps et la performance est interrompue. Après cette performance, je me demande comment utiliser mon corps après avoir perdu conscience sans interrompre la performance. »*[1] À travers ce défi aux limites de son corps et de son esprit, Marina Abramovic pose des questions physiques et des interrogations symboliques, nourries de sa liberté nouvelle, notamment sur **la capacité humaine à agir dans des situations de danger extrême.**

---

1. Marina Abramovic, *Artist Body,* Éditions Charta, Milan, 1998.

Les artistes de performance nous montrent ce que nous ne verrons pas deux fois et que parfois nous aurions souhaité ne jamais voir, mais **ils nous apprennent à nous attendre à l'inattendu** et à espérer qu'au moins une fois une image vienne stimuler notre imagination plutôt que de la formater. De manière analogue, la performance attendue des dirigeants dans l'environnement contemporain avide d'émotions est de surprendre leurs clients, leur environnement ou les marchés financiers par des actions originales, voire spectaculaires. Comme pour la candidature d'une ville aux Jeux olympiques, la qualité technique ne suffit plus. La règle est « que le meilleur gagne » et la part d'engagement, d'énergie et d'émotion investie dans l'action est très importante dans l'évaluation de la performance. La performance, c'est donc, pour l'hyperentreprise comme en art contemporain, **la puissance d'action mise en scène chaque jour, autant que le résultat.**

De la part des dirigeants, c'est l'ardente obligation – et la responsabilité – d'entretenir chez leurs collaborateurs et leurs partenaires la capacité à anticiper les dangers et à agir en toutes circonstances : inventer des solutions, adapter ses comportements, transformer ses représentations, dépasser ses limites, mobiliser ses ressources comme Marina Abramovic en indique la direction avec les seuls moyens de son corps. Par leur attitude physique, les dirigeants témoignent de cette dynamique. L'observation des dirigeants en tant que corps en mouvement est souvent un de mes premiers éléments de diagnostic dans une entreprise : impriment-ils dans la rétine de leurs collaborateurs, de leurs clients, de leurs partenaires l'image d'un corps statique, assis derrière un bureau, ou d'un corps dynamique ? Se déplacent-ils physiquement vers eux au quotidien ? Se placent-ils auprès d'eux dans les situations difficiles ?

### *Les critères d'évaluation des performances des dirigeants contemporains se rapprochent de ceux des artistes*

La qualité des dirigeants est très difficile à évaluer, d'autant plus que comme en art, les attentes des professionnels divergent : certains les jugent à l'aune de leur prudence, d'autres de leur audace, d'autre de leur capacité à aller à contre-courant. Les critères d'évaluation des dirigeants d'aujourd'hui se rapprochent de ceux des artistes. Les opérateurs de marché recherchent des qualités d'engagement, des qualités humaines, et s'intéressent à la vie globale des entrepreneurs. Ils se méfient des « technocrates », présumés trop détachés des intérêts de l'entreprise. Les innovateurs créateurs de valeur sont recherchés, mais comme il est impossible d'évaluer les résultats avant qu'ils aient été atteints, les investisseurs s'intéressent à la personnalité des dirigeants pour privilégier des hommes et des femmes qui ont l'esprit d'entrepreneurs. Lassés des contre-performances des entreprises ayant appliqué les belles théories du management, les gérants de portefeuille multiplient les entretiens en tête à tête avec les PDG et observent leur parcours à la loupe. **Charles Firmin-Didot**, gérant du fonds commun de placement « Talents » chez AXA, déclare favoriser ainsi les dirigeants propriétaires de leur entreprise qui prennent des risques afin de créer durablement de la valeur[1].

Le lien fort entre un engagement personnel, vital et authentique, assorti d'intelligence, de pragmatisme et d'intuition et la qualité de l'« œuvre » semble être un trait commun de la performance des artistes et des entrepreneurs, qui à chaque décision mettent en jeu tout leur art sous le regard des experts, observateurs et aussi de leurs coéquipiers, de leurs collaborateurs et de tous les proches qui suivent de près leur parcours. Les entrepreneurs contemporains pourraient s'inspirer de l'engagement dont a fait preuve l'artiste mexicaine **Frida Kahlo** qui, pour certains publics populaires autant que pour des amateurs éclairés, confine à l'héroïsme quotidien. Jamais une femme peintre n'a autant été célébrée. Sa légende rejoint celle d'Evita Peron. Son image a été recyclée après sa mort. Elle est devenue prétexte à une industrie de produits dérivés. Ce qui a poussé par exemple VOLVO à utiliser ses autoportraits pour vendre ses automobiles aux populations hispaniques.

Dans un contexte où aucune position n'est acquise, les entrepreneurs contemporains réalisent donc chaque jour des performances, dans le double sens de « résultats économiques » et de « prouesses éphémères sans cesse renouvelées ».

---

1. « Le cours, c'est l'homme », article paru dans le quotidien *Les Échos*, vendredi 4 et samedi 5 juin 2004.

## Pour les entrepreneurs contemporains, la performance est une forme d'« enaction »

Le biologiste **Francisco Varela**[1] propose le terme d'« enaction » pour décrire le processus où *« la cognition, loin d'être la représentation d'un monde prédonné, est l'avènement conjoint d'un monde et d'un esprit à partir de l'histoire des diverses actions qu'accomplit un être dans le monde [...] L'attitude abstraite est l'attitude de la vie quotidienne quand l'individu n'est pas attentif. Nous pouvons facilement reconnaître par sa précision et sa grâce un geste animé par une pleine conscience, une synchronisation du corps et de l'esprit ».*

À l'abstraction de l'inattention, les entrepreneurs contemporains préfèrent le concret de la conscience aiguë de tout leur être. Soucieux d'agir de manière adaptée dans leur environnement, ils agissent dans et avec les flux du monde en transformation. Refusant les positions abstraites, générales et distanciées, ils privilégient l'enaction, en cultivant **la pertinence de leurs décisions, la grâce de leurs gestes, la justesse de leurs intuitions.** C'est sur ces qualités que leur performance est évaluée par les analystes, les investisseurs, les clients, leurs partenaires et leurs collaborateurs.

À l'instar des artistes qui exposent leurs œuvres ou s'exposent eux-mêmes dans des performances ou sur la scène, la performance est une manière de vivre permanente des entrepreneurs. Cette performance doit s'adapter à la culture de l'entreprise qu'ils dirigent ou dont ils sont membres et à son environnement. **Kevin Sharer**, CEO[2] de la société de biotechnologies **AMGEN**, explique qu'au cours de son parcours de dirigeant chez **GENERAL ELECTRIC**, puis chez MCI et enfin chez **AMGEN**, il a dû désapprendre et réapprendre des modes de performance différents[3]. La performance est donc une notion contingente, entre processus et résultat, un résultat de plus en plus exposé à l'évaluation et à la critique de ceux qui font la cote des entreprises et la réputation des managers. Comme pour les artistes, la nationalité et la culture des entrepreneurs et de leur entreprise d'ori-

---

1. Francisco Varela, Evan Thompson, Eleanor Rosch, *L'inscription corporelle de l'esprit*, Le Seuil, 1993.
2. Équivalent de directeur général.
3. "*A time for growth*", une interview de Kevin Sharer, CEO d'Amgen, par Paul Hemp, *Harvard Business Review,* juillet-août 2004.

gine reste encore, malgré la mondialisation, un critère influent de l'appréciation de leur performance. Si l'obsession du dirigeant est le résultat, il sait que celui-ci dépend totalement de sa manière d'être, de se comporter, d'agir, de décider, d'écouter et surtout d'accueillir et de combiner le désir d'autrui : ses clients, ses partenaires, son équipe et ses collaborateurs pour le transcender.

Voici par exemple comment l'artiste **Daniel Firman** a réalisé une performance/événement dans le cadre d'une intervention conduite par l'équipe d'Entrepart avec une centaine de responsables de formation du groupe Crédit Agricole. Les projets innovants engagent des modes de pensée différents. Partant de ce constat, Entrepart a imaginé pour cette banque un séminaire d'une journée et demie consacré à la production de tels projets. Plusieurs groupes composés d'une dizaine de personnes ont fonctionné en « laboratoires ». Chaque laboratoire a sélectionné un projet qui a ensuite été examiné suivant les critères de la **REXE Attitude**[1].

Pour transmettre le sens de l'urgence, il était important de programmer des temps de réalisation de la performance. L'opération s'est donc faite montre en main. La remise de la première version des projets s'est déroulée le premier jour en fin de matinée. En début d'après-midi, Daniel Firman est passé d'un laboratoire à un autre pour donner ses instructions : « *Chaque laboratoire avait 20 minutes pour réaliser ce que je lui proposais : créer un espace pour représenter les structures de leur projet pensé sur le papier…* » Pour réinventer son projet, chaque laboratoire a dû passer à l'action immédiatement en utilisant ce qu'il avait à sa disposition. Soit des tables, des chaises, des meubles de rangement, des porte-manteaux… « *Attacher quatre chaises ensemble peut raconter une histoire* », note Daniel Firman. L'artiste avait apporté du film plastique de couleurs vives qui sert à cercler les palettes. « *Je souhaitais qu'il puisse servir de lien pratique, sans difficulté technique, avec les objets, d'une logique égale à un post-it. Autrement dit, sans contraintes d'application.* » Chaque laboratoire a pu disposer de trois rouleaux de couleur différente – ce qui faisait en tout 300 m de long.

---

1. « REXE Attitude »® est un concept créé par Entrepart qui synthétise les quatre compétences clés des entrepreneurs contemporains : R comme Regarder, E comme Écouter, X comme Croiser, confronter, coopérer, E comme Entreprendre.

Le dispositif artistique était également destiné à stimuler la créativité et la performance des groupes projets eux-mêmes. L'objectif de Daniel Firman était de redynamiser le travail engagé dans un temps très court. L'artiste a stimulé le passage à l'acte créatif en proposant à chaque laboratoire d'utiliser une grille d'équivalence pour projets innovants. Chaque laboratoire a ainsi dû répondre aux questions suivantes en s'appropriant l'espace : votre projet est-il horizontal ou vertical ? Séquentiel ou continu ? Circulaire ou angulaire ? Mélangé ou séparé ? Monochrome ou polychrome ? En extension ou compressé ? Flou ou net ? Politique ou ludique ?... La démonstration a été faite qu'il existait une autre lecture possible du projet. Le résultat a été à chaque fois très différent, tout en traduisant des préoccupations qui se recoupaient. *« On a vu émerger des idées d'envahissement, des notions de réseau, de focalisation de l'énergie autour d'une matrice... »*, précise l'artiste. En matérialisant un projet dans un espace en trois dimensions, on crée un phénomène d'amplification. *« Dans l'étape suivante, note Daniel Firman, chaque laboratoire a repris son projet en intégrant les leçons de l'expérience. Un des laboratoires a par exemple réduit la taille de son projet après avoir constaté qu'il prenait trop de place. »*

### Performer en toutes circonstances, dans le flux continu d'interactions des réseaux et de relations superficielles de l'ère contemporaine

Entreprendre avec les individus contemporains *« sans structure sociale profonde, sans système ordonné de relations et de valeurs – dans la pure contiguïté et la promiscuité des réseaux »*[1] peut apparaître à certains dirigeants comme une mission impossible. Il suffit pourtant d'admettre que pour « performer » aujourd'hui, les responsables et collaborateurs « entrepreneurs » sont amenés à faire le deuil de l'appartenance à une marque, au profit d'une conscience libre, active et performante de leur compétence opérationnelle, souvent « à cheval » sur plusieurs marques, dans le cadre d'offres globales. Ainsi, à la manière des artistes, ils se dotent d'une capacité à créer de la richesse par et pour les autres, quels qu'ils soient et en toutes situations, configurations et circonstances. Ils apprennent à vivre sur des frontières mobiles d'échange et de création et à **cultiver des doubles, triples ou mul-**

---

1. Jean Baudrillard, *Télémorphose,* Éditions Sens & Tonka, Paris, 2001.

**tiples appartenances**. Le concept de « double appartenance » des responsables, à la fois à l'entreprise qui les salarie et à l'entreprise qui est leur cliente, est d'ailleurs développé explicitement par certaines entreprises de *Facility Management* comme FACEO. Les collaborateurs « entrepreneurs » agissent *« pour que des choses se fassent »*, de manière rentable et cohérente avec la préservation de leur avenir propre, du futur de l'entreprise qui les emploie et de ses clients, et de l'environnement. Le nouveau paysage économique, sociétal et culturel qui se dessine invite donc les dirigeants des hyperentreprises à mettre en place des jeux d'interactions constructifs entre les désirs des collaborateurs et les projets de l'organisation, et à adopter une attitude qui tient à la fois à celle du deejay, du chamane et du médiateur pour exprimer et partager une volonté ou pour donner forme à une intention. Comme l'ont démontré l'artiste Josef Beuys ou l'entrepreneur Jean-François Zobrist, l'intention suffit pour transformer son environnement dans un monde d'interactions intensives.

Pour mesurer la puissance de leurs intentions à l'aune de la qualité et des résultats de leurs performances, les dirigeants contemporains enrichissent leurs modes d'évaluation de pratiques propices à la captation du « faire autrement ».

## Pratiquer des évaluations esthétiques

L'éducation esthétique ne se dispense pas dans les écoles d'art, mais dans la vie, par la transmission de connaissances et de valeurs incarnées dans l'action, le partage enthousiaste d'expériences et la communion dans le plaisir de la découverte. À cet égard, notre comportement face aux œuvres d'art est un révélateur de notre éveil esthétique. Cet éveil reflète notre aptitude à **nous sentir ensemble** avec une œuvre d'art et ce qu'a vécu et transmis pour nous un artiste. Ce même éveil esthétique reflète notre capacité à vivre et à créer de la richesse pour, dans et avec le monde qui nous entoure, dans une attitude de perpétuel devenir.

Certes, point n'est besoin d'éveil esthétique pour réaliser une transaction technique d'attribution de crédit, piloter une prestation technique de nettoyage, confectionner des repas de cantine ou assurer la gestion de logements sociaux.

En revanche, l'éveil esthétique est indispensable pour évaluer les expériences et les performances qualitatives mises en scène au quotidien par les protagonistes de l'hyperentreprise. Pour épouser, comprendre, imaginer les rêves de vie d'un jeune couple d'aujourd'hui, pour apporter des attentions personnalisées à ses clients ingénieurs sur un site de recherche & développement et leur rendre la vie plus agréable, pour mettre en scène la restauration collective sur une base vie et apporter une touche permanente de convivialité humaine ou pour participer à l'épanouissement de personnes en difficulté dans un environnement d'habitat qu'ils n'ont pas toujours choisi, les capacités esthétiques sont essentielles. Pour toute initiative, innovation, création qui améliore qualitativement le quotidien de nos clients, de nos partenaires, de nos actionnaires ou des acteurs de notre environnement et qui nous rend uniques et différents à leurs yeux, nos qualités esthétiques sont essentielles car elles apportent la sensibilité à l'autre dans sa différence, l'agilité d'esprit qui permet d'adapter finement et rapidement la solution à inventer, la nuance qui permet d'enrichir cette solution, le questionnement qui permet de veiller aux conséquences latérales ou futures des initiatives prises et des actions menées. Et ne serait-ce que pour **comprendre** ces qualités esthétiques, l'éveil esthétique des dirigeants est nécessaire.

Comprendre la création de richesse de l'hyperentreprise nécessite donc de développer des critères d'évaluation esthétiques et de pratiquer directement cette évaluation. Les critères esthétiques ne peuvent être ni abstraits, ni quantitatifs, mais reposent sur des perceptions directes et font appel à la compréhension des faits et à l'intuition autant qu'à l'analyse des chiffres ou des rapports. Les entrepreneurs contemporains pratiquent une écoute, une attention, une observation directe de la qualité des relations, des actions et de leurs effets concrets dans le mouvement même des interactions. Ils se mettent en mouvement pour percevoir par eux-mêmes les qualités des relations en vivant les expériences de service pour en partager les enseignements **avec** leurs collaborateurs, leurs clients, leurs partenaires. Le mouvement répond au mouvement, la perception répond à la perception. Par confrontations réciproques de leurs perceptions, les entrepreneurs de l'hyperentreprise ajustent leurs évaluations et nourrissent leurs idées de progrès et d'innovation.

L'évaluation esthétique est intersubjective, dans un profond respect mutuel, condition de la reconnaissance réciproque, exigence essentielle des personnes contemporaines. Chacun apprend de l'autre, qu'il soit PDG, technicien, chercheur ou vendeur. Cette évaluation est proche de l'évaluation des œuvres de l'art contemporain, telle que la décrit **Nicolas Bourriaud** : « *Une œuvre d'art doit être jugée comme n'importe quel autre espace humain ; on devrait à son sujet se poser des questions telles que : "Est-ce que cette œuvre m'accepte en tant que sujet, ou au contraire, m'exclut-elle de ses préoccupations ? Les lois qui la régissent sont-elles conformes à ce que je souhaite dans la vie réelle ? Pourrais-je vivre dans un espace-temps qui lui correspondrait ?"* »[1]

Dans l'impossibilité où se trouve l'hyperentreprise, ensemble de flux incessants, d'imposer une norme de cohérence par le haut, hormis sur quelques éléments de référence stables, l'évaluation esthétique est une pratique essentielle à l'émergence d'une performance cohérente, coproduite par les différents protagonistes de l'hyperentreprise. En pratique, les dirigeants entrepreneurs observent directement ce qui se passe sur le terrain en mettant en œuvre des capacités « d'attention flottante », à la manière de **Francis Bacon**. À l'instar des artistes engagés dans une approche écologique de leur environnement, comme **Marjetica Potrc**, ils s'impliquent dans des rituels d'évaluation intégrés au style de vie de l'hyperentreprise, où ils cherchent à comprendre pourquoi et comment leurs collaborateurs ont pris des initiatives plutôt qu'à vérifier qu'ils se sont conformés à des normes de productivité ou de conformité. Les dirigeants sont invités à capter les « formes » de management, d'organisation, de coopération sous-jacentes au travail de leurs collaborateurs et la pertinence de ces « formes » par rapport à la stratégie de l'entreprise. Chacun des rituels d'évaluation donne lieu à un travail de créativité en commun, qui peut associer les collaborateurs, les partenaires et les clients, pour imaginer des initiatives innovantes. Les projets peuvent également être transmis à différentes équipes, chargées de les évaluer de manière critique et de leur apporter leur propre vitalité, à l'image du personnage d'*Ann Lee*, habité par la créativité des plusieurs artistes : **Pierre Huyghe, Philippe Parreno, Liam Gillick**…

À l'occasion de la rencontre des responsables de formation du groupe Crédit Agricole évoquée plus haut, nous avons par exemple pratiqué

---

1. Extrait de Philippe Parreno, « Correspondances avec Nicolas Bourriaud », publié dans *Paletten* (suédois, anglais), 1996.

une évaluation de projets de formation selon des critères croisés : techniques, stratégiques et esthétiques, en compagnie d'un critique d'art de renommée internationale et de plusieurs dirigeants de cette banque. Cette démarche s'est avérée très pertinente et a ouvert les esprits à des initiatives inédites aussi bien qu'à des manières « autres ».

⟨⟨⟩⟩   **En guise de dernière piste**
**Créer une entreprise sensible**

Nourrie de faits et non d'opinions, d'intuitions concrètes et non de raisonnements abstraits, l'évaluation sensible pratiquée par les entrepreneurs contemporains développe leur autorité esthétique et leur confère ce que l'on appelle couramment une « autorité naturelle ». Elle leur permet de nourrir leur vision avec le plaisir de la découverte et de faciliter leurs choix stratégiques. **Christophe Parrot**[1], le fondateur de la société APACHE, **pratique l'évaluation esthétique, par une observation fine de l'expérience relationnelle entre ses clients, des espaces de service et des collaborateurs qui les habitent.** En réalisant APACHE, il a concrétisé le rêve de ce petit Indien qui a décidé d'imaginer un monde pour les enfants, petits et grands, et qui, chaque jour, porte ce rêve au milieu des sourires et des paroles d'enfants. En tant que chef d'entreprise, il lui semble qu'il a le devoir d'apporter ce rêve tant aux enfants qui viennent chez APACHE qu'aux collaborateurs de sa société. Il est tendu vers son objectif : devenir la référence incontournable en créant un univers magique aux couleurs des enfants de 0 à 12 ans. *« D'une part, il s'agit de magie et d'émotion et de l'autre, de réalité économique,* note-t-il. *Nous avons choisi de faire un magasin d'enfants pour les enfants. Notre ruse pour atteindre cet objectif est de nous adresser à la fibre enfantine qui se trouve chez tous les adultes. Un passage secret leur permet d'entrer dans le magasin, les linéaires sont à leur hauteur ; je dois souvent expliquer aux gens qu'ils doivent se mettre accroupis pour voir ce que voient les enfants. Une dimension scénographique forte fait vibrer tous les sens : l'odorat, l'ouïe, la vue avec des éclairages réalisés par des gens de scène et de théâtre… De plus, tout peut être testé, expérimenté, ce qui permet aux enfants et aux parents de partager une expérience. Les produits sont ludiques et astucieux, pas seulement éducatifs. Nous avons considéré l'enfant comme un individu qui aime rire et s'amuser, qui est très vivant. Nous nous sommes laissés porter par nos convictions et*

---

1. Séminaire Futuract organisé par HEC et l'ICAD en 2002.

*l'observation des gens dans nos magasins. Sans jamais faire d'études de marché.* » Il a surpris les architectes en disant qu'il ne voulait pas de magasins qui se ressemblent. « *Je considérais que c'était une erreur d'entrer dans une phase d'industrialisation, que celle-ci avait ses limites, limitait la curiosité.* » Il s'efforce de rester le saltimbanque qui développe ce rêve, le metteur en scène de cette belle aventure qui protège le rêve et donne la possibilité au consommateur d'entrer en résonance. « *Mais c'est compliqué et nous rencontrons sans cesse de bonnes raisons de sortir de la conduite que nous nous sommes fixées. Pour revenir aux fondamentaux, je me nourris chaque jour des sourires d'enfants heureux, de l'espoir de les dupliquer à l'infini. Parfois je m'éloigne des frontières de ce pays et je m'interroge sur le prix à payer pour créer une entreprise sensible.* »

# Évaluez votre maîtrise dans l'art d'entreprendre en 20 questions
### …ou comment vous intégrez les attitudes des artistes dans votre management

Pour chaque proposition, cochez la case qui correspond le mieux à vos pratiques.

| Des attitudes qui me ressemblent | beaucoup | assez bien | peu | pas du tout |
|---|---|---|---|---|
| | 4 | 3 | 1 | 0 |
| Je réfléchis autant à ce qui est hors du cadre de mon activité – et qui influence celle-ci – qu'à ce qui entre dans le cadre normal de mes responsabilités | | | | |
| Je trouve mes idées nouvelles en agissant et je fais évaluer ma stratégie en conséquence | | | | |
| J'invite régulièrement mes collaborateurs, mes collègues et mes confrères à critiquer mes idées | | | | |
| Quand je visite une exposition d'art ou de design contemporains, je note les surprises et les idées qui me viennent à l'esprit, pour les incorporer dans mes projets d'entrepreneur | | | | |
| Je n'ai pas terminé un projet que j'entrevois déjà les idées pour le projet suivant | | | | |
| Chaque semaine, je trouve quelques heures pour flâner et regarder la vie autour de moi | | | | |
| Quand je lance un nouveau projet, je me contente de dire à mes collaborateurs ce que je ne veux pas, et ensuite je leur fais confiance | | | | |
| J'ai toujours un tableau de papier dans mon bureau, que j'utilise pour partager et créer des idées avec mes collaborateurs | | | | |

| Des attitudes qui me ressemblent | beaucoup | assez bien | peu | pas du tout |
|---|---|---|---|---|
| Ce qui m'intéresse avec mes clients, ce n'est pas seulement ce que je sais d'eux, mais tout ce qu'ils peuvent m'apprendre | | | | |
| J'invente avec mes collaborateurs des histoires imaginaires d'expériences étonnantes avec nos clients, dans lesquelles nous introduisons humour, jeu et fantaisie | | | | |
| Je pense régulièrement mon activité à l'échelle mondiale, puis à l'échelle locale | | | | |
| Pour moi, la passion, les émotions et l'enthousiasme partagés comptent autant que les résultats chiffrés dans le succès d'une action | | | | |
| Je suis attentif à ce que toute action conduise à un résultat concret, perceptible par les clients, les collaborateurs et les partenaires de l'entreprise | | | | |
| Pour moi, la volonté, l'énergie et la sensibilité sont des qualités aussi importantes que l'intelligence pour le succès durable d'une entreprise | | | | |
| Je demande chaque jour : « Pourquoi » et « Comment » agir, tout autant que « Quoi » faire ? | | | | |
| J'ai défini avec mes collaborateurs quel serait le portrait de notre organisation (entreprise, division, département, équipe…) dans cinq ans | | | | |
| Toute expérience professionnelle est une découverte de nouvelles possibilités, bien plus qu'un acquis | | | | |
| Je m'investis physiquement dans mes responsabilités, en allant régulièrement à la rencontre de mes collaborateurs, de mes clients et de mes partenaires | | | | |
| Si une routine s'installe, si des procédures détournent les collaborateurs de l'esprit d'entreprise, je n'hésite pas à tout remettre en question, quitte à semer un certain désordre | | | | |
| J'entraîne mes collaborateurs à l'incertain, en leur faisant des surprises et en imaginant des scénarios de fiction | | | | |
| Total par colonne | | | | |
| TOTAL GÉNÉRAL | | | | |

© ENTREPART

Faites le total de vos points par colonne, puis le total général, en additionnant les totaux de chaque colonne.

▶ **Si vous dépassez 60 points**, vous cultivez intensément l'art d'entreprendre et disposez de tous les atouts du manager entrepreneur contemporain pour ce siècle nouveau.

▶ **Entre 40 et 60 points**, vous ouvrez votre management aux voies du « Faire Autrement » contemporain.

▶ **Entre 20 et 40 points**, votre management moderne se colore timidement des attitudes de l'entrepreneur contemporain.

▶ **À moins de 20 points**, vous êtes un adepte du management classique – préparez-vous à transformer radicalement votre management pour entreprendre au XXIᵉ siècle, frissons garantis !

# Cultivez l'art d'entreprendre en Europe

Porteurs d'un héritage culturel marqué par la diversité, les citoyens et en particulier les entrepreneurs européens ont su préserver, avec les États, les collectivités, les organisations professionnelles, les organisations non gouvernementales, les mouvements associatifs, un équilibre rare au cœur des nombreux paradoxes et des ruptures violentes du monde contemporain. Mais les paradoxes, l'Europe connaît : son histoire s'est façonnée sur la transcendance des contradictions. Première économie du monde, l'Europe est sans doute le continent qui sait le mieux combiner harmonieusement un haut niveau d'exigence à la fois culturelle, sociale, sociétale et environnementale. L'Europe est le seul continent à promouvoir haut et fort les droits fondamentaux, les valeurs d'intérêt général et de développement durable en lien avec une volonté de prospérité et de liberté économique. Selon l'économiste américain JEREMY RIFKIN, « *l'Europe crée un nouveau rêve* »[1].

Utopie, rêve de pouvoir ? Certainement pas. L'histoire européenne nous a appris qu'aussi bien les grandes utopies que les rêves d'hégémonie virent un jour ou l'autre au cauchemar. Qu'adviendrait-il en revanche si nous libérions la puissance de notre imaginaire et de notre culture pour inventer de nouveaux équilibres au cœur des contradictions exacerbées du monde contemporain ? En Europe sont basés la majorité des grandes entreprises mondiales, mais aussi un gigantesque vivier d'entreprises innovantes à taille humaine. Notre continent compte de nombreuses écoles prestigieuses, mais également un foisonnement d'initiatives pédagogiques originales et de laboratoires

---

1. Interview au journal *Libération*, pages économie, mardi 21 septembre 2004.

transdisciplinaires. Et en ce début de siècle, ce même continent foisonne en activités, en initiatives, en sites et en manifestations artistiques. Les plus prestigieuses (biennale de Venise, Art Basel, Documenta de Kassel…) se déroulent en Europe. Mais aussi les micro-utopies des artistes, des designers, des architectes et des citoyens dans les quartiers des villes, dans les régions, y compris dans les zones rurales qui jouissent d'un réseau d'infrastructures d'une capillarité unique au monde. C'est un fait, pas une gloire. Nous détenons en Europe la capacité, les talents et tous les instruments pour partager et transmettre nos valeurs économiques, sociales et humaines. Nous disposons d'un imaginaire bigarré, certains diraient baroque, en tout cas foisonnant. La fresque extraordinaire *Image de l'Europe* de l'architecte néerlandais **Rem Koolhaas**, qui circule dans plusieurs villes du continent témoigne de la créativité et de la capacité de cet extraordinaire attelage de 25 pays à transcender les paradoxes hier, aujourd'hui et demain. Pourquoi nous priverions-nous d'exploiter nos richesses et de croire à notre rêve ?

En tant qu'entité intégrée dans sa diversité, l'Europe est un continent très jeune, sans doute le plus neuf au monde. Forte de cette expérience, elle peut devenir une plate-forme exemplaire de création de valeur équilibrée, non pas en compétition acharnée, non pas dans la nostalgie des lustres d'antan, non pas dans une suffisante arrogance, mais dans un esprit de coopération accueillante, pragmatique, créative et vigilante avec ses partenaires d'un monde de circulations de capitaux, d'énergies, d'informations, d'idées et d'initiatives.

Quelle est l'Europe que j'évoque ici ? Non pas tant celle des institutions abstraites, mais celle des femmes et des hommes qui la composent et la recomposent chaque jour, reliés par un idéal d'équilibre, de développement et d'art de vivre partagé, entre eux et avec d'autres. Les transformations du monde n'ont jamais été d'abord le fait de grands systèmes, mais sont nées des entreprises d'**acteurs individuels reliés entre eux.** Les résonances transdisciplinaires qui ont permis aux artistes européens de diverses époques de transition de susciter des changements de représentations bien au-delà de la sphère artistique en fournissent la démonstration éclatante. La transmission des valeurs d'excellence, d'équilibre et de qualité de vie de l'Europe repose avant tout sur le mouvement responsable de **chaque entrepreneur,** en interaction avec son environnement et le reste du monde, et cela, qu'il agisse dans la sphère publique, privée ou dans l'interaction entre les deux. Dans ce mouvement, les artistes et le réseau invisible mais très puissant qu'ils constituent peuvent nous inspirer. Cet ouvrage témoigne à quel point l'art contemporain est un tissu générique et mondialisé d'initiatives individuelles qui toutes se connaissent, s'estiment, se répondent, se stimulent pour créer de nouvelles formes de vie. L'art nous rappelle que tout mouvement de création commence, se poursuit, s'étend à partir de décisions personnelles hors des sentiers battus.

Les exemples des attitudes et des pratiques des artistes indiquent que cette capacité à sortir de soi pour créer et transformer le monde est à la portée de tous. Elle exige seulement, mais fondamentalement, de se poser quelques questions, d'ouvrir son regard, de « faire un pas de côté » et de libérer son énergie. Les moyens de la création permanente sont innombrables. En élargissant notre expérience de managers, les artistes nous ouvrent à de nouvelles dimensions. Ils nous aident à créer le décalage nécessaire pour échapper à un temps et à un espace qui semblent se réduire de jour en jour. Ils nous permettent de renouveler notre relation avec le monde et d'accéder à notre mission noble. Ils nous aident à regarder notre environnement, à concevoir nos projets, à échanger avec autrui autrement. Ils stimulent notre capacité de jeu, d'invention et d'enchantement, y compris face à des questions graves.

Reconnaissez, dialoguez, travaillez avec l'artiste qui est en vous. Visitez des expositions, assistez à des performances, rencontrez des artistes. L'art étant lui-même une question ouverte, laissez-vous inspirer. Et n'oubliez pas que toute entreprise, celle que vous dirigez, que vous animez ou pour qui vous travaillez, et surtout l'entreprise de votre vie, est un chemin de création et de transformation. Faites de votre vie une œuvre d'art.

# Tableaux annexes

## Les entreprises et leur environnement à travers les représentations dominantes des sociétés

| Représentation… | Classique | Moderne | Contemporaine |
|---|---|---|---|
| Univers dominant | Fantasme de maîtrise : « faire bien » | Mythe du progrès : « faire mieux » | Rite d'anticipation : « faire autrement » |
| Figure d'autorité | Patron classique | Gestionnaire moderne | Entrepreneur contemporain |
| Référence | PASSÉ | FUTUR | PRÉSENT PASSÉ FUTUR |
| Rapport au temps | Éternité entre passé et futur immuables | Tension vers le futur | Présent en transformation entre passé et futur |
| Modèles de managers | Chef, artisan, visionnaire, inventeur | Courtier-stratège, publicitaire, innovateur | Entrepreneur, transformateur, créateur |
| Métaphores de leaders | Guerrier, général, commandeur, savant | Ingénieur, sportif, investisseur, raider, joueur de poker | Deejay, vidéaste, réalisateur, metteur en scène, média-teur, chaman |
| Moteurs/Supports | Production/produit/matériel/ pierre, métal FEU – EXTRAIRE | Gestion/transaction/traces/liquides EAU – ABSTRAIRE | Création/finances/immatériel/air, bulles, cellules AIR – CONCRÉTISER |
| Inspirations | Monarque, hiérarchie, État, totem, Approche universelle, risque totalitaire | Marchands, technocrates, droit, Approche communautaire, risque de perte de sens | Artistes, créateurs, cellules vivantes (microsphères hybrides et élastiques), Approche complexe, risque de dispersion |

| Contexte favorable | Culture locale & tradition | A-culture délocalisée, conformité, mimétisme | Hyperculture mondialisée, diversité, différence, relation |
|---|---|---|---|
| Pivot de l'attention | Sujet | Objet | Relation sujet-sujet |
| Investissement prioritaire | Innovation produits : R & D et productivité | Innovation marketing, packaging produits & services | Innovation stratégique – management, service, relations à l'environnement, partenariats créateurs de richesse (croissance rentable x développement durable) |
| Aspirations | Le maintien de mes acquis, la maîtrise de mon offre et la satisfaction de mes besoins | Le progrès « idéal » en réponse à des attentes évolutives des consommateurs » | La reconnaissance de l'Autre, la réalisation sans fin de nos désirs partagés, l'anticipation par la création permanente |
| Moteurs de pouvoir | Ma soif de possession | Ma toute-puissance | Notre puissance de création |
| Régulateurs | Bureaucrates, par les règles, les sanctions (y compris symboliques) et l'expérience | Technocrates, par les contrats, les exigences techniques, les contrôles et les savoirs | Poiétocrates, par les valeurs, la discipline, les idées, la mise en scène et la connaissance, le sens de la vie |
| Exemples | Pièce mécanique, voiture, prêt bancaire | Contrats de services, normes administratives et techniques, règles juridiques, images publicitaires | Expériences intelligentes, actives, sensibles, normes de management : supports de relation équitable |
| Sanctuaires | Bureau du patron, labo R & D, atelier, usine, guichet, stade, musée | Agence, magasin, accueil (en tant que lieu spécifique), showroom, rayon de grande surface, affiche, plateau de télévision, « une » de journal économique, spot publicitaire | Espaces virtuels (logistique, échanges sur internet, places de marché), perceptuels (qui provoquent des sensations, des émotions, des relations) et nomades, que l'on peut investir, transporter ou transformer, transparence, circulation, évènements éphémères |

330 LE MANAGER À L'ÉCOUTE DE L'ARTISTE

| Représentation... | Classique | Moderne | Contemporaine |
|---|---|---|---|
| Centrage sur | Les produits, l'organisation et le temps de travail, la technique, l'invention | Le parcours et le temps de consommation du client-type, la technologie, le prix, la promotion et la présence par l'information | L'expérience qualitative des clients, entrepreneurs et partenaires dans des expériences respectueuses du développement durable (écologie appliquée) |
| Modèles d'identité professionnelle | Des fabricants – concepteurs et producteurs – et des utilisateurs, selon des catégories bien établies. Une minorité de clients privilégiés a accès au luxe et à la différence | Une masse de travailleurs et de consommateurs plus affirmés et paradoxalement toujours plus anonymes et semblables | Individus hédonistes et tribus responsables, créatrices (ou destructrices) de valeur(s), productrices de sens (ou de non-sens) multiples et éphémères. Du « ou... ou » au « et... et ». Création au lieu de travail |
| Dialectique | Humain ou inhumain Faire pour produire | Humain ou non humain Savoir pour gérer et optimiser | Humain et posthumain Intelligence, énergie, sensibilité pour agir, créer, transformer |
| Positionnement/concurrents | Concurrence sectorielle ennemie | Concurrence niée | Concurrence ouverte et stimulante |
| Contexte favorable | Culture & tradition | Inculture, conformité, mimétisme | Hyperculture, diversité, différence, relation |
| Aspiration | Vivre : répétition | Vivre plus et mieux : nouveauté dans la conformité | Vivre autrement : recyclage, assemblage |

© ENTREPART

# Synthèse des postures, attitudes, principes et pistes d'action des managers contemporains inspirés par les artistes

| Postures | Attitudes, principes et pistes d'action |
|---|---|
| Anticipation | Questionnement permanent/Pourquoi ? Vers quoi ? Volonté/Désir/Persévérance/Engagement |
| Responsabilité | Pour qui, pour quoi agissons-nous ? Engagement autour de valeurs symboliques |
| Désapprentissage | Aller ailleurs/Procéder par bonds/Casser les modèles, la langue/ Voyages physiques ou intérieurs |
| Étonnement | Expériences/Découvrir son entreprise avec d'autres langages/ Mettre de l'aventure dans le quotidien |
| Apprentissage | Installations/Environnements/Simulations |
| Agilité collective | Cocréation/Créer plusieurs projets à partir d'une même «coquille»/Se passer des projets |
| Engagement | Réalisation/Défi/Utilité à la collectivité |
| Performance | Remise en question/Éphémère/Présent/Événement/Surprise/ Création instantanée |
| Temps | Flânerie/Traces/Placer son œuvre en perspective à l'horizon de 10, 20, 30 ans devant soi ou 100, 200, 500 ans derrière soi |
| Recyclage | Récits Passé Présent Futur/Benchmarking de différenciation ou d'affirmation |
| Innovation | Fêtes/Reconnaissance/Jeu/Humour |
| Coopération | Performance/Entre-deux/Logique du « et »/ Les technologies sont nos amies, travaillons avec elles |
| Activité | Écoute/Confrontation/Curiosité/Mise en scène/« Métaction » |
| Vision | « Infecter le présent » par des possibles/Transexpérience/Dessin |
| Espace | Service Design/Habiter sa vision |
| Invisible | Poésie/Dessin pour faire émerger des formes invisibles |

© ENTREPART

# Glossaire

## Abstrait/Abstraction

Dans l'art, le mot « abstrait » désigne une œuvre qui ne représente pas le monde tel que l'homme le perçoit dans la réalité. L'art abstrait est une tendance artistique du XX$^e$ siècle où l'artiste rejette la représentation des objets réels de la nature et utilise la matière, la ligne et la couleur pour elles-mêmes. La peinture est considérée comme l'art d'agencer les formes plus que comme l'art de raconter une histoire. L'abstraction est née au cœur des avant-gardes et à la suite de recherches menées par tous ceux qui refusent de soumettre l'œuvre à la seule restitution des apparences. L'abstraction est une rupture qu'illuminent les œuvres de Kandinsky, Mondrian et Malevitch.

## Action Painting

Expression anglaise (« peinture d'action ») inventée en 1952 par le critique new-yorkais Harold Rosenberg pour désigner la peinture gestuelle telle qu'elle s'est manifestée aux États-Unis après la Seconde Guerre mondiale. Assimilable à l'expressionnisme abstrait, l'Action Painting vise à exprimer des impulsions psychiques et physiques, des sensations picturales immédiates, confortées par la rapidité d'exécution. Une des techniques employées est le *dripping* : sur la toile posée à plat, la couleur est répartie à partir d'une boîte percée de trous ou « éclaboussée » à l'aide d'un pinceau. L'utilisation de truelles ou de couteaux permet l'adjonction à la peinture d'autres matériaux, comme le sable. Les représentants majeurs de ce courant sont Jackson Pollock, Willem De Kooning et Franz Kline.

## Art conceptuel

L'art conceptuel, popularisé au début des années 1970, conteste la validité de l'objet d'art, son statut de produit de consommation et les modalités de sa diffusion. Celui-ci ne constitue plus une finalité en soi et il disparaît au profit de son analyse. Les artistes conçoivent donc des œuvres qui sont avant tout des « propositions artistiques » faites de langage, de texte et de photographies. Les premières œuvres conceptuelles se présentent comme des œuvres dont la seule fonction est une définition d'elles-mêmes : *One and Three Chairs*, œuvre de Joseph Kosuth, est constituée d'une chaise pliante, de la photographie d'une chaise et d'un agrandissement photographique de la définition du dictionnaire du terme « chaise ».

## Art contemporain

L'art contemporain a brouillé les limites habituelles des disciplines artistiques. Il demande un effort de lecture, et l'expérience qu'on peut en avoir se produit autant dans l'action que dans l'observation. Une œuvre d'art est dite contemporaine lorsqu'elle déjoue les conventions de son domaine propre, propose un regard autre sur les apparences familières de la réalité, expérimente de nouveaux liens et de nouvelles façons de la représenter ou encore de construire une fiction, lorsqu'elle ré-enchante le quotidien à partir de fragments de la réalité. L'art contemporain est l'art qui pose des questions liées aux enjeux du monde contemporain.

## Arts électroniques (numériques)

L'art électronique fait appel à des technologies dites avancées, telles que l'informatique, le laser, la vidéo, l'holographie, internet. Tandis que certains artistes emploient exclusivement la technologie numérique, d'autres intègrent des éléments de cette technologie dans des œuvres traditionnelles. Prenons l'exemple de l'art vidéo : il est marqué à ses débuts par l'œuvre de Nam June Paik et de Wolf Vostell, qui exposent en 1963 à la galerie Parnass de Wuppertal (Allemagne). La vidéo est utilisée soit comme simple technique d'enregistrement pour les happenings, actions, performances, soit comme recherche expérimentale sur les propriétés électroniques du médium. La vidéo combine également caméras et moniteurs dans des sculptures et installations, ou s'associe avec l'informatique.

## Body Art

C'est un courant qui a été synthétisé par la revue *Avalanche* créée en 1970 aux États-Unis. Beaucoup d'artistes parmi lesquels Bruce Nauman, Chris Burden, Dennis Oppenheim, Gina Pane, ont fait de leur corps le terrain privilégié de leur œuvre. Le plus souvent, la photographie et la bande-vidéo restent la seule trace de l'action et comptent pour l'œuvre elle-même. L'esthétique de l'œuvre dépend de son efficacité à désorganiser les habitudes de pensée du spectateur, de sa réussite à le faire sortir de son état passif.

## Cubisme

Le cubisme est un mot inventé en 1908 par le critique Louis Vauxcelles pour décrire l'art de Picasso et de Braque. Il désigne une entreprise de déconstruction du monde des apparences. Il prend naissance dans la peinture, mais il se prolonge dans la littérature et la musique. Les peintres cubistes s'opposent à la perspective traditionnelle. Ils brisent les plans de la composition dont ils imbriquent les facettes, ce qui leur permet de fragmenter et de désintégrer l'image pour faire apparaître des angles de vue insoupçonnés sur les structures de la matière.

## Design

La notion de design semble laisser derrière elle celles d'arts appliqués et d'arts décoratifs pour se réclamer de la seule idée d'art. Le design est partie intégrante d'une remise en perspective obligée de la lecture de l'art de ce siècle. Dès 1932, le musée d'Art moderne de NewYork lui consacrait un département. En 1969 sera ouvert un Centre de création industrielle au sein de ce qui deviendra le Centre Pompidou. La reconnaissance du design permet de ne plus considérer les pratiques artistiques au regard de la seule hiérarchie des genres. Après avoir cherché à se rapprocher de l'univers des ingénieurs dans les années 1980, le design contemporain puise aujourd'hui largement ses inspirations dans l'art contemporain, ce que revendiquent par exemple les frères Bouroullec, jeunes prodiges français ayant fait l'objet d'une rétrospective au Design Museum de Londres alors qu'ils avaient la trentaine !

## Entropie

Issu de la physique et du second principe de la thermodynamique, le concept d'entropie désigne la tendance de tout être, chose, milieu, idée à tendre irréversiblement vers un état croissant de désordre et de dégradation. Les êtres vivants sont cependant capables d'opposer l'ordre au désordre (néguentropie), au moins temporairement. La vie et le développement apparaissent dès lors comme un équilibre instable entre ordre et désordre, entre néguentropie et entropie.

## Expressionnisme

Le mot s'impose à partir de 1911 pour définir les artistes qui explorent tous les domaines de la création et s'opposent à la prédominance d'un modèle esthétique que la France a imposé avec l'impressionnisme et le fauvisme. Ce n'est donc pas un art de l'imitation de la nature mais une libération à l'égard du réel. S'il ne renonce pas à la représentation, l'expressionnisme la déforme pour en accroître le pouvoir expressif.

## Futurisme

Mouvement artistique du début du XXe siècle dont l'idéologie est fondée sur un rejet violent de tout passéisme et l'exaltation de la vie moderne, notamment à travers le culte de la machine et de la vitesse. Les artistes italiens Umberto Boccioni (*Développement d'une bouteille dans l'espace*) et Giacomo Balla (*Rapides : Chemins de mouvement + Séquence dynamique*) réalisèrent des œuvres emblématiques du mouvement futuriste.

## Happening

Le happening – terme créé par l'artiste américain Allan Kaprow en 1958 – se veut un art éphémère, aléatoire, exigeant la participation du public. Il intègre certains éléments et procédés du théâtre tout en le dépassant car il permet une interaction directe entre l'artiste, l'œuvre et le spectateur. Si un fil conducteur est prévu à l'avance, il persiste une grande marge d'indétermination qui laisse la liberté aux spectateurs d'interagir sur l'action en cours.

## Impressionnisme

Mouvement qui, en France, rompt avec la peinture académique et sort des ateliers pour peindre sur le motif les effets produits par la lumière. Le terme fédérateur d'« impressionnisme » naît de la volonté de dérision d'un journaliste à la découverte de la toile de Claude Monet *Impression, soleil levant* (1872). Dans cette œuvre, Monet contraint l'œil à la recomposition de l'effet matinal et aquatique. Le reflet, le mélange des couleurs lui sont présentés comme matériaux plus proches de sa propre perception que d'un tableau achevé.

## Installation

Au cours du XX<sup>e</sup> siècle, les pratiques picturales et sculpturales sont sorties de leurs limites pour s'orienter peu à peu vers des assemblages. L'installation est constituée de plusieurs éléments qui sont assemblés pour former une œuvre. Elle occupe toujours un espace tridimensionnel qui lui est propre. Chaque installation est imaginée à partir d'objets trouvés ou d'objets fabriqués par l'artiste. Elle permet à l'artiste de mettre en scène des éléments propres à une situation ou à un univers spécifique. L'expérience de l'œuvre par le spectateur constitue un enjeu déterminant. Engagé dans un parcours, impliqué dans un dispositif, le spectateur habite l'œuvre et la fait vivre. L'installation est un art d'environnement, son apparition n'est pas un hasard à l'époque contemporaine marquée par la prise de conscience de l'environnement par les hommes, les entreprises, la société. Des artistes aussi divers que Philippe Parreno, Paul Mc Carthy, Chen Zhen ou Gerda Steiner & Jörg Lenzlinger créent quasi exclusivement des environnements d'expériences.

## Land Art

Le Land Art est une tendance de l'art contemporain, apparue dans les paysages grandioses de l'Ouest américain vers la fin des années 1960. Elle se caractérise par un travail dans la nature même. Les artistes du Land Art ont quitté les musées et les galeries pour sortir des sentiers battus. Les œuvres sont souvent gigantesques (réalisation de la *Spiral Jetty*, 500 m de long, sur le Lac Salé par Robert Smithson ou de *Double Negative* par Michael Heizer, nécessitant des tonnes d'explosifs pour creuser une gigantesque entaille rectiligne visible depuis les cieux dans le flanc d'un canyon). Les artistes utilisent des matériaux comme le bois, la terre, les pierres, le sable, et les rochers… mais ils introduisent parfois des produits manufacturés comme Christo avec ses parasols géants. Parfois, les *land artists* font eux-mêmes œuvre par les traces de leurs déplacements dans le paysage (Richard Long) ou dans le ciel (Dennis Oppenheim).

Certains interviennent furtivement et esthétiquement comme Andy Goldsworthy ou Nils Udo, qui utilisent des pierres et végétaux pour créer de subtiles architectures.

## Minimal Art (minimalisme)

C'est le critique Richard Wolheim qui utilisa le premier ce terme pour désigner les tableaux noirs d'Ad Reinhardt. Les artistes minimalistes privilégient des formes qui ne sont pas strictement géométriques mais qui sont toujours très simples. Les œuvres sont dépersonnalisées et la composition est souvent sérielle.

## Nature morte

La nature morte montre un arrangement d'objets inanimés. L'histoire de l'art et de la photographie regorge de natures mortes. Parmi les sujets les plus populaires, citons la nourriture, les fleurs, la vaisselle, les livres et le gibier. Une nature morte peut aussi dépeindre des aspects éphémères de la vie. Les peintres allemands du XIXᵉ siècle excellaient dans la peinture de natures mortes.

## Performance

On définit la performance comme une tradition d'art interdisciplinaire, née vers le milieu du XXᵉ siècle, dont les origines se rattachent aux mouvements d'avant-garde (dadaïsme, futurisme, école du Bauhaus, etc.). C'est par essence un art éphémère qui laisse peu d'objets derrière lui, plutôt des traces filmiques ou photographiques. Certains historiens de l'art situent l'origine de la performance dans la pratique des rituels ou rites de passage observés depuis l'origine de l'Homme. Dans la tradition de l'art contemporain occidental, la performance est essentiellement une action artistique comportementale entreprise par un (ou des) artiste(s), face à un public. Marina Abramovic, qui se qualifie elle-même de « grand-mère de la performance » est une figure emblématique de cet art que pratiquent des artistes d'horizons aussi divers que Jan Fabre, Orlan ou Stelarc.

## Pop Art

Le critique d'art anglais Lawrence Alloway employa pour la première fois le terme de Pop Art pour qualifier une culture populaire alors dévaluée, portée par la télévision, la publicité ou les magazines. Andy Warhol en est devenu le porte-drapeau avec ses icônes contemporaines comme la bouteille de Coca-Cola ou Marilyn Monroe. Les artistes du Pop Art se servent de procédés mécaniques, comme la photographie et la sérigraphie, pour la réalisation de leurs œuvres, obtenant ainsi une facture plate qui nie toute émotion subjective, sur laquelle prennent place les références de la culture de consommation (stars, comics, objets ménagers…). L'industrie de la consommation adopta le Pop Art comme un antidote à la rigidité du « grand art ». Le terme *pop*, en s'étendant à la musique et à la mode, correspondit à tout un mode de vie de la jeunesse des années soixante.

## Postmodernisme

Théorisée par le philosophe Jean-François Lyotard, la notion de postmodernisme s'attache aussi bien au domaine des arts plastiques qu'à celui de l'architecture. En ce qui concerne les arts plastiques, le postmodernisme se veut une réaction à la théorie moderniste et un rejet des avant-gardes du XX$^e$ siècle. Les œuvres postmodernes vont puiser librement dans les différents styles historiques préexistants, faisant de la subjectivité un critère essentiel du jugement. Le passé devient un simple répertoire de formes. Caractéristiques de cet état d'esprit sont les peintures de la transavant-garde. Gigantesque entreprise de recyclage de formes, le postmodernisme dans l'art est corrélatif du mode de vie de la société occidentale : c'est un art de la citation, de l'échantillonnage, de la fertilisation croisée et du nomadisme. Recyclant les mots et les images en des arrangements pétillants d'intelligence et d'humour, l'artiste français Raymond Hains est éminemment postmoderne.

## Ready-made

Mot inventé par Marcel Duchamp pour désigner les objets manufacturés qu'il exposa, à peine modifiés de sa main, en tant qu'œuvres d'art. En 1917, avec *Fontaine*, simple urinoir en porcelaine, l'artiste clame que l'activité la plus banale – en l'occurrence la miction – sert à énoncer l'appartenance à un groupe, à une époque. Car ce n'est pas dans toutes les cultures que le mâle urine debout et la femme, assise. Le plus « naturel », le plus quotidien des actes est en fait révélateur d'une histoire, d'une culture. Avec *ses ready-mades*, l'artiste n'a plus besoin d'être un virtuose de la matière, puisque de simples objets – cartes postales, porte-bouteilles, pelles, etc. – prennent une signification nouvelle une fois sortis de leur contexte et replacés dans un autre. C'est ce que le philosophe de l'art Arthur Danto appelle « la transfiguration du banal ».

## Romantisme

Un mouvement artistique européen du début du XIX$^e$ siècle. Il se caractérise par le refus du néoclassicisme, l'art de l'époque, et par des couleurs intenses, des émotions peintes de manière dramatique, des compositions complexes, des lignes souples et quelquefois des sujets héroïques. Bien que le romantisme soit plutôt un mouvement littéraire, des peintres français comme Géricault ou Delacroix sont considérés comme des peintres romantiques.

# Bibliographie

## Catalogues d'exposition et écrits ou monographies d'artiste

ABRAMOVIC, Marina, *Artist Body*, Éditions Charta, Milan, 1998.

ARTAUD, Antonin, *Van Gogh le suicidé de la société*, Gallimard, 1974.

BAXTER, Ian, « Documents », in revue *Trouble*, n° 3, Les Presses du Réel, 2003.

*Beyond Limits*, catalogue de l'exposition du MAK de Vienne consacrée à Chris Burden, Éditions Peter Noever/Cantz, Vienne, 1996.

DUBUFFET, Jean, *Asphyxiante culture*, Les Éditions de Minuit, 1986.

ESCHE, Charles, contribution au débat "Biennals" *in* revue *Frieze, Issue 92*, juillet-août 2005.

FABRE, Jan, dialogue avec Jérôme Sans, *in* catalogue de l'exposition « For intérieur », Éditions Actes Sud/Festival d'Avignon, Arles, 2005.

FILLIOU, Robert, catalogue de l'exposition « Génie sans talent », présentée au musée d'Art Moderne Lille Métropole, 2003.

FOREST, Fred, *Pour un art actuel. L'art à l'heure d'internet*, L'Harmattan, Paris, 1998.

GERZ, Jochen, *L'anti-monument. Les mots de Paris*, Éditions Paris musées/ Actes Sud, Paris, 2002.

GIACOMETTI, Alberto, *Ma longue marche*, Éditions Michel Leiris et Jacques Dupin, Hermann, Paris, 1990.

GREENAWAY Peter, interview à l'occasion du Grand Atelier organisé par l'université des sciences humaines de Strasbourg, Les Presses du Réel, coll. « Art & Université », 1998.

HANRU, Hou, « Chen Zhen, une extraordinaire aventure dans le domaine de la synergie », *in Chen Zhen, Invocation of Washing Fire*, Éditions ADAC & Gli Ori, Prato-Siena, 2003.

HEISS, Alanna, *And the mind grew fingers. Dennis Oppenheim, Selected Works 1967-1990*, Editions The Institute for Contemporary Art, P.S. 1 Museum, New York in association with Harry N. Abrams, Inc., New York, 1992.

HEIZER, Michael, *Double Negative. Sculpture in the Land*, Editions The Museum of Contemporary Art, Los Angeles, & Rizzoli New York, 1991.

HIRSCHHORN, Thomas, « Je suis un artiste travailleur soldat. Pour Georges Tony Stoll », publié dans *Quel est le rôle de l'artiste aujourd'hui ?* Tokyobook 2, Éditeur Palais de Tokyo, site de création contemporaine, 2001.

ISHAGHPOUR, Youssef, *Rauschenberg, le monde comme images de reproduction*, Éditions Farrago/Léo Scheer, Tours, 2003.

KROLL, Lucien, *Tout est paysage*, Éditions Sens & Tonka, Paris, 2001.

LABORATOIRE STALKER, *À travers les territoires actuels, in visu, in situ*, Éditions Jean-Michel Place, 2000.

LÜTHI, Urs, *Art for a better life*, catalogue édité par Ufficio federale per la Cultura, Berna, & Éditions Periferia, Flurina, & Gianni Paravicini-Tönz, Lucerna/Poschiavo, 2001.

LYNCH, David, *Entretiens avec Chris Rodley*, Éditions Cahiers du Cinéma, Paris, 1998.

MATISSE Henri, *Matisse, gouaches découpées*, Editions Taschen, Paris, 1996.

MAYER HARRISON, Helen, et HARRISON, Newton, catalogue de l'exposition « Péninsule Europe – Les Terres Hautes » au musée des Abattoirs de Toulouse, traduction de Jacques Leenhardt, Éditions Les Abattoirs, Toulouse, 2002.

MICHAUD, Philippe-Alain, *Aby Warburg et l'image en mouvement*, Éditions Macula, Paris, 1998.

MOISDON-TREMBLAY, Stéphanie, *Dominique Gonzalez-Foerster*, Hazan, Paris, 2002.

NAUMAN, Bruce, catalogue *Image/Texte 1966-1996*, Éditions du Centre Pompidou, Paris, 1997.

ORLAN, « Art charnel à corps perdu », interview à *Trublyon, le magazine des scratchs papiers*, n° 3, janvier-février-mars 2004.

PARRENO, Philippe, *Speech Bubbles*, Les Presses du Réel, 2001.

PARRENO, Philippe, catalogue de l'exposition « Alien Seasons » à l'ARC/ musée d'Art moderne de la Ville de Paris, Éditions Paris Musées/Les Presses du Réel, Dijon, 2002.

*Partners*, catalogue de l'exposition, éditeurs Haus der Kunst, München, et Walther König, Köln, 2003.

PESCE, Gaetano, *Il Rumore del Tempo*, Éditions Charta/La Triennale de Milano, Milan, 2005.

PISTOLETTO, Michelangelo, catalogue de l'exposition « Continents de temps », Musée d'Art contemporain de Lyon, 2001.

PLUOT, Sebastien, *James Turrell, Rencontres 2*, Éditions Almine Rech & Images Modernes, Paris, 1999.

POTRC, Marjetica, *Urban negotiation*, catalogue édité par l'institut Valencià d'Art Modern, 2003.

RILKE, Rainer Maria, *Auguste Rodin*, Éditions La Part Commune, (1928) 2001.

ROBBINS, David, « Science fiction chaude », in *Le château de Türing*, catalogue publié à l'occasion des expositions de Pierre Huyghe« Interludes » au Van Abbemuseum d'Eindhoven en 2001 et « Le château de Türing » au pavillon français de la 49ᵉ biennale de Venise en 2001, Les Presses du Réel, 2003.

RUSSELL, John, *Francis Bacon*, Éditions Thames & Hudson, Londres, Paris, 1994 pour la traduction française.

SANS, Jérôme (dir.), *Chen Zhen, les entretiens*, Les Presses du Réel, Dijon, 2003.

SETTEMBRINI, Luigi, « The art of being a city », in catalogue de la biennale de Valence, Éditions Charta, Milano, 2003.

SMITHSON, Robert, *Le paysage entropique*, Éditions MAC, Musées de Marseille, Réunion des musées nationaux, 1994.

SOTTSASS, Ettore, *Le regard nomade*, Éditions Thames & Hudson, Londres/ Paris, 1996.

STEINER, Gerda, et LENZLIGER, Jörg, catalogue *Heimatmaschine*, Éditions Urs Engeler, Basel, 2003.

VIRILIO, Paul, *Ce qui arrive*, Fondation Cartier pour l'Art contemporain, Paris, 2003.

WETTERWALD, Élisabeth, « Philippe Parreno, l'exposition comme pratique de liberté », revue *Parachute*, Québec, n° 102, avril-mai-juin 2001.

WETTERWALD, Élisabeth, « Ann Lee, l'utopie clignotante », revue *DITS*, n° 2, « Le Récit », printemps-été 2003.

WHITE, Kenneth, *Le monde d'Antonin Artaud. Pour une culture cosmopoétique*, Éditions Complexe, 1989.

ZHEN, Chen, *Field of Synergy*, Galleria Continua, San Gimignano, Italie, 2001.

# Ouvrages généraux

ARDENNE, Paul, *Un art contextuel*, Flammarion, 2002.

ARNAULT, Bernard, *La passion créative*, entretiens avec Yves Messarovitch, Plon, 2000.

BAUDRILLARD, Jean, *L'échange impossible*, Éditions Galilée, Paris, 1999.

BAUDRILLARD, Jean, *Télémorphose*, Éditions Sens & Tonka, Paris, 2001.

BETBÈZE, Jean-Paul, *La peur économique des Français*, Odile Jacob, 2004.

BLISTÈNE, Bernard, *Une histoire de l'art au XXᵉ siècle*, Éditions Beaux-arts Magazine et Centre Pompidou, 2002.

BOLTANSKI, Luc, CHIAPELLO, Ève, *Le nouvel esprit du capitalisme*, Gallimard, 1999.

BOSSEUR, Jean-Yves, *Vocabulaire des arts plastiques du XXᵉ siècle*, Éditions Minerve, 1999.

BOURRIAUD, Nicolas, *Formes de vie, l'art moderne et l'invention de soi*, Denoël, 1999.

BOURRIAUD, Nicolas, *Post-production*, Éditions Lukas, NYC, 2002.

BRUCKNER, Pascal, *L'euphorie perpétuelle, essai sur le devoir de bonheur*, Grasset, 2000.

BUCI-GLUCKSMAN, Christine, *Esthétique de l'éphémère*, Galilée, 2003.

CURNIER, Jean-Paul, *La tentation du paysage : le rural, son image et l'éternel retour*, Éditions Sens & Tonka, 2000.

DAGEN, Philippe *L'art impossible*, Grasset, 2002.

DANTEC, Maurice G., *Laboratoire de catastrophe générale. Journal métaphysique et polémique*, Gallimard/Folio, 2001.

DAVILA, Thierry, *Marcher, créer. Déplacements, flâneries, dérives dans l'art de la fin du XXᵉ siècle*, Éditions du Regard, 2002.

DÉRY, Marc, *Vitesse virtuelle, La cyberculture aujourd'hui*, Éditions Tempo/Abbeville, 1997.

EHRENZWEIG, Anton, *L'ordre caché de l'art. Le motif fécond et l'heureux accident – maîtriser l'œuvre*, Gallimard, 1974.

EHRENZWEIG, Anton, *L'ordre caché de l'art. Le conflit créateur*, Gallimard, 1974.

EMSELLEM, Bernard, *Le capital corporate, manifeste*, Éditions TBWA Corporate et Textuel, Paris, 2001.

FINKIELKRAUT, Alain, et Sloterdijk, Peter, *Les battements du monde*, Pauvert, 2003.

FRÉRY, Frédéric, *Benetton ou l'entreprise virtuelle*, Vuibert, 2002.

GODIN, Seth, *La vache pourpre. Rendez votre marque, vos produits, votre entreprise remarquables !* Maxima, 2004.

HALBWACHS Maurice, *La mémoire collective*, Editions Albin Michel, Paris, 1997.

HENOCHSBERG, Michel, *La place du marché*, Denoël, 2001.

HOCK, Dee, *Birth of the Chaordic Age*, Editions Bantam Doubleday Dell Publishing Group, New York, 1999.

HOCKNEY David, *Ma façon de voir*, Traduction de l'anglais par Pierre Saint-Jean, Thames & Hudson, 1995.

KIRKEBY Per, *Bravura*, École Nationale supérieure des Beaux Arts, 1998.

LABORIT, Henri, *Éloge de la fuite*, Gallimard, coll. « Poche/essais, 2001 (réédition).

LEGENDRE, Pierre, *Ce que l'Occident ne voit pas de l'Occident*, Mille et une nuits, 2004.

LÉVY, Pierre, conférence « Communautés virtuelles et intelligence collective », colloque « Communautés virtuelles, penser et agir en réseau », UQAM, Montréal, novembre 2003.

MALDINEY, Henry, *Regard, Parole, Espace*, L'Âge d'homme, 1994.

MASSERA, Jean-Charles, *Amour, gloire et CAC 40*, POL, 1999.

MAYEUR, Sylvie, *Guide opérationnel de la qualité - faut-il tuer la qualité totale ?*, Maxima, 2004.

MENGER, Pierre-Michel, *Portrait de l'artiste en travailleur. Métamorphoses du capitalisme*, Le Seuil, coll. « La République des idées », 2002.

MEREDIEU (de), Florence, *Histoire matérielle et immatérielle de l'art moderne*, Éditions Larousse/Sejer, 2004.

ONFRAY, Michel, *Antimanuel de philosophie*, Bréal, Rosny, 2001.

ONFRAY, Michel, *Archéologie du présent. Manifeste pour une esthétique cynique*, Grasset, 2003.

POPPER, Karl, *Misère de l'historicisme*, Plon, 1956.

QUEMIN Alain, *L'art contemporain international : entre les institutions et le marché (le rapport disparu)*, coll. « Rayon Art », Éditions Jacqueline Chambon/Artprice, 2001.

RIFKIN, Jeremy, *L'âge de l'accès : la révolution de la nouvelle économie*, La Découverte, 2000.

ROTHBARD, Murray, *Économistes et charlatans*, Les Belles Lettres, 1991.

SHUSTERMAN, Richard, *L'art à l'état vif*, Les Éditions de Minuit, 1992.

SICARD, Marie-Claude, *Les ressorts cachés du désir*, Village mondial, 2005.

SLOTERDIJK, Peter, *L'heure du crime et le temps de l'œuvre d'art*, Calmann-Lévy, 2000.

SLOTERDIJK, Peter, *Écumes Sphères III*, Éditions Maren Sell, 2005.

STIEGLER, Bernard, *De la misère symbolique 1. L'époque hyperindustrielle*, Éditions Galilée, 2003.

SZEEMANN, Harald, *Écrire les expositions*, Éditions La Lettre volée, Bruxelles, 1996.

VARELA, Francisco, THOMPSON, Evan, ROSCH, Eleanor, *L'inscription corporelle de l'esprit*, Le Seuil, 1993.

WELCH, Jack, avec WELCH, Suzy, *Mes conseils pour réussir*, Village Mondial, 2005.

# Index général

**A**

accélérateur, 178, 232
accélération, 180
accélérer, 214
accident, 94, 141, 144, 218–220
Accord Opérateur urbain, 232
action, 24, 46, 63, 70, 74, 151,
    160, 164, 166, 168, 237, 242,
    245, 261–262, 264, 267–268,
    276, 291, 298, 303, 310–311
- éphémère, 100
actionnaires, 272, 275
agilité collective, 191, 202
agir, 23
aléas, 239, 263
altérité, 123, 125, 130, 144, 153,
    172, 193, 286, 308
amour, 122, 189, 198, 206, 270
animal, 128, 130
anticipation, 32–34, 38, 84, 155,
    185, 265, 275, 306
anticiper, 134, 268, 270
apprendront, 268
apprentissage, 94, 264–266
apprivoiser le chaos, 20, 25, 298
art, 65, 121, 178, 190, 211, 234,
    297–298
- contemporain, 37, 41, 43,
    211
- d'entreprendre, 22, 24, 26,
    39, 142, 324
- de vivre, 34, 43, 83, 298, 325
- total, 304
artistes, 15–16, 18, 20, 23, 29, 32,
    34, 36, 45–46, 49–50, 70, 77,
    84, 127, 134, 161, 181, 185,
    191, 214, 216, 222, 225, 255,
    261, 275, 282, 284, 294, 297,
    305, 325
- entrepreneurs, 288
assemblage, 192
assembleur, 170, 176, 178, 212,
    233, 305
Atout Service, 109
attention flottante, 318
attitude, 34, 76, 83, 104, 132, 169,
    207, 211, 215, 224, 234, 265,
    292, 299, 311
autorité esthétique, 42, 77, 100,
    181, 210, 319
autre, 42
avenir, 54–56, 58, 275, 279, 308,
    316
aventure, 61, 72–73, 123, 239,
    279, 300

**B**

baliser l'incertain, 20, 25, 55, 298
bazar, 143, 197
biotechnologies, 38, 71, 124, 129
bonheur, 19, 270
business model, 202, 249

**C**

chamallow, 198
chamane, 197, 265, 316
changement, 65, 68, 82–83, 98,
    141–142, 146, 175, 187
chaordique, 187
chaos, 179, 187, 197, 299
cinétique, 142–143
classique, 29–30, 38
clients, 25, 40–42, 45–46, 61, 64,
    67, 85–86, 103–104, 109, 112,
    115, 119, 123, 125, 133–134,
    136–138, 158–159, 163, 173,
    176, 198, 203, 211, 223, 246,
    253, 255, 261, 269, 271–272,
    275, 286, 290–291, 303, 309,
    311, 316
collaborateurs, 40, 45–46, 61,
    104, 115, 123, 125, 136–137,
    148, 158–159, 163, 189, 203,
    223, 225, 246, 253, 255, 269,
    272, 275, 286, 302–303, 309
combat, 84, 124, 295
complexité, 44, 49, 70, 104, 122,
    165, 168–169, 197, 203, 242
concrétiser, 298
- l'immatériel, 20, 26, 237,
    244
confrontant, 268
confrontation, 16, 36, 54, 84–85,
    93, 127, 131, 137, 144, 147,
    195, 199, 206, 211–212, 240,
    274, 286, 317
confronter, 25, 263
connexions, 245–246
conscience, 35, 78, 80, 83–84, 96,
    98, 111, 128, 145, 157–158,
    163, 169, 177, 185–186, 275,
    291, 298, 313
contemporain, 38, 311
contexte, 195
contrainte, 215
coopération, 22, 34, 43, 46, 78,
    177, 192–193, 197, 203–205,
    207–209, 214, 222, 233, 235,
    246, 260, 263, 303, 307, 309,
    325
- créative, 210
coopérer, 25, 179, 299

co-producteur de sens, 245
corps, 104, 157, 162–164, 167–
    168, 172, 175, 177, 185, 224,
    239, 241, 244, 263, 268, 291,
    307, 310, 313
courage, 56, 231, 263, 278
créateur, 191
création, 16, 24, 38, 44, 52, 58,
    80, 82, 85, 93, 169, 180, 195,
    201, 211, 225, 237, 239–240,
    251–254, 256, 260, 263, 266,
    284, 291, 307
- de richesse, 46
- de valeur, 40, 110, 113, 118,
    131, 271, 274, 276, 325
- permanente, 251–252, 254,
    296, 298, 326
créativité, 24, 27, 44, 63, 67, 84,
    137, 182, 195, 201, 217, 225,
    231, 248, 252–254, 256, 297,
    308, 315, 318, 325
créer de la valeur, 177
croiser, 179, 190, 299
croissance, 284
culture, 43–44, 53–54, 105, 107–
    108, 118, 125, 131–132, 144,
    147, 155, 157, 172–173, 181,
    188, 190–191, 194–197, 199,
    203, 211, 222, 226, 230, 254,
    270, 288, 298, 313, 324
culturel, 53
culturelle, 49, 52

**D**

danger, 68, 73, 185, 310–311
de personne à personne, 136,
    197
déchets, 180, 183
décider, 191
décision, 62, 70–71, 99, 126, 134,
    155, 186–188, 256, 277, 306,
    312
découverte, 72, 74, 316
deejay, 197, 316
défi, 34, 49, 84, 109, 147, 155,
    173, 183, 207, 228, 246, 257,
    263, 268, 310
dématérialisation, 300
désapprendre, 97, 252
désapprendront, 268
désapprentissage, 181
design, 26, 86, 204, 211, 272,
    297–298
designers, 221, 259, 297, 325
désir, 20–21, 23, 25, 41, 56, 67,
    80, 83, 85, 91, 119, 122, 124,

132, 135–137, 143, 157–160, 162, 164, 171, 203, 205, 207, 210, 213, 215, 217, 224, 231, 239, 244, 251, 261, 268, 280, 285, 291, 297, 309, 314, 316
désordre, 25, 179–181, 189, 195, 225, 251
dessin, 111
destin, 185
destruction créatrice, 268
développement durable, 25, 91, 160, 237, 278, 280, 324
devenir, 56–57, 147, 244, 279, 299, 308, 316
diagnostic, 172
différence, 121, 125–126, 160, 178, 286
différenciation, 128
différencier, 119
différent, 182
direction, 300
dirigeants, 26, 54, 104, 173, 190–191, 224–225, 253, 302, 305–306, 308–309, 311–312, 315

E

échelle, 144–145, 147
écologie appliquée, 286
écoute, 15, 75, 82, 118, 134, 136, 173, 224, 231, 233, 255, 269, 317
Écoute Active Turbo, 135, 231–232
écouter, 25, 115, 119, 125, 133–134, 136, 299, 314
écume, 44, 137, 143, 146, 244
effervescence, 212
émotion, 43, 47, 62, 95, 99, 105, 119, 123, 125, 136, 158, 161, 187–189, 192, 237, 254, 294, 305, 309, 311, 319
emploi, 124, 213
enaction, 313
énergie, 13, 22–23, 38, 42, 56, 88, 90, 143, 146–147, 151, 185, 194, 203, 210, 212, 240–242, 266, 309, 311, 315
- cinétique, 174
- spirituelle, 174
- statique, 174
engagement, 237, 239–240, 263, 282, 311–312
- éthique, 282
enquête, 100–101, 281
entre-deux, 41, 138, 146, 167–169, 197
entreprendre, 21, 23–24, 33, 184, 206, 237, 239, 292, 294–295, 299
entrepreneur, 15–16, 18, 20–23, 29, 32–34, 36, 38, 45–46, 49–50, 53, 62, 68, 77, 84, 111, 127, 134, 169, 178, 181–182, 185, 191, 198–200, 202, 210, 214, 225, 237, 255, 261, 282, 284, 294, 297, 310
- contemporain, 26–27, 33, 43, 58, 61, 79, 82, 124, 147, 217, 228, 267, 291
entreprise sensible, 319–320
entropie, 60, 179, 182–183, 200
environnement, 25, 33, 43–44, 60, 67, 76–77, 100, 109, 121, 211, 223, 231, 246, 261, 275, 278, 282–283, 286–287, 291, 299, 307, 311, 316
éphémère, 73, 75, 83, 126, 169, 274, 280, 289, 291, 308, 312
équilibre, 17, 45, 56, 64, 118, 180–182, 187, 201, 227, 233, 239, 242, 246, 258–259, 261, 271, 274, 287, 290, 324–325
équipe, 66, 87–88, 197, 205, 207, 214, 242, 267, 270
Éros, 242
espace, 40, 171–172, 175, 177, 245, 257, 303, 306, 315
esprit, 143, 146, 157, 175, 190, 201, 224–225, 238–239, 263, 268, 275, 302, 310, 312–313
- de service, 18, 113, 170, 176, 210
esthétique, 40, 81, 118, 135, 246, 261, 271, 274, 282, 306, 308
- prothétique, 164
- relationnelle, 192
éthique, 215, 271, 274, 283
étonnement, 68, 87
Europe, 324
évaluation, 26, 311, 317
- esthétique, 300, 316, 318
événement, 138, 166, 262, 300
excellence, 176, 216, 267, 325
expérience, 26, 32, 38, 40, 43, 50, 60, 70, 72, 75, 79, 81, 84–85, 89, 98, 103, 125, 127, 131, 136, 138, 142, 157, 163, 173–174, 193, 207, 211, 241, 246, 254–255, 266, 271, 287, 291, 300, 302–307, 316
- de service, 158, 161
- éphémère, 281
- esthétique, 116, 308–309
- partagée, 300
- quotidienne, 240

F

faire autrement, 24, 27, 32–33, 58, 61, 67–68, 83, 93, 112, 122, 127, 131, 137–138, 143, 148, 151, 155, 159, 179, 192, 212, 218, 253, 256, 265, 268, 275, 279, 282, 292, 297, 300, 309, 316
faire bien, 24, 29–30, 61, 68, 142, 192, 253, 268, 275, 279, 300
faire de sa vie une œuvre d'art, 247
faire mieux, 24, 30–31, 61, 67–68, 122, 143, 155, 192, 253, 268, 275, 279, 300
fait bien, 67
fiction, 58, 115, 149, 151–153, 155–156, 160–162, 220
fictionnel, 175, 231
fictionner, 229
flâner, 84, 86
flânerie, 84
flâneur, 75
flashmobs, 203
flux, 32, 40–43, 75, 78–79, 83, 93, 99–101, 110, 116, 133, 143, 146–148, 164, 181, 197, 203, 226, 242, 253, 263, 271, 287, 300, 305, 309, 313, 315
forme, 79, 103, 148, 156, 160, 170–171, 173, 180, 196, 217, 228, 232, 238–240, 268, 275, 281, 291, 318
- de vie, 25, 32, 34, 38, 50, 53–54, 158, 237, 247, 268, 286, 326
frontières, 315
futur, 56, 59–61, 67, 81, 113, 135, 186, 207, 217, 224, 259, 270, 279–280, 290, 295, 316

G

génie, 253
gestionnaires, 31, 33, 62, 111, 115, 127, 220, 268
globalisation, 52, 180, 294
guide, 198

H

habitants, 30, 56, 76, 137, 213, 228–229, 231, 233, 271
habitat, 32, 124, 213, 233, 246, 276
harmonie conflictuelle, 225, 227
humour, 155, 255
hybridation, 169
hybride, 163–164, 183
hyperentreprise, 24–25, 40, 42–45, 49, 68, 78–79, 99, 101, 115, 124, 147, 158–161, 193, 197–198, 205, 210–211, 228, 231, 237, 246, 251, 254, 271, 273, 286, 292, 299, 303, 306, 308–309, 311, 316–317
hypermonde, 218

**I**

identité, 52–53, 69, 104, 123, 169, 177, 214, 249, 268–269
- corporate, 243, 247
image, 24, 55–58, 79, 81, 84, 93–95, 104, 126, 196–197, 209, 250, 254, 262, 281, 293–294, 302, 307–308
imaginaire, 17, 19, 23, 32, 35, 53, 60, 94, 119, 133, 135, 148–149, 155, 158–163, 169, 173, 175, 189, 196, 200, 212, 224–225, 237–238, 243, 246, 259–260, 264, 287, 297, 306, 308–309, 324–325
- collectif, 214
imagination, 17, 24, 45, 137, 252–253, 255, 276, 291, 311
imaginer l'inimaginable, 265
immatériel, 39, 49, 135, 286, 291, 298–299
immatérielle, 43–44, 274, 284
incertain, 17, 39, 62–63, 66, 68, 188, 190, 268–269, 299
inconnu, 74, 122, 148, 207
initiative, 256
innovation, 19, 24, 46, 49, 63–64, 82, 95, 111, 122, 127, 133–134, 138, 155, 181, 187, 195, 200, 210, 212, 246, 274–275, 278, 298, 309, 317
intellect, 263
intelligence, 23, 42, 45, 49, 70, 94, 146, 163, 172, 192, 201, 244, 268, 302, 309, 312
- collective, 204
intention, 316
interaction, 44, 102, 125, 159, 170, 226
interactions, 32, 40, 42, 45, 99, 123, 168, 192, 244, 246, 274, 299, 315–317
interdisciplinaires, 214
interfaces, 196
interstices, 287
inter-subjectif, 162
intersubjectif, 213
inter-subjectivité, 308
intervenir, 154
intuition, 172, 189, 279, 286, 306, 312, 317, 319
invisible, 25, 89, 91–93, 100–101, 190

**J**

jeu, 155, 194, 229, 252–253, 255, 303, 326

**K**

Kairos, 80–84, 162, 239
Kronos, 81–82, 162, 239

**L**

l'autre, 74, 115, 121, 124–125, 128, 132, 135, 165, 167, 171, 174, 177, 217, 231, 234, 278, 291, 299
langage, 35, 53, 58, 102, 139, 230, 291
leadership, 199, 201, 212
liberté, 36, 87–88, 150–153, 181, 200, 248, 250, 261, 270, 284
lien social, 203, 211–212, 224, 229

**M**

managers
- contemporains, 32, 41, 45, 61, 70, 83, 91, 116, 122, 132, 151, 161, 205, 214, 218, 220, 245, 271, 275, 286
- entrepreneurs, 27, 43, 85, 123, 127, 216, 220, 265, 268
Matrice de Vision, 61, 67, 112, 136, 229, 231
Matrice des Responsabilités, 112
médiateur, 197, 233, 316
médiation, 77, 212
mémoire, 43, 46, 52, 58, 60, 153, 174, 214, 224, 246, 266, 278–282
métaction, 268, 270
métamorphose, 36, 77, 83, 162–163, 180
métaphore, 183, 189, 207, 265
metteur en scène, 119, 202, 212, 235, 320
micro-utopie, 33, 75–77, 325
mise en scène, 231
mission noble, 44, 46, 173, 271, 274–276, 290, 326
moderne, 30–31, 38
moment de vérité, 162, 255
monde, 20, 23, 25, 29–30, 32, 34, 36, 38, 42, 44, 49, 54, 66, 92, 108, 143, 180, 199, 213, 238, 240, 242, 250, 271, 308
mondialisation, 22, 38, 52, 131, 206, 295, 314
montage, 37, 53, 171, 306
mort, 184–186, 239, 242
mouvement, 40, 56, 82–85, 93, 98–99, 104, 131, 135, 141, 167, 173, 180, 200, 213, 224, 239, 241, 245, 251, 262–263, 291, 299–300, 302–303, 306, 311, 317, 325
mutation, 65, 78–79, 82, 162, 164
mystère, 115–116, 121

**N**

nomade, 169, 266, 302, 307–308

**O**

opérateur urbain, 230, 232–233, 235
opérationnalité, 34
ouverture, 188, 190, 233, 307
- d'esprit, 49, 54

**P**

partage des connaissances, 194
partenaires, 40–41, 45, 61, 104, 115, 123, 125, 136–138, 158–159, 163, 223, 246, 253, 255, 275, 290, 296, 309, 325
partenariats public-privé, 211–212
passé, 59–61, 67, 81, 207, 217, 259, 280
passion, 20, 22, 240
percée, 138
perception, 70, 85, 90–92, 97, 100, 110, 115, 136–137, 145, 164, 168, 177, 256, 286, 306, 308, 317
performance, 20, 25–26, 34, 43, 69–70, 125, 155, 168, 173, 217, 237–238, 247, 267, 274, 305, 310–315, 318
- globale, 282–284
- quotidienne, 300, 310
personne, 104, 112, 116, 119–123, 125, 136, 152, 160, 164, 174, 246, 263, 288
perte, 186
peur, 20, 25, 40, 68–69, 71, 87, 186–187, 251
plaisir, 19, 43, 49, 88, 207, 246, 258, 287, 291, 309, 316
pneumatique, 142–143
point de vue, 115, 118, 127, 132, 137, 140, 169, 212, 290, 295
portrait, 57–58, 230
possibilités, 21, 51, 60, 95, 156, 161, 183, 194, 296, 308
possibles, 24, 32, 47, 56, 59, 71, 83, 149, 171, 188, 244
postproduction, 192, 294
potentialités, 82, 95, 131, 143, 175, 289
présent, 59–61, 67, 81, 83, 91, 217, 280
principes d'action, 299
processus, 23, 38, 46, 49, 58, 93, 105, 108, 110, 126, 141, 167–168, 182, 195, 206, 214–215, 223, 245, 267, 270, 282, 287, 297–298, 306, 309, 313
- créateur, 252
- créatif, 73, 196, 219
- de création, 34, 62, 72, 94, 98, 141, 164, 180, 205–206, 255, 257–258, 262

production, 294
profit, 198
puissance, 34, 60, 126, 149, 241,
   261, 266, 275, 311, 316
pulsion, 185

**Q**

qualité de vie, 325
questionne, 282
questionnement, 237, 243–244,
   275, 308
questionner, 69, 105, 108, 284
questions, 38, 92, 98, 106–107,
   127, 271

**R**

rapport, 35, 62, 94, 105–108, 167,
   193, 206, 238, 254, 275
- au monde, 132
réalité, 61, 76, 90, 98–99, 103–
   104, 112, 149, 160, 169, 177,
   191, 241, 268
recettes, 221
récit, 156, 163, 245, 281, 287,
   290, 297
réconciliation, 124, 164, 286
recycler, 183
réel, 17, 38, 40, 70, 142, 146, 155,
   159–161, 163, 168–169, 238,
   242, 305
réenchanter le monde, 159
regard, 105, 107–109, 136, 156,
   171, 174, 190, 213, 224, 237,
   241, 257, 286, 308, 326
regarder, 25, 55, 103, 107, 299
- autrement, 141
relation, 32, 34, 44–45, 71, 77, 84,
   89, 98, 104, 106–107, 109, 111,
   121–123, 130, 135, 138, 140,
   152, 172–174, 178, 191, 198,
   213, 217, 231, 245, 261, 265,
   274, 277–278, 285, 287, 292,
   303, 305
- de service, 175–178, 197,
   224, 231, 277, 307
reliance, 226
rencontre, 122, 137, 158, 265
représentation, 36, 45, 48, 51, 78,
   101–103, 112, 144, 149, 232,
   244, 295, 311
réseau, 40–41, 44, 80, 100, 133,
   192, 194–195, 199, 201–202,
   245, 296, 315
résonance, 104, 132–134, 147–
   148, 173, 199, 224, 246, 320,
   325
responsabilité, 83, 152, 173–175,
   177, 185, 208, 266, 270–271,
   277, 280
responsable, 91, 158, 184, 210,
   270

résultat, 168, 310–311
REV', 171, 173
rêve, 56, 58, 61, 66, 136, 164, 207,
   290, 317, 319, 324–325
rêverie, 218
révolution du regard, 255
rhizomique, 274
richesse, 21, 23, 25, 33, 70, 121,
   124, 136, 158, 167, 181, 224,
   242–243, 252, 255, 287, 290,
   298, 310, 315–317
rituel, 143, 155, 197, 268
rupture, 36–37, 47, 89, 128, 138,
   143, 145–146, 218, 222–223,
   229, 324
rythme, 148, 181, 200, 202, 230,
   242, 286

**S**

s'ouvrir au mystère de l'autre,
   20, 25, 298
scénario, 154, 156, 175, 177, 282,
   297
sémionautes, 196
sens, 46, 63, 127, 136, 171, 173,
   199, 201, 223, 235, 243–246,
   275–276, 281, 293, 295, 302,
   308
sensation, 43, 60, 90, 119, 163–
   164, 209, 242, 246, 257, 287
sensibilité, 23, 42, 44, 93, 171,
   242, 263, 317
sensible, 24, 49, 90, 134, 188, 204,
   305, 309
service, 39–40, 43–44, 58, 102–
   104, 109, 121, 133–134, 160,
   170, 173, 217, 224, 228, 230,
   233, 235, 256–257, 275, 278,
   309
Service Design, 111, 246
Snow dancing, 217
sortir du cadre, 138, 141, 147,
   168
spirituel, 125, 174, 263–264, 308
spirituelle, 46, 70, 76, 124, 157,
   265, 274
statique, 142–143
stimulateurs étranges, 154
stratégie, 43–44, 58, 68, 124, 223,
   230, 246, 250, 283, 292, 307
- de survie, 266
subjectif, 161, 229, 281, 293
subjectivité, 112
succès pour tous, 100
surprise, 72
survivre, 295
synergie, 194, 205, 226

**T**

technologies, 32, 65, 71, 102,
   104, 106, 140, 145, 148, 166,

172, 201, 204, 214, 226, 249,
   266, 287, 303, 307
temps, 35, 40, 60–61, 80–82, 84,
   86, 88, 90–91, 95, 107, 130,
   147, 185, 199, 205, 262, 303,
   306
territoire, 56, 65, 72, 74–75, 131,
   182, 231, 252, 284, 307
Thanatos, 242
théâtre, 170, 173, 177, 224, 231
traçabilité, 101
trace, 35, 46, 52, 62, 73, 75, 80,
   100, 157, 167–168, 217, 240,
   262, 271, 274, 280
tragique, 185, 227
transexpérience, 131
transform'acteurs ®, 291
transformation, 21, 36, 40, 43–
   44, 46–47, 55–56, 61, 67–68,
   73–74, 79, 82–84, 93, 99, 122,
   136, 147, 154–155, 167, 170,
   173, 180, 187, 203, 205, 231–
   232, 237–238, 251, 258–260,
   279, 287, 291–292, 308, 313,
   325–326

**U**

univers, 112, 130, 132, 138, 163,
   191, 253, 297, 304, 319
Université de Service, 173, 223
utilité, 272

**V**

valeur, 65–66, 76, 102, 198, 212,
   230, 258, 270–271, 275, 293,
   303, 307, 309, 312, 325
- patrimoniale, 272, 290
- relationnelle, 272–273, 290
- symbolique, 272, 274–275,
   277–278, 281, 290
- utile, 272
vie, 17, 24, 38, 46, 77, 82, 95–96,
   104, 107, 121, 131, 155, 159,
   166–167, 169, 172, 174, 179,
   185, 190, 198–199, 202, 210,
   233, 239, 242, 248, 254–255,
   271, 275, 289, 308–309, 326
ville, 21, 30, 74–75, 78, 85, 88,
   105, 212–213, 233
virtuel, 40, 142, 146, 163, 305
vision, 34, 56, 58, 60, 62–63, 66,
   87, 89–90, 92–93, 95, 134, 182,
   253, 287, 295, 298
volonté, 62, 64, 69, 104, 113, 136,
   138, 143, 148, 153, 176, 185,
   239, 268, 316, 324
voyant, 62, 291

**Z**

zou, 131, 135

# Index des noms propres

3M, 127

**A**

Abbemuseum Van, 193
Abramovic Marina, 70, 310
Afnor, 232
Alphen Ernst (van), 245
Alÿs Francis, 75
Amgen, 313
Andersen Arthur, 299
Andersen Kristina, 204
André Emmanuel (d'), 188
Angelico Fra, 29
Apache, 319
Arcimboldo, 58
Ardenne Paul, 272, 303
Arendt Hannah, 167
Arnault Bernard, 180
Arno, 39
Artaud Antonin, 149, 238
Assédic de l'ouest francilien, 170

**B**

Bacon, 263
Bacon Francis, 218, 240–241, 318
Bal Bolle (de), 226
Barney Matthew, 162, 250
Bashung Alain, 23, 148, 205
Baudelaire, 85
Baudrillard Jean, 142, 274
Baxter Ian, 150
Beckett Samuel, 139
Bellini, 242
Bellon Pierre, 15, 41, 210
Benchimol Daniel, 133
Benetton, 222
Benetton Luciano, 223
Benjamin Walter, 85
Bernin, 166
Betbèze Jean-Paul, 39
Beuys Josef, 23, 264, 316
Bogaerts Diane, 123
Bogart Humphrey, 53
Boltanski Christian, 279
Botticelli, 54
Bourgeois Louise, 129

Bourriaud Nicolas, 50, 101, 171, 196, 261, 300, 306, 318
Bowie David, 80
Bruckner Pascal, 254
Buci-Glucksman Christine, 83
Buontalenti, 242
Burden Chris, 68
Butera Federico, 160

**C**

Calle Sophie, 155, 159, 161
Camus Renaud, 279
Canaletto, 97
Carassou-Maillan Christian, 211
Caravage, 162
Carron René, 190
Casadesus Jean-Claude, 191
Cattelan Maurizio, 128
Cendrars Blaise, 142
César, 255
Cézanne Paul, 30–31, 82, 89
Chouinard Yvon, 290
Chrismas Douglas, 49
Clemente Francesco, 125
Condé Susan, 225
Courbet Gustave, 89
Crédit Agricole, 297

**D**

Dali Salvador, 138
Davila Thierry, 78
Décosterd & Rahm Associés, 77
Delacour Yann, 282, 285
Delvoye Wim, 129
Desmarest Thierry, 44
Desmerges Jean-Claude, 36, 96, 130, 141, 228
Deutsche Bank, 214
Documenta XI, 150
Dolly, 295
Dubuffet Jean, 195
Duchamp Marcel, 41, 51, 139, 287
Duplan Patrick, 46, 63

Duval Jean-Paul, 263

**E**

Ehrenzweig Anton, 219, 221
Eichhorn Maria, 150
Eliason Olafur, 50
Emsellem Bernard, 243
Entrepart, 67, 170, 176, 228, 234, 257, 291, 297, 314
Esche Charles, 205
Eurogiciel, 133

**F**

Fabbrica, 222
Fabre Jan, 129, 253
Faceo, 109–113, 316
Falliou Marc, 101
FAVI, 45, 198, 268
Fiac, 213
Field of Synergy, 194
Filliou Robert, 252
Finkielkraut Alain, 286
Firman Daniel, 214, 216, 291, 314
Firmin-Didot Charles, 312
Flavin Dan, 41
Forest Fred, 244
Foucault Michel, 74, 99
Francesca Piero (della), 29–30
Frapsauce Hervé, 119
frères Chapman, 283
Fréry Frédéric, 222
Freud Sigmund, 184

**G**

Galpin Gérard, 176
General Electric, 48
Germain Christiane, 87
Gerz Jochen, 280
Giacometti Alberto, 96, 203, 254
Gillick Liam, 318
Giorgione, 57
Godelier Maurice, 35
Godin Seth, 68, 158
Goethe, 58
Gonzalez-Foerster Dominique, 192, 208, 307
Greenaway Peter, 179

**H**

Halbwachs Maurice, 279
Hannebicque Hervé, 199
Harrison Newton, 56
Hawking Stephen, 138
Heizer Michael, 115, 144,
    146, 182
Hemingway, 190
Hendeles Ydessa, 245
Henochsberg Michel, 36
Hewlett Bill, 36
Hirschhorn Thomas, 13
Hirst Damien, 283
Hock Dee, 187
Hockney David, 91
Holland Genetics, 293
Holt Nancy, 89, 144, 242
Hubaut Joël, 213
Huyghe Pierre, 61, 98,
    192, 242, 318
Huyghe René, 50

**I**

Igrec, 263
Inch Nails Nine, 158

**J**

Jay Johanson Jay, 307
Johns Jasper, 139

**K**

Kafka, 209
Kahlo Frida, 248, 312
Kahn Axel, 295
Kandinsky Wassily, 255
Kaprow Allan, 96
Kelley Mike, 54, 304
Kentridge William, 262
Kiefer Anselm, 242, 251
Kirkeby Per, 89
Klee, 255
Koolhaas Rem, 325
Koons Jeff, 242
Koulik Oleg, 128
Kreiss Markus, 248
Kroetz, 231
Kroll Lucien, 83, 286
Kurosawa Akira, 264

**L**

L'Oréal, 127
Laboratoire Stalker, 74
Laborit Henri, 159
LaSer, 102
Latour Georges (de), 162

Laval-Jeantet Marion, 292
Lavazza, 273
Lavier Bertrand, 76
Leccia Ange, 85
Lee Ann, 192
Lemoine Philippe, 102
Lenzliger Jörg, 183–184
Levinas Emmanuel, 171
LG, 221
Lieshout Joep (Van), 265
Linux, 197
Lombardi Mark, 100
Louis XIV, 166
Lucky Strike, 53
Lüthi Urs, 247
LVMH, 164, 180
Lynch David, 219
Lyotard Jean-François, 41

**M**

Maffesoli Michel, 46, 81,
    225
Maldiney Henri, 90
Mangin Benoît, 292
Manguin Pierre, 256
Maria Walter (de), 41
Massera Jean-Charles, 149
Matisse Henri, 239
Mayer Harrison Helen, 56
Mc Carthy Paul, 304
Menger Pierre-Michel, 50
MicroUtopias, 77
Ming Liu, 105, 108
Morin Edgar, 168, 226
Morris Sarah, 101
Motorola, 221
Moura Leonel, 77
Museum für Gegenwarts-
    kunst, 280

**N**

Nam June Paik, 40
Nauman Bruce, 139, 303
Nokia, 221
Noos, 199

**O**

Onfray Michel, 35, 289
Oppenheim Dennis, 80,
    274
Orlan, 165, 170, 244
Osbourne Kelly, 179
Ouest-Lumière, 151

**P**

Pacifica, 46, 63

Packard Dave, 36
Page Jimmy, 68
Panamarenko, 59
Parreno Philippe, 13, 32–
    33, 39, 43, 156, 192, 217,
    281, 318
Parrot Christophe, 319
Pas-de-Calais Habitat, 228
Patagonia, 290
Pelloux Louis, 255
Péninsule Europe, 56
Pesce Gaetano, 47
Pflumm Daniel, 53, 196
Picasso, 255, 263
Picasso Pablo, 240
Piccinini Patricia, 71
Pinault François, 271
Pique Pascal, 213
Pistoletto Michelangelo,
    36, 81, 162
Planck, 139
Plant Robert, 68
Pleynet Marcelin, 165
Pointcheval Abraham, 72
Polazzi Laura, 204
Pollock Jackson, 140
Popper Karl, 55
Porter Michael E., 47
Potrc Marjetica, 287–288,
    318
Poussin, 293
Primagaz, 153

**Q**

Quinn Edward, 240

**R**

Raffaelli Jean-Pierre, 49,
    159, 161, 173, 177, 231,
    248
Rainer Arnulf, 214
Rauschenberg Robert, 78,
    221, 302
Raymond Éric S., 197
Rembrandt, 57, 293
Renault S.A., 181
Renault Trucks, 278
Rheingold Howard, 204
Rifkin Jeremy, 50, 324
Rimbaud Arthur, 121
Rivera Diego, 248
Robbe-Grillet Alain, 139
Robbins David, 61
Rodgers Carl, 135
Roth Dieter, 247

Rothbard Murray, 264
Rothko Mark, 123
Rubens, 242
Ruffin Jean-Christophe, 251
Rüri, 289
Russell John, 218
Rutebeuf, 37

**S**
Sabatier Benjamin, 284
Samsung, 221
Sans Jérôme, 300
Sarraute Nathalie, 186
Sarrazin Jean-Claude, 203
Sartre Jean-Paul, 124
Schweitzer Louis, 181
Schwitters Karl, 37
Serra Richard, 180, 303
Settembrini Luigi, 75
Shakespeare, 209
Sharer Kevin, 313
Sharp, 249
Shiba Shoji, 141
Shusterman Richard, 306
Signac, 90
Sloterdijk Peter, 34, 44, 84, 286
Smithson Robert, 36, 60, 144, 146, 182, 303-304
Snow dancing, 217
Societas Raffaello Sanzio, 305
Sodexho, 15, 210

Solares, 76
Sony, 221
Sottsass Ettore, 186
Spiral Jetty, 60
Starck Philippe, 249
Starling Simon, 101
Stécowiat Jean-Michel, 232, 234
Steiner Gerda, 183-184
Stelarc, 163, 165
Stiegler Bernard, 157
Swartz Jeffrey, 86
Swiss Life Assurance de Biens, 119
Szeemann Harald, 45

**T**
Tarrès Patrick, 213
Taylor Marc, 115
Thom René, 138, 225
Thomson, 249
Timberland, 86
Titien, 242
Tixador Laurent, 72
Toma Yann, 151, 154
Toscani Oliviero, 222
Toscanini, 134
Turner William, 51
Turrell James, 97

**U**
U2, 191

**V**
Vacances Bleues, 211
Vancaille Michel, 232
Varela Francisco, 313
Velickovic Vladimir, 184
Verne Jules, 60
Veuve Clicquot, 293
Villon François, 37
Vinci Léonard (de), 36, 76, 138, 225
Viola Bill, 84
Virilio Paul, 218
Volvo, 312

**W**
Warburg Aby, 301
Warhol Andy, 108
Welch Jack, 48, 265
West Franz, 175
White Kenneth, 149
Wittgenstein Ludwig, 139
World Watch Institute, 294

**Y**
Yoshida Kimiko, 257-258, 260
Young Angus, 281

**Z**
ZEVS, 273
Zhen Chen, 131, 135, 194
Zobrist Jean-François, 45, 148, 268, 316

www.ingramcontent.com/pod-product-compliance
Lightning Source LLC
Chambersburg PA
CBHW061126220326
41599CB00024B/4187